書不盡言
言不盡意
有覺聖智
完成人格

辛卯冬 二〇一一年
九四頑童
南懷瑾

原本大学微言

南怀瑾 著述

复旦大学出版社

出版说明

　　《大学》是儒家的代表作之一，相传为孔子的学生曾子（曾参）所著。它与《中庸》《论语》《孟子》合称"四书"，是宋代以后士人学子必读的教科书。文中以"明明德""亲民""至善"为纲，以"格物、致知、诚意、正心、修身、齐家、治国、平天下"为目，对道德修养与社会政治的关系做了系统的论述，对我国古代的思想文化产生过深远的影响。本书是著名学者南怀瑾先生有关《大学》的讲记。书名中说的"原本大学"，指的是《大学》的古本《小戴礼记·大学》。作者以渊博的学识，综罗大量的文史典故，对《大学》中的微言大义做了揭示，给人以知识的乐趣和人生的启悟。

　　兹经版权方台湾老古文化事业公司授权，将老古公司二〇一一年四月版校订出版，以供研究。

复旦大学出版社

二〇一八年六月

打开微信扫一扫，观看
《复旦出版社南怀瑾著作出版纪程》视频

前　言

自从一九七六年《论语别裁》出版后,《孟子旁通》也于一九八四年问世。有关南怀瑾教授对"四书"的讲解,引起了很大的回响,尤其是年轻一代的读者反应最为热烈。

嗣后,读者们不断询问关心,渴望读到南著《大学》《中庸》讲记,以完成对"四书"的整体了解。十余年来,南教授亦曾多次讲解《大学》,现经周勋男君根据多次讲演记录以及南教授部分手记,整编成册,出版了这本《原本大学微言》。

仅仅千余字的《大学》,讲述整编为四十余万字的一本书,其讲解之详尽、涵盖有关学养之广阔不言而喻,为此,周勋男君为方便读者计,提纲挈领说明作为简单的导读。

本书在台湾和大陆同时出版。

老古编辑室　刘雨虹
一九九八年三月

导　读

怀师近来讲述的《大学》录音带，终于整理成册，定名《原本大学微言》。

本书名所以取"原本"（又称古本）两字，是为了有别于流行八百多年的朱子章句本。《大学》原本，是指西汉戴圣所传《礼记》的第四十二篇原文。自宋朝朱子的章句本流行以后，其他许多注解《大学》的书，如司马光的《大学广义》等，都已失传，甚至坊间连原本《大学》也久不流通。所以到明朝嘉靖年间，王阳明把原本《大学》刻印出来，当时的文士还惊怪起来，不相信还有这一种本子。清朝的李惇甚至还说："学者有老死不见原文者。"因为大家既然只读朱子的章句，刻《礼记》的人索性就把其中的《大学》《中庸》只存其目录，把文字都删除了。本书所采用的原文，是依据清阮元重刊的《宋本礼记注疏本》。

至于怀师为什么要用原本《大学》来讲述，详见本书《开宗明义篇》。至于其微言大义，更遍布全书，有待善为体会。怀师此次讲述《大学》，仿若悬河，滔滔不绝，又旁征博引，融会古今中外史实与学说于一炉，实难加以分段，但为便利读者阅读，勉强分为九篇，计含六十四章。现略述九篇内容如下，以便先有个概略印象：

一、开宗明义。首先请读者先熟读原本《大学》本文，以便阅读下去时，可以随时回到《大学》本旨，加以体会、印证。然后从一位教授的来访，谈到自幼诵读经书的受用，以及延续中华文化的多年心愿，因此而想到流传已久的"四书"，本有其超越时空的价值，可惜长久以来只被当作考取功名的敲门砖，于今犹有其流弊。于是回想传统的农村教育的情景，而肯定《千字文》等启蒙读物对于奠定做人的良好基础，深具意义。

然后，对道、德、天、大人等关键字先做说明，并点出《大学》的思想是源自《易经·乾卦·文言》而来，而《大学》原为古代中原文化的代表作，自有其理路脉络，而不必去篡改原文。对于朱子把"大学之道"竟说成"初学入德之门"，更不以为然。接下来谈到《大学》的纲目，以及内明外用的修养次第，使读者先把握住《大学》的重点。由此而进入《大学》本文的探讨，即"大学之道，在明明德，在亲民，在止于至善"这个总纲。并为了恢复原本《大学》的真面目，先对朱子把"亲民"当作"新民"，以及改编《大学》次序，提出了批判。对于朱子把"明德"说成"虚灵不昧"，更详加探究，而强调要从自知之明做起。

二、七证的修养功夫。本篇旨在阐释《大学》所说"知止而后有定，定而后能静，静而后能安，安而后能虑，虑而后能得"的道理，这七证（知、止、定、静、安、虑、得）功夫，实为中国原创的儒家心传，不只为后来的道家实修者所引用，也为佛家传入中土时，借用来说明禅定的方法，影响后世甚为深远。只是这七证的功夫如何修，曾子未加说明，而宋元明清以来的理学家，困于门户之见，也无法疏解得清楚，更谈不到发扬光大。故特借用佛、道两家学术来加以阐明。对于内证学养有兴趣的读者，此篇最宜深思体会。

三、内明之学。本篇先阐释《大学》所说"格物、致知、诚意、正心、修身、齐家、治国、平天下"的道理，并说明向来学者都把"诚意"前面的"格物致知"及"物格知至"的关键所在，略而不谈，而不知其中内明与外用之环环相扣的密切关系。进而讲到要做到"诚意、正心、修身"，就先须"格物致知"，以达到"物格知至"，故对"所知"与"能知"及"心""意""识"细加明辨，再讲到心物一元、心能转物的道理，而警醒世人，不要被物质文明带向自我毁灭之途。

总之，此篇阐明自"格物"至"正心"属内明之学，如果内明修养达到"明德"的境界，由此外用于"齐家、治国、平天下"，就须从"修身"做起，故"修身"为内明外用之间的重大关键，也就是《大学》所说"自天子以至于庶人，一是皆以修身为本"。

四、外用之学。本篇旨在阐释"身修而后家齐，家齐而后国治"的道理。首先说明"齐家"的"家"，是家族的家，不是现代小家庭的家，并推崇中国历史文化中母德、母教的伟大。从东周以来直到清末，每个朝代的帝王家庭，大多是大有问题的家庭，本篇即以齐桓公（兼述管仲为政之道）、秦始皇（兼述吕不韦的"奇货"计划）、刘邦（兼述与他钩心斗角的吕后）为例，详加阐述。而给予正面评价的，则以虞舜、汉文帝为例。汉文帝得力于母教，而虞舜成长于父母、弟弟都有心理问题的家庭，却能孝顺父母，友爱弟弟，尤为难得，故特推崇。

五、内外兼修之道。本篇从《大学》原文"所谓诚其意者，毋自欺也"，讲到"此谓身不修不可以齐其家"止。这段原本《大学》的原文，被朱子抽调得最厉害。怀师恢复其原来次序，就原本《大学》所说"诚意"内外兼修的"八正知"，详加阐述。在讲述"所谓修身在正其心者"时，引用老子、管子、庄子、佛家、医家有关身心的学说来加以说明。

进而讲述"所谓齐其家在修其身"，有关"修身齐家"容易因"亲爱、贱恶、畏敬、哀矜、敖惰"的心理偏差而产生重大问题，并分别引述赵太后、武姜、弦章、齐景公与晏子、邴吉与汉宣帝、元帝，以及陶朱公及其儿子的史实，来加以说明，并阐释其带给现代人的启示。

六、齐家治国。本篇从《大学》所说"所谓治国必先齐其家者"，讲到"此谓治国在齐其家"。首先谈到中国上古社会以"礼治"为主，并引述周室治国齐家的史实，来说明孝、弟、慈的道理，以及周文王以前，为何会有多人推位让国的原因。至于后来帝王讲求"法治"，则须把握治国当家的原则，从历史中得到教训。最后从《大学》所引的《诗经》，详加阐释不论古今妇德在齐家（或及治国）中的重要性。

七、治国平天下。本篇讲述《大学》最后一段，从"所谓平天下在治其国者"，至"此谓国不以利为利，以义为利也"。首先说明古代"天下"的原义，以及"絜矩之道"的意义，以及当政者要先"立德"才能得到民心，尤其要注意一言一行。其次，讲述魏晋南北朝在"胡""华"民族混合中，那些"家天下"王朝更替的前因后果，以及秦穆公如何重用百里奚，如何处理国与国之间的关系，来阐述"治国平天下"之道。最后，对于事关国计民生的财经学说，则以曾子、子贡的故事，《史记·货殖列传》的观点，以及历史上注重财政的名相、名臣的言论、策略，为长期以来传统儒家学者陷于义利的矛盾纠结而解套，并期勉国人朝着"民富即国富，国富则民强"的大道前进。

八、儒学演化与国家发展。在依序讲述《大学》原文完毕后，本篇总论在佛教传入中土后，儒家学说，尤其是"四书""五经"，在中国历史文化中的演化，以及它与历朝盛衰的关系。从魏晋南北朝的玄学谈起，历经唐代的儒佛道，以及《原道》《复性书》的出现，宋儒理学的兴起，元朝以藏密为主之下的儒家，明清的科举利弊，阳明学说的兴起，最后谈到清朝的外示儒学，内用佛老，并以康熙、雍正、乾隆为例，加以说明。这是一篇非常生动的文化融会史。

九、西方文化与中国。本篇从明清之际的中西文化交流谈起，略述清初以来，西方国家的重大变革，以及美国的兴起及其文化对世界的强力影响；进而提出国人应加以反思、检讨的三大问题。最后的结语则在说明，在悠久的中国历史文化中，虽有所谓"诸子百家"之说，而立国的精神主要还是奠定在儒家的基础上，而儒家思想的精义，在国际之间向来是主张"兴灭国，继绝世"，尽力辅助弱小国家民族的。至于西方人会有"黄祸"的误解，则起自于非儒家文化所及的蒙古的西征，这是中国历史中的特案，有其特别的历史背景（详见第五十八章）。因此正告西方学者如亨廷顿之流，不应挑起文化之间的互相敌视，引起人类争战的悲剧。中国是由历史上许多民族混合而成的，而中国文化也在历史上融合了西域、印度等地的文化。"有容乃大"，中国及其文化永远是开放心胸，希望"礼运大同"，以达到和平共存、互相繁荣文明的世界。

以上九篇概要，只是给读者鸟瞰全书的来龙去脉，至于其中高山流水、柳暗花明之风光，处处引人入胜，时兴慧解，则有赖读者亲自一游。

最后应该说明的是，在把近百卷的录音带整理成初稿的过程中，曾经参与文字整理工作的有：蔡策、李淑君、劳政武等先生。参与校订的有：李素美、刘雨虹、来新国、李青原、韦志畅、赵海英、朱守正、彭嘉恒、马有慧、陈定国、陈美珍、杜忠诰、谢锦扬、陈照凤、欧阳哲、郭姮妟等先生、小姐。参与打字及校对的有宏忍法师，傅莉、李仪华、李茜丽等小姐。在如此群智群力合作下，终于完成文字初稿，最后交由我再做整理，虽自知学识粗浅，不足以荷任，只因退休下来，较有时间，而无理由可以推辞。而今兢兢将此怀师讲述大作出版，若仍有错误，其咎在我，敬祈各位先进不吝赐正为感。

周勋男

一九九八年三月

目 录

第一篇

开宗明义

一、原本《大学》的原貌

我们在开始讲解、研究《大学》之前，先把这份原本《大学》的原文发给大家，希望平时多加熟读，要能背诵，那就更好了。那么，我们以后在讲解、研究时，就方便多了。现在，请大家看看原本《大学》的原文是怎么说的：

大学之道，在明明德，在亲民，在止于至善。知止而后有定，定而后能静，静而后能安，安而后能虑，虑而后能得。物有本末，事有终始，知所先后，则近道矣。

古之欲明明德于天下者，先治其国；欲治其国者，先齐其家；欲齐其家者，先修其身；欲修其身者，先正其心；欲正其心者，先诚其意；欲诚其意者，先致其知；致知在格物。

物格而后知至，知至而后意诚，意诚而后心正，心正而后身修，身修而后家齐，家齐而后国治，国治而后天下平。

自天子以至于庶人，一是皆以修身为本。其本乱，而末治者否矣。其所厚者薄，而其所薄者厚，未之有也。此谓知本，此谓知之至也。

所谓诚其意者，毋自欺也。如恶恶臭，如好好色，此之谓自谦。故君子必慎其独也。小人闲居为不善，无所不至。见君子而后厌然，掩其不善，而著其善。人之视己，如见其肺肝然，则何益矣？此谓诚于中，形于外。故君子必慎其独也。曾子曰："十目所视，十手所指，其严乎！"富润屋，德润身，心广体胖，故君子必诚其意。

《诗》云："瞻彼淇澳，菉竹猗猗。有斐君子，如切如磋，如琢如磨。瑟兮僴兮！赫兮喧兮！有斐君子，终不可諠兮。"如切如磋者，道学也。如琢如磨者，自修也。瑟兮僴兮者，恂慄也。赫兮喧兮者，威仪也。有斐君子，终不可諠兮者，道盛德至善，民之不能忘也。

《诗》云："於戏！前王不忘。"君子贤其贤而亲其亲，小人乐其乐而利其利，此以没世不忘也。《康诰》曰："克明德。"《大甲》曰："顾諟天之明命。"《帝典》曰："克明峻德。"皆自明也。

汤之《盘铭》曰："苟日新，日日新，又日新。"《康诰》曰："作新民。"《诗》云："周虽旧邦，其命惟新。"是故君子无所不用其极。

《诗》云："邦畿千里，惟民所止。"《诗》云："缗蛮黄鸟，止于丘隅。"子曰："于止知其所止，可以人而不如鸟乎？"《诗》云："穆穆文王，于缉熙敬止。"为人君，止于仁。为人臣，止于敬。为人子，止于孝。为人父，止于慈。与国人交，止于信。子曰："听讼，吾犹人也。必也使无讼乎！"无情者，不得尽其辞。大畏民志，此谓知本。

所谓修身在正其心者：身有所忿懥，则不得其正；有所恐惧，则不得其正；有所好乐，则不得其正；有所忧患，则不得其正；心不在焉，视而不见，听而不闻，食而不知其味。此谓修身在正其心。

所谓齐其家在修其身者：人之其所亲爱而辟焉，之其所贱恶而辟焉，之其所畏敬而辟焉，之其所哀矜而辟焉，之其所敖惰而辟焉。故好而知其恶，恶而知其美者，天下鲜矣。故谚有之曰："人莫知其子之恶。莫知其苗之硕。"此谓身不修，不可以齐其家。

所谓治国必先齐其家者，其家不可教，而能教人者，无之。故君子不出家，而成教于国。

孝者，所以事君也。弟者，所以事长也。慈者，所以使众也。《康诰》曰："如保赤子。"心诚求之，虽不中，不远矣。未有学养子而后嫁者也。一家仁，一国兴仁；一家让，一国兴让；一人贪戾，一国作乱；其机如此。此谓一言偾事，一人定国。

尧舜率天下以仁，而民从之。桀纣率天下以暴，而民从之。其所令反其所好，而民不从。是故君子有诸己，而后求诸人。无诸己，而后非诸人。所藏乎身不恕，而能喻诸人者，未之有也。故治国在齐其家。

《诗》云："桃之夭夭，其叶蓁蓁。之子于归，宜其家人。"宜其家人，而后可以教国人。《诗》云："宜兄宜弟。"宜兄宜弟，而后可以教国人。《诗》云："其仪不忒，正是四国。"其为父子兄弟足法，而后民法之也。此谓治国在齐其家。

所谓平天下在治其国者：上老老，而民兴孝；上长长，而民兴弟；上恤孤，而民不倍。是以君子有絜矩之道也。所恶于上，毋以使下；所恶于下，毋以事上；所恶于前，毋以先后；所恶于后，毋以从前；所恶于右，毋以交于左；所恶于左，毋以交于右；此之谓絜矩之道。

《诗》云："乐只君子，民之父母。"民之所好好之，民之所恶恶之，此之谓民之父母。《诗》云："节彼南山，维石岩岩。赫赫师尹，民具尔瞻。"有国者不可以不慎；辟，则为天下僇矣。

《诗》云："殷之未丧师，克配上帝。仪监于殷，峻命不易。"道得众则得国，失众则失国。是故君子先慎乎德；有德此有人，有人此有土，有土此有财，有财此有用。德者，本也；财者，末也。外本内末，争民施夺。是故财聚则民散，财散则民聚。是故言悖而出者，亦悖而入；货悖而入者，亦悖而出。

《康诰》曰："惟命不于常。"道善则得之，不善则失之矣。《楚书》曰："楚国无以为宝，惟善以为宝。"舅犯曰："亡人无以为宝，仁亲以为宝。"《秦誓》曰："若有一介臣，断断兮，无他技，其心休休焉，其如有容焉；人之有技，若己有之；人之彦圣，其心好之，不啻若自其口出；寔能容之。以能保我子孙黎民，尚亦有利哉！人之有技，媢嫉以恶之；人之彦圣，而违之俾不通；寔不能容。以不能保我子孙黎民，亦曰殆哉！"

唯仁人放流之，迸诸四夷，不与同中国。此谓唯仁人为能爱人，能恶人。见贤而不能举，举而不能先，命也；见不善而不能退，退而不能远，过也。好人之所恶，恶人之所好，是谓拂人之性，菑必逮夫身。是故君子有大道，必忠信以得之，骄泰以失之。

生财有大道，生之者众，食之者寡，为之者疾，用之者舒，则财恒足矣。仁者以财发身，不仁者以身发财。未有上好仁，而下不好义者也；未有好义，其事不终者也；未有府库财，非其财者也；孟献子曰："畜马乘，不察于鸡豚；伐冰之家，不畜牛羊；百乘之家，不畜聚敛之臣，与其有聚敛之臣，宁有盗臣。"此谓国不以利为利，以义为利也。长国家而务财用者，必自小人矣。彼为善之。小人之使为国家，菑害并至，虽有善者，亦无如之何矣。此谓国不以利为利，以义为利也。

这就是原本《大学》的原貌。大家如果读过朱子所改编的《大学》章句，可能一时不能习惯，甚至有突兀之感。但我们这次讲解，为什么不用朱子的改编本，而要用本来面貌的原本《大学》呢？我们在以后的讲解中，会充分地说明其中的缘故。现在，再次希望大家，先把这篇富有齐鲁文化之美的大块文章，先行熟读、背诵。

二、从教授来访说起

丙子年的初秋，也就是一九九六年的八月底，有一位美国哈佛大学的教授来访，他是刚从美国到湖南，参加岳麓书院孔子会议返美，路过香港，事先经人约好时间，所以才有见面一谈的机会。不是这样，我实在没有剩余的时间，可以与宾客应酬。平常有人问我，你那么大的年纪，还忙些什么呢？我只有对之苦笑，实在说不清楚。因为一个真正立心做学问的人，实在永远没有空闲的时间。尤其是毕生求证"内明"之学的人，必须把一生一世，全部的身心精力，投入好学深思的领域中，然后才可能有冲破时空，摆脱身心束缚的自由。这种境界，实在无法和一般人说，说了别人也不易明白。

自幼诵读益处多

话说回来，这位名教授来访，谈到在哈佛大学的一次汉学（中国文化）会议上，中外学者到了不少，大家共同研究读"四书"之首的《大学》。当大家研究开宗明义第一章，讨论"大学之道，在明明德……"，各人都发挥自己的观点，很久，也没有一致的结论。有一位来自国内某一有名大学的学者便抢着发言说，我看这个问题，何必浪费精神，花很多时间去讨论，只需把"明明德"的第一个"明"字去掉就好了！全场的人听了，为之瞠目结舌、啼笑皆非。

这位教授说完了这个故事，当时我们在座的人，也只有为之一笑。我便问：后来怎么办呢？他说：后来我就私下对他说，你太狂妄了……这个人最后才向大家道歉。我听完了说：我几十年，在国外，甚至在国内，听过这样的妄人妙（谬）论太多了，所谓"司空见惯，不足为奇"。但我心里不但震惊万分，同时也惭愧自责，感慨不已。

因为我在童年正式读家塾（就是请先生到家里来家教），开始就是先读《大学》，要认真背诵《大学》。长大以后，转到民国初年所谓的洋学堂读书，对于《大学》《中庸》，早已置之不理。但因为基本上有童子功背诵的根底，所以在记忆的影子里，始终并未完全去掉。后来在中央军校教授政治课，又碰到要讲《大学》《中庸》，因此，驾轻就熟，至少我自己认为讲得挥洒自如。接着在抗日战争的大后方四川五通桥，为了地方人士的要求，又讲过一次《大学》《中庸》。每次所讲的，大要原理不变，但因教和学互相增长的关系，加上人生经验和阅历的不同，深入程度就大有不同了。

但开风气不为师

到了台湾以后，步入中年，再经过历史时代的大转变，对人对事的了解更加深入。正如清人钱谦益的诗所说："枥中马老空知道，爨下车劳枉作薪"，颇有感慨。所谓"枥中马老空知道"，钱诗是感叹自己虽然是一匹识途的老马，但马老了，毕竟是无用了，只能作废，把它豢养在马厩里，当做一匹千里马的活标本罢了。"爨下车劳枉作薪"，十九世纪以前，中国用的车轮，都是木头做的。这种木头的轮子，在长年累月的旋转奔走之下，外表已被磨得损坏不堪了。乡下人把它换掉，拿来当柴烧。当柴烧没有多大的价值，因此叫它做"车劳"。"爨下"，就是指烧饭的灶下。你只要读懂了这两句诗，也就可想而知我的心境了！

因此，当时对蒋校长所著的《科学的学庸》，虽然并不认同其见地，而且我对学问的态度，也绝不苟且，但政治部邀请我去讲，如果我拒绝，在当时的人情面子上，也是势所不能。这中间微妙关系的自处之道，正如《大学》后文所讲"缗蛮黄鸟，止于丘隅"，"于止，知其所止"，完全在于操之一心了。

而今回想起来，我也真的有过很多次冲动，希望有一两个后起之秀，能够立志研习原始儒家的学问，我将为之先驱，如清人龚定盦所说的"但开风气不为师"。然而，我也毕竟失望了。我也曾经对一般成年的学者同学们讲过几次，希望记录成编，但每次的记录，我都不满意，又加舍弃。不是同学们记不好，实在是我讲得不透彻，讲得不好。古人说："百无一用是书生。"不过，要真正做到百无一用的书生，确也不是一件很容易的事，成本代价也太高太大了。

三、沉冤莫白的"四书"

《大学》，是"四书"的第一本书。《中庸》，算是第二。其实，这样的推算，是根据历来"四书"印本的编排次序而说的。说实在一点，《大学》是孔子的学生曾子（曾参）所写的一篇学习心得论文。《中庸》，是曾子的学生，也是孔子的孙儿子思所写的一篇学习心得论文。从宋代开始，把编入《礼记》中的这两篇论文抽出，和《论语》《孟子》合在一起，总名便叫作"四书"。

被误用于考取功名

如果时光倒流，退回到八九十年前，提起"四书"，几乎是无人不知。它的威名，把中国人，尤其是中国的知识分子——读书人的所有思想，十足牢笼了一千多年，中国知识分子的意识形态，大致都不敢轻越雷池一步。特别从宋代以后，再严谨一点来说，从南宋以后，一个知识分子，想寻一条生活的出路，尤其以考取功名，达到读书做官的谋生之道，非熟记"四书"，牢牢背得"四书"不可，尤其要依据朱熹的见解，别无偷巧的办法。这也等于现在的年轻人，想考进学校，取得学位，就要死背活啃课本上的问答题，都是一样"消磨天下英雄气"的关碍。除非你像明末清初时期山西太谷一带的同乡们，第一流头脑人才，必要经商致富，真正没有这个勇气和胆识的，才勉勉强强去读书考功名。

元、明以后到清朝六七百年来，所谓三级取士的阶梯，由县试考秀才，进而从乡试（全省会考）考取举人，到全国大考，进京考进士，中状元，始终离不开"四书""五经"——《诗经》《书经》《易经》《礼记》《春秋》，这一连串编成的书本。不然，纵使学富五车、才高八斗，能通诸子百家之学，但文不对题，离开考试取士所用的"四书""五经"范围，那就休想取得功名，与读书做官的通途，永远是背道而驰了。

变本加厉的新八股

而且从明朝开始，把考取功名的作文格式，创制成一种特别文体，叫作"八股"。你如认为自己学问比韩愈、苏东坡还好，文章格式不照八股来写，也就只有自己拍拍屁股走路了！这种八股意识的发展，自清朝下台以后，尤其厉害，在国民党当政时期，考试文章中，如果没有讲一点三民主义的党八股，就休想有出路。后来的政党，也不能免于类似的框框。所以几十年前，打倒孔家店、扬弃八股文，变成大革命的浪潮，那也是事所必至，势有固然的结果。谁知旧八股去了，新的八股还比旧的变本加厉，以前的八股，只是文章规格的限制，现在的八股，反成为思想控制的工具，我真是感叹这个时代，是进步了，还是退化了。真不知中国的文化，何年何月才得以复兴它的灿烂辉煌啊！

四、书生大半出农村

讲到这里，有时我也觉得很有趣，而且还很有幸，生在这个古今新旧大转变的历史时代。当然，其中经历的艰危辛苦，也是一言难尽。

传统的农村生活

我从小生长在滨海的一个乡村里，其中的居民，过的是半农半渔的生活。这个东南海滨小角落的乡村，也是一个山明水秀（其实水是又咸又浊）、朝岚夕霞、海气波澜的好地方。因为是濒海的地方，到底是得风气之先，东洋、西洋的洋风还很快吹到小村里。做饭烧火用的打火石还未完全消失，新的绿头洋火（火柴），一盒一盒地来了。在海上骄气十足，横冲直撞的火轮船，一声声呜呜号叫的汽笛鸣声，使大家赶快跑到海边去看热闹，既好奇，又惊叹！慢慢地，又看到了天上飞的飞轮机，同时也看得到坐在飞轮机前面的人。当然，飞得还不算太高，所以才看得见。人们更加奇怪，人怎么会飞上天呢？晚上用的青油灯、蜡烛，慢慢退位给大为不同的洋油灯，比蜡烛光亮过多倍了。可是乡村里长年累月都是平平静静地过，没有什么警察或乡长、村长。只有一个年纪比较老的"地保"，是清朝遗制，地方最小的芝麻绿豆大的官，叫做"保正"。不过，都是熟人，他保他的正，与大家了不相干，除非衙门里来了公事，他出来贴布告，或者上门来打一声招呼。偶然听到人们乱哄哄的谈话，找"保正"出来，那一定是那一家的鸡被人偷走了。地方上来了偷鸡贼，这比以前太平天国造反还要新奇，还要可怕。

这种江南村居生活，一直延续到二十世纪初期，历代除了兵乱或饥荒外，几乎从来没有变化。宋代诗人就描写得很诗情画意，如范成大的田园诗：

绿遍山原白满川，子规声里雨如烟。

乡村四月闲人少，才了蚕桑又插田。

尤其是雷震的一首《村晚》：

草满池塘水满陂，山衔落日浸寒漪。

牧童归去横牛背，短笛无腔信口吹。

每当斜风细雨或黄昏向晚的时候，我站在自家门口，真看得出神入化，很想自己爬上牛背，学一学他们的信口吹笛。可惜，我没有达到目的，只是一生信口吹牛，吹到七八十岁，还不及当年横身牛背小朋友的高明，真太泄气了！

农村自动自发的教育

在这样一个宁静的小乡村里，有几家的孩子们想读书，其实，也是大人们起哄，乡村的孩子，根本不知道读书是怎么一回事，而且听说请来了先生，书读不好还要挨打手掌心，这对孩子们来说，实在没有兴趣。不过，大人们都还要说："天子重英豪，文章教尔曹。万般皆下品，唯有读书高。"所以总要读书才对。

话说中国人三千多年的教育，历来都是全国人民由农村开始，自动自发的教育。在二十世纪以前，所有当朝政府，掌管教育的权威，都是只顾读书人中已经学而有成的高层知识分子，所谓历朝的考试选举士子，都是当朝政府，拣现成的选拔民间的读书人，给他官做。事实上，做官是一种钓饵，当局者以此钓取天下英才收归己用。从来没有像现代政府，编有教育经费的预算，培养人民最起码义务教育的计划。

从十九世纪末期，二十世纪的初期，乡村家塾的教育，是由一家或几家热心子弟读书的家庭发起，请来了落第秀才，或是所谓"命薄不如趁早死，家贫无奈做先生"的老师，呼朋唤友，约了几个孩子或十几个儿童，开始读书。这种情形，让我引用一首清人的诗来概括它：

一群乌鸦噪晚风，诸生齐放好喉咙。

赵钱孙李周吴郑，天地玄黄宇宙洪。

《三字经》完翻《鉴略》，《千家诗》毕念《神童》。

其中有个聪明者，一日三行读《大》《中》。

现在大家看了这首诗，一定觉得很有趣，但是不一定懂是什么意思。在这里，首先要了解我们八九十年前儿童启蒙书本（读物）。最基本的有八本书，《百家姓》《三字经》《千字文》《千家诗》《神童》《鉴略》等。深入一点的，加上《大学》《中庸》。

五、启蒙教育的审思

《百家姓》是四个字一句，第一句是"赵、钱、孙、李"，第二句是"周、吴、郑、王"。有人问，为什么第一个姓是赵字呢？因为这本书是宋朝编的，宋朝的皇帝世家姓赵，所以第一。第二个是江南浙江封王的钱镠，所以第二是钱，当然不是说赵皇帝第一，有钱人算是第二位。但是为什么这首诗里第三句只写到周、吴、郑为止呢？那是为了作诗，七言的诗，不能用到八个字，所以到此为止。下面的话，当然，大家一看都明白的，就不必多说了。

《千字文》也是四个字一句，那是一本了不起的好书，用一千个中文不同的字句，写出一部中国文化基本的大要。这本书的第一句是"天地玄黄"，第二句是"宇宙洪荒"。但上首诗里，为了拼凑七个字一句，只好把这两句话截去一字，变成"天地玄黄宇宙洪"。既合平仄，又正好押韵。

一夜发白《千字文》

《千字文》的作者，是梁武帝时代官拜散骑员外郎的周兴嗣。历来在正史上的记载，就这样一笔带过，但据私家笔记的野史记载，内容就不是这样简单了。周兴嗣同梁武帝本来便是文字之交的朋友，在萧齐时代，还在朝廷上有过同僚之谊。到了梁武帝当了皇帝，那就变成君臣的关系。由朋友变君臣，说是关系不错，其实，伴君如伴虎，反是最糟糕的事。周兴嗣有一次不小心得罪了梁武帝，梁武帝一怒之下，想杀他或很严厉地处分他，到底还是于心不忍，只好下令把他先关起来再说。但梁武帝又说了一句话，你不

14

是文才很好吗？你能在一夜之间，把一千个不同的字，写一篇好文章，就赦你无罪。因此，周兴嗣就在一夜之间，挖空心思，写了这篇《千字文》。文章写好了，可是在一夜之间，头发、眉毛、胡子也都白了！大家要注意，用一千个不同的中文字，一夜之间，写出有关宇宙、物理、人情、世故的文章，等于写了一篇非常精简的"中国文化纲领要点"，虽然，只写到南北朝时期的梁朝为止，实在也太难了。梁武帝本人，才华文学都自命不凡，看了周兴嗣一夜之间所写的《千字文》，也不能不佩服。周兴嗣因此得到宽恕，而且还特加赏赐。

《三字经》是三个字一句的，先由儒家学说中的孟子观点"人之初，性本善"开始，综罗阐发儒家的基本理念，以教育后代青少年。在过去时代，是属于儿童启蒙的书，现在，应归国文研究所的课。

《千家诗》是集唐、宋各家的名诗，比较偏向于初学作诗的课本。在清末民初的石印本上，有的还附有李渔（笠翁）的韵对，如"天对地""雨对风""山花对海树""赤日对苍穹"，等等，很有趣。过去读书考功名，不管你有没有作诗的天才，一定要考你作诗。要作诗先学对对子。尤其到了清朝，作对子比作诗还盛行。这种风气，由唐代开始，一直到了民国，只要读过几年书，好诗不会作，歪诗也要歪几句。有人说，过去中国，是诗人的国土。这未免有点夸张，但也有些讽刺的意味。

先学做人，再谈政治

《鉴略》是全部中国通史浓缩再浓缩的书，是便于青少年初懂自己本国史，先记其大纲大要的书。

《神童》或《弟子规》，都是教孩子们先学做人，敦品厉行的书，当然，并不太注重政治意识。到了清末时期开始要维新变法，废掉了科举，办起了洋学堂，仿照日本明治维新的作风，法定不承认家塾和书院的教育，并且依法叫家塾为私塾，新式学校才叫正规教育。一直到清朝被推翻，民国成立，起初还在北洋政权时代的民国小学、中学里，不用什么《神童》《弟子规》等老古董，由教育部编了《修身》的课本。用到北伐时期以后，国民政府成立，又废了《修身》，改作《公民》一课。抗日战争前后，改成《政训》。随后中华人民共和国成立，就变成《政治》课了。由《政训》到《政治》，要教育全国人民都懂得政治，但如果做一个人的基本教育还没有根基，叫他怎样能做好一个好国民，或公仆呢！

六、乌鸦式的读书法

除了以上所讲的《三字经》《百家姓》《千字文》《千家诗》等之外，在当时的家塾、民间社会里，还普遍流行一本书，叫《增广昔时贤文》，这也算是课外读本。这本书收集了古人的名言好句，有关人生处世的格言，有消极的，也有积极的，反正男女老幼，容易读懂，也容易上口背诵，几乎是大家共同首肯，好像是人性的共鸣一样。例如"路遥知马力，日久见人心""画虎画皮难画骨，知人知面不知心""马行无力皆因瘦，人不风流只为贫"等，有趣而有意义的句子多得很。其中有许多是唐、宋诗人的名句，也有些是从小说上来的，还有的是民间口口相传的俗语，但都很有文学和人生哲学的意味，所以特别一提。

但求能够写信记账

那么，当年农村里家塾读书都很成功吗？可以说，大半都很失败。有许多人，把孩子送来读书，特别声明，只要他认识几个字，将来能够记账就好了。农家人手不够，需要帮手，并不希望读书做官，如果能够写信，那就算是乡下才人了！事实如此，我所见到当年的乡下人，家里有人外出，要写一封信寄出，或在外面的人寄信回来，都要拿到街上或别人那里，请教那些读过书而考不上功名，专门摆张桌子，为别人写信、记账谋生的先生来讲解。有个故事说，有个丈夫外出谋生，忘记了带雨伞，写信回家说："有钱带钱来，无钱带命来。"吓坏了一家人，后来才弄清楚，把"伞"字写作"命"字了。

另外，有一个我亲身经历的故事，当年在我们乡下，有一位年龄和我不相上下的邻居，他也在乡下先生教书时读过书。二十多年后，我们在台湾碰到，真有"乍见翻疑梦，相悲各问年"的感觉。他是知道我，我几乎认不出来是他了！我问他在这里做什么，他说："做生意，比较顺利，发点小财，现在正要开一家大饭店。老婆在家乡，但在此地又娶了一个老婆，家里不知道。知道你也来了，真高兴得不得了。你知道我家底细，我要写信，不敢找别人，你就帮帮我吧！"我说："你不是也读过书吗？"他说："啊哟，你还不知我是怎么一块料吗？当年读了一两年书，斗大的字会认得几个。现在都还给先生了。"老乡，又是童年小朋友，我当然义不容辞每次代他写信。这种秘书很难做，要设法写乡下人看得懂的话，还要合于方言。

有一次，他有急事跑来找我，我正在忙，他就站着急催，要我快动笔写信。我说："你怎么这样不通情理，你不是看到我正在忙吗？你急就自己写吧！"他说："我拿起笔，就好像扛一根杠子样，你用钢笔画几下就对了，很轻松。"我听他这样讲，就说："你知道我代你写一封信，要花多少代价吗？"他听我这样一说，眼睛瞪大了，就说："咦！你不过花一两张纸，手动动就好了，何必说得这样难听。"我说："你真不懂，你想想看，从我妈妈十月怀胎，生了我，几年吃奶，把我带大，后来再加二十多年的辛苦读书，不说学费，饭钱要多少？到了现在，才能为你做秘书，写一封信，你想，这一路算来，成本有多大吗？"他听我这样一说，愣住了，想了一阵，笑着说："你说得也对，同时骂我也骂得惨，不管怎样说，还是快代我写封信吧！"

学童"齐放好喉咙"

前面的话，是由那首描写从前旧社会里家塾启（发）蒙教育的情形说起，这首诗作者并未留名，大概是失意的文人，为了生活，担任教书先生的作品。第一、第二两句，描写当年家塾儿童读书的情景，真是活龙活现。乡下的儿童，真正喜欢读书的并不多，这便是现代学教育的要研究孩子的"性向"问题。儿童们最高兴的，是盼到黄昏傍晚时候，要准备放学回家了，先生坐在上面，叫学生们好好读几遍书，就可放学。于是，每个学生精神来了，各自拿出自己的课本，照先生今天所教的，放声大叫地朗诵起来，那不是为自己读，是为了读给先生听。低年级读《百家姓》或《三字经》，高年级读《千字文》或《千家诗》等，摇头摆尾，彼此瞪瞪眼，偷偷地你拍我一把，我打你一下，一边笑，一边叫着念书。那真像"一群乌鸦噪晚风，诸生齐放好喉咙"。有读《百家姓》的，"赵钱孙李周吴郑"；有读《千字文》的，"天地玄黄宇宙洪"；《三字经》完翻《鉴略》，《千家诗》毕念《神童》"都是实际的情形。

　　最后两句"其中有个聪明者，一日三行读《大》《中》"。这是说学生中真有一个比较聪明一点的，将来准备读书上进考功名的，先生就每天照书本多教他几行，《大学》或者《中庸》，可是教是教你认字，《大学》《中庸》真正深奥的意义，那就不一定讲给你听了！事实上，先生也未必真懂，大多只是叫你死背记得，将来慢慢地会懂。以我来说，一二十年后，对于当时先生教我背书，将来慢慢会懂的说法，反省过来，还真觉得他有先见之明，反而很敬佩他的搪塞教育法，真够隽永有味的幽默感！

七、先摆几个方块阵

我们在正式讲解《大学》《中庸》之前，首先需要了解中国文化中三个重要文字的内涵："道"字、"德"字、"天"字，再加一个"大人"名词的意义。然后再来研读《大学》或《中庸》，就好办得多了。

我们中国的文字，自远古以来，就不同于其他一些民族的文字。中国字是方块字，它与印度的梵文，埃及上古的象形文字，都以个体图形来表达思维语言的内涵意义。所以到了汉代，便有专门研究文字学的学问，以"六书"来说明中国文字的形成及其用法。所谓"六书"的内容，包括：象形、指事、会意、形声、转注、假借。这属于汉学中最出色的"小学"和"训诂"的范围。但是，这是一门专门的学问，我们不必在这里多讲，免得浪费时间。不过，这里所讲的"汉学"，是专指汉代文字学、考证学，并不是现代外国人对中国的文学或学术都称作"汉学"的意思。

那么，我提出读古书须先理解"道""德""天"等字，以及"大人"一词是什么意思呢？这也与汉代文字学的"小学""训诂"很有相关之处。因为我们要研究从春秋、战国时期以来的诸子百家书籍，尤其是儒、道两家的书，对以上的几个字，用在不同语句、不同篇章里的涵义，并不可只作同一意义的理解。否则，很容易把自己的思维意识，引入歧途，那就偏差太远了。

"道"字的五个内涵

"道"字，便有五个不同用处：

一是道路的道。换言之，一条路，就叫作道。很多古代书上的注解："道者，径路也。"就是这个意思。

二为一个理则，或为一个方法上的原理、原则的浓缩之名词，例如，《易经·系传》说："一阴一阳之谓道。"在医药上的定理，有叫医道，或药物之道。用于政治上的原则，便叫政道。用于军事，叫兵道。又如《孙子》十三篇中所用的一句话："兵者，诡道也。"甚至自古以来，已经为人们惯用的口头语，所谓"盗亦有道"。或者"天道""地道""人道"等等的"道"字，都是指有某一个特定法则的道。

三是形而上哲学的代号，如《易经·系传》所说"形而下者谓之器""形而上者谓之道"。形而下，是指物理世界、物质世界有形有相的东西；"器"字，就是指有形有相的东西而言。那么，超越于物质或物理的有形有相之上，那个本来体性，那个能为"万象之主"的又是什么东西呢？它是实在唯物的，还是抽象唯心的呢？这是我们自古祖先传统的答案，不是"物"，也不是"心"，心物两样，也还是它的作用现象而已。这无以名之的它，便叫作道。例如《老子》一书，首先提出"道可道，非常道"的道，就是从形而上说起。其实，"大学之道"的道，也是从形而上而来的理念，且听后面慢慢道来。

四是讲话的意思，这是古代中原文化习惯的用词，你只要多看看中国古典民间通俗小说，就处处可见，"且听我慢慢道来"，或是"他道""老婆子道"，等等，真是随手拈来，多不胜数。

五是在汉、魏时期以后，这个"道"字，又变成某一个宗教或某一个学术宗派的最高主旨，或是主义的代号和标志。例如"侠义道"或"五斗米道"等。到了唐代，佛家（教）也用它来作代号，如"道在寻常日用间"。道家（教）更不用说，把它视为唯我道家独有的道了。推而衍之，到了宋代，非常有趣的，在儒家学说学派之外，却另立一"道学"的名词，自以为在"儒学"或"儒林"之外，别有薪传于孔、孟心法之外的"道学"的道，岂不奇而怪哉！

"德"字的内涵

"德"字，我们现代人，一看到"德"字，很自然地就会联想到"道德"，而且毫无疑问的，"道德"就是代表好人，不好的，便叫他"缺德"。其实，把这两个字联系在一起，是汉、魏以后，渐渐变成口语的习惯，尤其是从唐代开始，把《老子》一书称作《道德经》。因此，道德便成为人格行为最普通，又是最高的标准了。但是，根据传统的五经文化，又有另一种解释，"德者，得也"。这是指已经达到某一种行为目的，便叫德。根据《尚书·皋陶谟》篇中的定义，共有九德——九种行为的标准："宽而栗，柔而立，愿而恭，乱而敬，扰而毅，直而温，简而廉，刚而塞，强而义。"在《尚书·洪范》篇中，另外说到三德："一曰正直，二曰刚克，三曰柔克。"在《周礼·地官》篇中，又有讲到六德："知、仁、圣、义、中、和"。

另外有关"德"字，在魏、晋以后，因为佛教、佛学的普及，提倡"布施"，教导人们必须将自己所有，尽心施放恩惠，给予众生，这样才有修行的功绩基础。由此采用《书经》上一个同义词，叫做"功德"。后代人们有时讲到"德"字，就惯性地与"功德"一词的观念连在一起，所以附带说明，以便大家了解。

我们了解到上古传统文化对于"德"字的内涵以后，把它归纳起来，再加简化一点来讲，"道"字是指体，"德"字是指用。所谓用，是指人们由生理、心理上所发出的种种行为的作用。这对于研究《大学》一书，尤其是最重要的认识。不然，到了"明德"和"明明德"关头，就很容易模糊、混淆不清了。因为古文以简化为要，到了现在，中国人的教育，不从文字学入手，搞得自己不懂自己的文化，反而认为古人真该死，自己的传统文化真糟糕。

"天"字的五个内涵

"天"字，真是"我的天哪"！读古书，碰到这个天字，如果要仔细研究，也不是那么容易，同是一"天"，看它用在哪里，又是哪一"天"的意义，我们现在把它归纳起来，也与"道"字一样，有五个内涵。

一是指天文学上天体之天，也可以说，包括了无量无边的太空。可不是吗？外国叫航行太空，我们叫航天，并没有两样，各自文化不同，用字不同而已。这是科学的天。

二是宗教性的天，这是表示在地球人类之上，另外有个仿佛依稀，看不见、摸不着的主宰，叫它为天。在我们上古以来的传统习惯上，有时和"帝"字、"皇"字是同一意义。不过，"帝"或"皇"是把那个莫名其妙的东西，加上些人格化的意思而已。如果用"天"字，就抽象得多。在意识上，便有"天人之际"，自有一个主宰存在的意思。

三是形而上哲学的天，它既不代表陈列日月星辰的天体，统属于自然科学的范围，又不是宗教性的唯心之天。它既非心和物，又是心和物与一切万象的根源。它犹如萧梁时代，傅善慧大师所说的一首诗"有物先天地，无形本寂寥。能为万象主，不逐四时凋"的天。简言之，它是哲学所谓的"本体"之天。

四是心理情绪上的天。它如一般人习惯性所默认的"命"和"运"关联的天。所谓"天理良心"，这是心理道德行为上所倚仗的精神的天。又如说："穷极则呼天，痛极则呼父母"，是纯粹唯心的天。

五是属于自然科学的范围，作为时间和空间连锁代号的天，例如一年三百六十五天，今天、明天、昨天，以及西天、东天等等。

总之，先要了解这几个中国古书中，"天"字的差别意义，这在研究《中庸》一书时，更为重要。好了，我们为了讲《大学》，又是"过了一天又一天"了！

八、大人之学的探讨

为了讲解研究《大学》，有关于"大人"这个名词，也必须在研究本文之先，要有一番了解。在中国传统文化的《礼记》中记载：古人八岁入"小学"。先由学习洒扫应对开始，渐渐地学习"六艺"——礼、乐、射、御、书、数。

洒扫，是人生基本的生活卫生和劳作。

应对，是人与人之间，所谓人伦之际的言语、礼貌、态度。

"六艺"包括的内容很广：

礼：是文化的总和统称。

乐：是生活的艺术，当然也包括了音乐。

射：是学习武功，上古远程攻击的武器，以弓箭为主，所以用射箭的射字作代表。

御：是驾驭马匹和马车等驾驶技能。

书：是指文字学，包括对公文的学习。

数：是指算术和数学，是上古科学的基本先驱。

由八岁入"小学"，到二十岁，已经不算是童子，在家族中，要举行"冠礼"，算是正式成人了。但在"冠礼"之前，又有一说，十八岁束发，也算成人了。所谓"束发而冠"以后，再要进修就学，那就要学"大学"了。

怎样才算是"大人"？

那么，我们现在所要研究的这本《大学》，是不是古代所说的成人之学呢？或是如宋儒朱熹（晦庵）先生所注，含糊其辞地说，

"大学者，大人之学也"呢？假定说，《大学》劈头第一句所说的"大学之道"，确是指定是大人之学。那么，怎样才算是大人？或者如中国文化三千年来的习惯，凡是做官，甚至捐官并未补实缺的，都称作大人哪！但不管是曾子的原意，或朱熹的注解，《大学》一书，绝不是专门教做官做吏的人学习的。

从字源学上来看，"大人"这个名词，首先出在中国文化宝典中。所谓群经之首的《易经》里，就有二十九处之多。例如：在乾卦九二、九五"利见大人"，升卦的"用见大人"，革卦九五"大人虎变"，等等。但很遗憾的，在《易经》上，每次提到大人，也都没有确切的定义，是指做大官的大人，或是年长的大人。但《乾卦·文言》上说：

> 夫大人者，与天地合其德，与日月合其明，与四时合其序，与鬼神合其吉凶。先天而天弗违，后天而奉天时，天且弗违，而况于人乎！况于鬼神乎！

这样的"大人"，连鬼神也都无可奈何他，天也改变不了他，这义是个什么东西呢？说到这里，我先说一段往事。

《乾卦·文言》新解

当年我在成都时，曾经和一位宿儒老师，蓬溪梁子彦先生，畅论这个问题。梁先生的学问，是朱熹的"道问学"和陆象山的"尊德性"的调和论者。可是我们经过辩证，他只有说，依子之见如何？我就对他说，如果高推《大学》《中庸》为孔门传承的大学问，那我便可说，《大学》是从《乾卦·文言》引申而来的发挥；《中庸》是从《坤卦·文言》引申而来的阐扬。《坤卦·文言》说："君子黄中通理，正位居体，美在其中，而畅于四肢，发于事业，美之至也。"梁先生听了说，你这一说法，真有发前人所未说的见地。只是这样一来，这个"大人"就很难有了。我说，不然！宋儒们不是主张人人可以为尧舜吗？那么，人人也即是"大人"啊！

梁先生被我逼急了，便说，你已经是这样的境界，达到这样"大人"的学养吗？我说，岂止我而已，你梁先生也是如此。他说，请你详说之。我便说"夫大人者，与天地合其德"，我从来没有把天当作地，也没有把地当成天。上面是天，足踏是地，谁说不合其德呢！"与日月合其明"，我从来没有昼夜颠倒，把夜里当白天啊！"与四时合其序"，我不会夏天穿皮袍，冬天穿单丝的衣服，春暖夏热，秋凉冬寒，我清楚得很，谁又不合其时序呢！"与鬼神合其吉凶"，谁也相信鬼神的渺茫难知，当然避之大吉，就如孔子也说"敬鬼神而远之"。趋吉避凶，即使是小孩子，也都自然知道。假使有个东西，生在天地之先，但既有了天地，它也不可以超过天地运行变化的规律之中，除非它另有一个天地。所以说："先天而天弗违，后天而奉天时。"就是有鬼神，鬼神也跳不出天地自然的规律，所以说："而况于人乎！况于鬼神乎！"

我这样一说，梁先生便离开他的座位，突然抓住我的肩膀说，我已年过六十，平生第一次听到你这样明白的人伦之道的高论，照你所说，正好说明圣人本来就是一个常人。我太高兴了，要向你顶礼。这一下，慌得我赶快扶着他说，我是后生小子，出言狂放，不足为训，望老先生见谅，勿怪！勿罪！这一故事，说到此为止，但梁先生从此便到处宣扬我，为我吹嘘。现在回想当年前辈的风范，如今就不容易见到了！

说到这里，我已经把《大学》里的"大人"说得很清楚了，如果还不了解，勉强下个定义吧！凡有志于学，内养的功夫和外用的知识，皆能达到某一个水准，即称之为"大人"。至于内养的功夫，外用的知识，要怎么养，研究下去，自然就会知道。

还它的本来面目

现在我们要正式讲解研究《大学》的原文，首先需要说明所谓的原文，也叫做"原本《大学》"或"《大学》原本"。

为什么呢？因为自宋代以来，尤其是南宋以后，所有印刷流传的《大学》，都是朱熹先生根据他的师承二程（即程明道、程伊川）先生重新改编原本，加上朱熹先生的心得做注解的《大学》章句。最严重的是，自明朝以后，不但根据"四书"考功名，而且规定都要以朱注为标准。

而我们现在讲解《大学》，就要返本还原，恢复曾子原著的《大学》论文，如果照古人尊称的意思，应该说恢复曾子原经的本来面目，这样并不过分吧！程伊川与朱熹两位先生，对孔、孟之学的造诣，的确有其独到高深之处，也的确可以自成一家之言，但没有必要，更没有理由随便篡改经文，他们的学问主旨，讲"主敬""存诚"，随便篡改前贤的原义，岂不是大不敬，太不诚吗？这样就犯了逻辑上"自语相违"的过错了。

但是，我们也须先看一看，听一听程、朱之说是怎样讲呢？如果我们了解程、朱的错误，《大学》的真面目也自然就出现了。大家且看在《大学》的前面，朱子写道：

> 子程子曰：《大学》，孔氏之遗书，而初学入德之门也。
> 于今可见古人为学次第者，独赖此篇之存。而《论》《孟》次之。学者必由是而学焉，则庶乎其不差矣。

嘿！嘿！程朱的理学，最重尊师重道，更重尊敬先圣先贤。《大学》一书，是理学家的儒者们，一致公认是孔门弟子、所谓"先贤"曾子的遗书。但他朱先生一开始，就非常尊重他的师承，叫程子还不够，在程子上面还要加上一个特别尊称的"子"字。不只撇开了曾子不理，而且也摘掉孔子的"子"字，轻慢地换成"孔氏"，

27

竟变成"《大学》，孔氏之遗书"。这真像明清以来衙门里刑名师爷的笔法，把曾子的著作权，轻轻易易地判归孔氏门下，而且还不是指定是孔子受益，不过是孔氏门下的公有而已。因此，宋朝以后，理学家的儒者们，都是自认为直接继承孔、孟之学，当然就可作主张，随便篡改，曾子又其奈我何！

不但如此，朱先生又说："而初学入德之门也。"啊哟！明明本书开宗明义第一句就是"大学之道"。而他却说是初学入德之门。这种笔法、这种写法，如果朱先生在北宋神宗时代碰到苏东坡，他一定写文章大大批驳一番。如果碰到清初的金圣叹，可惜他本来就不大注重理学家们，否则，由他来一批朱文，那就更加精彩幽默了！

但是，大家不要小看这一段五十六个字的短文，如果我们生在明、清两朝六百年间，想考取什么秀才、举人、进士的功名，就非照此背熟不可，还要牢牢记住朱子的章句是这样说的。假使有半点违反这种思想意识，小则，永久取消考试资格；大则，也许吃饭的家伙也保不住了！学问被禁锢到这种程度，还说什么文字狱有多么可怕吗？中国过去的帝王或大政治家们，都有这种人性特点的褊狭习气。以古例今，所以中国文化、文明的进步，始终只能在某一特定的圈圈中打转。孔、孟以后的儒家，也永远只能口是心非的，在高呼"万岁陛下"声中，承虚啑响，讨个官做，聊以自己鸣高，学问之道如此而已矣。《大学》中所说的"修身"学问，真的就是这样吗？

九、中原文化的精品

现在我们先读《大学》原文第一段，也是《大学》最基本的宗旨所在：

> 大学之道，在明明德，在亲民，在止于至善。知止而后有定；定而后能静；静而后能安；安而后能虑；虑而后能得。物有本末，事有终始，知所先后，则近道矣。

大家读完了《大学》第一段原文以后，我要先讲正反两点，请大家留意。所谓正面的：《大学》和《中庸》两本书，文章很简要而且美丽，后来的《孟子》一书，也是这样。我小时候读书，要学写作古文，老师们便告诉我们要熟读、熟背《大学》《中庸》《孟子》的文章。那么，文章一定会写得四平八稳，而且很好。至于《老子》《庄子》《楚辞》的文章，初学不宜，不然，会流于奔放，容易变成狂妄。

北方与南方的文学风格

事实上，《大学》《中庸》的文章，不仅简练，也真有温柔敦厚之美。我个人在三十岁以后，在多读古书，多学习了解以后，我又大胆下了一个定论：《大学》《中庸》《孟子》是齐、鲁文化的精品，也代表了古代中原文学的精华。当然，如《礼记》《春秋》的文章，也大多如此。

至于《老子》《庄子》乃至《楚辞》，却代表了南方文化和文学的精华，使人心胸开豁，意境洒脱。如果比方的说，中原文学犹如唐代杜甫的诗，浑厚有味，好比吃河南、山西的面食，北方的饺子、馒头。南方的文学犹如唐人李白的诗，豪情奔放，好像白米饭配上鱼肉菜肴。换言之，古代中原的文化、文学犹如德国日耳曼民族的文明，浑厚朴实。南方的文化、文学，犹如法国法兰西的文明，风流潇洒。总之，希望大家多读、多念、多背诵，当歌一样地唱着来读。那么，必定有如我当年读书时，老师并不太给你讲解，只说，你读熟了，将来你自己会懂。现在套一句成语来说，你读得背熟记牢了，将来你会自己开悟的。这是正面的经验。

《大学》首文竟可以治病！

另一方面，我可告诉你一个非常有趣的经历故事，我在年轻的时候，兴趣是多方面的，而且也和大家一样，好奇、好神秘，到处求师访道，想变成超人，成仙成佛最好。在三十年代的时候，湖南有一派道门，由一个姓萧的道长领导，据说有道又有法术。那多好啊！本人当然千方百计找人介绍去求道啰！真奇怪，见面了，他正替一个人念咒治病，左手拿一杯水，右手捏个剑诀，指天画地，口中念念有词，不知念些什么。念完了，叫那个病人喝下去，那个病人说：感觉好多了。我看了心想，这不是跟出家的和尚们，念《大悲咒》水叫人喝一样吗？但别人告诉我，这不是《大悲咒》的法门。好了，我当然要试探一番，先请他教我这个念咒水的法门也不错啊！

经过百般刁难，我又再三恳求，他终于说我有缘，又是上天允许了教我。到了真正传道、传口诀那一天，当然赌咒发誓，不可泄漏天机，所谓"六耳不传"，也就是说，一个对一个的传授，口传心授，不能公开，真是秘中之秘。他传了，我也学了，不但使我大失所望，几乎使我笑掉了大牙。你说他传个什么咒啊！告诉你，就是我刚才念的《大学》开头第一段。我想，天哪！我早知道你传的是这个，我在十二岁起，背得比你还熟、还快，早可当你的祖师了！但是你不要笑喔！他们诚心诚意念了这一段，给乡下人治病，有时候真的有效，所以人们才相信他。如果是我或你们来念，保证不灵，因为你我不信。这是精神学上一个问题，也不简单。知识分子不信，不一定对。愚民的迷信，不一定是错。这其中的道理，还有很深的学问哩！

附带讲一个故事：有一次，我在西南边区碰到一个人，会"祝由科"，念咒画符能治病。我看到他替受伤的人止血。我也要学，他传授给我。等我知道了这个咒语以后，实在笑也笑不出来。我知道我如照作，百分之百保证不灵。你说它的止血咒怎么念呢："东方来个红孩儿，身穿大红袍，头戴红缨帽……太上老君，急急如敕令，止！"他把手一止，别人伤口的血真不流了。因为他有信心。这都是精神学上的问题，所有宗教的迷信作为，都由此来的。

刚才所讲用"大学之道"一段来治病，当年这一派，是清末民初，民间秘密道门所谓"同善社"一派的支流。那时，还没有什么"一贯道"呢！至于这些人物和宗派来源，后来我都一清二楚，实在不足一谈，我们现在是讲《大学》，不是在讲旁门左道的史料。

十、《大学》修养的次第

现在我们正式研究《大学》第一段的四句书：

"大学之道，在明明德，在亲民，在止于至善。"

古文就是这样简化。如果用现代的观点来说，这种古文，就是春秋、战国时代的简体文。把人类的意识思想、言语，经过浓缩，变成文字，但永远保存意识思想的原有成分，流之久远。这就是我们所说的古文。

这四句书，到了南宋开始，经过宋儒理学家们的研究注解，尤其是程、朱学派以后的学者，大多必要遵守程、朱章句之说。因此习惯地说《大学》书中的要领，便有"三纲八目"的说法。纲，是纲要；目，是条目。纲目，是朱熹首先习用的创作。例如，他对于中国历史的批判，不完全同意司马光《资治通鉴》的观点，自创一格，他对历史的编写，被后人称作"紫阳纲目"。

其实，纲目是写作文章和对学术分类的逻辑方法。纲，是前提，也可以说是标题。目，是分类的引申。很有趣的，我们现代在政治术语上，听惯了"上纲"这个名词，但大家还不知道，首先使用这个名词的导师，也是采取儒家学说中来的，并非导师自己的创作。只是大家书读得不及他多，就不知道他当年也是此中的健者。

过去所讲的《大学》一书中有"三纲八目"的说法。是哪个"三纲"？是哪个"八目"呢？

答案是这样的：《大学》书中首先提出的"明德""亲民""至善"，便是"三纲"。不是古代传统文化的"君为臣纲，父为子纲，夫为妻纲"的三纲。那"八目"呢？答案是《大学》后面的："格物""致知""诚意""正心""修身""齐家""治国""平天下"。

其实，对于《大学》一书，指出有"三纲"之说，也不尽然！事实俱在，如说《大学》一书的纲目，应该说它有四纲、七证、八目才对。

四纲、七证、八目

那么，"四纲"是什么呢？就是在"明明德""亲民""止于至善"之上，一个最重要的前提"道"字，也可说是大学之道的"大道"。详细的理由，待我们慢慢地明辨。但可先从"以经注经"的原则去探讨，只要从《大学》开头两段的本文中，就可看出来事实俱在。本文中不是明明白白地写出"物有本末，事有终始，知所先后，则近道矣"吗？所以"大道"或道，才是首纲。

那么，为什么又特别提出"七证"呢？因为《大学》本文，在四纲以后，跟着就提出有七个求证大道与明德的学问程序，也可说它是求证大道的学养步骤。如果你高兴要说它是七步学养的功夫，也未尝不可。这就是"知、止、定、静、安、虑、得"。这就是《大学》学问的纲要所在。过此以后，所谓"格物、致知、诚意、正心、修身、齐家、治国、平天下"的八目，才是"亲民"的实际学问和修养。

也可以说，初由大道到明明德，是每个人自立自修的学问。也就是宋儒理学家们冒用庄子学说，作为自己广告的"内圣外王（用）"之说的"内圣"之学，也可以说是"内明"之学。再由明明德到亲民，才算做到真正修、齐、治、平的功德，便是自立而立人，自利而利他的"外王（用）"之致用。但无论是自立的"内明"，或立人之道的"外用"，都要达到"至善"的境界，才算是人伦大道的完成。

了解了这些预备学识以后，我们再来用白话文的方式，试着简单地直译《大学》首先的四句书看看：

"大学的道，首先在明白明德的修养，然后才能深入民间做亲民的工作，达到极其圆满的至善境界"。

当然啰！这样直译了《大学》的原文，无论怎样说，已经是隔夜油炒饭，肯定不是原来的本味了！况且对这四句书的四个句子的内涵，也是隔靴搔痒，始终抓不到重点。因此，还要一点一点、一层一层来抽丝剥茧加以研究。

既然知道用白话文直译古文的内涵，毕竟似是而非，完全不是那个味道，那只有用孔门所教治学的方法，所谓"博学、审问、慎思、明辨"来抉择它，也就是现代所说用分析、归纳的方法来研究了。

自立立人而达于至善

第一，在两千多年前的中国，所谓春秋末期、战国先期的阶段，中国的传统文化，本来就是儒、道并不分家的一个道统时代。即使诸子百家之说，也都是标榜一个"道"字作定点。

本书作者曾子，生在这个时代，而且在孔门七十二贤中，他是传承道统心法的中坚分子。在那个时代里，在政治系统、社会风俗习惯上，至少表面上还是宗奉周朝皇室为中央，尤其在文化习俗上，还是以周制的周礼为准。所谓子弟八岁入小学，到束发而冠的十八、二十岁，再进习成人之学，也就是准备做一个真正的大人，已经不是童子的细（小）人了。

那么，大人之学所教授的，一个人之所以为人的人伦之道是什么呢？那就是先要明白这个"明德"。所以这一句书里有两个明字，第一个明字当动词用，第二个明字当形容词或名词用。这种用法，在上古时代，是很平常的。例如：父父，子子，亲亲等，都是把第一个字当作动词，第二个字才是名词。就是说：对父亲而言，要做父亲的本分；对儿子而言，要做儿子的本分；对自己的亲人而言，要做到对亲人的本分。

了解了以上的道理，同时也可以知道我们上古传统教育的主要宗旨，就是教导你做一个人，完成一个人道、人伦的本分。不是只教你知识和技能，而不管你做人做得好不好。因为做工、做农、做小贩、做官、做学者、做军人、做皇帝，那都是职业的不同。职位虽不同，但都需要做人，才是本分。你的职业职位果然荣耀煊赫，而人都做不好，做人不成功，那就免谈其他了。

第二，"大学之道"的道，是根本，也可以说是体。"明德"是由道的致用，是从道体出发的心理和身体力行的行为。"亲民"是由个人学问的道和德的成就，投向人间，亲身走入人群社会，亲近人民而为之服务。这便是明德立己以后，外用到立人的目的。最终的结果，无论是个人立己的明德，或是外用立人的亲民，都要达成"至善"的境界。

第三，如果我们照这样的说法，怎样才可以表达得更明白一点呢？那只有用"因明"（逻辑）的办法，借用相似的比类做譬喻、做例子，或者可以比较明白一点。怎样借譬呢？那只有向邻居的佛家去商量，暂借用佛学来做说明了！

自觉觉他而觉行圆满

佛，是古代印度梵文"佛陀"的简译。佛是什么，在中文来说：佛者，觉也。觉个什么？觉悟心性的自体。怎样才能自觉心性自体成佛呢？那必须先要修行大乘菩萨道的功德，所谓：自利（等于儒家的自立）、利他（等于儒家的立人），达到福（功）德资粮圆满，智慧资粮圆满，才可以成佛。所以自觉、觉他，觉行圆满，就叫作佛。如果用佛学来比方儒家学说，佛就是圣人的境界，菩萨就是贤人的境界。菩萨是梵文"菩提（觉悟）萨埵（有情）"的简称，中国初期的翻译，也叫做"开士"或"大士"。

我们借用了佛学这个比例来说明《大学》的"大学之道"。那么，明明德是自觉，亲民是觉他。止于至善便是觉行圆满而得道成圣了！这样一来，恰恰如宋儒陆九渊所说："东方有圣人，西方有圣人，此心同，此理同。"是不是如此呢！大家再去想想看，再做研究吧！

了解了前面所讲的理念之后，就可以明白这四句纲要的下文，所谓知、止、定、静、安、虑、得七个层次的学问修养次序，完全是衔接上文四句的注脚。不然，读了半天《大学》，好像在看教条式的条文，连贯不起来。就如说，"知止而后有定"到最后一句的"虑而后能得"，它究竟得个什么呢？

如果我们照前面所讲的理念，那就可以明白"虑而后能得"，便是得到明德之目的了。不然，这个"明明德"，也不知道从怎样明起？当然，既能达到明德的境地，那就真能达成"大学之道"这个道的境界了。

这样便可了解从汉、魏以后，儒家、佛（释）家、道家，把各个自家修行的成果，都用中国传统文化的习惯用语，统统叫做"得道"。其实，得道这个名称，也就是从《大学》"虑而后能得"这个理念而来的。由此演变，到了唐、宋以后，佛家的禅宗普及流行，大致标榜禅以"明心见性"而得道。道家也相随而来，标榜以"修心炼性"而得道。儒家的理学家们，当然不甘落后，也自标榜以"存心养性"而得道。你们看看，曾子这一句"虑而后能得"的内涵，是多么隽永有味啊！

同时，禅宗把得道叫"开悟"，真正开悟了才是明白佛学的理念，也有叫做"明觉"的说法，这明觉或觉明，与明德和得道，都只在名词的表达现象上，依稀恍惚，仅有轻云薄雾，忽隐忽现的界别而已。解脱这些"名相"的束缚，就并无多大差别了。

十一、朱晦翁昧改《大学》

讲到这里，本来就要接着研究由“知止”到“虑而后能得”这一段的求证学问。但是，从南宋以来，因程、朱章句之学对中国文化七八百年来的影响太大了，我们也不能不加重视，先来探讨，这样也是对先辈学者的尊敬态度，不能随随便便就一律抹煞。现在且看朱子（熹）的章句：

程子曰：亲当作新。

大学者，大人之学也。明，明之也。

明德者，人之所得乎天，而虚灵不昧，以具众理而应万事者也。但为气禀所拘，人欲所蔽，则有时而昏。然其本体之明，则有未尝息者。故学者当因其所发而遂明之，以复其初也。

新者，革其旧之谓也。言既自明其明德，又当推以及人，使之亦有以去其旧染之污也。

止者，必至于是而不迁之意。

至善，则事理当然之极也。言明明德、新民，皆当止于至善之地而不迁。盖必有以尽夫天理之极，而无一毫人欲之私也。

此三者，大学之纲领也。

大家不要小看了这一段文字，它的思想，后来影响元、明、清三代六七百年，使汉唐以来的中国文化发展受到障碍。严重地说，中华民族国家的积弱成性，也是由此种因。民国初期的五四运动，大喊打倒孔家店，实在不是胡闹。其实，孔家老店，倒还货真价实，只是从南宋以后，这一班宋儒理学家们，加入了孔家店，喧宾

37

夺主，改变了孔家店原来的产品，掺入的冒牌货太多。尤其以程、朱之说，更为明显。

"亲民"改作"新民"！

第一，先说朱子冒用其师程颐的意见，非常大胆地将古文《大学》首列的"在亲民"一句，硬要说，程子曰："亲"当作"新"。这真叫作造反有理，这不是明明白白涂改文书，等于秦桧加在岳飞身上的判决"莫须有"吗？

因为把"亲民"的亲，当作"新"字来解释，他可非常有力地把后文"苟日新，日日新"来证明自己涂改有理。因此，他便可以大谈静坐观心，畅论心性微言妙论的教化，认为人人如此，才是学问，才能革新改过，才算是个新人（民）。

岂不知下文由"格物""致知"，到"诚意""正心""修身"的个人学养成就以后，跟着而来的"齐家""治国""平天下"都不正是真实做到"亲民"的学问吗？如果要人们天天换作新民，那就要随时变更政策，常常要来一次什么大革命才对吗？所以这个思想，后遗的流毒太大了！

擅自改编《大学》次序

朱子不但如此，又将原文《大学》的文章，运用他自己的观点，重新改编次序，分为十章。因此，在南宋以后的《大学》《中庸》，便有"右一章""右十章"的注释。当我在童年时候，一般同学们读书读得疲劳了，便大喊，啊哟！妈哟，我现在又读到"发昏"第一章啊！

这便是由南宋以后到清末民初，读书人为考功名，不得不永远墨守成规，以程、朱"章句"之学为准则。但当朱子在世的当时，当权派提出反对程、朱之学的大有人在。只可惜他们在历史上的"政治品格"太差，不但在当时起不了作用，就在后世，大家也绝口不提他们。你说是谁，就是南宋的秦桧（反对程颐）、韩侂胄（反对朱熹）。他们指摘程、朱是伪学，要求禁止。如果排除了历史上奸臣的罪名，就学术而言学术，恐怕也未可厚非。

倘使在北宋时期，有如欧阳修、司马光、苏东坡等在位，恐怕朱子之说，必遭批驳。当时，如王安石的经学造诣，未必不及朱熹，甚至宋神宗明令规定考试经义，都以王安石的注解为标准，结果也遭到反对，所以，王安石的注解，在后世便不流传。

以此为例，朱子岂非是时代的幸运者？这正如曾国藩晚年所说："不信书，信运气。"宋、元以后，程、朱之学大行其道，并非朱子自己，实为当政的领导者——帝王们，想靠它牢笼天下之士，为其所用，并且要乖乖听话，不敢违背先儒，更不敢违背君父，如此而已。

一字之差的故事

讲到这里，忽然想起一个禅宗的公案（故事），颇有类同之处，不妨讲给大家轻松一下。当在盛唐的时期，禅宗大行其道。百丈禅师在江西的百丈山，开堂说法，座下学僧听众不下千人。在听众中，有一个白发老翁，天天都来，而且都是最后离开。长期如此，引起百丈禅师的注意。有一天，百丈说法完毕，大家都散去，这个老翁还没有走。百丈禅师就特别过来问他，你为什么每次都迟迟不忍去，应该是别有问题吧？老翁听了就说："我正有一个重大的疑问，请师代我解脱。"

百丈就说："你问吧！"老翁说："我在五百生以前，也是一个讲佛法的法师。有人问我：'大修行人，还落因果否？'我就答他说：'不落因果。'因此果报，堕落变成野狐的身命，不得解脱。请问大师，我究竟错在哪里？"

百丈禅师听完了，便说："你再问我吧！"那老翁就照旧重复原句向百丈禅师请教。百丈就很严肃地大声回答说："不昧因果。"这个老翁听了这话，就很高兴地跪下来拜谢说："我得解脱了！明天，请老和尚（指百丈禅师）慈悲，到后山山洞里，为我火化这个身体。但希望您老人家不要把我当作异类（畜生），请你还是把我当五百生以前一样，用一个出家人的礼仪，烧化我吧！"

百丈禅师点头答应了。第二天，百丈穿起正式僧服的袈裟，告示大众，跟我到后山烧化一位亡僧。大家听了很奇怪，因为近日内，都没有哪个出家同学死亡，怎么老和尚要大家去送一位亡僧呢！结果，到了后山，在一个山洞里，百丈去拖出一只死去的狐狸，身体如刚生的小牛那样大，百丈亲自举火，依出家人的礼法烧化了它。

这就是后世相传，对一般乱讲禅道的人，叫做"野狐禅"的来历。我讲这一个故事，不是对朱子的侮辱。明明曾子所著《大学》原文是"亲民"，为什么一定要改为"新民"？假如曾子有知，岂不笑他胡闹吗？如果朱子说，这亲民的亲字，还包含有"做一个新民"的意义，或说"亲者，义亦如新"即可；这就无可厚非了！用不着硬改原文啊！其实，明儒理学家王阳明，也已发现朱子太过分了，他也不同意改亲民作新民。

十二、"明明德"要"明"什么？

接着，朱子解释"明德"，他的奇言妙论就出来了。

在这里我们先要了解，从朱子的老师二程夫子（程颐、程颢两弟兄）开始，被后世所称谓理学家的理学，是宋代中期以后突然崛起的学术思想，在中国的哲学思想史上，形成为宋儒学术的大系。

宋儒理学兴起的背景

其实，追溯起来，理学的兴起也不算太突然。因为唐、宋以来的知识分子，早已看不惯、也受不了他们当时所处的情况：那就是由唐到宋，由于佛教禅宗的教法和道教思想的流行，普及到上下层各色社会，而几乎使传统的孔、孟之教，黯然无光。因此，在学习佛、道两家学问以后，便渐渐形成以儒家的孔、孟之道为中心，左倾反道，右倾排佛，建立了宋儒理学的特色。这是由民族意识的顽固偏见出发，不了解人类整体文化的胸襟所致。但对古人而言，这种胸襟，固亦无可厚非。

同时，他们上取唐代韩愈一篇论《原道》的文章，标榜中国固有的传统之道，由"尧、舜、禹、汤、文（王）、武（王）、周公、孔、孟"的传承，虽然到了孟子而斩，但他们宋儒又重新悟道而承接上了。所以我常说，中国固有传统文化的读书人，无论老儒新儒，常常容易犯一种自尊狂的毛病，他们自认为从尧、舜、禹、汤、文、武、周公、孔、孟以后，谁也不是真儒，当今天下，唯我独尊，孔、孟以后，只有我才够得上是真正明白儒家学理的人。这样的儒家，我数十年来接触到的、看到的太多了。因此，很了解宋儒理学家们的心态动机，也不外此理。

但在韩愈的《原道》以外，更重要的，是受昌黎先生的弟子李翱一篇《复性书》的启发。殊不知李翱的《复性书》，正是受到他的皈依师父药山禅师的激励而来。

因为禅宗所主张的明心见性而得道，是根源于佛说一切众生的自性本体，原是光明清净的。只因受欲念情思等心的习气所染污，所以便堕落在生死轮回之中（所谓轮回，就是循环往复、旋转不停的意义）。一个人能一念回机，明自本心，见自本性，就可返本还原，得道成佛了。

同样的，唐、宋以后的道家，也与禅宗互有关联，例如道教《清静经》的主旨，也说："人能常清静，天地悉皆归。"

人生在任何一个时代，要想做到思想、学术、生活完全能脱离现实而独立生存，肯定地说，是绝对不可能的。尤其是一个知识分子的儒者，如二程夫子、朱熹先生等读书人，当时学了佛、道两家的学问修养，就回来反求诸己，重新打开孔家店，自立门户成家，那也是无可厚非、情有可原的事。这些确实资料，你只要遍读程、朱两家遗集，及明了历史演变，就到处可见。但最不能使人赞同的，明明是借了别家的资本，或是偷用了别人的本钱，却又指着别人的大门大骂"异端"，实在是令人齿冷，令人反而觉得假道学倒不及真小人了！

朱子"虚灵不昧"说的探究

现在，我们且看朱子怎样注解"明明德"和"亲（新）民"的涵义。这段注解在前一章已经引述出来。现在我们为了讲解方便，也为了加深印象，再次引述他的注解如下。他说："明，明之也。明德者，人之所得乎天，而虚灵不昧，以具众理而应万事者也。但为气禀所拘，人欲所蔽，则有时而昏。然其体之明，则有未尝息者。故学者当因所发而遂明之，以复其初也。新者，革其旧之谓也，言既自明其明德，又当推以及人，使之亦有以去其旧染之污也。"

这一段话，可以说是朱熹先生代表宋儒，以及程、朱理学的最高哲学的主旨。我们把它试着用现代白话来说清楚。他说，《大学》所讲明德的内涵，是说什么呢？那是说人们生命中本有之性，原来本是虚灵不昧的，它能够具备一切的道理，而且能够适应万事的作用。

注意啊！这是朱子说，天生人性，本来便是"虚灵不昧"的，人性本来是具备理性，能够适应万事（万物）的。

但是这个"虚灵不昧"，被天生生命的禀赋及气质的功能所拘束，又为人心自己的欲望所蒙蔽了，所以有时候就昏迷不清醒了，也可说不理性了。不过，那个人性的本体，还是照样很清明的，并没有停息过。所以学问之道，就要在它发动气禀、发动人欲的时候来明白它，就立刻恢复它的最初面目。

注意啊！孟子认为人性本善。朱子当然知道，但他不用"性善论"做定位，却用"虚灵不昧"四个字来说明人的本性，这就不知所云了！等于和尚不信佛经佛说，专门学那些五花八门的特异功能之说来当佛学。

虚灵不昧是心理上的一种境界，也可以说是意识形成的知觉或感觉的心态，这是由父母所生以后的后天现象作用，说它是后天的个性还马马虎虎。如果说是父母未生以前的先天之性，就大有问题了！况且虚灵不昧，是他从佛家的禅宗，和道家讲究心地做功夫的术语因袭而来的。庄子的"虚室生白，吉祥。止，止"，百丈禅师所讲的"灵光独耀"，甚至禅师们惯用的"一念灵明"，这些都是做静定修养功夫中，心理上所呈现的境界状态，怎么就硬塞进去，指定这就是曾子所作《大学》明德的内义呢？

好了！我们姑且承认天生人性本来就是虚灵不昧吧！但朱子又

说有一个气禀的气质之性是很厉害的，它拘束了这个虚灵不昧，而被人性所蒙蔽。那么，一个虚灵不昧的人生自性，同时也并存有两个魔性，一个是气禀，一个是人欲。它们两个又从哪里来呢？是不是如朱夫子自己所说，也都从自性本体中来呢？怪不得后世人辩讲宋儒程、朱的理学，说它是"理气二元论"。其实，他对人欲和本体的关系还交代不清，可以说是"理、气、欲"的三元论啊！

朱子又说，虚灵不昧的理性，它本身是明白的，并未停息过，只要你在人欲发动的时候，明白了它的作用，就可恢复到当初的虚灵不昧了！这也就是理学家所说的，"人欲净尽，天理流行"的大机大用了。朱子这个"复其初也"一句，便是从李翱的《复性书》而来的。如果有人要问：既然复其初了，是不是永远会在虚灵不昧之中呢？问题来了：

（一）那个气禀（质）之性增强力量，比你虚灵不昧还大，是不是又被它所拘，虚灵不昧又被它拖垮呢？

（二）如果人欲投靠了气禀（质）之性，气质帮忙人欲，你的虚灵不昧敌不过它两个合力进攻时，又如何呢？

倘使这样诡辩下去，正如西方文化中所说的上帝万能，却永远消灭不了撒旦（魔王）。所以撒旦永远与上帝并存，万能就等于无能了！

但我们只能到此打住，不必再论辩下去。正如禅宗的德山禅师所说："穷诸玄辩，若一毫置于太虚。竭世枢机，似一滴投于巨壑。"言说论辩，终归是"戏论"而已。我们最重要的结论是：朱子所说的"虚灵不昧"，只能说它是《大学》下文"止、定、安、静"求证功夫中的一种境界，不可以用它来诠释注解明明德就是虚灵不昧。更不可以就把它当作人生天性原初的本体。不然，朱子会被人认为是权威学阀的武断，至少是鱼目混珠的误用吧！岂不太可惜了吗？

（三）如果说，人活着的时候，还可修养到虚灵不昧，那人死了以后，这个虚灵不昧又到哪里去了呢？它还存在吗？还是死了，就不存在了？不论死后是否存在，这个理性的作用，它是生物的，还是纯粹物理的？本体究竟是物还是心？到今天为止，整体人类文化，无论宗教的、哲学的、科学的，都还无定论。即使已有定论，实在也一言难尽，以后专题再说。

至于朱子强改《大学》"亲民"作"新民"，虽然也言之成理，像煞有介事，但毕竟是妄加涂改，未免牵强，前面已经说过，在这里就不必再提了。

总之，我们反反复复，检点讨论了那么多，现在应该老老实实，归到结论上来：明明德，究竟是什么意思呢？答案：是自明"内明"学问的准则，为"大学之道"的纲要。至于怎样才能达到明明德的实际，那就在下文用"止、定、静、虑"等学问层次去证得了。

如果我们胸襟放大，不学宋儒那样，把儒家变成宗教式的排他性，则可借用他家的话作比类了解，就容易明白得多了。譬如老子所说"知人者智，自知者明"。可以借来用做"明明德"的发挥。因为世上的人们，几乎都苦于不自知。换言之，人都缺乏自知之明。等于禅师们所说，人人都不知自己的本来面目，因此自心不明自心而不能见道。又如早于孔子的管仲也说，"圣人畏微，愚人畏明""聪明当物，生之德也"，都是相同的道理，所以学问之道，首在"明明德"。

好了！《大学》纲要，已经研究过了，现在再来开始探讨下文"知、止、定、静、安、虑、得"的七证学问。

第二篇
七证的修养功夫

打开微信，扫码观看南怀瑾先生
讲《大学》视频（二）

十三、千古难明唯自"知"

至于《大学》一书中，有关"知止而后有定，定而后能静，静而后能安，安而后能虑，虑而后能得"，我所谓这是"大学之道"的"七证"（七个修证的层次），看来平平淡淡，其实，这不但是曾子特别提出孔门心法求证实验的修养功夫，同时也代表周、秦以前儒道本不分家的中国传统文化中，教化学养的特色。

如果我们对中国佛、道两家的发展史略有了解，就知道这个"知、止、定、静、安、虑、得"的"七证"说法，从秦、汉以后，就被道家修炼神仙之道所引用。到东汉以后，佛学传入中国，讲究修习小乘禅定的罗汉果位和修证大乘道菩萨地位的止观方法，也借用了"止、定、静、虑"的说法。直到现在两千多年，仍然犹如擎天一柱，屹立万古而不可毁。曾子著《大学》的时期，约在公元以前四百七十年之间，希腊哲学家苏格拉底还刚出生。而佛学开始传入中国，约在公元六十五年以后。距离曾子时期，约有五百多年的差距。

我们先要了解这个文化历史的差距，然后再借用佛、道两家的学术来加以说明，就比较自然，以免有先入为主的观念，容易发生碍难接受的反感！

但《大学》所列举这七个修证层次，第一个便是"知"字。我们是中国人，当然都明白这个"知"字是"知道"的"知"。由知觉到知识，知己到知心，乃至天知、地知、你知、我知、他知，都是假借这个"知"字而来。"知"就是"知"，还有什么问题呢？

如果你仔细研究，问题可多着咧！我们的生命，为什么会有一个作用，能自然知道一切事和一切物（东西）呢？自古以来，大家也都认为天生而知，或者说，因为我们有灵性、有心，所以便能知一切事物。依照现代人来讲，因为生物有脑的作用，所以便能知一切。但是无论你说是灵性也好、心也好、脑也好，这还只是人类文化文明所产生的，人们自己认定的学说。究竟"能知之性"的第一因，从何而来，如何产生，仍然还是科学、哲学上一个大问题。

这和宋儒理学家所主张"性理"或"理性"之知，以及明代著名理学家王阳明先生，特别从孟子学理中提出的"良知""良能"之说等，实在也还存在人类文化史上从来也未解决的基本大问题。

如果我们从中国哲学史来看，尤其是佛家的哲学传入中国以后，往往有把"知"和"觉"字，随便解释为同义语。但从逻辑（推理）和科学分析来讲，这两个字义又不能随随便便含糊同用。所以在心理学和医学上，知觉与感觉，必须清楚地分别。

例如在初唐时期，禅宗六祖慧能大师的弟子、荷泽神会禅师，就直接提出"知之一字，众妙之门"。这是肯定地说，知，就是入德之门。知，便是明道悟道的最基本的作用。无知的，就如木头石块，与道无关了！

以现代人来说，一个人，如果变成了植物人，他的些许反应，算是有知无知呢，或只是生理的反射而已呢？可以说，这还是一个存有争辩的问题。人如死了，这灵知之性，究竟还存在不存在？这也还是一个重大的问题。即使不谈这些问题，这一知，就是人性生命的第一因吗？荷泽所说，"知之一字，众妙之门"，以及王阳明的良知、良能之说的"知性"，完全对吗？

谢谢你没有说破

这个问题，在中唐、晚唐时期，当禅宗正在光芒四射的时代，早已有禅师们对"知之一字，众妙之门"提出无言的反应。最有名的如禅宗公案（故事）记载，有一位香严禅师，跟沩山大师参学很久了，沩山禅师却对他说，你问一答十，问十答百，这些都是你的聪明伶俐，意解识想。对于生死根本，父母未生时，你试说一句看？沩山这样一逼，弄得他茫然不知所云。他便自叹说，画饼不可充饥。请求沩山为他说破。沩山说，假如我告诉你，你以后一定会骂我，我说的是我的，始终与你无干。

香严禅师听了，就把平常所看的经书文字烧了，愤恨地说，这一生决定不学佛法了，只做一个到处云游，混饭吃的和尚算了，免得自己劳役心神。因此，就向沩山拜辞，哭着走了。有一次，到了南阳，住在慧忠国师过去住过的寺院里，他很喜欢这个地方。一天，他起来铲草，碰到一块瓦块，随手一抛，瓦块打到竹子，啪的一声响，他就忽然开悟明白了！立刻回到住处，洗好澡，点上香，向沩山住的方向叩拜说，老和尚，你真是大慈悲，恩逾父母。如果你当时为我说破，我哪里有今天的事啊！因此他就写了一首偈语说：

　　　一击忘所知，更不假修持；动容扬古路，不堕悄然机。

　　　处处无踪迹，声色外威仪；诸方达道者，咸言上上机。

沩山知道了便说，这个小子，总算彻底明白了！

这就说明忘其所知，才可近于入道之门了！

"浑沌"竟不得好报！

另外，如大家公认为道家的祖宗老子，早就提出"绝圣弃智，民利百倍"。他明显否定那些自认得道的圣人，认为他们便是扰乱苍生的家伙，那些自称有知识的智者愈多，人世间就愈不得太平了！所以他又主张"知者不言，言者不知""大道无名"等说法。

再如道家的庄子，用一个寓言故事说：南海有个大帝，名字叫倏。北海有个大帝，名字叫忽。中央有个大帝，名字叫浑沌。

有一天，南北两个大帝在浑沌那里碰头。浑沌对他们太好了。

这南北两个大帝一商量，我们怎样才能还报浑沌的恩德呢？会议结果，认为人人面上都有七窍，所以能够看，能够听，能够吃，能够呼吸，只有浑沌没有这样的功用，太可惜了！开罢！我们有志一同，同心协力为他开窍。于是，每天为他打一个洞，到了第七天，七窍开了，浑沌也就死了！这真变成因福得祸，报德以怨了！

我们引用了佛、道两家的一些故事，说明他们都同样认为"知"，并不是心性道体无上妙法。"知"，不是道的本体。换言之，"知"，不是"能"。"知"只是"所"。"知"是由一个能知的"所"生起的一个最初作用而已。

十四、沿流不"止"问如何

《大学》所讲"知、止、定、静、安、虑、得"的七个修证学养的层次，我们已经讨论过第一要领的"知"字。现在应该研究第二个层次的"止"字。当然，大家都明白"止"，便是停止的意思。但是，要停止什么呢？这个问题，可以说真正不容易随随便便就可以讲得清楚。最好的办法是，先要了解"止"字有两个内涵：

一是内在的——"内明"之学的"止"。也就是宋儒理学家们借用庄子所说的"内圣"之学的"止"。

二是外用的"止"。也就是庄子所说的"外王"外用之学的"止"。不论是上为领导天下的帝王，下及做一件事业（包括工、农、商、学）的领导人，或是只做一个家长，或是只做一个极普通的平凡人，怎样把自己的思想行为，做到恰如其分的止。

"知"与"止"的互动关系

我们了解了这个"止"字的定义，涵有内明（内圣）外用（外王）的两重作用。其次，再从内明的"止"字讲起，才能引申到外用"止"的作用。

但不论是内明的"止"，或外用的"止"，首先又必须从"知止"这个名言辞句的逻辑次序讲起。因为"知止"这两个字联结在一起的话，便有这个问题，先"知"道了才能够"止"？或是先"止"了才能够"知"？答案是，先"知"道了才能够"止"。这是理性的智知作主观，是主导。那这一"知"便是主；"止"便是宾，是客观的，是被领导的作用。譬如看到前面有火，便自行停止前进。这便是"知"是主；停止的作用是宾。又如肚子吃饱了，再不想吃了，脾胃满足了，反映到意识或脑，必须停止不吃了。这便是"止"为主；"知"道饱了应该不吃，这"知"就是宾了。朱子注释《大学》，在这个要领上，只从"止"字着眼，对这"知"并未特别注意，或是有意、无意地忽略过去，不得而知。但这是关键所在，不能含糊放过。

了解了这个关键以后，再来研究"知止"或"知止而后有定"，就有理路可循了。换言之，就合于推理的程序，较易明白"内明"的性理之路了。这样的结论，当然是"知"为主，"知"为先导；"止"为宾，"止"是主导所造作的一种境界。

讲了半天，大家可以问我，你这样自说自话，东拉西扯说些什么呢？是的，我要说了！所谓"知止"的"内明"之学，是要每一个人，先来明白知道自己的心理心态，或更明白地说，自己的心思和情绪。无论是上为天子（帝王），下为平民（庶人），人们的心思和情绪，从睡醒起来，再到进入睡眠的时候，在这一天的生命历程中，能够数得清、记得完全经过多少思想、乱想、幻想吗？至于其中所起浮生灭的各种大大小小的情绪，就更不用说了。而且这些复杂万分的思绪，在我们进入睡眠时，还会如多面镜子般地互相曲折反映，幻化出各种奇怪难解的梦哪！谁能把此心思绪，清清静静、平平安安地时常摆在一个清明、清静、安详的境界中呢？恐怕是绝对不能做到的吧？答案是能够做到的。问题是人们不知道自己怎么来"知止"。所以我常说，英雄可以征服天下，而不能征服自己。圣人之道，首先要征服自己，不想征服天下。征服天下易，征服自己难。降伏自己的心思而反归平静，初步能做到如老子所说的："专气致柔，能婴儿乎！"才能渐渐达到"知止"而进入"明德"的果地。

在这里，我们再借用禅宗一首偈语来说个明白。一生严格教化子弟的临济大师，在他临终时，还写了一首偈语，特别垂示弟子们要严谨修行，不可懈怠。他说：

沿流不止问如何？真照无边说似他。

离相离名人不禀，吹毛用了急须磨。

吹毛用了急须磨

这首偈子的文字意思是怎样说呢？第一句，"沿流不止问如何"？是说：我们人的思想、欲望、情绪、意识等等，由生到死，每一天，每时、每秒，所有这些心思，犹如一股滚滚洪流，滔滔不绝，对境动心，或起心造境，绵延不断地流动，永远无法使其停止，自问、问你，怎么办才能得止啊？

第二句，"真照无边说似他"。但你要自己反省，认识自己天生自性本来就有一个"能知"之性的作用存在。你要自己提起那个"知性"，如无边际的照妖镜一样，自己来看住、管住那些妄想和妄情。犹如自己注定视线，对镜照面，一直照，不动摇地照，渐渐就看不见镜子里的面目幻影了。镜子清静了！空灵了！如果这样用功反省反照，那便可以说很像接近"他"了！"他"是谁？勉强说，"他"是道啊！但是即使是这样，还只能说好像"似他"，但并非是究竟的大道。

第三句："离相离名人不禀"。这是说，人的生命自性究竟的道体，是离一切现象的名和相的。但是人们始终自己不明白，自己不理解，也说不清楚。它也不是永远禀赋在你身上。因为此身长短是虚空啊！

第四句："吹毛用了急须磨"。吹毛，是古代形容锋利的宝剑，只要把毛发对着剑锋，一吹就断，它太锋利了。这是形容人们的聪明智虑，不管你有多么锋利，多么敏捷能干，如果不能随时回转反省自修而还归平静，包你很快完蛋，而且此心被习气所污染，就如滚滚旋转的车轮，不停不回，堕落不堪了。所以说，就算你聪明伶俐得像一把吹毛宝剑一样，也必须要知道随时随地，好好保养它，轻轻一用，就必须再磨砺干净啊！

临济大师到底是禅宗五宗的开山之祖，他这一首偈子，我是欣赏佩服之极，它把性理修养和文字，轻轻易易地联结在一起，决非一般诗人所及。现在，我们借用他来说明"知止"的学问修养境界，应该是比较明白了！好了！这一节，讲到这里，我们也应该是"吹毛用了急须磨"了！

十五、实在难能说一"定"

前面研究讨论的，是"知止"的"止"，是属于"内明"学问的"止"。等于佛学所说的"制心一处"和"系心一缘"的"制止"的"止"，是都属于佛家小乘禅观心地法门的原则。如果从整个地球的人类学立场出发，认真研究这些学问，你可发现在公元前四五百年之间，同时同样地，讲究人类自己身心性命的修养学问，只有中国和印度，有这一门的科学同步发展。其他如埃及、巴比伦、希腊，虽然早已有了哲学的雏形，但仍似依稀仿佛，具体而微，后来渐渐形成以宗教为主导的西方前期文化。

但讲究"止、定、静、安"的具体研究，毋庸讳言的，以印度佛学为最精详，也最科学（注意：我说的是指这身心性命修养的一门科学，并非说它就是自然科学，如声、光、电、化等应用科学一样。这个观念，不可以随便混淆）。

"止"与"定"的因果关系

因此，我们现在继续研究下去，便须从"知止而后有定"这句话所指出，由"止"到"定"的两个层次来讨论。简单地分别来说，"止"是"定"的因，"定"是"止"的果。也可以说，"止"是"定"的前奏，"定"是"止"的成效。

因为照这样的思路来讲，我认为对孔门心法《大学》的研究，比较更有价值，而且对上古中国传统文化的精华，更显出特色。但这不是从民族国家意识立场来强调其说，事实确是如此。不过，这样一来，不从佛学，或者说不借用佛学来说明，仍然还是含糊不清。宋、元、明、清以来的儒家理学家们，就因为困于门户之见，死守固有藩篱，不但无法发扬光大，反而钝置儒道所长于无用之地，很是可惜！

大小乘的佛学，它的修证原则，最基本的，便是"戒、定、慧"三学。所谓戒学，犹如中国上古文化中的礼学，所谓"礼仪三百，威仪三千"，是属于由心理行为起点，推及到立身处世，甚至和世间生物的整体道德息息相关。它和人类世界所有法律的法理哲学，有很重要的密切关系。但是人们很随便地把它归入宗教的档案里了，真也一言难尽。在这里，我们不能离题太远，暂且不论。

至于"止"和"定"的修证学问，更是佛学求证大觉的中心。从印度梵文翻译成中文，流传影响最广的，就是"禅定"这个名词。其实，梵文的"禅那"（dhyiana）含有寂静精思的内涵。而魏晋以后初期的翻译，便借用《大学》的"知止而后有定"，保留原来的"禅"音，配合一个"定"字，因此就叫做"禅定"了。到了初唐，玄奘法师又改译作"静虑"。这样一来，更明显的是借用"静而后能安，安而后能虑"，充分表达出是"思维修"的内涵。

可是，在佛学修证上，严格说来，"止"和"定"，它的作用和境界，又各有界别、功果的不同。例如佛说："如香象渡河，截流而过。"这是很恰当的形容，人们要把这个纷纷扰扰的心思暂时停"止"下来，就必须如具有大力量的大象，能从奔涛滚滚中，截断众流，横身而过的大勇才可，这便是"知止"而"止"的状态。

至于"止"的外用方面，大略说来，每个人立身于这个社会，都要给自己定位，也就是自己要确定这一生要干什么。在做一件事的时候，要知道自己怎么做，"止"于这一理念上，才能处变而宠辱不惊，处事而无悔。如能做到这个样子，在滚滚红尘里，也算得是一等一的人了。

九次第定的修证功夫

然而，在大小乘的佛学里，又把"止"和"定"的功果境界，统名为"三摩地"，旧译简称"三昧"，玄奘法师的新译，叫"奢摩他"，这都是文字言语发音的差异，所以用字不同。另有一个译名叫"三摩钵底"，这是指"定"和"慧"同一境界之果。好像等于《大学》的"知、止、定、静、安、虑、得"的总和。

希望你们大家要稍安毋躁，暂且听一听佛学修证方法这一部分的简介，才好详细地研究下去。那么，佛学对于"定"学有什么说法呢？这就要提出大小乘佛法对于定学有不同的原则了！

佛说小乘的"内明""定学"，通称为"四禅八定"，那是佛法和世间任何宗教、宗派，或一般学者都可能进入的一种身心修养境界。它的进度层次分作四禅：初禅，心一境性，离生喜乐；二禅，定生喜乐；三禅，离喜妙乐；四禅，舍念清净。它的心智境界，分作四定：空无边处定、识无边处定、无所有处定、非想非非想处定。

但佛说四禅八定是共法。也就是说，佛法和其他方面的修证程序，在身心的过程上，自有彼此经验相同，身心相同感受之处。至于佛法另有不同于共法的"定"境，就是阿罗汉的"灭尽处定"。所以佛学把它综合起来，便叫做"九次第定"。这便是小乘佛学修证功夫的学问。

如果以中国上古传统文化，儒道尚未分家的道学来讲，这是"内视"和"精思"的实际学养的内涵，并非徒托空言、虚构玄想的空话，它是有科学性的实验，更非盲目迷信来崇拜信仰，就能达到的境界。如早于孔子而生的管仲，便提出"心术"的重要，而且说"思之，思之，鬼神通之"的形容词。迟于孔子而生的庄子，就用"神明来舍"来表达。但须知管子、庄子所说的鬼啊、神啊，并非如童话和民间通俗小说的鬼神。鬼，是指精神阴暗不明状态的代号。神，是指上下通达的名词。庄子所说的神明，也是相同的意思。如照小乘佛学的四禅八定来讲，都属于"非想非非想处定"的境界。

在大乘的佛学里，固然也肯定四禅八定的重要，但却以"止"（奢摩他）和"观"（梵言：毗钵舍那）两个中心，概括了"定学"和"慧学"的整体功用。当然，最主要的，也是最后的，必须以"慧学"的成就，才是入佛智觉的真谛。

"觉"与"观"的四个层次

佛学大小乘中有关"止"和"定"的大要原则，已经概略知道。但在心理作用上，还有一层最重要的说明，那就是说，怎样才能够达到"止""定"的用心方法呢？

这在小乘"禅观"的方法，又指出有"觉"和"观"的两个作用。"觉"是包括知觉和感觉。"观"是指理性"智知"的心态。当你自心反照，追索自己的思想心念时，你一定可以知道自己现在的心念思想现状。

举例来说，刚才我正在想吸烟或喝酒，可是在这个正在想吸烟或喝酒的同时，我们一定也有一个知道正在想什么的知觉，同时了然在心。再细一点来说，当你意识正在思维或在烦忧的时候，同时也有一个知道自己在做什么。这个作用，在心理学上，也可以叫它是监察意识。在哲学的理论上，便可叫它是理性或理智的作用。换言之，无论你在思想纷飞，或是喜怒哀乐发作的时候，自己必然知道。不然，你在心烦意乱的时候，你怎么会说我烦死了，或者说，气死我了呢？

明白了这种浅显的道理，就可知道小乘禅观所说的"觉"，便是指这种知觉和感觉的作用。"观"是指同时有了解自心，观察自心的本能。因此，要达到修止修定的成果。可另作四个程式：一为有觉有观。是初步的禅修境界。二为有觉无观。可能是半昏晦沉没的境界。三为无觉有观。可能是心思出位，浮想纷散的境界。四为无觉无观。达到心境一片清明，也就同朱熹注《大学》"明明德"的解释中，所提出的"虚灵不昧"的境界。其他理学家们，也有叫它是"昭昭灵灵"的。禅师们也有叫它是"历历孤明"的。如果一个人对心性修养，真能达到这种程度，当然是合于"大人之学"的"知止而后有定"的一种标准。但在大乘佛学来讲，即使修养到此程度，也只可以说达到半途，未尽全程。

大家试想，宋儒理学家们，根据《大学》的"自天子以至于庶人，一是皆以修身为本"。要求做皇帝的天子，以及做人臣的王侯将相，必须要个个具备这样的学问修养，做到"虚灵不昧"，去尽人欲，为天下表率。这岂不是要他们比和尚更和尚吗？他们说，尧、舜能的！人人都可为尧、舜，有何不能！真是迂拙空疏到了极点。所以使南宋的江山，上下臣工，都在"平时静坐谈心性，临危一死报君王"中完结了！怪不得高明的汉文帝要说，"请卑之，毋高论"，才能使那些帝王老板们听得进去啊！因为他们的命运机会好，不幸做了帝王，当了老板，但他们的人品，毕竟还是一个平凡的人，甚至比平凡人还要平庸呢！

那么，大乘佛学对于修习止定的说法，又是怎样一个原则呢？那你就要了解玄奘法师翻译的佛经里，不用"有觉有观"的字样，却有更精细的描写，叫"有寻有伺"。寻，譬如灵猫捕鼠，在找。伺，犹如黄龙南禅师说的："如灵猫捕鼠，目睛不瞬，四足踞地，诸根顺向，首尾一直"，伺机而动。用现代语的解释：寻，犹如拿一支手电筒来找东西。伺，犹如千万支电灯光下，照到物件投入光中。所以，初步用"有寻有伺"的心态去捕捉自己此心的清静境地。慢慢纯熟了，便到达第二步的"无寻唯伺"的心境。也就是已经不用太费心力，自然可以到达了。最后达到"无寻无伺"的地步，才能使意识清明，心如明镜的境界。

此外，还有配合心理生理作用的喜、乐情况，和暖、顶、忍等身心同步转化的作用，一言难尽。

总之，我们已经用了很大力气，花了很多时间，借用佛学来发挥"知止而后有定"的学问修养的概念。也等于褒扬了朱子学养，他对"虚灵不昧"之功，并非托空妄语，真是有他的见地。不过，不能含混加在《大学》"明明德"的意旨上而已。

十六、宁"静"致远究如何

现在我们要继续研究的，便是"定而后能静，静而后能安"两句话中的"静"和"安"的道理了。

如果只从人们的心理意识来讲，一个人如果把心一定下来时，当然便有一种较为宁静的感受。尤其人的生活，每天都在极度的忙碌紧张当中，只要能够得到片刻的宁静，就会觉得是很大的享受。但也不一定，有些人习惯于忙碌紧张的生活，一旦宁静无事下来，反而觉得无比的寂寞，甚至自生悲哀之感。在人群社会中，这种人的比例，比爱好宁静的人，至少超过三分之二以上。那么，只有那些学者、文人、艺术家、科学家、诗人们，才是爱好宁静的啰！其实不然，这些人的思想意识和情绪变化，也非常忙碌，并无片刻的宁静。只是并不太注重外物的环境，而习惯于一种相似的"定"境之中。有时，忽然撞着一个特别的知觉或感觉，那便是一般人所说的灵感、直觉，甚至叫它是直观。其实，始终还跳不出意识的范围，并非是真正的宁静中来。

重点在"淡泊"上

好了，有人提出问题来了！

他说，诸葛亮的千古名言"淡泊明志，宁静致远"，这总算是真正的宁静吧！答案：差不多了！不过，你需要特别注意的，孔明先生这两句话的要点，首先在于"淡泊明志"的"淡泊"上，既然肯淡泊，而又甘于淡泊，甚至享受淡泊，那当然可以"宁静致远"了！一个人淡泊到了如孔子所说的，"饭蔬食，饮水，曲肱而枕之""不义而富且贵，于我如浮云"，那当然是人生修养达到一种高度的宁静意境。孔明一生的学问修养，就得力在这两句心腹之言，所以隆中决策，已明明知道汉末的局势，必定只有天下三分的可能。但他碰到了穷途无所定止的刘备，要使他在两强之间站起来。又很不幸的，碰到一个天下第一号的庸才少主，永远扶不起来的阿斗。无论在当时或后世，如果甘于三分天下，抱着阿斗在蜀中安安稳稳地过一生，你想，他的生平历史，又是一个怎么的描写呢？所以他只有自求死得其所，六出祁山，鞠躬尽瘁，正所以表明他的"淡泊明志"的本心而已。

后人说孔明不听魏延出子午谷的提议是他的失策，所以陈寿对他的定评，也说他善于政治，而不善于用兵。殊不知他早已知道尽他一生的时势，只有三分之一的定局。祁山六出，目的只在防卫西蜀，并不在侥幸的进取攻击。我知，敌人也知，而且对手并非弱者。如果出子午谷，胜算并不太高。假使由魏延向这一路线出兵，万一他中途叛变，势必腹背受敌。恐怕一生英名，毁于一旦而不得死所，所以否定这个计划。这是"宁静致远"，正是诸葛亮之所以之为"亮"也。他的用心，唐代诗人杜甫也早已看出来了，所以杜诗赞诸葛亮，便有"志决身歼军务劳"之句。身歼，便是他要以身死国的决心。

"动"与"静"的现象

现在我们要书归正传，首先要在科学和哲学的观点上，研究这个世界，这个宇宙：怎样叫做"静"或"静态"？而且，真正有一个"静"的作用吗？五六十年前，有一位名气很大的先生讲哲学，说中国文化就害在静字上。而且只知道"守静""主敬""存诚"，这都是儒家哲学的过错。有人问我，中国文化真的如他所讲的吗？我听了哈哈大笑，怪不得他对哲学搞不通，只浪得虚名而已。

基本上，中国文化并未在哪里真正说过宇宙是静态的，也没有确认有一个静的作用。例如大家公认为中国文化的群经之首的《易经》，开始便在《乾卦·象辞》上说，"天行健"。怎么叫做"天行健"呢？这是说，这个宇宙天体，它永远在动。"行"字，就是行走运转的道理。至于下一句"君子以自强不息"，那是教人们也要效法天地，永远要自立自强，不要偷懒止息。天地宇宙，如不运转，那么，便如《易经》所说的道理，乾坤息矣！

不但天地宇宙永远是在动中，万有的生命，也永远在动中。所谓的静，只是缓慢的动，或可说是太过快速的动，所以在感觉上叫它是静。其实，并没有一个真正的静。例如老子说："夫物芸芸，各复归其根。归根曰静，是谓复命。"这不是很明显可知，所谓的静，是一种生生不已，绵绵不绝，极大快速而却像缓慢的动作而已。譬如物理的真空，并非绝对的没有，它具有压力，也同时存在反压力，它能破一切，也能存在一切，只是人们还没有完全知道如何利用它而已。

地球在宇宙间永远在动，并没有一分一秒停止，但我们在大动中生存习惯了，反而觉得大地好安静。人们在车中、船上、飞机上，可以安静地休息或睡眠，并不会随时觉得车和船在行驶中，或飞机在推进中。当然，如果引用自然科学中的物理、化学，甚至电啊、光啊等等原理，有太多理由和事实说明，并没有一个真正的"静"。

但是相反的，天地宇宙之间，也没有一个真正的"动"。所谓"动"和"静"，只是正反、阴阳，一体两面的一种变化规律，在人们的意识、知识上，假名它是"动"是"静"而已。同样的道理，"空"和"有"，也同是这个原则。"生"和"灭"也不例外。

形而上之道的"静"

那么，究竟有没有一个真正的静态呢？答案：有。这是说在心理意识作用上，在物质世界的现象上，都是有的。换言之，说并无一个真正的动和静的分别，是指形而上的道体功能而言。至于在有形有质的后天作用上，动和静，的确是有比量（比较）的不同。

尤其在注重"内明"之学，作心理修养方面，更容易体会到静态，它和起心动念之间，大有差别的不同。其实，也可以说，在心性修养上，它和"止""定"的境界，是在程度上有深浅的差别而已。

讲到这里，只好用偷巧的办法来做说明，我们心理意识的思潮，连带情绪的波动，正如"黄河之水天上来"，夹泥沙而俱下，无法制止。历来治水的办法，一是疏导，一是堵防。《大学》所说治心的方法，第一步便是"知止"。所谓"止"的方法，就如治水一样，姑且打了一道堤防，先用智知来制心一处，渐渐分散流量，加以疏导。将犹如奔竞流水的此心，引入渠道以后，归到一个平原湖泊的时候，渐渐变成止水澄波，清风徐来，微波不兴，就是达到了"知止而后有定"的境界了。

但必须要知道，这样的"定"境，只是"内明"自修治心的一种现象，还不是定慧的一种最高境界。然后由"定"到"静"，那便是指"定境"上量和用的不同。静到了与外界隔绝，犹如《书经》记载大舜："烈风雷雨弗迷。"又如说，视而不见，听而不闻，就是山崩地裂，也如不见不闻，只有一个心境的静境存在。但纵使这样，也还是静的一种过程。

如由静境再进深入，就可到达没有内境外在的不同，到这里很难说清楚，只好用佛教《楞严经》上的话"净极光通达，寂照含虚空。却来观世间，犹如梦中事"来表达。不过，特别要注意，它所说的"光通达"的光，并非如一般宗教迷信者所解说的，如电光，或是太阳、月亮似的光，或者在头顶上，画一个光圈的光。这里所说的光，是形容词，是智慧成就的光，并非有相的光亮。

千斤之重的"能"字

我们有了前面所讲的理解，然后，再回转来读曾子的《大学》，所谓"定而后能静"的句子，他所用每一个"能"字，都不是只为写文章做介词或语助词而用的！先由"知止"，才能够得"定"。再由"定"了，才能够得"静"。这一直连下来的"能"字，实在是一字千斤之重，不可轻易忽略过去。有些年轻同学，学了几天或几个月的静养功夫，便自吹得太大了！我只好笑说："你真能，我愧未能。"中国的俗语说得好，你真"能干"！能才干。不能而干，安得不糟且糕哉！

再说，"定"和"静"的差别，只好再借用水作譬喻：我们把流动中的浊水，装到一个容器（玻璃杯子）里，先让它不再流动了，便似"止"的状态。然后投进一点明矾，渐渐使水质澄清了，便似"定"的状态。等到水里所有混浊的泥沙，完全沉到杯底，水净沙明，玻璃与水，内外通明一色，便似"静"境的类比了。好了！听了不要用心去求静；一有用心，"君心正闹在"，早已不静了！

十七、无处将心为汝"安"

既然已经"静"了，为什么又说"静而后能安"呢？通常我们都说安静一点，安定了才会静，为什么《大学》却说静了才能安呢？你说对了，我们个人或人群社会，和外物的情形一样，当乱哄哄的时候，只要安定下来，才有宁静现象的出现，所以便有惯用的"安静"这个口语。但《大学》所讲的"静而后能安"，是由讲究心性修养的"内明"的实践经验，以及"外用"在人群社会的历史经验得来的总结定论，由静才能安。心乱则身不能安，社会动乱则国不能安，这是很平凡的现实。

至于说到"内明"之学，由心性修养到"静而后能安"的境界，它的实际情形，曾子在《大学》本文中，并无进一步的说明。即如宋儒理学家们，也轻轻易易绕过这个"安"字而不说了。事实上，"安"之一字，真的很难说。不得已，只好再向左邻右舍去找。但道家说的太玄，是偏于生理和物理的变化而言，恐怕大家误解，又胡乱去弄什么特异功能等花样，反而离道愈远了！因此，还是向佛家借用，较为合于逻辑。

须先做到身心"轻安"

无论如何，如果要讲修"止"、修"定"的方法和理论，向佛家输入的确是货真价实，一点欺人不得。我们在前面研究"定"学时，已经提过佛家还有"暖""顶""忍"和"世第一法"这些现象，名为"四加行"。所谓"加行"，犹如现代工商业惯语叫做"加工"的意味。无论在大小乘哪一种修"定"的方法，都有这种"四加行"的附带作用。但在大乘的修习"止""观"的原则上，总结经验，便把这种"四加行"，归到一个很扼要的名词，叫做"轻安"。它包括"心轻安"和"身轻安"两个方面。所以真正作"内明"之学的心性修养功夫，到了"定而后能静，静而后能安"的层次，有如宋儒理学家们所说"人欲净尽，天理流行"的境界时，便会"如人饮水，冷暖自知"。此心此身，两者都有一种"轻安"清新的感觉。不过，还没有到达如《易经·系辞上传》所说，"洗心退藏于密"的高层次。

明白了这个道理以后，便可知道与"轻安"相反的，就是"粗重"了！我们平常人，心粗气浮，那是很习惯的自然现象。至于这个身体么，事实上，无时无刻不在病态的粗重拖累之中。不过，人们已习惯于这种粗重感觉，如果忽然觉到轻灵得没有身体感受，一定会发狂，自认为没有我了！所以，道家和佛家传入西藏的密宗一样，有些人拼命修气、修脉（明点、拙火）等等，想把自身转化而飞空无迹，却忘了佛所再三告诫，以致去不掉"身见"，反而增加"见惑"的障碍。同样的，也不明白老子所说，"外其身而身存"的原理。

彻底"安心"的故事

如果要再进一步了解心安和安心的上乘道理，那么，且让我们简略介绍中国的禅宗二祖神光的故事，可供大家参考。神光禅师，在他出家以前，是一位研究《易经》等学问，很有造诣的大学者。为了追求形而上道，自己在香山（河南）打坐修定很多年。注意，他有很多年在修习"定""静"等的功夫，当然已有相当的心得，并非泛泛之辈。后来，他听说传佛心印的禅宗祖师达摩大师在嵩山少林寺面壁，他就来求见大师，向他求法。达摩祖师一见，反而大加训斥他一顿，使他难堪。但他为了表示极其至诚恳切的决心，甚至砍下了自己的臂膀。达摩大师因此而逼问他："你要求什么？"神光便说："我心未宁，乞师与安。"达摩大师说："将心来与汝安。"你拿心来，我为你安。神光听了，愣了半天，说："觅心了不可得。"我找我的心，怎么也找不到在哪里啊！达摩大师就说："与汝安心竟！"我已经为你安了心了！神光因此大悟，成为中国禅宗的第二代祖师。

请想，这个故事，同《大学》的"静而后能安"，你说有关还是无关呢？到底达摩和神光是怎样安心的，这便是"洗心退藏于密"的真奥妙了！但须达到"静而后"再来体会才行。

十八、众里寻他千百"度"

接着"静而后能安"以后，便是"安而后能虑"，"虑而后能得"。我们为了节省时间，快速一点做出结论。可以说，由"知止"开始，一直到"定、静、安"的程序，是"内明"学养"定"学的功夫层次。所谓"静、安"，是"定"学效果境界的扩充。至于"虑"和"得"，那便是"慧观"智知的成果。

"虑"及"思""想"的意义

"虑"字，原来是作思想的思字解，同时也有转注为忧思的意义。到了我们现代，惯用的名词，如忧虑、顾虑、考虑、思虑等，虽然每个名词的内涵，都有一些大同小异之处，但大体上，还是属于以思想的思字为中心。读古书古文，首先必须先从认识中国字的训诂着手，因为文字是思想言语的符号，尤其中文的方块字，用一个字做符号，就可归纳了好几个类同的意思。不像其他的文字，用好几个字母的符号，结合在一起，代表了一个意思。但到我们现在，因为社会结构形态不同了，又受古今中外文化交流的汇通，所以现代文字，也变成集合好几个字，才代表一个意识思想的内涵。

《大学》用"虑"字代表"精思"的意思，是当时的习惯。但在秦、汉以后，就跟着时代的变易，以用"思"字为多，而普通说话，是用"想"字为普遍。再下来到了魏、晋以后，直到隋、唐之间，因有梵文佛学的输入中国，必须要注重"因明"（逻辑）的思辨，所以把平常通用语言的"思"和"想"字混合互用的习惯，必须分开说明。因此，"想"字，是属于在心理上，头脑里的粗浅现象，叫它为"妄想"，甚至叫它是"妄心"。因为这种现象，它是跳跃不定，莫明其妙地一会儿自来，而又不知所以，一会儿又转过去了。它是虚妄不实在的，所以命名它是"妄想"。至于"思"字，它跟"妄想"不同，它是细致的、宁静的，并不像"妄想"一样，有扰乱自心的作用。譬如我们读过的书，或经过了的事，忽然忘记了，便要拼命去追忆、寻找，这便是"想"的作用。如果记得非常熟悉的书或事情，根本不用费心去找，自然而然，轻轻松松就知道了，这便是"思"的作用。

"虑而得"的道理

有了前面所讲的了解，就可明白"虑而后能得"的内涵了。甚至可说这个"虑而得"的道理，就如子思著《中庸》所说"不勉而中，不思而得"的境界。等于佛学所说的"慧观"或"观慧"是相同的情形。那么，虑而后能得，得个什么呢？答案：因为经过"知、止、定、静、安"的治心修养以后，思虑的慧力开发了，就可得入"明明德"而见道的真正成果。这便是关照上文，"大学之道"与"明明德"，不是空言思想，是有它实际的学养内涵啊！因此，他的下文，便有"物有本末，事有终始。知所先后，则近道矣"的结语。他是说，任何一样东西，都有一个根本的基因，也有一个顶点的末端。任何一件事情，总有最初开始的动因，然后，才有最后成就的终结。如果一个人能够知道哪个应该是在先要做的，才能得到最后好的成果。那么，他就可以接近入道之门了！同样的道理，你要明白"大学之道""明明德"的学问成果，必须要知道先从"知、止"开始，逐步渐修，进入"定、静、安、虑"，而得到明悟"明德"，才可以说真的能够接近"大学之道"的大道了！

说来真可笑，也很惭愧，曾子著作《大学》，为我们所讲的开头一段，他只用了五十八个字，我们却费了那么多的时间和精力，还不知道了解得对了没有。如果碰到庄子，他又大笑我们在偷啃死人骨头，可能还咬错了地方，把足趾头当顶骨用呢！不过，不要紧，我们这样研究，总比六七十年前，三家村的老学究，稍好一点。为了研究《大学》，昨天刘雨虹老师还为我讲了个笑话，从前有一个乡村里的财主，开了一个家塾，请了两位先生来教书，一位先生带一班学生在楼上，一位先生带一班学生在楼下。楼上楼下，都先教学生读《大学》。楼上的先生教的是，"知止而后能定定，而后能静静，而后能安安，而后能虑虑，而后能得"。啊哟，怎么少了一个"得"字呢？楼下的先生也正在教《大学》，"知止而后能定定而后能，静静而后能，安安而后能，虑虑而后能……"啊哟！怎么多了一个"得"字呢？有一位学生就说，先生，楼上的先生说少了一个"得"字，这位先生一听便说，那好，我们把这个"得"字借给楼上好了！

故事很有趣，好像瞎编的，其实，过去时代确有这样一类似通不通的教书先生。我在童年的时候，听过很多这一类的故事，现在，我也算得是其中的一个。

第三篇

内明之学

打开微信，扫码观看南怀瑾先生
讲《大学》视频（三）

十九、万古帝王师之学

《大学》一书的第一节原文，我们的研究总算告一段落，接着而来，便是古人叫得最响的"八目"，所谓"格物、致知、诚意、正心、修身、齐家、治国、平天下"。但是，他们好像有意或者无意，却把在"诚意"之先的"格物致知"和"物格知至"的联系要点，放弃不顾。似乎又把孔家店里少东（少老板）曾子的珍品轻易抛弃，专卖那些可以被读书人当作升官发财的敲门砖。然后又拿它来威胁那些做皇帝的大佬倌，要他学做尧、舜。致使那些本来就是孤（通"辜"字）负天下人的"孤家"，本来就是寡德自私的"寡人"，连一个最平凡的"我"字都不肯说，偏偏要说大家都不易理会的"朕"字。这样若不变成千古以来上下交相欺骗的历史，那才真是奇事呢！

时到现在，外国有些所谓学者们，又提出来"中国威胁论"的口号，说儒家思想学说对西方文化是一大敌手、一大威胁。这要再使孔家店所卖的"天下为公""世界大同"的仁爱珍品，又要被诬蔑为假货了！此所以佛说为"至可怜悯"者也。

曾子"内圣外王"的大手笔

现在我们再来读一读曾子文章是怎样的大手笔，且看原文：

古之欲明明德于天下者，先治其国；欲治其国者，先齐其家；欲齐其家者，先修其身；欲修其身者，先正其心；欲正其心者，先诚其意；欲诚其意者，先致其知；致知在格物。

物格而后知至，知至而后意诚，意诚而后心正，心正而后身修，身修而后家齐，家齐而后国治，国治而后天下平。

自天子以至于庶人，一是皆以修身为本。其本乱，而末治者否矣。其所厚者薄，而其所薄者厚，未之有也。此谓知本，此谓知之至也。

我们读过这一段文章，是不是觉得与上文一节没有衔接紧凑，且突兀，好像随便撒下天罗地网，漫天盖地而来似的。尤其是受现代教育的人，写惯了博士八股式的论文，更会觉得不合逻辑。

事实上，大为不然，仔细研读曾子这篇文章，你会发现他真是齐鲁文化的大手笔。他是衔接上文说"内明"之学以后，接着便说如果你真明白了"明明德"，要想自立立人，自利利他，亲自涉世来"亲民"济世，把"内明"之学付之"外用"，求得天下太平，而功德圆满，那你必须要知道"外用""明明德"的重点是从何做起。所以他先来一记劈头痛棒说："古之欲明明德于天下者，先治其国；欲治其国者，先齐其家；欲齐其家者，先修其身；欲修其身者，先正其心；欲正其心者，先诚其意；欲诚其意者，先致其知。"然后又来"物格而后知至……"一路又倒转回来。这样一反一正，俨然唐宋之间，禅宗大师们棒喝的教育法，有时是赏棒，有时是罚棒，有时一棒不当一棒用。如果讲文章的逻辑，他是非常合于逻辑的原则。因为他先把问题的"平天下"用做前提，然后一正一反来归结定论，统在一句"致知在格物"，和他起先讲"内明"之学的"知止"的智知，互相呼应，严谨明快，毫无半点渗漏。至于有关怎样才是"诚意""正心"等修齐治平之学的细节，统在后文分别开示，不落一步三摆的风骚小器格局。

我们读了曾子这一段文章，暂且抛开现代人的观点，来设想他生在春秋、战国之间，传统文化堕落，社会道德衰败，诸侯之间的政治道德浊乱。尤其自夫子崩丧之后，他父母之邦的鲁国，也已到了不可救药的地步，所谓世风不古，人欲横流，他是何等的伤心，何等的无奈！新兴而强有力的诸侯们，既不知道什么是"王道"之学来平天下，也不知道什么是"霸道"之学来治国家。但是个个都想争名夺利而做头头，那是普遍的现象。所以他只有把平生所学，笔之成文，希望传之于后世。这等于后来司马迁所说的，"究天人之际，通古今之变""藏之名山，以俟百世圣人君子"，都是具有一番悲天悯人的情怀。

庄子所见略同

但我们读了这一段文章之后，也很容易联想到一个他的晚辈，也便是所谓道家的庄子。在庄子的著作里，有一段文章的观点，正好用来作《大学》这一段内涵的注脚，那你便会豁然而悟，叹息宋儒理学家们分门别户之见的不通之处了！

现在，且让我们列举庄子所说的：

帝王之功，圣人之余事也。

夫卜梁倚有圣人之才，而无圣人之道。我有圣人之道，而无圣人之才。吾欲以教之，庶几其果为圣人乎！不然，以圣人之道，告圣人之才，亦易矣。吾犹守而告之，三日而后能外天下；已外天下矣，吾又守之，七日而后能外物；已外物矣，吾又守之，九日而后能外生；已外生矣，而后能朝彻；朝彻，而后能见独；见独，而后能无古今；无古今，而后能入于不死不生。

关于庄子，我另有专讲。现在引用他的话，用来反映曾子的"古之欲明明德于天下者"一段内涵。说明古来中外的英雄帝王，或是现代的英明领导们、老板们，是否都能自知有没有圣人之才，有没有圣人之道。并且还有一个，便是曾子提出的最重要的"明明德"之德呢？如果缺德，即使是有圣人之才，有圣人之道，也都不够格做一个平天下的人。

"圣王"须德术兼备

同样的道理，非常奇怪的，从印度输入的佛学，释迦牟尼也有相同的说法。佛学说到真能治平天下而致太平的帝王（领导），他的功德已等同于佛。这种明王，叫做"转轮圣王"。但他也和中国文化中春秋三世"衰世、升平、太平"的观点一样，转轮圣王也分几等，上等是能致天下太平的金轮圣王，其次是银轮圣王，乃至铜轮圣王、铁轮圣王。所谓转轮的意思，便是力能挽救一个时代，等于转动时轮，使它转进太平，才算在历史上具有圣王的功德。那可不是民俗所误解的，只在阎王殿上坐着，要人死命，鬼混一场，便叫他是"转轮王"。其实，那些都是混世魔王啊！

因此，佛也讲了一次治世帝王学。弟子们记载下来，便叫作《仁王护国般若波罗蜜经》。其实，他所说的"仁王"，是翻译中文时，为切合中国文化，借用儒家所说仁爱的"仁"字。换言之，就是"圣王"之学。不过，佛说得太过偏重于"内明"之学的修养，但说圣人之道，而不说圣人之治术，所以只好在佛教寺庙里流传，当作和尚们修"护国息灾"用的祈祷文了！总之，治世的德术，在两千年前，在中国整体文化中的儒、道两家为主，连带法家、兵家、纵横家等学术之外，后世中外所有的著作，可以大胆地肯定，都是末流枝节而已，可以救一时之弊，而不足为千秋定论。也许，我也已落在偏见之中，不可认为定论，敬请见谅。

二十、知所先后的知性

现在再从"明明德"开始，一路下来，由"知止"直到"虑而后能得"一节，我们把它暂且归到个人自利的"内明"修养，而达到自立的"明明德"。每一个进步的程序，都有它的境界和实效。现在又忽然来一个峰回路转，把"明明德"推广到"齐家、治国、平天下"上去。也等于说，把它推展到"在亲民"的作为上去，倒也顺理成章，言之有理。但指标摆得那样高，目标又那么大，却又把它的中心重点，紧箍在个人学养的"诚意、正心、修身"的范围。

这就好像要你出来试一下身手，去做一番"齐家、治国、平天下"的事业，却又要你称量一下自己，是否自己的学养已经达到真正"诚意、正心、修身"的标准呢？这岂不像叫一个人已经跃马挥鞭，正要扬长而去，他却又来当头泼你一桶冰水，使你只好兜转马头，赶快回家去抱枕头，静思反省一番吗？

要你沉思反省，那也可以，但他又再出一个难题，告诉你说，你要做到真正的"诚意、正心、修身"吗？那你必须要明白"致知"的"知"啊！你想要明白这个"致知"的"知"吗？你必须"格物"了才可以啊！反过来说，你真能做到了"物格"，便对那个"知至"的"知"就一定明白了！明白了"知至"的"知"以后，你才知道当初由"知、止"到"虑、得"所明悟的"明德"之妙用，才能真正做到"诚意、正心、修身"品德，然后才可以有自知之明，可以知道自己立身处世的方向。那么，"齐家"也好，"治国"也好，"平天下"也好；或是尽此毕生一世，高卧林泉，老死牖下也好，都可以无憾平生矣！但"物格知至"的"知"，以及与最初"知止而后有定"的"知"，是同？是异？却不可笼统认定，此中大有文章啊！

胎儿是否有"知"？

现在先由"知"这个字说起。当然啰！"知"，就是人性本有能知道的知觉作用。但是，如果只当作这样理解，那"知"的作用，也够不上是什么"众妙之门"了。我们照现代的习惯，用研究科学的分析探讨来说，例如一个婴儿，当他在胎儿的阶段，你说是有知？还是无知？这也正是现代生物学与医学所追寻的问题，到目前为止，还没有真正确切的定论。

其实，当婴儿住胎的时候，是已经有知的。不过，人们却将胎儿的这种"知"性，叫他是本能反应，或是生理反应而已。当婴儿出生以后，这个知性，似乎远不及生理的物理反应明显，换言之，不及感觉作用的明显。这是因在婴儿初生及其成长阶段，后天知性的意识分别作用，尚未成长熟习，所以他的所"知"性，只偏重在生理物理的感觉状态上发生作用。如饿了、痛了，或不舒服时，就会哭。其实，知道有感觉，也可以说感觉知道了，都是知性的所"知"之作用。只是我们成人，把纯属于思想、思维的作用，叫做"知性"，甚至只把知性的比较善良面的，叫它是"理性"。把属于感官及其神经作用的生理反应，叫做"感觉"。在感觉的时候，如果起了辨识的作用，就叫"知觉"。在感觉或知觉的过程中，同时又起了所谓七情六欲等作用，这种一时的心情状态就叫作"情绪"，这种情绪持续较长的时间，就叫作"感情"。不论是一时的情绪，或较持久的感情（现代人又叫做"感性"），经年累月累积下来，又形成了每个人的习性，而成为人格的一部分。这些复杂细微的各种心理状态，其实，都是涉及广义的"知"的一个妙用。

如果要再深一层研究探讨，那么，一切生物中的动物，是有知性的吗？答案，有的。只是和人类的知性相比较，在许多种生物类中，它在知性的作用上，占有多少成分的差异而已。所以说一切具有灵知之性的，便叫做"众生"，这个名称，最初出于《庄子》，后来翻译佛学，被久借而不归了，似乎变成佛学所独创的专有名称。那么，例如细菌、微生物、植物等，也都有知性的吗？答案：这个很难说。照现在科学的分类，这些只有生生不已的功能作用，是属于化学物理的作用；但如再向上细推，自然物理的化合，生生不已，它是一种形而上本体功能的生知，或是感知，待将来科学与哲学重新会合时再说吧！

王阳明如何"致知"？

好了！我们自卖风骚，在这里大吹大擂，乱扯到自然科学的问题上去，那会把专学科学的人们笑掉大牙的。但我们为什么会在讲到"致知格物"的时候，牵扯到这些问题呢？

第一，大家要知道，在八九十年前，即将推翻清朝的时期，也是中华民族大革命的前期，由西方学术源源而来，输入东方的时候，我们同时通过日本，翻译西方文明中自然科学的知识。当初，便把自然科学叫作"格致"之学。这个译名，就是取自《大学》的"致知在格物""物格而后知至"的字义而来的。所以我们在讲解的推理过程中，也不知不觉地牵扯到了。

第二，大家要知道明代理学的大儒王阳明，他在少年时期，研究探讨儒家的理学，好学深思，要想明白"致知在格物"的真义，便曾对着竹子，用心去格。竹子是物，用心对着竹子在格物，这不能说是不对吧！他是打起精神，用心不乱，专心致志去格竹子。不像陶渊明的"采菊东篱下，悠然见南山"那样轻松潇洒；也不像李白的"相看两不厌，只有敬亭山"那样的闲情逸致。所以他格了不久，格到心胸发病了！因此，后来他才下一定论，"格物"的意思，是格去心中的物欲，并非是对着外物来硬格的。

明辨"能知"与"所知"

现在最重要的，仍然先要回转到知性之"知"的问题上去。前面我们提过当婴儿初生的时候，本来就具备有先天而来的"知"性，但他经常处于一种安稳的状态中，自有一种明暗不分、恍恍惚惚的境界。当然不是成人以后那样已经形成意识，能够分别是非好恶的作用。换言之，婴儿在成长过程中，脑门的头骨合拢，也就是医学所说的囟门严封以后，受到成人生活动作的影响，以及眼见、耳闻，有关外界环境等等的熏习作用。那个自我与生俱来知性的"知"，就会分化演变，形成后天的意识，并且具有思想的知觉作用，同时又具有触受的感觉作用。由于知觉和感觉两种作用交织，便形成有了意识思想以后的"所知"性。

这个"所知"性的"知"，是我们姑且把它划了一道界限。另把那先天与生俱来的本能知性的"知"（并没有加上后天成长以后，所知分别的善恶是非等的习染），叫它是"能知"的"知"。这也就跟王阳明取用《大学》《孟子》的说法，所谓"良知""良能"的"能知"相同。但这里所说的这个能知，是限于人类有这个现实生命的阶段，是从生为婴儿开始，本自具有知性而命名的"能知"之"知"。并不概括最初的原始生命，如哲学所说的形而上本体功能的"知"。这点必须要特别交代明白，因为我们现在不是在讲形而上学的本体论。

如果你了解了这个与生俱来的"能知"之"知"，和后天意识形成以后的"所知"之"知"，那你再回转来读"大学之道"的开始，他首先所提出"知止而后能定"的"知"，是指人们从成人以后"所知"性的"知"开始修养，渐渐进修而达到"虑而后能得"的"明明德"的"内明"境界。他继"虑而得"以后，既要开发

"明明德"的"外用""亲民"之学，要想做到"齐家、治国、平天下"之功，必先达到"诚意、正心、修身"的学养时，再又提出来"致知在格物"的"知"。它和"知止"的"知"效用不同。因此，就可以明白它有"能知""所知"的界别了。因为上古文字，习惯于简化，以一字概括多重概念，屡见不鲜。倘使弄不清这个道理，那你读古书古文如《大学》的"知"啊"知"的，一路知知到底，反而使我们越读越不知其所以了！还不如不知的好。

那么，这个"能知""所知"的"知"，它和我们能思想，能知觉的"知"，同是一个功能吗？在所起的作用上，它有差别的效用，所以在辨别的名称上，就有各种不同的名词吗？答案：你说对了。所以《大学》开始所提出的"知止"的"知"，到了后来便转用"虑而后能得"的"虑"字，因为古文的"虑"，就是后世所用的"思"字。换言之，思虑的思，正是知性功能的前驱作用。

"生而神灵"参《内经》

在我们上古以来的传统文化中，周、秦之先，诸侯各国的文字语言尚未完全统一，因此，对于这个与生命俱来的"能知"的"知"，用处不同，所用的文字符号也就各有不同。有的叫它是"神"，有的叫它是"灵"，有的叫它是"思"。甚至，如汉、魏以后，佛学翻译又叫它是"智"，或者，干脆用梵文音译，叫它是"般若"。例如上古史上描述老祖宗黄帝轩辕，便有"生而神灵，弱而能言，幼而徇齐，长而敦敏，成而聪明"的记载。所谓"生而神灵"就是说他具有生而"知"之的天才。这里是把神和灵两个字合起来用的。如果我们再向中国古代的科学书中去了解，那就必须要向黄帝《内经》去求证了。不过，我说的是中国古代科学，与现代科学各有逻辑范畴的不同。《内经》也可以说是中国古代的医理学、生命学、生物学等等的始祖。

《内经》从唯物观点开始，说到人的生命生化的作用，提到黄帝问岐伯：

"寒、暑、燥、湿、风、火，在人合之奈何？其于万物，何以生化？"岐伯曰："其在天为玄（指物理世界的本元）。在人为道。在地为化（物质的互相化合），化生五味。道生智。玄生神。"帝曰："何谓神？"岐伯曰："神乎神！耳不闻，目明心开而志先，慧然独存，口弗能言，俱视独见，视若昏，昭然独明，若风吹云。故曰神。"

思则心有所存，神有所归，正气留而不行，故气结矣。

在这里要注意，他提到神的"独存""独见""独明"三个要点，与《大学》后面所说的"慎独"最关重要。

总之，我们首先引用了这些资料，就是要你明白这些道理，它与"致知"格物的"知至"，都有极重要的关系。

二一、致知与格物

我们为了探讨《大学》之道，"在明明德"的关键所在"致知在格物""物格而后知至"两句话的内义，已经花了很多时间，先说明"知性"的作用，并且特别提出"能知"与"所知"的界说。然后可以总结来说，《大学》开始第一节由"知止而后有定"，到"知所先后，则近道矣"，都是从人生成长以后，利用意识思维分别的"所知"起修，达到"明明德"的"内明"学养境地。虽然如此，但仍然属于个人的"自立"（自利）之学。如果要由已得"内明"之学而起用，进而"亲民"，做到"立人"（利世利人）的德业，必须要再进一步修养，彻底了解"能知"之性的大机大用才可。因此他又提出"致知格物""物格知至"关键性的指标。但对于这两句话的要点所在，便先要对"致知""格物"两个名词的定义有所了解。

从"知人"到"知物"之性

首先，所谓"致"字，便是到达的"到"字同义语。"知"，就是"知性"的"知"。凑合这两个字在一起，构成一个名词，它的含义，就是先要反察自己这个"能知"之性的本根，所以叫做"致知"，也可以说"知至"。这个道理，很明显的，就在原本《大学》首段的结论中，"此谓知本。此谓知之至也"。但朱子偏偏把这两句结论割裂开来，拿到后面，单独编成一章，叫做"右传之五章，盖释格物致知之义，而今亡矣"。这岂不是千古以来自欺欺人的大诳话。

其次，我们再引证一些上古文字，来说明"格"的意思，例如"有神来格""有苗来格"，等等。并非如后世的我们，只知道这个格字，犹如隔开一样的格，或如方格子一样的格。所以说到知性的"知"，真能到达"能知"的本根，同样就可知道万事万物的性理。因为万事万物理性的本元，与"明德"的"能知"之性，是一体的两面。换言之，这便是曾子指出儒家孔门之学"心物一元论"的根本学说。所以后世儒家也知道，"民吾同胞"，人人都是同胞。"物吾与也"，万物都与我有密切相连的关系。因此说，把"物"字与"格"字联合在一起，凑成一个名词，叫做"格物"，并非完全是指格去心中的物欲才叫做"格物"。换言之，"致知格物"的道理，只要在孔子的孙子、曾子的门人子思所著的《中庸》中，就有明显的解释，如说，"唯天下至诚，为能尽其性。能尽其性，则能尽人之性。能尽人之性，则能尽物之性。能尽物之性，则可以赞天地之化育。可以赞天地之化育，则可以与天地参矣"。由此可知尽人之性，还只是自我"内明"学养的一段功夫。进而必须达到尽物之性的"格物致知"，才是内圣外用的学问。

如果我们了解了上面所讲"致知""格物"两个名词的意义，便可知道"致知格物"的指标，统统是为了"诚意、正心、修身"而点题。这也是《大学》之所以为成人之学的要点。因此他便有后文的结论说："自天子以至于庶人，一是皆以修身为本。其本乱而末治者否矣。其所厚者薄，而其所薄者厚，未之有也。此谓知本，此谓知之至也。"

对于这个道理，如果要最简单明白的理解，请大家原谅我又要向他家借用。但是，我这样做，是被一般世俗学者们最讨厌、最反感的。因为他们的门派之见太深了。好在我够不上是个学者，一辈子也不想当学者，所以可以"随心所欲"而说，其实，这也是"借他山之石，可以攻玉（攻错）"的意思。那么，"致知格物""物格知至"的内涵，究竟是什么意思呢？引用佛学的一句话便知道了，那便是佛的"心能转物，即同如来"。也就是禅宗大师们所说，"心物一如，浑然全体，本无内外之分"。如果一定要根据传统儒家学理以及上古儒道本不分家的学说来讲，那可有的是，而且不少，且待另外再讲吧！

《易经·系传》可旁通

现在，我们只从传统文化中儒家的理念来理解"致知格物"的道理。那么，我们必须要搬出《易经》了！尤其以宋儒理学家程、朱之说来讲，他们认为曾子所著的《大学》，是为"大人之学"而作。什么是"大人"，他们可没有明确的交代。当然不能仅如朱熹所说，十五岁入大学，开始就是学的这些"齐家、治国、平天下"的"大人之学"啊！

我们在研究《大学》之先，也从"大人之学"这个观念出发，曾经提出《易经·乾卦·文言》所讲"大人"的风规，并以说明曾子著《大学》的传承，是从《乾卦·文言》引申而来。那么，对于他的"致知格物"之说，我们再引用《易经·系传》来印证，那也是顺理成章，更为明显不过！以下特别列举《系传》有关"致知格物"的研究资料十二则，提供大家参考：

与天地相似，故不违。知周乎万物，而道济天下，故不过。旁行而不流。乐天知命，故不忧。安土敦乎仁，故能爱。

范围天地之化而不过。曲成万物而不遗。通乎昼夜之道而知。故神无方，而易无体。

显诸仁，藏诸用，鼓万物而不与圣人同忧，盛德大业至矣哉！

富有之谓大业。日新之谓盛德。

夫易，何为者也？夫易，开物成务，冒天下之道，如斯而已者也。是故圣人以通天下之志。以定天下之业。以断天下之疑。

是以明于天之道，而察于民之故。是兴神物以前民用。圣人以此斋戒，以神明其德夫。

备物致用，立成器以为天下利。

是故君子将有为也，将有行也，问焉而以言，其受命也如向。无有远近幽深，遂知来物，非天下之至精，孰能与于此。

精气为物，游魂为变。

知几其神乎！穷神知化，德之盛也。

和顺于道德而理于义。穷理，尽性，以至于命。

将以顺性命之理。

至于有关《易经·系传》的内涵，我已经有《易经系传别讲》，不在这里再用白话解释，我想，诸位一读就明白了！

但在所引用的《系传》十二则中，再加简化，有关"格物"的，如"知周乎万物，而道济天下""曲成万物而不遗""鼓万物而不与圣人同忧""开物成务""兴神物以前民用""备物致用，立成器以为天下利""遂知来物""精气为物"，共有八处最为重要，其他的暂不引用。

穷理尽性，以济天下

有关于"致知"的，如"知几其神乎！穷神知化，德之盛也""穷理，尽性，以至于命""将以顺性命之理"，共有三处最为重要，其他的暂不引用。由于浓缩再浓缩，简化再简化，便可知道"致知格物"而到"诚意、正心、修身"的要点，是在"穷理，尽性，以至于命"。"将以顺性命之理"的"格物"，以达到"修身"为明德外用最重要的根本。这才正是孔子所说的，"其身正，不令而行。其身不正，虽令不从"的要旨。因为明白了性命的真理，就可了解到我们这个人身，也正是外物。那个"能知"之性，"明德"之体的根元之"道"，才是"心物一元"的真谛。

至于"心物一元"的"道"，便不是"能知""所知"所能透彻，所以，在《系传》上便有"阴阳不测之谓神"之说了！不过，"道"，也并非绝对的不可知，所以孔子又说："生而知之者，上也。学而知之者，次也。困而学之，又其次也。困而不学，民斯为下矣！"由此可知曾子作《大学》，特别提出"致知格物""物格知至"反复综合的叮咛，其推崇内圣（内明）外王（外用）的"明德"，着重在"修身"的用意，实在是秉受孔门心法"吾道一以贯之"的传承。

那么，我们对于《大学》所讲的"致知格物"的原则，已经有了确切的了解，那就是《易经·系传》所说的，"知周乎万物，而道济天下，故不过"。这就是说，将知性的学养，提升到不只知人的理性，而且周遍知识万事万物的理性。学养到达这个境界，能尽知人的理性，能尽知物的理性，然后才能真正做到"诚意、正心、修身"，可以担任以道济天下，而使天下平治了！

二二、智知万物自知难

对于"致知格物""物格知至"的研究，现在我们理解它的内涵，并不完全如宋明理学家们的观念，只要格去心中的物欲，就算是"致知格物"的意义。我们已引证到《系传》所谓"知周乎万物，而道济天下"的指标，也就是我们在前面已提到过"心物一元""心能转物"的道理。尤其是人类文明发展到了现代，姑且习用公元的计程，二十一世纪已经要开始，现在的人们到了丧失人性，完全是"心被物转"的时代，工商业的科技文明愈发达，精神文明愈形堕落。有如一把秤的两头，要做到比重平衡，非常不易。所以对于孔门心法"致知在格物""物格而后知至"的先贤明见，的确有重新认识、从头反思的必要。

至于物与心之间的关系，怎样来治心制物？在人类社会历史的过程上，有它自然而必然的发展趋势，孔子早在《易经·序卦》上下篇中，有了启示。如《序卦》上篇说："有天地，然后万物生焉。盈天地之间者唯万物。"如果从这个唯物观点来看，所谓人类，也不过是天地之间万物的一类。唯有"方以类聚，物以群分"的类别而已。所以在上古的中国文化中，人类也叫做人群。人类自称为万物之灵，那是人类文化的自我封号。讲到这里，又牵涉到哲学与人类学问题，不必离题太远，多加讨论。

同时我们为了松散一下神经，让我引用明末清初山东一位明朝遗老贾凫西的鼓儿词说：

太仓里老鼠吃的撑撑饱。老牛耕地使死倒把皮来剥。河里的游鱼犯下了什么罪？刮净鲜鳞还嫌刺扎。那老虎前生修下几般福，生嚼人肉不怕塞牙。野鸡兔子不敢惹祸，剁成肉酱还加上葱花。……莫不是玉皇爷受了张三的哄，黑洞洞的一本账簿那里去查。

虽然他是抱着国破家亡的痛苦，满腹牢骚，无处发泄，故意以唱大鼓来消遣人生，但对于历史，却有他自己的一种哲学观点，也非常精辟。如果照贾凫西所说，他如代表万物的律师来告人类，那就难办了。

看万物如何分类

关于心物问题，孔子在《序卦》下篇同样劈头就说：

> 有天地，然后有万物。有万物，然后有男女。有男女，然后有夫妇。有夫妇，然后有父子。有父子，然后有君臣。有君臣，然后有上下。有上下，然后礼义有所错。

这是很明显地说明人类自我建立了一套人文文化，所以与万物有分类差别的界限。

但天地之大，万物之多，在上古，用什么观点去分类呢？这又要讲到中国与印度的文化，各有一套说法。以中国上古文化来讲，把物理世界，化作八类，叫做八卦，那就是天、地、日（火）、月（水）、风（气）、雷（电）、山、泽（海）。其中存在的生物，如飞禽、走兽、鱼龙等，都是属于动态的生命，所以叫做动物。此外，与动物生命存在息息相关的，如草、木，叫做植物。如土地、山、岩、矿藏等，叫做矿物。这些上古的资料，多读中国古代科学的医药书籍，就可明白。

但在印度上古的分类，把宇宙万物的形成，分为地、水、火、风（气）四种大类，简称四大。后来在佛学中，又加了空大，共为五大类。这是印度文化对天地万物和物理世界的分类。它和希腊上古文化一样，也有说物理世界最初生成的是水大。除此以外，后来印度的佛学，又分生物的生命为四种类生，叫做胎生、卵生、湿生、化生。更详细的，又分生命有十二种类，几乎包括人类以及看不见的鬼神一类生命。但这些任何一种生命，都和地、水、火、风（气）有关，是心、物分不开的混合一体。其次，大家也都知道希腊文化，到了比曾子晚生的柏拉图手里，他把世界分为两类：一是理念世界，一是物理世界。至于埃及上古文化，相当接近于印度上古婆罗门的观点。

仁民爱物天下平

我们大略明白了这些人类传统文化的研究，再回转来看人类最初对物理世界中万物的关系。可以说，人类自始至终，也如各种动物一样，都是靠征服残杀别的生命来养活自己，正如达尔文所说，"物竞天择，适者生存"。但人类一方面是为生存而想征服万物，一方面也具有爱惜怜悯生物的心情。这就是人类之所以不同于其他动物，自有人文文化的特点。这在中国自古以来的传统文化中，叫做"仁"，是儒家孔、孟一系所极力要想发扬光大的主旨，也就是后世儒家所谓"亲亲、仁民、爱物"的宗旨。在印度佛学中叫"慈悲"，希望做到"众生平等"。在西方文化中，叫"爱"或"博爱"。

而在这些人类文化三大主旨中，尤其从儒家观点来说，对于"慈悲"或"博爱"，是很准确高远的目标，无可厚非，但似乎有大而无当之概。只有从各各自我立足点出发，先由"亲吾亲而及人之亲"开始，逐步扩充"仁民""爱物"，才有序可行。但要达到这个目的而使"天下平"，首先必须学养达到"尽人之性""尽物之性"的"物格知至"。也就同佛学所说的"如所有性，尽所有性"，然后才能有"大智、大勇"的"大雄"才德。唯有具备这种才德，才可能领导人类文化走向"民胞物与""心能转物"，而不被物质文明带向自我毁灭之途。

二三、物欲催人肯自怜

至于人生天地之间，与万物共同生存的关系，及其发展趋势，在《易经·序卦》上下篇里，早已有一套心物发展史观，在这里不必细说。我们只是依照过去人类几千年来对历史发展的过程，反观人类用尽心智来役使万物，如果再不设法使"物格而后知至""知止而后有定"，势必自使人类甘心永为物的奴役。而且最后使心物之间的矛盾加剧，不但自己毁了精神文明的世界，同时也自我摧毁了这个整体的物质世界。

反观人类发展史

现在我们回转来，反观人类历史发展的过程，暂且不说远古，仅从三五千年来的上古说起。当人类初由母系社会，而变成父系氏族社会，还没有城邦国家的雏形，只是血缘关系的阶段，那时人们用知性的本能，征服了有限动物和植物，如服牛乘马，豢养猪狗牛羊等作为家畜，砍伐树木石块，构筑居屋。最大的空间界限，都是依山傍水。换言之，一群氏族的四周，以有高山或较大的江河流域，阻挡去路，便自封守为界。对于无法用原始的心智来把握征服的，如日月星辰、风云雷雨、天灾地震等，只有视之为神力的安排，顶礼膜拜，祈祷保佑而已。

渐渐智知开发，知道制造舟车，征服江河海洋，开发高山峻岭，于是氏族联盟，团结组织起来，然后就有城邦国家的出现。渐渐在政治体制上，形成诸侯封建。因物资交易的需要，形成了商贾。至于再发展，知道大量开发盐铁矿物的利益，已经转型到大城市、大国家的历史文明了！在过去三五千年以来，无论社会文明如何不同，人智的效用开发，在地球上东西两洋，除语言文字不同以外，大致不相上下。尤其在中国，因为地缘和人文的关系，经济的重心，始终只以农业为主，工商业一直是属于农业经济的附庸。而国家与世界的最大关碍，就是海洋。所以舟车牛马之利，始终还没有办法征服海洋，当然更不能控制海洋。例如中国、印度，甚至埃及，大致都不外乎此例。

但在地球的另一边，我们现在所称的西洋（欧洲）呢？他们在远古、中古的历史阶段，几乎与我们没有什么不同，只是在由民族社会，转变为西洋式的封建。后来又形成以血缘为主的国家民族、政治制度等等，各有不同。尤其以北欧为主的少数城邦国家，绝对不像中国，可以坐享农业之利，安于田园之乐而甘于平淡。他们为了生存，势必要向海洋冒风浪之险，另求生存发展的机会。因此而有海上航业的开展，渐渐形成越海贸易，沟通重洋而寻求市场。

东西方分野的关键

然后到了十五六世纪，我们正沉湎于欣赏自己东方中国式的文明，而在西洋，却从中古文明黑暗期末中觉醒。由文艺复兴开始，接着而来的是科学技术文明的进步。尤其用科技文明来制造铁（轮）船以后，渐渐征服了海洋，打破了以洪涛巨浪作为屏障，各自闭关称尊的东西洋国界。当然，最重要的，是利用科技制造了以火为主的枪炮，配合远航的轮船，带动工商业进步的新文明。因此而有新大陆发现后美国的新兴，因此而有黑船初到日本，因此而有鸦片输入中国，因此而有假贸易之名而侵占了印度，如此等等的国际之间的重大变化。

当然，同时也包括了西洋文化东来，由矛盾而融合的变化。换言之，由十七、十八世纪到十九世纪时期，所谓人类文明，已经突破了海洋的限制。同时也因科学文明的发展，渐渐能够操纵时空的限制，打开人类的心知和眼界，知道了"人外有人，天外有天"的世界观。但从工业革命以后，追求科技的发展，享受物质文明的欲望，也逐步提高了。

到了二十世纪开始，终于发生了第一次世界大战（一九一四年至一九一八年）。跟着而来的，为了争取殖民地，为了经济倾销市场，各国民族积极争取侵占财富，占有物质资源。暗中酝酿，终于十几年以后，由日本、德国开始，再发起第二次世界大战，达八年之久。因此而促进航空飞机的发展，快速超过以海洋为屏障的阻碍，缩短了人类时空的限制。

追逐消费的危机

但在两次世界大战之际，在北美洲地区，有一个欧、非民族杂拼而成的美国，凑巧利用了文艺复兴运动以后的自由、民主思想。靠着第二次工业革命的科技，坐守北美。一面倾销军火而大谈其消费刺激生产的经济利益，一面而得天时、地利之便，大肆鼓吹它美式的政治体制，以民主、自由为世界人类最崇高的文化。他们崇拜"雅典"文化，但也忘了"雅典"为什么在历史上只剩有一个美丽的幻影。这个问题，当我在欧、美的时候，每每与他们后起之秀们研究讨论，却发现西方青年的思想，正在酝酿另一种政体意识，尤其非常鄙视美式的文明。不过，我们暂且搁置，不要又离题太远，扯到现代的政治思想上去。

总之，现在的世界人类知识，尽量利用物质，在二十世纪的六十年代，已经初步登陆月球，还正在追寻外星球是否有生物的存在。同时，武器的发展，使杀伤力达到不可计数程度。电脑网络的发达，可使人们完全进入"迷心逐物"的境界。可是，却忘了地球和人身一样，是一个整体的生命。我们现在所用的资源，都是取自这个生命的内部。这些生活在地球外表皮肤的寄生虫一族，所谓人类，却拼命钻进内部去挖取它的骨髓。也许很快地就走上树倒藤枯的结局，还归原始的混沌世界，才算了事。

二四、身心情智与物化

我们反反复复，为了"致知在格物，物格而后知至"，议论了很久，好像忘了下文的"知至而后意诚，意诚而后心正，心正而后身修"乃至"家齐、国治、天下平"，以及"自天子以至于庶人，一是皆以修身为本"，前后有绝对相关的一节。其实，前面虽然为"格物"这个名词的内涵，稍作发挥，略微启发。但如果真要了解传统文化"格物"的道理，除非研究自上古以来，儒道本不分家的科学史观，甚至如后世所谓的道学养生科学与物理等学识才行。

人身只有使用权

因为我们的上古科学史观，认为这个天地宇宙与万物，都是一个"物化"作用的"造化"生机而已。换言之，这个天地宇宙，是一个大化学的熔炉，万物和人，都是这个大化学洪炉中的化物。这个能知之性的神灵妙用，是发动"造化"的能源。但它又被"物化"的引力吸住，混在一起。除非再自觉醒，摆脱"物化"的吸引力，超然物外，回归道体，才是究竟。

由此类推，不但天地万物都属于外物，就是我们所认为是我现在生命的人身，也同样是外物，但有使用权，并没有永久的主权。例如我们从古以来，就有一句很漂亮的哲学性口头语："身外之物，并不在乎！"其实，大家忘了这个偶然暂时占有的人身，也只是"心外之物"，你更无法永远据为己有呢！所以当你现在拥有此身，就要好好的"诚意、正心"去使用它，为己为人，做一番自利利他"明德"的功德。这才是"物格而后知至"的"明明德"之学。

那么，此身如何去修呢？我们既已知道了身亦是物，但这个现在已经是我所依的身子，虽然和我好像是分不开彼此的一体。事实上，我的"能知"之性，并非属于这个身体。只是在此身内外任何一部分，都共同依存有"能知"之性所分化的"所知"和感觉的作用而已。不过，在普通一般人，没有经过"知止而后有定"，进而达到"静、安、虑、得"的学养境界，就不会了解"致知在格物，物格而后知至"的层次。因此，平常都由"所知"的分别思维作用，被身体生理的"感触"所左右，随时随地落在"感觉"所起的情绪之中。即传统文化所谓的七情"喜、怒、哀、惧、爱、恶、欲"的作用上打转。到了汉、魏以后，佛学东来，又加上由"色、声、香、味、触、法"所起的六欲作用。所以在唐、宋以后，统名叫做七情六欲，它左右了人的一生。

那么，在这个人身生命中，当他和"身外之物"的物质世界各种环境接触，以及和人事的互相交触感受的时候，便随时引发了喜、怒、哀、乐等情绪。其中的关键作用，便是上古儒道本不分家所说的"炁"（气）。所以从曾子以后，由子思再传的弟子孟子手里，就极力主张"养气"之说。孟子所谓"志者，气之帅也"，便是说明"所知性"所形成的意志，可以作为主导情绪统帅的功用。如果能够把义气"直养而无害"，可以充塞于天地之间，变成"浩然正气"。但也须要有一步一步的实证程序，并非徒托空言就可做到。这在《孟子·尽心篇》里，已经有比较具体的说明，姑且不加详说。因为我们现在所讲说研究的，是孟子的太老师曾子的原本《大学》，不是讲曾子的徒孙孟子的学问。

从《内经》看修身的内涵

如果再要探究修身内涵的学识，势必要借用道家养生之学的始祖，也就是中国医学的老祖宗《黄帝内经》，就可更为明白了。现在简略列举上古医圣岐伯答黄帝所问的，以及与"修身"之事有关的问题，便可知《大学》的"修身"之说，并非只是理性抽象的空言。例如《内经》说：

东方生风（先以地球物理作指标来说），风生木，木生酸，酸生肝，肝生筋，筋生心（以人体五脏互相生化做说明）。其在天为玄。在人为道。在地为化，化生五味。道生智。玄生神。化生气。神在天为风……在藏为肝，其性为暄。其德为和。其用为动……其政为散……其志为怒，怒伤肝，悲胜怒。

苦生心，心生血……其德为显，其用为躁……其政为明……其志为喜，喜伤心，恐胜喜。

甘生脾，脾生肉……其德为濡，其用为化……其政为谧……其志为思，思伤脾，怒胜思。

辛生肺，肺生皮毛……其德为清，其用为固……其政为劲……其志为忧，忧伤肺，喜胜忧。

咸生肾，肾生骨髓……其德为寒，其用为肃……其政为静……其志为恐，恐伤肾，思胜恐。

心藏神。肺藏魄。肝藏魂。脾藏意。肾藏志。

故曰：知之则强，不知则老（谓调和七损八益的重要）。智者察同，愚者察异。愚者不足，智者有余。有余则耳目聪明，身体轻强，老者复壮，壮者益治。是以圣人为无为之事，乐恬澹之能，从欲快志于虚无之守。故寿命无穷与天地终。此圣人之治身也。

现在我们对于所引用《黄帝内经》生化互克的理论，如果对于上古的传统科学没有基本知识，你读了会觉得很好笑，认为太玄了！也很矛盾，好像很不合于现代人的科学逻辑观点。其实，上古中国文化中的医学、天文、地理等学问，它的立论，都从科学的哲学基本出发。所谓上古传统的科学的哲学，它是从"心物一元""天人合一"的立足点来发挥。因此庄子而有"天地与我同生，万物与我为一"的名言。又如道家所说，"人身是一小天地"，换言之，天地万物乃是一个整体生命。如果你从这个认识去探讨，精密研究《内经》等学识，就可知道《内经》之学的内涵，并非只属于医药的范畴。我们为了研究讨论"格物致知""物格知至"而到"修身"，所以特别提到它，引用了有关"心物""身心"理论的一小部分，而且简略浓缩。这也就是《易经·系传》所指示的简易原则，所谓"近取诸（于）身，远取诸（于）物"，取近就便"格物致知"的办法。

心物一元防"物化"

我们一路依文解义，讲到"明明德"的"外用"之学，由"致知在格物"，"物格而后知至"，而先行提出、讨论"修身"。这个埋念，来白中国上古以来的传统观念，根据"心物一元"的基本原则，认知我们现在生命存在的一身，正是物我齐观的生物。换言之，这个人身，也就是我们通常所说"性命"之"命"的主要部分，是属于生理的、物理的。而运用这个生命的另一主要功能，根据传统文化的命名，便叫做"性"，它是属于心理的、精神的。而在上古儒道本不分家的其他的书本上，也有别名叫做"灵"，或叫做"神"。而综合性命、心物为一体，圆融贯通形而上与形而下的总和，便统称之为"道"。

我们如果有了这个认识，便可明白曾子所著述的"大学之道"，以及其弟子子思所著述的《中庸》，确是秉承孔门心法，根据《易经》乾、坤两卦的大义而来发挥，应用在人道的行为修养，而形成后世所称的儒学。他最明白的根据，就是乾卦的象辞：

> 大哉乾元，万物资始，乃统天。乾道变化，各正性命，保合太和，乃利贞。

所以"修身"的重要，正为自正其命的"正命"之要旨。至于"诚意""正心"，是与"明德"的"能知""所知"的知性有关，统属于天道和人道的知觉、感觉作用的"觉性"范畴。

那么，为什么《大学》在"知止而后有定"，直到"物格而后知至"，"此谓知之至也"以外，又提出一个"诚意"的"意"和一个"正心"的"心"呢？难道人们生而"能知"之性，它不就是"意"？不就是"心"吗？如果在身心之外，还另外存在有个知性与意识，它的存在，它的分别功能，又是如何分类呢？依据现在生理学与医学的观念，这些都是脑的作用，是一切唯物的反应而已。何必巧立名目，故弄玄虚呢？同时，在身体的部分，就算承认在人活着的时候，有它生理五脏互相关联生克的变化，但哪里还有一种"五运""六气"的作用？它和知性又有什么关系呢？

这一连串的问题，在古代读书，只要接受、相信就可以，除了对文字文句，做些考证改订之外，那是当然的毋庸置疑。但在现代，就完全不同了。如果这些问题没有了解清楚，那对《大学》这一本书，只能视作传统的格言信条，有他自成一家之言的权威性价值而已。用来谈什么"齐家、治国、平天下"之学，恐怕是了不相干吧！

二五、诚意正心修身与知至

为了清楚了解所提出的这些关键性问题，我们的讨论难免旧话重提，犯了繁复的语病。但为了交代得更明白，只好不避重复，再来说明清楚。

从"性"到"性理"之学

从中国上古以来传统文化的总汇资料来说，当然只有根据经过孔子整理编集的五经——《易经》《礼记》《尚书》《诗经》《春秋》，最为可靠。《尚书》(《书经》) 是以保留上古政治哲学的史料为主。《春秋》是孔子著作的政治史观。《诗经》是收集保留历史、政治、社会演变等各阶层民意反映的资料。如果要研究有关天人之际，以及人道的传统学术思想，只有在《易经》《礼记》中去寻根。而在《易经》与《礼记》的传统文化中，对于人性问题早已提出，性与情两者，是现实生命存在一体的两用。关于人性问题，尤其以《周易·系传》更为明白，如说：

> 一阴一阳之谓道，继之者善也，成之者性也。天地设位，而易行乎其中矣。成性存存，道义之门。

总之，在传统的中国文化中，以统摄天人之际，为天地万物总体的功能，名之为道。道的本能，自然具备一阴一阳、正反相成相制的作用。在阴阳正反的相互衍变中，各有各的同等功用，无所谓阳善阴恶，或阴善阳恶，这两者的功用，都是"至善"的。所以曾子著《大学》，开始就说："大学之道，在明明德，在亲民，在止于至善。"他对"大学之道"的前提宗旨，完全是有所本而来的，也就是对"继之者善也"的发挥。但他对于"成之者性"乃至"成性存存，道义之门"，却只用"明明德"一词来表达人性光辉的一面，不另加详说。第一个明字，是作动词来用，也就是说，人性天然有自明其德的功能。所以到了子思受业于曾子之后，跟着著述《中庸》，便换了一种说法，一开始便说："天命之谓性，率性之谓道，修道之谓教。"

所以在中国文化中，无论是曾子所著述的《大学》，还是子思继承著述的《中庸》，都把从人道出发的"性情"二字的"性"字，特别流行作为明通形而上道的表示。但要知道，曾子、子思，是春秋末代的人物，比释迦牟尼晚生几十年，比苏格拉底、柏拉图又早生几十年。所以后来佛学输入中国，译文所用的佛性、觉性，乃至明心见性，也都照样引用性字，作为现实人生的生命之源，作为表诠。因此后世道家神仙的丹道之学，有所谓性命双修之说等。尤其在隋、唐以后，因为禅宗的兴盛，以"直指人心，见性成佛"的主旨，在中国文化中，形成联系儒、释、道三家中心之学的台柱。因此而有南北宋儒家理学家们起来学步，大力主张以孔孟之学的心法，大倡其性理之学。我们了解了这个文化历史演变的过程，再回转到《大学》主旨的探讨，就更为明白。

自性如何"止于至善"？

既然人性的本来，本能自己具有自明其德，本自"至善"。为什么在起心动念，变成人的行为时，又有善恶对立，作用完全不同呢？这个问题，从儒家的观点来说，是因为人性的变易，主要是受到后天环境的影响，也就是孔子所说的"性相近也，习相远也"。换言之，天生人性，本来是个个良善的，只是受后天的影响，受生理的环境的种种影响，由习气的污染而变成善恶混浊的习惯。所以学问之道，便是要随时随处洗练自性所受污染的习气，使它重新返还到"明德""止于至善"的境界。

那么，怎样才能使自性返还到"止于至善"的境界呢？那只有利用自性本自具有的"能知之性"的功用，随时反省存察，了了明白，处理每一个起心动念，每一桩行为的善、恶，分别加以洗练，使它还归于纯净"明德"的本相。所以在言辞表达上，又把"性自明净"的知性作用，以逻辑的理念，叫它作"能知"。再把这个知性，用在起心动念，向外对人对事对物的分别作用上，叫它作"所知"。

例如：人性自出生为婴儿，直到老死，饿了知道要吃；冷了知道要避寒取暖；看到好看的、美丽的，想要取为己有；不好的、厌恶的，想要赶快抛弃。那都是天然"知性"的"能知"的作用。不过，其中又有不同的分别。知道饱、暖、饥、寒、好、恶的，是由天然"能知之性"的感觉部分所反应而知的，所以也可以叫做"感知"或"感觉"。在佛学的名词，叫做"触受"。但知道这个好吃不好吃，这个可要不可要，这样能不能要，该不该要，那就属于"能知之性"生起"所知"的分别作用，这个作用，叫它是"知觉"。知觉与思维、思想有密切关联，随时不可或分。当知觉的作用，要仔细分别、追寻、分析、归纳、回忆、构想时，又别名叫它是思想、思维，等等。

但无论"能知"或"所知"，从《大学》本书的名词来讲，都属于能自明其德的"明德"自性的起用。如果明了"明德"自性，它是本自"寂然不动，感而遂通"。那所谓"能知"与"所知"，也只是"明德"起用的波动而已。摄用归体，"知性"也并无另有一个自性的存在。譬如波澄浪静、水源清澈，原本就是"止于至善"，这样才是"知本"，这样才是"知之至也"。

但是，在一般人而言，从有生命以来，始终是被"所知"的分别作用牵引波动，并无片刻安宁。从少到老，收集累积"所知"的"习气"，便形成了"意"。也可叫它是"意识"。然后，又自分不清楚，认为"意"便是"知性"。其实，"意"是"知性"的"所知"累积而形成。"知性"收集累积成"意"以后，譬如银幕上的演员与幕景，能够分别演出音容笑貌、悲欢离合等情节，如幻如真。事实上，这些情节变化，都是幕后的一盘磁带的播出而已。所谓磁带，就犹如"意"。银幕上的种种人物活动，犹如"所知"的种种投影。

由"意"衍生的各种心态

如果用文学艺术来比方，例如李后主的词说："剪不断，理还乱，是离愁，别是一番滋味在心头。"那想剪断它、想理顺它的，是"所知"。剪也不断，理也不顺，似乎在心中去不了的，便是"意"的作用。又如苏东坡的词说："十年生死两茫茫，不思量，自难忘。"自己并不想去思念它，但在心中，永远存在着、排遣不开的，这就是"意"。所以"意"的作用，又有一个别名，也叫做"念"，就是念念难忘的"念"。又有形容"意"是具有强力的作用，便叫做"意志"。它配合生理的作用，就叫做"意气"了。人生多意气，大丈夫立身处世，意气如虹，那是多么美丽的豪语。"意气"加上思想、思维以后，主观认定的作用，便又换了一个不同的名词，叫做"意见"。

说到"意气"，问题可大了！"意"是"能知""所知"接受外物环境等所影响，在不知不觉中，渐渐形成为自我知性的坚固影像，也可叫它为形态。但从逻辑的界别来说，它是唯心的。然而它每每在起作用时，必然的，同时关联生理内部的情绪，两者互相结合，所以叫做"意气"。一部几千年来的人类历史、人类社会，"乱哄哄你方唱罢我登场，反认他乡作故乡"，十之七八，都是人我"意气"所造成的错误。宋儒理学家陆象山说过两句名言："小人之争在利害，士大夫（知识分子）之争在意见。"这的确是很有见地的观点。

其实，我们平常做人处事，大部分的行为言语，都在"意气"用事，绝少在清明理智的"明德"知性之中。如果要做到事事合于理性，那是很难的事。除非真能达到"大学之道"的基本修养，所谓"定、静、安、虑、得"的学问功夫。不然，对于自己理性的真实面貌是什么样子，根本就无法自知，所以老子便有"知人者智，自知者明"的感言。因此，曾子特别指出"知至而后意诚"的重点。但是因为用了一个"诚"字，又被后人误解不少，这真如禅宗洛浦禅师的话说："一片白云横谷口，几多归鸟夜迷巢。"所以，从《大学》的"诚意、正心、修身"的观点，来参证一部二十六史上的领导人物（帝王们），以及一个普通人物创业守成的成败得失，就有得戏看了！

心、意、识（知性）的差别

对于知性与意志或意识的作用，大概已有分别的说明。但照一般通常的了解，所谓"意"，就是心理的一种活动作用。换言之，"意"就是"心"，只是在习惯上所用的名词有不同而已。其实，"心"和"意"，不就是同一的东西吗？如果笼统含糊地说"心"和"意"，好像就是一个东西，等于是思想和情绪的总和。但从严格辨别来讲，"意"是不能概括"心"的。所谓"心"的现量境界，是我们没有起意识思维，更没有动用知性的分别思量作用时，即没有睡眠，也没有昏昧的情况，好像无所事事，但又清清明明的存在，那便是"心"的现象。例如，明代苍雪大师的诗说：

南台静坐一炉香，终日凝然万虑亡。

不是息心除妄想，只缘无事可思量。

事实上，当我们心中无事，意识不起作用，当下忘去"所知"的分别活动，好像空空洞洞愣住一样，这便是"心"的现象。通常一般人，尤其是大忙人，偶然一刹那之间，也都会碰到这种情况。

不过，一般人碰到这种情况时，反而会起恐怖，自己会怀疑自己脑子有问题，或是心脏停止活动。不免自寻烦恼，凭一知半解的医学常识，找医生，量血压，检查心电图，大多就因为自起恐慌而真的生病了。事实上，这起因是一种人我自己的心理病。如果在这种状况中，坦然而住，反而得大休息。不过平常没有经验，对自己没有认识，没有信心的，刹那即成过去，是不可能长久保持这种现量状况的。

如在睡眠，或受外界刺激，或因病痛发晕昏闷过去，那就不可能有这种"心"量境界的出现。甚至梦中也不可能。做梦，广东话叫做发梦，那是"意识"所起反面的作用，不是"心"的作用。如在梦中，忽然心力特强，觉得是梦，一下便清醒了，那就是恢复"心"的境界。不过，在平常人的习惯，从梦境中醒来，便用"意识"去思量，以"所知"的习惯，去追忆梦境，或以"所知"去寻求新知，永远不会停止休息的。

如果了解这样的粗浅分解，便可知道心、意、知性三者，的确都别有它的不同领域。非常巧合的是，魏晋以后，佛学东来，也同样提到心、意、识这三层次的差别。这真是合了一句古语："贤者所见略同。"

总之，再用一个譬喻来说，"心"好像一个盘子，"意"好像盘子里一颗圆珠。"知性"好像盘子和珠子放射的光芒，内照自身，外照外物。但这整盘，又装在一个血肉所制造的皮袋里，那就是人身。但要知道，这只是勉强的譬喻而已，并非事实的真相。在中国小说中，古人早已有很趣味的譬喻，那就是《西游记》的四五个人物，作者把心身意识演化成小说，将心猿意马，化出代表"心"的孙猴子。代表意气的是一匹龙马。猪八戒代表了人的大欲，特别喜欢男女饮食。一个晦气色的沙僧，代表没有主见的情绪，只能挑着行李，担起这个皮囊跟着猴子、猪八戒跑。那代表整个完整的心身生命的，便是唐僧。从表面看来，他是世界上最老实的笨人、善人、好人，虽然一路上他所遭遇到的，处处是艰难险阻，都是妖魔鬼怪，而在这三四个鬼精灵伴随下，走完一段人生的道路，但由于他的"诚意、正心、修身"，所以他成功了！

知道了心、意和知性的三层次作用，还是属于"明德"的"内明"范畴。这心、意、知性必须凭借外物的人身，才能对这个物理的现实世界发生作用。我们一般把人生生命的整体，叫做身心，那是很确切的说法。这个生命，是由身心组合而成的。身体是生理的、物理的，是生生不已，是"生"的功能所呈现。心是心理的、精神的，也是生生不已，绵延续绝，形成"命"的功能。如果引用《易经》的说法，心性属阳，身体属阴，阳中有阴，阴中有阳，交互变化，呈现出生命的作用。因此，必须知道，人生的一切作为，还要看每一个人所禀受生理的情况，而形成"外用"行为的结果。很明显可知的，当一个人"知性"在理智上明知道不可这样做，但是自身另有一个力量强过了理性，结果就非做不可。或者说，当自己在"知性"的理智上认为这样应该做，而且是一桩好事，但是自身却另有一个厌倦疲懒的力量，使自己始终没有去做。最后又悲叹懊悔，自怨自艾，无可奈何！这就是说明人生的一切，以及行为的善恶是非，有一半是属于人身生理所影响的结果。所以《大学》特别提出"修身"的重要。

从人身生命的形成说起

至于我们这个人身，为什么会有这样一种力量，可以左右理智，那就要从传统医学的黄帝《内经》去认识，配合现在的生理、生物等科学去理解，自可了然于胸。我们在前面已经提出过《内经》有关喜、怒、哀、乐等生理上情绪的变化，就是这个缘故。如果要比较深入一点去探讨，首先要搁置形而上先天性的哲学范围，只从后天人身生命的形成说起。

我们都知道现在医学的说法，我们的身体，起初是由男性的一个精虫，和女性的一个卵子相结合，产生一种"生命的动力"，古人叫它为"气"，也有叫它为"风"。因此在母胎中分合变化，将近十个月而完成为一个胎儿，出生以后便叫婴儿。他虽禀受父母两性的遗传，还只是其中的一个因素。碰上精虫和卵子本身的强弱好坏，又是另一个重要的因素。住胎时期，母性的生活、饮食、情绪、思想，以及父母两性的生活环境、外界的时代背景等，非常复杂的种种因素，凑合一起，幸而出生入世，变出一个人身。但是他内部的结构，血肉、神经、骨骼等，形成所谓五脏（心、肝、脾、肺、肾）、六腑（胆、胃、膀胱、三焦、大肠、小肠），以及外形的眼、耳、鼻、舌、身体。全盘联结在一起，大如外形躯体，细如每一毛孔，整个系统，自己都具有一种触觉的作用，这是生理的、物理的反应。当触觉的反应交感与知性的知觉相结合，便形成为心理、意识的种种感受。由此配合"所知"发生作用，便成为人之所以为人的行为。

行为大半受情绪影响

换言之，每一个人的行为，通常大半是受情绪的影响最为有力。例如，我们经常说某人的脾气我知道，或是说某人的个性我知道，这所谓的"脾气"和"个性"，就是情绪为主。情绪并不是代表某个人"所知性"的分别意识所生的聪明才智。情绪的作用，是来源于生理禀赋，由于身体内部健康状况的作用。换言之，健康与不健康，和情绪关系很重要。如《内经》所说：

> 五精所并。精气并于心则喜，并于肺则悲，并于肝则忧，并于脾则畏，并于肾则恐。是谓五并，虚而相并者也。

所以子思著《中庸》，开头就先从天命之道的"知性"，提到《大学》所谓"诚意"的"慎独"以后，便特别说到：

喜、怒、哀、乐之未发谓之中，发而皆中节谓之和。中也者，天下之大本也。和也者，天下之达道也。致中和，天地位焉，万物育焉。

历来关于《中庸》开始的第一节，大多数都把喜、怒、哀、乐当作心理的状况，加以解释，那是绝对错误的。不管他是古圣贤或今儒家，错了就是错了，实在不敢苟同。喜、怒、哀、乐是情绪，属于修身范围，不属于修心的心、意、知性范围。还有一点更重要的，就是读《中庸》一书的"中"字，固然可以把它当作中心的中，中肯的中来理解，但可能是不完全准确的。《中庸》的"中"，应该以古代中州音发音；例如以太行山为中心的山西、山东，以及中州的河南音来读，等于南方人发音的"种"字音就对了。所有中原地带的人，对于某一件事，某一个东西，认为是对了，便说是"中"（音种）。如果你有这样的了解以后，对于《中庸》的道理，"虽不中，亦不远矣"。所谓"喜、怒、哀、乐之未发谓之中"，是指"情绪"没有发动的境界。换言之，是并未动情，更未引发"意气"的情况。但人到底是有情的动物，"无情何必生斯世"，"天下谁能不动情"，只要"发乎情，止乎礼义"，"知止而后有定"，便能做到"发而皆中节谓之和"了！因此子思把"中和"的境界和作用，高推到"天地位焉，万物育焉"的圣境上去，是多么的真善美，而且又很切实于人情的平凡状况，这就是人道的真现实，并不外乎人情。

可是，我们了解了这个道理以后，再回转来看"大学之道"，要教化社会上的人，上至天子，下及任何一个平民，都需具有这种儒者的学问修养，才算是完成了一个国民人格的教育标准。如曾子所说，"自天子以至于庶人，一是皆以修身为本"，能吗？尤其从南宋以后，推崇尊敬程、朱之学的后儒，硬想把《大学》《中庸》变做帝王们必读之书，必修之课，而且还要他们做到安静修心，不动心、不动情，学做想象中的尧、舜，岂不真到了迂腐不可救药的地步吗？看看历史上的帝王们，连要找出心理正常的，都不可多得啊！

二六、尧舜不来周孔远

我们讲论《大学》，到现在为止，还是停留在"明明德"的"内明"范围。由"致知"到"修身"，虽然研探了五个学养纲目，除了"修身"是介于"内明"（圣）与"外用"（王）之间外，前面的"格物""致知""诚意""正心"等纲目，始终还属于"内圣"之学。如果"内明"（圣）得达"明德"境界，由此起而"外用"（王）于齐家、治国、平天下，就须从"修身"立德开始，所以便有"自天子以至于庶人，一是皆以修身为本"，这个非常肯定的提示。由此可以了解孔门心法，始终是遵从孔子著《春秋》的宗旨，志在责备贤者。但须了解，在春秋前后时代，所谓"贤者"这个名词，并非如秦、汉以后，专门把圣贤两个字，当作学养兼备、修道有成者的代号。在春秋的前后阶段，贤者一词，有时候是对在职在位当权者的礼貌称呼。

尧舜周公的好榜样

曾子著述《大学》，是在夫子逝世以后，当时上至中央的周天子，下及列国的诸侯们，都是做君上者，不成其为人君；做臣下者，不成其为人臣的丑角，既乏内养的品性，亦无立身处事外用的德行。因此他以悲天悯人的心情著述《大学》，弘扬孔子继承中国传统文化的心法，流传后世。这也就是孔子"删《诗》《书》，订《礼》《乐》"，只以师道自居的精神所在。那么，中国文化中"内圣""外王"之学的中心精神是什么呢？那你必须要冷静地好好研读《礼记》中的《礼运》篇，它与《大学》《中庸》是互相关联、绵密一致的孔门心法。

其次，还须从孔子删定的《尚书》(《书经》)去了解。那是用断代史的手法，截去远古史的残破资料不讲，只取有文献可征的史料开始，以唐尧、虞舜作先驱的榜样。然后从传统历史的变革，以夏、商、周三代为继统。但在三代之后，尤其推崇周文王的品德。对于周武王，只是循历史的趋势，当然承认他是一个划时代革命性的象征，有如成汤一样，可以相提并论。但对周室七百余年的政绩，只是如记流水账而已，可取者并不多。特别值得崇拜的却是周公姬旦，尊敬他为中国文化集大成者；又为周室设计分封诸侯建国，联合治天下的封建制度；以及土地公有、权益均等的井田制度，为当时奠定以农业经济建国的好榜样。

孔子重视仁民爱物而尊王

换言之，孔子的尊王主张，是他眼见当时春秋时代的政治社会演变趋势、文化堕落，当权有力者不以"立德"为功，只以智谋权力作为霸业的手段，天下将必大乱。大乱的结果，当然是民不聊生，吃苦受害的还是老百姓。所以他主张，仍然尊重周室的政权王统，要使他随势"渐变"，不至于大乱。如果要求"突变"，必会造成再来一次如"汤、武"一样的革命，其后果是不堪设想的。所以当时孔子的尊王主张，是由仁民、爱物的思想出发，并不是如后世的儒生们，只要是那个称王的，就可以如俗话所说，"有奶便是娘"，甘愿臣服而事之。只知道孔子开口尧舜，闭口尧舜，就是尊王。因此后世的儒生，为了出卖学问知识，争取功名富贵，便臣事于人，不管是什么样的皇帝老板，便称他为"当今尧舜"，岂不可笑之至。孔子所标榜的尧舜，是真民主，假帝王。后世与现代的民主，是真帝王，假民主。这个道理界限弄不清楚，便好像《红楼梦》上林黛玉笑贾宝玉的诗所说，"不悔自家无见识，翻将丑语诋他人",那就无话可说了。

如果你要彻底了解这个道理,明白孔子所代表的中国文化史观的奥妙,必须仔细研究子思所述著的《中庸》。我们现在只摘出其中的两句话,作为这个观点的一只眼。那就是子思说的"仲尼祖述尧舜,宪章文武"。即如大禹,也并不提到。因为以尧舜禅让为立德而"止于至善"的标准来看,大禹立功,泽及万世,固然功德很大,但很遗憾的是,他并未在生前安排好继承尧舜之德,却从他的儿子"启"的手里,将中国传统禅让美德,变成了"家天下",为三代以后所借口,永为天下私有的法式。因此使曹操的儿子曹丕篡位时,说自己总算明白了上古历史所谓的禅让,是怎么一回事了。但大禹治水的功德,的确不能轻视,所以孔子只有在平常对弟子讲学的时候,很感慨地说了一句:"禹,吾无间然矣。"换言之,孔子说,对于大禹,我实在不可以再在他的功业当中,挑剔什么啊!

第四篇

外用之学

打开微信，扫码观看南怀瑾先生
讲《大学》视频（四）

二七、三代以后的帝王与平民

继"诚意、正心、修身"等"内明"（圣）之后，真正转入"外用"（王）之学，便自"齐家"开始。所谓"家齐而后国治"的标榜，是从孔子开始提到尧、舜与周文王、武王之外，在后来的历史上，几乎是绝无仅有的事。不过，讨论"齐家"问题，必须要特别了解，在中国的上古历史上，"家"是聚族而居的群体大家庭，也就是宗法社会的中心代表。用现代话来讲，"家"就是一个族姓社团，并不像二十世纪初期以来，学步西方文化，只有一对夫妻，或加上父母、子女的小家庭。当然，无论为聚族而居，几世同堂的大家庭，或是小两口子的小家庭，总是以父母、夫妻、兄弟、姊妹、子女为主体所组成的。

"齐家"的妇女真伟大

天下、国家、社会的基本单位便是"家"。所谓"齐家"的"齐"，在古代读作持家的"持"，也有读作治国的"治"，同时也包括有维持和治理的两重意义。

如果了解了这个基本道理，可以说，中国两千多年来的儒家理想中的"齐家"，只有在过去朴实无华的农村家庭里，每每可以看见那种"满眼儿孙满檐日，饭香时节午鸡啼"的情况。不过，这样的殷实家庭，一定是有一个有德而有持家之道的老祖母或主妇，作为真正幕后的主持者，并不一定是当家的男人或老祖父的成果。所以我经常说，中国文化中，维持传统的家族人伦之道的，都是历代中国妇女牺牲自我的成果，是母德的伟大，不是男士们的功劳。至少由上古到二十世纪三四十年代还是如此。因为中国宗法社会的大家族观念，那时还未完全转变。也许我的所见不尽然，但须要大家再冷静一点仔细去研究，母教，才是天下文化教育的大教化事业。大至国家、民族，小至一个儿女，没有优良传统贤妻良母的教育基础，那就什么都免谈了！

帝王家庭问题多

从东周开始，直自秦汉以下而到清末，每朝每代的帝王家庭，都是有大问题的家庭。甚至可以说，大多数都是一团糟的宫廷，哪里够得上是"家齐而后国治"的标准。所以孔子著《春秋》，第一笔账，"郑伯克段于鄢"，就是记载由于郑庄公的母亲武姜，有偏爱心理所造成的过错。从此以后，所谓春秋时期一两百年间的"五霸"，如齐桓公、晋文公等辈开始，直到战国时期，各国的诸侯君主，大部分都是出生在大有问题的家庭，造成心理不正常的因素，当然够不上讲什么"修身、齐家、治国"的道理了。

战国时期结束，秦始皇的王朝建立，在短短的二三十年间，为中国的历史文明划了一道重要的界限。从此以后，中国才真正步入以一家一姓建立的帝室王朝，长达两千年左右。不过，由秦而汉、魏、晋、（南北朝）、隋、唐、（五代）、宋、元、明、清，一路下来，除了几个创业帝王，可说是有分量的英雄人物之外，其他的子孙皇帝，我叫他们是"职业皇帝"。因为他们命定出生在现成帝室家庭，生在深宫之中，长养在宫妃太监之手，菽麦不分，完全不能亲自体认民间疾苦。这些职业皇帝，可以说大部分是不懂事的血肉机器人，但他们要想不做皇帝也不可能。如果要求他们讲究"诚意、正心、修身、齐家"之道，岂不是对牛弹琴，白费心力吗？也许我又说错了，据说，牛也会懂得琴声，只是我不懂而已。况且，这些天生做职业皇帝的，其中也真有几个是了不起的人物，不可一笔抹杀。

　　中国有句古话，"以德服人者王，以力假仁者霸"。简简单单十二个字，就把中国历史文化"王道"和"霸道"的界别说得一清二楚了。假定三代以上，在唐尧、虞舜时代的政治，是"以德服人"的"王道"。三代以下，尤其在东周以后，都是"以力假仁"的"霸道"治权。在古汉语中的"假"字，不完全当作真假的假，假当作"借"字用。所谓"以力假仁"的意思，是说，虽然都是用权力来统治，但也必须借重仁义之道来作号召。明白了这个道理，我们首先提出春秋五霸之首的齐桓公与管仲坦白的对话，便可了解秦、汉以后，一二千年的皇权政治，与"通儒"的知识分子结合的道理。

管仲与齐桓公的精彩对话

　　在历史上有准确的资料，齐桓公名小白，照旧历史的习惯，叫公子小白，他有个哥哥，叫公子纠。彼此同胞，生在帝王的家庭中，当然，命运注定是有问题的家庭。等于后来历史上的唐太宗李世民，和他的哥哥弟弟争权夺位是同样的翻版。管仲和他的好友鲍叔牙，同时被分别任命辅佐公子纠与公子小白。齐国发生内乱，他两兄弟的哥哥襄公无道，被逼流亡出走。管仲和召忽辅助公子纠逃到鲁国。鲍叔牙辅助公子小白逃到莒国。

　　内乱平息了，彼此争先回到齐国夺权登位。为了各为其主，管仲在中途争夺战中，曾经拉弓射过小白，正好一箭射中小白的衣带钩上，幸好不死，也未受伤，但那却是致命的一箭。结果，小白和鲍叔牙先回到了齐国，就继位称齐桓公。鲍叔牙又带兵威胁鲁国说，公子纠是齐国新君桓公的亲兄弟，自己不好处理，请鲁国代为解决。因此鲁国杀了公子纠。鲍叔牙又要求鲁国说，管仲是齐桓公的仇人，有射钩之恨，请你交给我们带回齐国处理。因此，管仲就自请鲁国把他作刑犯，交付鲍叔牙带回齐国。然后，鲍叔牙对齐桓公说，要放过管仲，请他帮忙治国。齐桓公很气恨管仲，并不同意。鲍叔牙说，你不想在列国中成就霸业，那就算了！如果你想要治国图强称霸，你就非用管仲不可，我鲍叔牙是不及他的。

历史上描写汉高祖刘邦，豁达大度。事实上，刘邦还不及齐桓公的胸襟。他因为鲍叔牙的话，提醒他的兴趣，就赦免了管仲，甚至把整个政权都交给他办，委任为相，还尊称他叫仲父，等于现代人叫干爸或大爷，因为管仲比他岁数大得多。

更有意思的一段，要看齐桓公与管仲的对话：

管仲说："斧钺之人也，幸以护生，以属其腰领，臣之禄也。若知国政，非臣之任也。"我是应该被你砍头的罪人，但非常侥幸的，你能原谅放过我，还保全了我的头和腰身连在一起活着，只要你给我一口饭吃就好了。如果要我担任国家的大政，恐怕不是我能胜任的吧！

齐桓公很干脆地说："子大夫受政，寡人胜任。子大夫不受政，寡人恐崩。"只要你先生肯接受我的委仟，担任国家政治的重任，那我一定做得好国家领导的重任。如果你不肯担任重责，我恐怕自己会搅崩了！

你看他说得多么坦白诚恳，所以管仲也很快地答应了。这叫做早已两相情愿，彼此客气一番，当然一拍即合。好比现在京戏上唱的周瑜打黄盖，一个愿打，一个愿挨，都是彼此心照不宣的。历史政治上，有时是很讨厌、很可怕的。但有时，真如儿戏，一场天下大事，只在三言两语，谈笑间决定了全盘的命运。犹如赌徒，挥手一掷，满盘皆赢，但也可能一败涂地。所以古人说："虽曰人事，岂非天命哉！"但精彩的还在下文呢！

过了三天，齐桓公对管仲说："寡人有大邪三，其犹尚可以为国乎？"老实对你讲，我这个人，有三样很大的坏毛病，据你看，我真的还可以做大事业，可以担当一个国家的领导人吗？管仲说：

"臣未得闻。"我还没有听人讲过你的缺点（其实，管仲这句话是谎话，故意给齐桓公留点面子，保存他的自尊心）。

齐桓公就说，第一"寡人不幸而好田，晦夜而至禽侧田，莫不见禽而后反，诸侯使者无所致，百官有司无所复"。我真不幸，平生癖爱出去打猎，不管白天夜里，喜欢猎捕禽兽为乐。每次打猎，一定要猎获到很多动物，才肯回来。所以使各国来的大使，等了很久也见不到面。政府里的百官和担任公职的人们，没有机会向我汇报请示。因为我只管好玩，不喜欢办公做事。

管仲说，"恶则恶矣，然非其急者也"。这种习惯，坏是很坏，但还不是最重要的关键。

齐桓公又说，第二我很不幸，喜欢喝酒，白天夜里，连续地喝。那些外国使节，根本见不到我的面（省略原文）。

管仲说，这也是很坏的恶习惯，但还不是最关键的。

齐桓公再说，第三我有很不好的禀性污点，非常喜欢女色，而且乱来。因此，在长辈中的阿姑，平辈的姊妹，都有被我污染的，就不能出嫁了（这就是古代大家族社会的阴暗面）！

管仲说，这是坏透了的习惯，但还不算是最重要的关键。

齐桓公听到管仲这样答复，真的奇怪，用一副怪模怪样的眼光，很紧张地问管仲，你说我有这三样很坏的恶习惯，都还可以担当领导国家的大任，那么，还有什么不可以的事呢？

管仲说："人君唯优与不敏则不可。优则亡众，不敏不及事。"做一个国家主体的领导人，最要紧的不是一个优哉游哉、优柔寡断、没有智慧、拿不定主张的个性，同时，又不够聪明，碰到事情，反应不敏捷，有这两种毛病，实在不足以担当治国的重任。因为优柔寡断、马马虎虎，使部下轻视，失去崇敬信仰的重心，能干肯干的人才就别有作为了。如果碰到事情，反应不灵敏，缺乏决断，糊里糊涂，那还能做什么事呢？

其实，管仲还不好说，齐桓公，你是一个够聪明的坏蛋，正因太聪明，所以坏处不少。但你能听鲍叔牙主张，放弃了仇视我的心理，说办就办，要我来总理国事当宰相，有决断、有勇气、有气魄，敢放胆一试，可见不是一个笨蛋。尤其胸怀潇洒，豪爽而不自欺，敢于自我批评、自我检讨，说自己的坏处，就不是一般人所能做到的了。

齐桓公一听就说，好的！请你先回官舍吧！过几天，再请你来，我们商量商量办吧！

管仲说，时间是很宝贵的，哪里可以等到明天啊！

齐桓公说，那，你说怎么办？

管仲立即推荐了公子举、公子开方、曹孙宿三位人才，派出去做鲁国、卫国、荆国的大使，先来稳定国际间的紧张局面。齐桓公都立刻照办了。然后又安排了外交、农业经济、国防军事、司法行政、监察等五位大臣，并且对齐桓公说："此五子者，夷吾（管仲的号）一不如，然而以易夷吾，吾不为也。"我推荐的这五位大臣，每一个都比我强，如果把我换做他们，无论哪一部的事，我是绝不干的。"君若欲治国强兵，则五子者存矣。若欲霸王，夷吾在此。"假如你只想把齐国一国政治搞好，国富兵强，只要有这五位大臣就行了。如果你想在列国之间做霸主，那就非我不可了。齐桓公就说，都照你说的去办吧！

因此，管仲就使齐桓公在当时的历史上，做到有名的大事。所谓"一匡天下"，一下子就匡正了当时周室衰败的中国王朝；"九合诸侯"，在列强的国际间，九次召集国际会议，安定当时春秋时代的中国天下，达四十多年之久。所以，迟于管仲一百三四十年以后出生的孔子，也很感叹敬佩地说："微管仲！吾其披发左衽矣。"唉！当时如果没有管仲出来救世救人，恐怕我们早已沦落做没有文化文明的野蛮人，披头散发，穿光着右边臂膀的番装啰！

二八、帝王样板齐桓公

三千年前，中国的历史，出现以周朝王室为中心的封建诸侯联邦政治体制，实行土地公有，以井田制度，建立农业经济社会的典范。五六百年后，到了周朝王室的威信动摇，东迁洛阳作为首都开始，便进入所谓东周列国争霸的春秋时代。历史与文化，是分不开的并蒂莲花，从春秋时代，直到战国七雄时期，也就是中国文化所谓百家争鸣，诸子并出的阶段。

从表面听来，诸子百家争鸣，那一定是何等的热闹，非常的有趣。事实上，所谓争鸣，所谓诸子的学术思想，都是围绕着一个传统的中心在转。这个中心，便是"道"，也就是儒、道并未分家，诸子百家也并未分家的天人之际的"道"。尤其重在"人道"。换言之，诸子百家的学说，提出的主张，都是希望人民生活安乐，社会平安。使人人有安乐的一生，有一个圆满欢欣的家庭，有一个富强康乐的国家。

真正的政治家是什么？

所以我平常喜欢开玩笑地说，你们办大学，给学位，随便怎样办都可以。只有两个学位，是绝对无法定位的，一是政治，一是军事，这两种是无法给予什么博士头衔的。因为这两者并不属于专才之学，而是通才之学的范围。你只要看《封神演义》，姜子牙辅助周文王、武王建立了八百年的周室王朝政权，他的坐骑，叫做四不像。最后论功行赏，他一手分封天地神祇，但忘了自己，无可奈何，只好自封做一个"社稷神"拉倒。这是一个最低层起码的小主管，从基层上保护人民土地的土地神而已。真正的政治家、军事家，是通才，是四不像，是社稷神。姜子牙、管仲都是这种人。

同时，我还说，我读了许多中西方有关的政治学的书，还不及中国民间传统流行的十二个字，说得彻头彻尾，清清楚楚。是哪十二个字的真言咒语呢？那就是"风调雨顺""国泰民安""安居乐业"。谁能领导天下国家达到这个目的，就可封神了！尤其有关天人之际的"风调雨顺"啊！换言之，这四个字，包括没有风灾、水灾、地震、旱灾等等的内涵啊！至于人事和人道，统统在后面的两句话中，一望便知，可惜一生也做不到。

但从人类学的角度来看，事实很有趣，我也常把东方和西方文化相互对比，以太阳绕地球一昼夜作比方，却发现东西两方人类历史文化的变化现象，同在五百年之间，必有王者兴，几乎完全有异曲同工之妙。例如我们的历史，到了春秋以后，名王迭起，但有道之士的哲人也应运而生。中国有个齐桓公，配上一个管仲。而在西方，也是名王配名师，凑巧的真有趣。欧洲有个亚历山大，配上一个亚里士多德。印度也有一个阿育王，配上一个优婆鞠多尊者。当然，在这个阶段，什么日本、美国，连个影子还没有呢！

但是，以中国历史的习惯来说，三代以后，所谓历史上的名王，最了不起的，也只能算做英雄，绝不是圣人。所谓这些英雄的名王们，也都像我小时候的一位老辈的诗说，"江山代有英雄出，扰乱苍生数十年"，如此而已。他们与《大学》的"明德"外用（王）之学，所谓"修身、齐家、治国、平天下"，岂只似是而非，可说都是背道而驰的。

齐桓公是什么样的人物？

例如我们特别提出在春秋时期，所谓五霸之首的齐桓公，便是秦、汉以后两千年来，大多数创业帝王的样板。但不管是哪种版本，也都会影响他们所建立的王朝文化历史几百年，直到如今。无论你从唯物史观、唯心史观或其他角度来看，始终错综复杂，讲得不会透彻清楚，岂不玄哉！

现在先让我们来看史称齐桓公的小白这位老兄吧！他天生是一个诸侯王的少子，照现在人用西方文化的习惯称呼，在他少年的时期，当然是一个白马王子。他本来就习惯于豪华奢侈的生活，尤其是他的禀赋个性，凡与"喜、怒、哀、惧、爱、恶、欲"七情，及六欲有关的"吃、喝、玩、乐""嫖、赌、招、摇"，可以说无所不为、无所不会。即使他自己不会，旁边左右跟随他的人，为了讨好他，也势必引诱他学会。何况他自己又聪明，又敢作敢为，当然会养成他天不怕、地不怕的个性，根本谈不上什么"知止而后有定"，乃至"意诚、心正、身修"一类的戒条式的学养了。因此，他就变成一个贪玩、贪吃、酗酒、好色、乱伦等恶性重大的世家公子。

但他在心理意识上，会不会有烦恼、有忧患、有悲哀呢？那当然是有的。尤其在王室家族的家庭矛盾、权位争夺的利害斗争上，随时都有烦恼迫人而来。但好在他是一个嗜酒如命的人，平常大多都活在醉梦之间，正如庄子所说："酒醉则神全。"贪杯耽酒，有时如有道之士的修养一样，容易忘身忘物。

小白齐桓公，就是这样的一个典型人物，他之所以会成为历史上的名王，第一，他具有天生王子的身份，在当时社会政治的大环境中，有了机会，自然是有资格登位称王的。管仲、鲍叔牙纵有帝王之才，在当时的社会政治上，是绝不可能自立为王的。第二，他在个人的私生活上，虽然坏习惯的恶性很大，但对于处理大事的关节眼上，他能够识人、用人、信任人。而且还有一个关键性的特长，遇事反应灵敏，决断果敢。这两点，正是管仲所希望找到的一个好老板。第三，他天生有四十年成为名王的好运，碰上鲍叔牙和管仲。

管仲怎么报答鲍叔牙?

如果因人论事,可以说,使齐桓公在春秋时期成功霸业的是鲍叔牙。使管仲能辅助齐桓公而大展才能,成为千古名臣的,也是鲍叔牙。管仲能还报鲍叔牙的,就是临死以前,坚持吩咐齐桓公不可以叫鲍叔牙继任他的相位。因为管仲知道他死了,齐桓公也就完了,如果叫鲍叔牙继承相位,一定死于非命,那他就对不起一生的真正知己了。

大家读历史,都知道千古以来,最好朋友的知己交情,都称赞"管鲍之交",有通财之义。其实,还都是向钱看的话,根本不懂"管鲍之交"的要点。我们且看鲍叔牙开始推辞相位,力荐管仲的话说:

> 臣之所不若(管)夷吾者五:宽惠柔民,弗若也。治国家不失其柄,弗若也。忠信可结于百姓,弗若也。制礼义可法于四方,弗若也。执枹鼓立于军门,使百姓加勇焉,弗若也。

齐桓公听了,就放弃仇视管仲的心结。甚至听到鲁国把他绑起送回来,就亲自出郊来迎接他。但管仲临死前对齐桓公怎样说呢!

> 鲍叔,君子也。千乘之国,不以其道予之,不受也。虽然,不可以为政,其为人也,好善而恶恶已甚,见一恶,终身不忘。

这就是"管鲍之交"的知己明言,他不希望自己死后,把鲍叔牙一条命送到小人手里的用心了。

今天还须向管仲借镜

在中国的历史上,到了春秋初期,以齐桓公作标题、管仲作内容来讲，管仲的政治哲学和他的政治体制的实施，可以说就是后来两千年来历史上，帝王政权的大样板，直到现在，同样还有他的权威价值。

第一，是他开始用"姜太公吕望"治齐的方针，发展工商业经济、整顿财政、改变税制，先求利民富国。所谓"仓廪实而知礼节，衣食足而知荣辱"，就是千古不朽的名训。

第二，由他手里，渐渐改变了公有的井田制度，让人民有合理的私有财产，达到了民富则国强的目的。

第三，创立全民皆兵、全兵皆农的体制，以治军的制度，编制民间社会。也可说是为后世有乡镇、邻里、保甲，地方自治的创始者。

第四，民富国强，社会形态转变后，必然会产生奢侈逸乐的现象。同时，为了招徕国际商贾的需要，大胆开创了公娼制度，以免社会产生负面阴影，破坏善良风俗。

第五，不但如此，他对于传统文化的"形而上"道的哲学，犹如曾子著《大学》所说的"明明德"及"正心、诚意"之学，乃至"外用"于实际政治理论之间，都有很高明的深度。如果以我的观点来看，后世的儒家理学家们，未必能望其项背。无奈后人都把他身后的著作《管子》，只视为政治学的学术，未免太可惜了！

从他辅佐齐桓公尊王（拥护周室的中央王朝），称霸四十年后，他死了，这个只管享现成福的齐桓公，第二年也就完了。

齐桓公死后，五个儿子，照样翻版，各自结党争立，彼此攻杀。他的尸体停在宫中床上六十七天，烂了生虫，也没有人来过问。这样便是身不能修，家不能齐，自己又非治国之才的结果样板。所以《大学》说："自天子以至于庶人，一是皆以修身为本。"并非只是戒条式的虚文啊！

不但是齐桓公，我一生亲自看到好几个白手成家发财成巨富的大老板们，死后的状况，儿女们停尸不葬，闹着打官司、争财产，还背地骂爸骂娘的多着呢！因为我看得太多了，更相信孔、孟之教开的药方，是真对症的。可惜我国我民不肯吃药，所以长在病中，只有莫奈他何之叹了！

其实，几个有名的圣哲之教，都是针对医治人性恶习的药方。因为我们的民族性中，存在有不仁、不义、不忠、不孝、无信、无耻的老毛病，所以孔子为代表的儒家，开了"仁、义、忠、孝、礼、智、信"等药方。老子开的，是"慈、俭、不敢为天下先"三味偏方，也可治百病的。印度人历来存在阶级仇视，所以释迦牟尼开了"平等、慈悲"两味大药。两千多年前的西方风气，太过自私狭隘，又加粗暴，所以耶稣开了"博爱"一味单方。不过，现代人看不起老古方，拼命要向唯钱主义，去买新发明的西药吃，实在不知道那些化学剂品的药，今天说对，明天又说不对，恐怕不一定靠得住吧！小心为妙啊！人性，有善恶兼具的根底，去恶为善是健康的人生。蔽善从恶便是病态的人生。可惜人们喜欢以病为乐，因此造成人类史，是一部病理学医案史。所以中西的圣哲们，也只好永远担任医疗的护理工作了。

二九、身世堪怜一霸君

假如我们把周室王朝（包括春秋、战国）划归中国上古史的末期，那么，中古时期的历史，很明显的，当然以"嬴政"王朝"秦始皇帝"作为划时代的开始。这个时期，在中国，正是声名煊赫的"秦政"时代。在西方的欧洲，也正是威名鼎盛的"罗马帝国"时代。

秦始皇的崛起，消灭战国末期的六国，开始建立皇权统一的中国，的确是历史上的大事。但时势造成一个有变态心理的秦始皇，完全是由于阳翟（开封禹县）商人吕不韦的商业谋略所制造成功的结果。例如现代美国式的民选总统，幕后台前，都是大资本商人所制造成功的国体。幕后出钱推出民选总统，台前的政府体制，也完全学习工商管理。伟哉商人，岂可轻视。当然，只有姜太公与管仲，早有先见之明，绝不轻视，而且还特别重视呢！其次，便是范蠡和子贡，他两人才是真正下海入流的儒商呢！无人可以比拟。但千万不要忘了，如果全民皆商，恐怕是"国将不国"矣！

一统中国的历史背景

假如我们从哲学的观点来看历史和人事，谁也想不到当时一个无关大要的人物，一件蛮不在乎的小事，经过时间的推移，便会形成影响后来一国或天下的历史大事。每个朝代，每个政府，不管如何防范，怎样禁令，都是镇压不住的，这就是历史哲学所谓"虽曰人事，岂非天命哉"的道理了！

东周后期的秦国，在当时，只不过是中国西北高原上一个文化比较落后的新兴国家。但在春秋、战国时期，五霸争雄，七国互相侵略的战乱中，历史经验给予秦国的教育，便渐渐地乘机壮大起来。接着由秦孝公信任客卿商鞅（卫国人），实行以法治国的法治体制，废弃井田制度，迁都咸阳，变更由周室王朝几百年的政体，实在是一件历史上的革命大事。但只经过二十一年，秦孝公便死了。因为秦国上上下下，不习惯法治的管理，而且废掉习惯已久的井田制度，正如历史所载："民曰不便"。以致所有埋怨愤怒的大众情绪，就都集中到商鞅一身了。所以秦惠王即位，便杀了商鞅，但法治的政制仍然未变。

十年之后，整个战国七雄就在苏秦、张仪两个同学手中，彼此更换谋略，用合纵、连横的策略，以国际间相互利害关系，互结防御协定，使战国的局面，暂时安定了二三十年。这便是历史上书生谋国一大奇迹。再后来便是秦昭襄王崛起，自称"西帝"，遣使立齐国的国君为"东帝"，早已目无中央周室的王朝了！不过三十年之间，周代最后王朝，就被秦国所灭。

这个历史过程，由秦孝公到秦昭襄王灭周的时期，先后也不过一百一十年左右，即公元前三六一年到前二五六年之间，可以说是真正新兴的秦国鼎盛时期。从此以后，不出两年，便如近代史上太平天国的翼王石达开诗中所说，"贾人居货移秦鼎，亭长还乡唱大风"的时代来临了！与其说秦始皇三十多年前后，是暴君"嬴政"的时代，毋宁说那是"吕不韦商号"赢利最成功的时代。

吕不韦的"奇货"投资计划

有关秦始皇嬴政的身世，与吕不韦奇货可居的商业投资计划，这都是史有明文，不必讳言的实事。这件历史的故事，就发生在秦国灭掉周朝的前一年，也就是秦国杀名将白起的当年。

这个时期，秦昭襄王为了谋（战）略上的需要，把太子嬴柱的宠妃夏姬所生的儿子，名叫异人（后来改名叫楚）的，交与赵国做人质。异人虽然是秦国的皇孙，但他是太子次妃所生，也并不十分得宠，所以秦国就随便把他当战略品来用。秦虽然有人质在赵国，照样无所顾忌地随时出兵打赵国。因此，异人在赵国，是被冷落监视的人，当然很受罪受苦。恰巧吕不韦为了生意到邯郸，碰到了异人。他以一个久经商业资讯训练的敏感眼光，便肯定地说：奇货可居也。这是说异人是一个商场大买卖上的奇货，"囤积居奇"了他，一定可以大发其财的。所以吕不韦便和异人结交做朋友。正在落难中的可怜人，而且随时有被赵国处死的可怜人，现在居然有一个国际上的大商人、大资本家肯和他做朋友，解决了生活上的困难，当然是高兴极了。

过了几天，吕不韦就对他说，你的祖父秦王年龄大了，随时会有问题。你的父亲最宠爱的妃子是华阳夫人，但她没有儿子。你的家族同辈兄弟二十多个，你不过是其中的一个，而且并不得宠。你祖父死了，你父亲继位，绝对没有机会把你立为太子，你的前途实在很难说了！异人一听，当然很明白吕不韦说的全是事实。他说，你看我要怎么办才好？吕不韦便说，秦国宫廷中，现在有资格提出立谁做太子的太孙的人，只有华阳夫人，我虽然是小资本的买卖人，但我愿意拿出千金来帮助你，并且我为你先去秦国打通关节，要使华阳夫人肯定立你做皇太孙。异人听了便说，如果照你的计划成功了，我如得到权位，一句话，我便和你老兄同享秦国的一切。

吕不韦先给异人五百金，叫他尽量交际宾客朋友，结识各种人才，等于现在人们的组织人才集团。另外又拿出五百金，叫他去收买那些最名贵的首饰和稀奇古怪好玩的东西。由吕不韦带着这些国际特等名牌的高贵物品，西去秦国。以吕不韦的生意头脑，到了秦国以后，先找到了华阳夫人的姊姊。当然是先吹牛又拍马，同时又再送重礼。来往于国际间的大商人、资本家，谁都不免另眼相看，况且吕不韦又彬彬有礼，"币重言甘"，并不像个暴发户的样子，自然就打通门道见到华阳夫人。于是吕不韦就说，在赵国与异人结交成了好朋友，异人的做人是怎样成功，国际上的知名之士，有学问、有才能的人，都喜欢和他做朋友，真可算是众望所归的贤公子。但他本人，身在外国，昼夜都在思念父亲（秦国的太子）和夫人你两人，常常偷偷地哭泣。这些情形，只有我吕不韦最清楚，所以托我特别到秦国来，代他送上这些东西给夫人，表示他的孝心。说完了这些重要的话，表示自己很忙，就起身告辞了。

出来以后，当然想尽办法，向华阳夫人的姊姊做工作，教她怎样办。因此华阳夫人的姊姊，就进宫对妹妹说："你在太子身边，虽然是最得宠的妃子，但你并没有生儿子。还不趁现在年轻得宠的时候，在这班后辈的弟兄中，挑选一个前途有希望的做养子，将来年老色衰，可能还有希望做太后。如果等到年纪大了，又不得宠了，再想培养一个有希望继承王位的人，那就没有机会开口了！照我看来，这个异人，被派在赵国做人质，是代表秦国去担风险，回来了，一定是大功劳一件。他人又好，国际声望也很高。而且他知道自己在众多兄弟当中，是并不太被重视的一个。你如果在这个关键时候向太子一说，提出要收异人做儿子，太子一定会答应，那么，异人无国而有国，夫人无子而有子。你在秦国后宫的地位，就到老有靠了！"华阳夫人一听，认为这是最好的办法，于是找个机会，就向太子要求，太子为了爱她，就答应照办。并且由太子和华阳夫人出名，刻了玉符（用玉片刻上字的契约），约定以异人做华阳夫人的儿子，等于是秦王太孙，交给吕不韦带去赵国交付异人。吕不韦的计划第一步成功了！等于做生意要收购别人的大公司，他总算拿到初步的草约了。

吕不韦回到邯郸以后，一方面加紧培养异人，亲如兄弟。另一方面，他在邯郸找到一个绝色美人，也就是古人说"燕赵多佳人"的顶尖美女，娶过门来做自己的姨太太，很快也就怀孕了。古话说得一点也不错，"饱暖思淫欲，饥寒起盗心"。异人出入吕家，很容易就看到吕不韦的新姨太，她实在太美了，所以就向吕不韦要求，将这美女让给他做太太。吕不韦一听，非常生气，"朋友妻，不可嬉"。你这个人，怎么这样无礼，你在患难当中，我救你，还给你想尽办法弄到当秦国的皇太孙。现在你居然忘本，还要打我老婆的主意，我要和你绝交了！当然，异人如失去了吕不韦，自己在赵国不过是一个人质而已，毫无生命的保障，生活的艰难更不用说。在这种情况下，当然只有道歉赔罪，请求原谅拉倒。

假戏真做，最后，吕不韦还是把这位姨太太让给异人做老婆，作为患难夫妻，可以安慰他孤身流落在异国的痛苦，至于生活一切，当然仍由吕不韦照应。不到一年，就生了儿子，取名嬴政，就是后来的秦始皇。接着，秦国又出兵打赵国，包围了邯郸。赵国人要杀掉秦国的人质异人，吕不韦就用很多钱买通看守监禁他的人，放他一家三口逃回秦国的部队里去，那当然就被秦人护送回国。异人就穿着楚国的衣服来叩见华阳夫人，因为她是楚国人。华阳夫人看到异人穿的是楚装，更为高兴，为了纪念故乡楚国，就替异人改了名字叫"楚"（用南方习惯，就叫阿楚了）。

吕不韦的运气真好，更名楚的异人，回到秦国不到六年，灭周朝称西帝的昭襄王嬴稷死了，顺理成章地由太子嬴柱继位，不过，嬴柱只当了三天的秦王就死了，历史上称他为秦孝文王。因此，皇太孙嬴楚（异人）继位，尊华阳夫人为太后，称自己的亲生母亲夏姬为夏太后，起用吕不韦为相国，封文信侯。这就叫做"封侯拜相"，尽享一人之下，万人之上的富贵尊荣了！所以我常对做生意经商的朋友们说，无论如何，你也做不到吕不韦的成绩，他只看准一个货色，就投资经营，结果，岂只一本万利而已。但吕不韦真不简单，他还想做千秋的大买卖，要在文化学术思想上变成圣人，想和管仲、孔子比上一比呢！

吕不韦做了秦国的相国，周朝的后裔东周君与少数的诸侯们计划伐秦，秦王使相国率兵灭掉东周，周朝的天下，这才正式转到

"吕秦"的手里。因为异人做了秦王之后，史称为秦庄襄王，不到三年，也就死了。所生儿子嬴政十三岁即位，国事都委交相国文信侯吕不韦，叫他仲父。古代的仲字，是第二、中间、其次的代号。这就等于叫吕不韦是二爸爸，客气地说，便是后代所谓的干爸。所以在我们的历史上，有的说秦王朝，是与周朝先后同时亡国，应该称秦始皇为"吕政"王朝。这个问题，在历史学的观点上，也还存在着争议呢！

史称为秦始皇的嬴政，十三岁即位为秦王，纵使聪明绝顶，到底还是一个不成年的孩子，因此，把国家政治的大权，都交给相国文信侯吕不韦去办。这个时候的吕不韦在秦国，是大权独揽，出入宫廷内外，俨然就是一个摄政王。如果以后代历史故事作比喻，他犹如西汉末期的王莽，也如清兵刚刚入关初期的摄政王多尔衮。不过，吕不韦的后来，并没有像王莽一样，想取汉朝的政权而自做皇帝，也许有这种想法，或者自忖势所不能，或是才所不及。而且他在武功威权上，也不如清初的多尔衮，也只在宫廷中和太后的关系，比多尔衮大有不同。

当他独揽秦廷朝政的十二年之间，极力供养宾客，收罗人才，集中一般读书的知识分子，为他个人出名，合著一部网罗诸子百家杂说的书——《吕氏春秋》，又名《吕览》。这部书以上古儒道不分为主旨，尤其以传统文化中的宇宙物理的五行理论科学作纲要，串联政治哲学的理论基础。书作完成，悬之国门，公布如有人"增损一字"，就赏赐千金，表示比孔子的著《春秋》、删《诗》《书》、订《礼》《乐》的气魄还要伟大。这就是古今中外，很多发了财的大老板们和有了地位的人，最后都想挤进学术文化之林，表示自己并非"不学无术"，意图洗刷只有铜臭和臭钱之讥。如果从心理学的观点来说，正是"自卑感"在作祟，也是人情之常。但这部《吕览》，在后世的学术著作中，仍然有它的价值。不过，把它归入"杂家"之学的范围。

吕不韦的商业政治计划，在历史上，是绝无仅有的成功。但他只知道权位和富贵的可贵，毫无学养上的"内明"和"外用"的基础。因此，他又彻底地失败，终至于身败名裂，一生很可惜，又很可怜。

秦始皇从整顿宫闱着手

吕不韦自从他的儿子"秦始皇吕政"，十三岁即位做了秦王，他表面上以皇上的干爸之尊，兼为朝廷政府的相国、文信侯，权重一时，就如秦国的宗室大臣，也不敢当面非议。尤其新王的生母皇太后，本来就是吕不韦的侍妾，现在做了寡妇，年龄也不过三十多岁。母子两个，从前在赵国邯郸的时候，本来就和吕不韦是一家人一样，现在出入宫廷，当然毫无避讳。正如史书所载，太后时时与文信侯私通，那也可说是人情难免的事。

如果这种事发生在乡下普通老百姓家庭，也会招来邻居地方上人的轻视，何况在皇宫之中，左右前后、内内外外，所谓耳目众多，岂能长久瞒得住，而且儿子秦始皇渐渐长大了，哪有可能不知道的。吕不韦愈想愈不对，但是这个太后，对于男女关系的欲望又很大，在感情上，她又当断不断。所以吕不韦在"舍人"（随身侍从）中，找了一个叫"嫪毐"（读音叫 lào ǎi）的人，假装太监，送给太后。结果，太后又生了两个私生子。要求儿子秦始皇封嫪毐为长信侯。嫪毐本是市井无赖，自是小人得志，飞扬跋扈，令人侧目。因此，宫廷中有人看不下去，就向秦始皇告密，这个时候，他也是快二十岁的人了，马上下令逮捕嫪毐。嫪毐知道了就发兵叛变。秦始皇就命相国昌平君、昌文君两人带兵围攻嫪毐，抓住他，夷三族。迁太后于俑（音倍）阳宫（陕西户县），扑杀两个私生子。

但秦始皇在处理这件事上，始终对吕不韦并无举动。到了第二年，才发布命令，免了吕不韦的相国职务。而秦始皇又说吕不韦侍奉先王的功劳太大了，所以不忍心杀他，罢免了他的职位，叫他离开首都咸阳，到河南去住。

同时，因为这件事的刺激，经过秦廷宗室的提议，旧账新算，决定要驱逐各国诸侯的宾客，不准在秦国从政。这个事件的发生，在历史上，便引出一个年轻的书生李斯，当时他也是在被驱逐之列的外来宾客。为了此事，他写了一篇对秦始皇的劝告书，就是后世所流传的名文——李斯《谏逐客书》。其实，这件秦廷政变的事件，不应该说完全归罪于少年时代的秦始皇。这是秦人狭隘的本土主义作祟，是对秦廷长期任用外来人才担任政要的反弹。趁着吕不韦和嫪毐事件发生，由秦廷宗室大臣的发起，抓机会来打击从各国外来的势力。

像这样的事，是千古以来，政治圈中派系斗争的常事，都由于人性具有极度自我、自私的弱点所形成。例如清代三百年间的政治历史上，始终存在北人与南人之争，学阀权要的门派意见之争，朝廷与外藩的权力之争。当然，不只是中国如此，欧美各国的历史也是一样，归根结底，都是人性阴暗面所造成的结果。

以秦国来讲，自秦孝公开始，起用商鞅、张仪、范雎、吕不韦乃至李斯，凡与秦国逐步富强壮大有关的历史上名臣，几乎都是外宾。秦国朝廷和秦国社会，只是坐享其成。但在浓厚的地域观念上，又始终彼此不服气，因此而形成中央在权力上的派系风暴，这是每个主政者最头痛的事。不但政治圈中，例如现在的商业集团、公司、行号、工厂、店铺，只要有三个人以上的地方，就会出现人事摩擦。好在少年的秦始皇，还算明白，看了李斯的《谏逐客书》建议，就停止驱逐宾客，才使外来的人才不散。因为秦始皇从小跟着父母在赵国长大，而且见惯宾客成群的场合，知道利弊。换言之，当时所谓驱逐宾客，便同现在所谓的裁员，多少也有裁减冗员、减少预算的作用。但在国家的大政上，有时因此而受影响，可能会非同小可。因此，宋代的名臣苏洵，对于这件事的观点，大有感想，便写了一篇文章《六国论》。

秦始皇的性格是如何形成的？

正当少壮盛年还只二十岁刚出头的秦始皇，登位不到十年，就碰上宫廷内部发生重大的丑闻，而且当事人就是生母和从小跟随长大的仲父吕不韦。大家试想，假定我们中任何一个人是他，不可能不气疯了，也许，就会出家入山，或者造成另一种心理变态或精神分裂。所以他当时把生母（太后）迁出宫廷，住到首都的边远小邑，并且下令对这件事的处置，如有人敢谏者死。那种心理上的矛盾，是很难想象的处境。

在这样要命的严威中，那些死守中国文化孝道的儒生们，居然还一个接一个来劝谏，因此而被杀掉的，已经达到二十七人。这就是历史上说秦始皇是暴君的第一幕。但正在他暴怒杀谏者的时候，居然又来了一个齐国儒生叫茅焦的人，要求当面见皇帝进谏。秦始皇一听又有一个不怕死的来了，气得暴跳如雷，大叫着："快拿大锅来，要活活地烹了这个家伙。"茅焦看了现场一眼，慢慢地一步一步走到他的面前说："臣闻有生者不讳死，有国者不讳亡。死生存亡，圣主所欲急闻也。陛下欲闻之乎？"秦始皇听了说："你还有什么话要说。"茅焦说："陛下有狂悖之行，不自知耶？车裂假父（指嫪毐，真是难听难受的话）。囊扑二弟（指其母与嫪毐所生的二子）。迁母于雍。残戮谏士。桀纣之行，不至于是矣。令天下闻之，尽瓦解无向秦者，臣窃为陛下危之（我该说的，都说完了）。"就自己解开衣服，去伏在砍头的木桩上去。等于说，你来杀吧！谁知道这个时候的少年秦始皇，反而走下宝座来，自己承认错了，并且亲自扶他起来，立刻封他为上卿的职位。并且马上下令车队出发，他亲自驾车，空出左边的大位，去接母亲回宫，还和原来一样亲爱，好像什么事都没有发生过。

这也是历史上真实记载的故事。我们可以看出秦始皇的残暴作风，他是怎么形成这种性格的？这与"大学之道"的"诚意、正心、修身、齐家、治国"的教育，关系的重点又在哪里？同时也可看出古代知识分子的儒生，那种"择善固执""死守善道"的精神。茅焦为什么敢把生死性命当赌注，难道正如现代人的观念，真想拿命来换取侥幸的财富和地位吗？你能否认秦始皇不是有爱生母的孝心，原谅母亲所做的一切过错吗？除非被历史的主观成见固定了，不然，你会发现秦始皇确是一个可造之才，只是环境使他很不幸，自小没有受过良好的教养。这些过错，还是由于吕不韦"不学无术"所造成。

秦始皇的一封亲笔信

但秦始皇对于吕不韦又怎么办呢？他踌躇考虑了一个冬天，到了第二年，罢免了他的职位，叫他到河南去住。吕不韦虽然住在河南不到一年，但各国的诸侯们，还派人去拜访联络的，"不绝于道"。换言之，一个接一个，一国接一国来看他。秦始皇当然会有情报，愈想愈不对，愈想愈矛盾，因为他从小跟着吕不韦长大，对于他的才能、作风，甚至个性等，当然很清楚。或者可以说，他也明白自己的身世与吕不韦之间的关系。因为他的生母，是没有受过良好教育的人，只会懂得享受。母子从小开始，很可能是无话不谈。也许生母对吕不韦是有另一份真情的。所以可以推断秦始皇是心里明白，什么都知道的。秦始皇反复考虑了很久，又怕吕不韦不甘寂寞，另外弄出花样生事，他便亲自写了一封信给吕不韦说："君何功于秦？秦封君河南，食十万户。君何亲于秦？号称仲父。其与家属徙处蜀！"

吕不韦看了信以后，知道这个儿子，现在是个完全的秦王了，不好惹，怕被他不明不白地杀了不好，还不如自己处理了好一点。

因此，吕不韦便自杀了，更了却了秦始皇一桩为难的心事。也可以说，牺牲自我，完成儿子做秦王的事业。不能不说是吕不韦最后的奉献，做了一辈子生意，"天下自我得之，儿子自我失之"，亦复何憾！

大家读历史，对于秦始皇这封简短的妙文，很容易忽略过去。其实，这封信的内涵，真是妙不可言，由此可见秦始皇的头脑太不简单，也许是吕不韦遗传基因的作用。他第一句话就说："你对秦国真有什么功劳好处吗？秦国还封你有十万家税收的富有资产，是为什么？"第二句话说："你和秦国有什么亲族的关系吗？为什么我要叫你干爸？这些你自己都明白，不要我说。你应该老老实实地迁到四川住吧！"在古文，就是这样的五句话，他父子两个，心里都明白了。换言之，秦始皇表明了，"我现在是真正的嬴秦王朝的后代，我是秦王，是主人公。你过去所做的事，真的是想为了秦国吗？天知道，我明白，你还是规规矩矩在四川养老吧！不要再打什么歪主意了"。就是这样，聪明人一点就透，这是真正脱离父子关系的宣告。吕不韦知道自己的儿子调教成功，能自立自主了，所以他的一切希望都破灭了，年纪也老大了，只有走上自杀的一条路。

但是，也可说，秦始皇对于没有文化教养的生母，还是很有孝心；对于吕不韦，也是很不忍心。所以也不能一味说他是绝对的粗暴。不然，从春秋到战国，弑君杀父的诸侯王，岂止一两个而已。即如秦朝以后的帝王，派人送一把刀，一瓶毒酒，一条上吊的绳子，命令他自杀的多着呢！但秦始皇对吕不韦，并没有这样做。其故何在，殊可深思也！

灭六国者，六国也

秦始皇从太后与吕不韦这件内宫事故以后，可以说才正式自己亲政。他的运气真不坏，在十二年之间，消灭了当时仅存的诸侯——韩、赵、燕、魏、楚、齐六国诸侯，在这中间，最有名的历史故事，就是燕太子丹使刺客荆轲刺秦王。但在中国的旧历史的《纲目》上，却写着，燕太子丹使盗劫秦王，不克。秦遂击破燕代兵，进围蓟。这样记载的历史，所谓紫阳（朱熹）《纲目》等，是否合理，很难评论。同时又认为当时的六国，并无大罪，秦要灭掉他们，就是最大的暴政之一。这些就是后儒政治哲学思想的看法和评论，对与不对，随着时代和人类社会的文化演变，也很难说。

其实，燕太子丹与秦始皇小的时候，同时都在赵国做人质，而且是同在患难中的好朋友，当然也认识秦始皇的父母与吕不韦。到了秦始皇即位秦王，燕太子丹又被燕国派到秦国来做人质，但秦始皇并不买账，没有特别礼遇他，只把他当一般诸侯派来的人质看待。因此，燕太子丹气愤极了，就偷偷地逃脱回国来，想尽办法找到刺客荆轲，想用暗杀的手段刺死秦王。这个历史上有名的故事，就是后世中国文化武侠小说的前奏。

如果从一个国家对敌国的角度来说，燕太子丹回国以后，不从政治、经济、军事上发奋图强，来反击秦国，却出此下策，就他本身来说，实在还不及当时的三大公子，即齐公子孟尝君、赵公子平原君、魏公子信陵君，他们还能做救亡图存的工作。也许这就是战国末期的现象，真正到了人才气数已尽，徒使"吕政"孺子成名而已。所以唐代名臣杜牧在《阿房宫赋》里就说过，"灭六国者，六国也，非秦也"。

从此以后，秦始皇统一中国的天下，废弃周代以来的封建诸侯制度，划分全国行政区域为郡县，便于统治。他绝对想不到因此一举，恰好为中华民族的统一，奠定了千秋的基础。其他如北逐匈奴，修筑长城作为边防前线，南收南越等地入于版图，巡游四方各地，在咸阳大兴土木筑阿房宫。甚至在死前两年，做过历史上有名的"焚书坑儒"，成为遗臭万年，矢上加尖的大暴政。他在王位二十五年，称皇帝十二年，只有五十岁就死了。三年以后，由他所建立的秦朝也亡了。如果从哲学的文学观点来看，正如宋代词人朱敦儒所吟唱：

青史几番春梦，红尘多少奇才。

不消计较更安排，领取而今现在。

三十、秦始皇治国之道评议

大家不要忘了，我们是为了研究《大学》，因为讲到"自天子以至于庶人，一是皆以修身为本。其本乱而末治者否矣"，才衔接"身修而后家齐，家齐而后国治"的道理。因此提到三代以下，所谓"天子"的帝王，几乎没有一个可以够得上"身修而后家齐"。而且自秦、汉以后的帝王家庭（从旧史的习惯，叫做宫廷），都是大有问题的家族，几乎没有一个是正常的"家齐"的好榜样，因此而造成历史上做领导人的帝王们，大多都是变态心理或精神病的人物。所以便引用了齐桓公与秦始皇两个变态心理的事迹，作为参考。不要听到历史，好像在听评书、讲小说故事那么有兴趣，而忘了本题。

奉行秦孝公以来的法治

如果由"齐家、治国"这个观点出发，来看秦始皇的一切，你可能不会跟着史书上的观点，随便叫他是一个暴君了。你可能非常同情他，他是因家庭身世的暧昧，引起心理变态的精神病患者，长时压制着内心的痛苦和愤怒，又怕天下人看不起他，所以随时遇事，便会迁怒他人。加上他身居帝王的宝座上，由传统的宗法社会赋予他权力，社会人群不得不尊奉他为天子，自然就使喜、怒、哀、乐任性而为，变成一个骄狂自负的帝王了。至于他的治国之道，因为他本身根本缺乏儒道或他家文化的教养，可以大胆假定地说，他是完全传习了吕不韦的大商贾习气而来。现就他治国之道，只提出两点简略地来谈。

一、严刑峻法。秦国的传统，在战国前后的一百多年以来，从秦孝公采用商鞅的建制，建立用"法"治国开始，一直到秦始皇时代，并无变更。这个时期的欧洲，也正是罗马帝国和"罗马法"建立的阶段。一个国家社会，只讲究法治的结果，也可以使国富兵强，处处有规律、有准则。但是整个社会人民，就变成缚手缚足，处处寸步难行，动辄得咎，随时可能触犯刑章，变成罪人。而且偏重用"法"治国，法理的逻辑愈严密，执行的弊端愈多。因为社会随时在变，人事也随时随地在变，法律规定也会随时随地增加。因此，立法执行的政府，变成无情的机制网。领导国家的帝王们，位在法律之上，自有特殊的裁决权，即使不是暴君，也不得不变成暴君了。任何一个大小的领导者，必定是众望所归、众怨所集的焦点。例如号称现代民主法制的美国，也正走入法律繁多的弊病，"律师"变成美国人民咒骂祸害的代名词了。所以老子说："法令滋彰，盗贼多有。"他希望的"无为"之治，是无法规的自治，所谓"天网恢恢，疏而不漏"，是无条例的自律。孟子也说："徒善不足以为政，徒法不能以自行。"专讲法治，最后使立法执法的人，自己也走不通了。历史上说秦始皇以"严刑峻法"治国，所以速其灭亡。其实，秦始皇懂得什么法不法的，他只是奉行秦国祖宗以来的法治，加上他个人的迁怒于人的暴行而已。

焚书坑儒事件的真相

就"焚书"来说，秦始皇是把周青臣的恭维，和淳于越的争议，命令大臣们会议。结果，丞相李斯特别提出"史官非秦纪皆烧之"，"非博士官所职"都烧了。李斯当时是权倾一时的首相，又是儒者荀子（卿）的学生，所以秦始皇采取他的意见，就下命令写了一个"可"字。你说他是独断独行吗？如果现在依法平反，该判"焚书"之罪的是李斯和楚霸王项羽。而且当时所烧的书，是指私家藏书。但博士官有的藏书，集中在咸阳宫中，后来被项羽放一把火，连同阿房宫也一起烧了。但苏东坡却认为"焚书"的罪过，应该由荀子来负责，因为李斯是荀子的学生。

至于"坑儒"呢？在秦始皇统一中国称皇帝的时候，不但设有"博士"官职，录用来自诸侯各国的儒生们，其他在咸阳做官或吃闲饭的"宾客"还有不少人。"坑儒"事件，发生在他死前两年，那时阿房宫也早修成了，他天天沉湎在酒色之中，自我逃避，自我麻醉，就是朝廷中的大臣们，要找他请示也很困难，不知他在哪里。他既怕死，又想寻找长生不老的药吃。那当然是百病丛生，精神很不正常的人了。照现在来说，糖尿病、高血压、前列腺肥大等，甚至还有莫名其妙的多疑和恐惧症。所以他在宫中，看见从外面经过的丞相车队卫兵很威风，心里很不高兴。过几天，丞相的车队卫士减少了。他就怀疑当天跟随身边的人，泄漏他的状况，统统都拿来杀了。

偏偏在这个时候，有儒士侯生、卢生两个人，互相谈论，背后讥笑他，并且不想为秦国做事，就偷偷逃走了。秦始皇知道了，勃然大怒说："诸生或为妖言以乱黔首（老百姓），使御使按之（按就是查办）。"这是历史真实的记载。为这件事，他大发脾气，叫执法的"御史"，依法查办，也并没有说立刻要杀人。但"诸生转相告引，乃自除犯禁者，四百六十余人"。可是，一班在咸阳的儒生们，为了表示自己清白，自写坦白书、悔过书，有的还密告他人。一个牵连一个，又互相告密，因此构成犯法的，共有四百六十人。所以弄得他更暴怒了，下令把他们统统活埋了。千古以来的书生们，都是"眼高于顶，命薄如纸"。平常喜欢高谈阔论，批评说理，滔滔不绝。一旦有事，大都便推过别人，自卸罪责。这也是世情之常，令人不胜悲叹的事！

由于这件事，虽然他没有下令要活埋天下的读书人，但确实使人很震惊，引起知识分子和一般人们的反叛情绪。因此，他的大儿子扶苏也看不下去，便来对他说："诸生皆诵法孔子，今以重法绳之，臣恐天下不安。"谁知秦始皇听了，反而更加大怒，立刻下令外放扶苏，派他到上郡（延安）蒙恬所管的军区当监军（政治部主任）去了。就这样种下祸根，他死后，太监赵高假造他的遗命，要扶苏、蒙恬自杀，提早促成亡秦的后果。这就是秦始皇后期精神变态到了最严重的时候，造成所谓暴君暴行的由来。

郡县为中央的"分公司"

二、设置郡县。自三代以下，以及周朝分封诸侯建国的制度，都是从宗法氏族的传统而来，长达千年以上。所谓中国上古的分封诸侯，并不同于西方文化的部落封建，其中大有差别，不可混为一谈的。而且在周、秦时期，所谓"国"字，就是地方政治单位的名称，并不全同于后世"国家"的概念。历来都说周朝初期分封诸侯，号称八百之多，究竟诸侯有国的数字有多少，现在很难考证核实。但在周朝所封的诸侯，并非完全是"姬"姓的家族，不像秦、汉以后的帝王们，非同姓不封王的作风。因为"姬周"建国文化的精神，正如孔子《春秋》大义所标榜的，是以"兴灭国、继绝世"为宗旨。所以当时封建的诸侯，有的是找出尧、舜以前的故国，对于人民有建功立德的后代来封侯建国的，例如炎帝的后代等。甚至把革命以后的殷朝后代，也照样分封为诸侯，绝不是后世那一套赶尽杀绝的做法。

这就是上古宗法社会，重视"孝"道的观念而来。我要"孝"顺我的祖宗，你也要"孝"顺你的祖宗。我要尊重我的族姓，你也要尊重你的族姓。上古人口不多，人民生活的经济来源，都靠农业生产。尽管分封诸侯各国，但农业生产的土地，仍属中央王朝所公有，只是规划为"井田"制度，达到共有共享的目的。诸侯各国，相安无事，同奉中央王朝的周室为共主。

社会的发展，促使历史的演变，到了春秋时期，中央王朝共主的周室威望渐衰，诸侯恃强凌弱，互相吞并。尤其是传统文化精神衰落，所谓"春秋两百四十二年之间，弑君三十六，亡国五十二。臣弑其君，子弑其父，屡见不鲜。战伐侵攻，不可胜数"。如果是为上代复仇复国而战的，还勉强可说是正义之战，只有二桩，其他都是仗势欺人的侵略战争而已。因此，到了战国时期，包括秦国就只有七国在互争雄长了。

秦国是周室王朝中期所封为西北高原上的诸侯，历史文化的根基不深厚，又是新兴的诸侯之邦，为了争做雄长的霸主，就须引进外邦有文化的人才来治国建国。并且眼见自秦岭以东的各国诸侯，沉湎在老套守旧的办法，社会散漫，政治也不见得高明，因此，自秦孝公开始，就采用"法治"的主张，放弃"礼治""德治"的传统，专重功利为主的做法。

恰巧在秦始皇十三岁即位那一年，韩国想用办法把秦国搞成民穷财尽，使他再也无力向东用兵。便派了一个搞水利工程，名叫"郑国"的人，到秦国去做间谍，设法说动秦国发展水利，打开泾河引进灌溉。工程到了一半，被秦国发现是韩国的阴谋，要杀郑国。他便说："你们现在要杀了我，没有关系，其实，我已经做到报国有功，因为你们为了做水利工程，没有出兵打韩国，等于我使韩国迟亡了几年。不过，你们要知道，这个水利工程做好了，便是你们秦国子孙万世的利益啊！"因此，秦王没有杀他。工程完成，使秦国增加四万多顷的农业生产土地，改善环境，经济增长，国家社会更加富有。但也使秦始皇开始对建筑工程有了认识和兴趣，所以后来要建造咸阳宫殿，建筑前无古人的"阿房宫"了。

至于秦始皇灭六国之后，改天下为郡县的建制，推翻千年以来的传统，为后世中国留下大统一的大业，并非秦始皇有特别过人之处，那是因为他自小跟随吕不韦长大，耳濡目染，懂得大商贾的经营方法。等于现代人明白商业管理，中央是个母公司，是有绝对表决权的控股公司。天下各路的郡县，是子公司（分公司），只听总（母）公司的决策来执行业务。秦始皇懂得吕不韦的经营手法，所以决定改"封建"为郡县。例如明代的朱元璋，因为当过和尚，所以建立明朝的官职，有的是完全照寺院里僧职称呼和做法，如"都察""都监"，乃至封僧官为"总统""统领"等，都是禅门丛林制度设立的名称。

但话说回来，秦始皇改建当时中国的天下为三十六郡，郡置守。丞相李斯的建议，也很有道理。李斯认为，"五帝不相复，三代不相袭"，"周封子弟，子孙甚众，然后属疏远，相攻击如仇雠，天子弗能禁"等理由。

秦始皇才说："天下苦战斗不休，以有侯王。赖宗庙（说是靠祖宗的保佑）天下初定，又复立国，是树兵也。而求其宁息，岂不难哉！"因此，决定改制，但是，需要再交"廷尉"（中央执政的大臣们）会议通过，才付执行。

由此来看历史的经验，要求政治和社会习惯的转变，是很不容易的事。可是，所有的暴君，却成为改变历史的革命者，只不过坐享改革成果的，并非他本身而已。

张良一席关键性的盘算

当秦始皇死后三四年，轮到楚（项羽）汉（刘邦）相争未决的时候，郦食其对刘邦建议，再来分封六国的后人，必定可以得到天下人的拥护。刘邦听了，认为很对，马上叫人快速刻铸大印，就要叫郦食其代表他去分封六国的后人为王了。刚好张良进来，刘邦正在吃饭，就顺便告诉张良这件事。张良就说：

臣请借前箸（借用你的筷子当算盘），为大王筹之（为你盘算）。汤武封桀纣之后者，度能制其死生之命也。今大王能制项籍之死命乎？（一）武王入殷，发粟散财，休马放牛，示不复用。今大王能之乎?（二）且天下游士，离亲戚、弃坟墓、从大王游者，徒欲望咫尺之地。今复立六国后，游士各归事其主，大王谁与取天下乎?（三）且夫楚惟无疆，六国复挠而从之，大王焉得而臣之乎?（四）诚用客谋，大事去矣!

刘邦一听，立刻吐出嘴里的饭，大骂说："竖儒，几败乃公事，令趣销印。"这两句古文，如照现代话坦白地说："他妈的，这个穷酸的书呆子，几乎把老子害惨了! 听他的话去办，我的大事就完蛋了! 快点，快点，把那些封侯的印给我毁了!"

由于这件历史的故事，你就可以知道，当时的人们，对于习惯已久的封建体制，是多么难以忘情啊! 后来刘邦打垮项羽以后，建立汉朝的政治制度，以及官职名称和法律，大体上都是直接沿用秦朝的一套。再经过几代以后，才慢慢地有所改变。甚至到了现代，我们如果去查宗族的家谱，就会发现，注明最先的祖宗，来自颍川郡、南阳郡等地名，那就是照秦、汉旧制行政区域的专称。由此可见宗法氏族社会，对统一国家、团结民族坚强作用的价值。但宗法氏族，不是种族问题，这可不能混为一谈。"治国"犹如"齐家"一样，你想改变自己家族们生活的旧习惯，也是很不容易的事，需要从本身的"修身"开始，以身作则，有耐性，有方法的慢慢转化才行。何况"国家"是许许多多"家族"的组合体呢!

三一、历代帝王修身齐家有几人？

在我们的传统文化中，任何人读了《大学》的"诚意、正心、修身、齐家、治国、平天下"的名言，都会为之首肯，认为是有道理。即使现代，美国式的民主社会，当他们要选举总统的时候，就会要求候选人的人品和家庭夫妇关系等，没有污点或缺点。这便是东方西方，"人同此心，心同此理"的道德要求。你看人性是多么的奇怪，世界上每个人都会要求别人是好人，是圣人。但对自己的行为，就会有许多理由可以原谅自己，辩解自己。等于人人手里都有一把标准尺、有一杆秤，到处衡量别人，是不是够得上圣贤的尺码和分量。但对于自己，就很少称量了！

"修身"从自我批评做起

就如我们现在，讲《大学》，评历史，大胆放任批评古人，要求严格。说来惭愧，我们自己本身呢？那就很难说了。不过，你们也经常听过我的自我批评，我一生只有两句话，"一无所成、一无是处"，如此而已。大家喜欢研究《红楼梦》，我虽不内行，但同意作者开头的几句话："负父母养育之恩，违师友规训之德。"实际上，这两句话，就如我的自白一样。其实，读懂了《红楼梦》，就会真知"修身、齐家"的重要，也可了解人性的缺点和优点。

由"修身、齐家"讲起，我们必须要明白，它的重点，就在自我的"修身"。身不修、家不齐而奢言治国、平天下，不是不可以，只是"偏中偏"，很少能够做到"偏中正"。为什么孔子特别推崇尧、舜？他的重点，应该是在"修身"。别的不说，你只要看我们过去传统文化教育，所注重宣扬的"二十四孝"，就可明白了。二十四孝里的人物，都是发生在有问题的家庭。所以老子说："六亲不和有孝慈，国家昏乱有忠臣。"如果家庭没有问题，大体上说，个个不算太坏，就没有什么孝不孝的问题存在了。仁义的道理也是一样，假如人人自爱，尊重自己，同样的，也尊重别人，爱护别人，那还要说什么仁义不仁义呢！

大舜孝感天地平天下

就以"二十四孝"来说，榜上挂头牌的第一人就是姚舜。大舜出生在一个最有问题的家庭，父亲顽固而且粗暴，几乎是毫无爱心的人。母亲（有说是后母）更糟糕，她是一个泼辣而嚣张的女人。他有一个弟弟，不务正业，游手好闲，而且是很自私，占有欲甚强的个性。但是世界上的父母，大多数都有偏心。他的父母，又特别偏爱小儿子，并不喜欢大舜。生在这样一个家庭中，所谓"动辄得咎"，没有一天的好日子可过。但是大舜丝毫没有怨恨，挑起一家生活的担子，尽量对父母孝顺，对兄弟友爱，结果，还是被父母赶出家门，只好自谋生活，去做陶器来卖。当然，这样的人，这样的家庭，自然会被别人当故事，当笑话来谈论。因此就被帝尧知道了。经过考察，决心想培养他，就把自己两个女儿嫁给舜。慢慢叫他办事，一步一步地提升他。但他的弟弟看了眼红，又贪图两个嫂嫂的姿色和家势，就想办法要谋杀大舜，故意要父母叫他凿个水井，准备在他工作中活埋了他。总算大舜知道弟弟的用心，在打井工程中，横打一个出路，才没有被活埋。但他对弟弟仍然没有仇恨的心理，不只原谅，而且照样对他友爱如初。

古代的历史记载，文字简练，而且没有花边资料的描述，不过经过的大要，都已有了。大舜从这样的家庭环境出生，还能"修身""而立"，做到"齐家"。后来帝尧把他放在政治中心去历练，叫他担任过各部不同的工作，最后授命他总理国政。实际上，后来帝尧在位的政绩，大多都是大舜的功劳。这样，经过了二三十年，帝尧老了，快到一百岁了，才让位于他。而在大舜担任国政的时候，他的母亲也老了，眼睛失明，看不见东西，或许是白内障之类的病。那时，医药并不发达，大舜就亲自抱着母亲的头，自己用舌头来舔母亲的眼睛。据说，"孝感动天"，他母亲的眼睛，居然被他舔好了。

不但如此，后来帝尧死了（但有的旧史说他并没有死，他修道去了）。姚舜做了三十多年的国家元首，也已一百多岁。他一边提升大禹总理国政，一边又自己出巡南方，过了湖南，到广西，据说，就驾崩在九嶷山那里（旧史又有记载，说他也学帝尧一样，入山修道去了）。因此，两位帝后娥皇、女英便亲自到南方来寻找大舜的下落，结果都死在湖南，据说也成神了。后世所谓的女神"湘妃"，相传就是大舜的两位帝后（称娥皇为湘君，称女英为湘妃）。

由于这个历史故事所记载的反映，处于有大问题的家庭父母、兄弟、妻子之间，不但没有反面坏的结果，反而存有正面的"修身、齐家"，乃至"治国、平天下"的好榜样。所以孔子极力尊崇尧、舜，并非只为尧、舜开创文化的德政而已。可是，在周、秦以后，我们历史上历代帝王的家庭，及其自身的榜样，又是如何呢？也许那几个最好的开国之君，还都是齐桓公坏习气一部分的化身。至于那些不好的和职业皇帝们，除了少数几个之外，更不足道矣！

三二、刘邦打天下而不能"齐家"

自秦始皇以后，我们的历史，由封建诸侯的体制，改变为一个统一文化与文字，统一政治体制为郡县，所谓"书同文，车同轨"的东方大国。这个时候，正当公元前二二〇年前后。讲到这里，使人联想起现代历史的故事，当在推翻清朝以后，所谓民国初年到抗日战争的阶段，阎锡山在山西修建的铁路，故意采用狭轨，不和全国铁路的轨道相衔接，仍然抱着"战国诸侯"和《三国演义》的思想。距离秦、汉两千年后的中国，还随时出现"战国"时代"车不同轨"的作风，你看，这有多么大的讽刺意义。

但我们现在不是研究历史，只是讨论中国文化大系中的儒家心法。因此，讲到"修身"与"齐家"的问题，引用到历史上历朝历代为天下主的第一家庭（族）。如果再做详细的叙述，那就变成讲历史小说了。但是，历史的人事问题，不正是《大学》内涵的反证吗？

我们的历史，从来以汉、唐开国为盛世，宋、明其次。元是蒙古族当家，清是满族当家，都要另当别论，实难要求过严。而且我在前面讲过，除了以历代开国之君为主题之外，其余的都算是"职业皇帝"，能够守成的已经不错，更不必要用《大学》的尺度来讨论。不过，话也不能以偏概全。在职业皇帝当中，也还有几个可算是出类拔萃的人物，"虽不中，亦足观也矣"！

从刘邦的"龙颜"说起

以开国的帝王来讲，例如汉高祖刘邦，除了历史上赞许他是

"隆准龙颜""豁达大度"八个字以外，应该说还有四个字，便是"知人善任"的长处。至于什么是"隆准"，是说他鼻子长得挺拔，鼻头特别大一点，犹如相书所说，"一鼻通天，伏犀贯顶"而已。这样的人多的是，我一生也见过几个乞丐和出家的和尚，都是"隆准"，并不能因鼻子大，就可当皇帝。"龙颜"嘛，谁见过？就算古画上的"龙"吧！那副尊容，除了很有威武以外，也并不特别，平常人也有的是。用这"隆准龙颜"四个字来称赞刘邦，完全是古人写历史的大手笔、妙文。因为没有什么特别好说的，当了皇帝，总要说他有特别过人之处才对。等于后世的什么"龙凤之姿，天日之表"一样的句子，极其谄媚的笔墨。

我年轻时，有一个会摸骨看相的朋友，我常对他说，你赚了别人的钱，又在骂人，坏透了。假使你敢说我是有特别的骨相，或是"龙行虎步""虎背熊腰"，我非揍你不可。那是你明明在骂我是个禽兽，是个动物嘛！但是，他说，老兄，我是规规矩矩照书本上来的，那些历代的英雄帝王们，不都是很喜欢这些恭维吗？看来，你是一定做不成英雄了！我们彼此哈哈大笑拉倒。至于说刘邦"豁达大度"，这一点，比较起来，可以承认，拿他前比齐桓公，后比唐太宗李世民，都有点相似之处。但也必须看看反面的文章。例如范增对项羽说，刘邦居山东时，贪财好色。现在到了咸阳，居然不贪取财货，又不掳掠美女，看来，其志不小，你不对付他，将来你必败在这个人手里。后来，果不出其所料。

我想，《史记》与《汉书》，你们都很熟，尤其是司马迁写《史记》的高祖、项羽"本纪"，也是大家最喜欢读的大文章，因此，我不需多说。

"豁达"背后的身世和性格

汉代开国之君的刘邦，他出身的家庭和父母，本来是一个殷实务农的人家。只有刘邦，在这个家庭中，素来就"不甘淡泊"、游手好闲、好说大话，在他家族的眼中，是一个不管家人生产，使父亲兄弟们不大喜欢的人。不过，这样的人，在每个地方、每个乡村中，都随时会出现。刘邦算是有"智、力、勇、辩"的那一类型，环境往往不能约束他的。偏偏他运气好，吹牛说大话，吹到了一个外地来的大财主的女儿吕雉做妻子（这个大财主，历史上只称他吕公。但有说在《相经》上，记他名吕文，字叔平）。东方西方人类的文化，过去同样是重男轻女，所以记载她的资料重点放在她当皇后以后的事。其实，仔细研究，在刘邦做亭长，送囚犯，放囚犯，躲在芒砀山沟里，直到与沛县的秘书萧何、曹参联络，取得县城，称"沛公"起兵，他的妻子吕雉，都是参与其事的。所以后来做了皇后，设计杀韩信，是两夫妻的同谋。刘邦死后，故意请张良吃饭，是她设计促使张良早死。

关于这一点，有人对我说，于史无据。我说，你不了解道家的"辟谷"，当然不明白，张良当时已修到可以"辟谷"不吃饭。功夫到此，忽然强迫他吃肥腻的食物，不但功夫尽失，甚至不死也要大病一场。世界上的知识太多，当然有所不知。可是吕后有人教她，因此，一饭之后，即致张良于死命，并非历史上的奇事。

当秦始皇实行"严刑峻法"以治国的时代，役使民工，不给酬劳，建造皇宫等工程，弄得民不聊生，到处逃亡避祸。在刘邦的家乡沛县，忽然从外地迁来一家财主吕公，等于是沛县一桩新鲜的大事。刘邦不过是一个区区的亭长，并非声名显赫的人。他在吕公过生日做寿的时候，自己一个人空手走来祝贺，在吕家的宾客签名簿上，大书送贺礼的礼金万金，然后就大模大样的自己坐在首席吃喝起来。因此有人报知主人，吕公会看相，他出来一看，大奇刘邦的相貌，而且敢大胆冒充阔佬，就和他结交，想把大女儿嫁给他。当然，吕老太婆是反对的，认为这种吹牛说大话的人靠不住。但因吕公的坚持，也无可奈何。当时的婚姻，都是由父母做主，儿女本身没有自由发表意见的机会。

"骄纵"的吕后实在不简单

不过在这个历史的故事上，可以看出吕后是出身财主家庭的大小姐，不免有"骄纵"的习性，配了一个刘邦这样的丈夫，"豁达"对"骄纵"，倒也情投意合。但对她的身世，刘邦总不免会礼让她一点，不一定是怕老婆，只能说总有一点自卑感，这也是人之常情。况且吕后是个聪明人，结婚以后，便一直参与外事。历史上说，当刘邦放了囚犯，逃亡在芒砀山泽之间，只有吕后知道他在哪里，常常送饭给他吃。暗地也有人问她，你怎么会知道他躲在哪里？她就说，刘邦人在哪里，哪个地方，就有云气罩着，只有我看得出来，所以知道他在哪里。这是"欺人"，还是"自欺"，姑且不论，但可知道她是参与同谋的。如果照近年来社会上流行迷信气功的话，就会说，哪里有磁场，我会知道。

平常读历史或看小说，最奇怪的事，是在历史和小说的节骨眼上，几乎很少提到金钱和经济的事。例如说《三国演义》吧！刘、关、张三人结拜，要起义，经费哪里来？其实，《三国志》已有说明，是中山大商张世平、苏双等，"赀累千金，贩马周旋于涿郡。见而异之，乃多与金财"，刘备才有资本招兵买马。曹操起兵的经费来源，据《三国志》所载，是"散家财、合义兵，将以诛董卓"。但另如《世说》所载，"陈留孝廉卫兹，以家财资太祖（曹操），使起兵，众有五千人"。大概古代文人自命清高，不喜欢谈钱，一谈钱，就俗气了。其次，许多武侠小说，甚至爱情小说，也很少提到钱和经费来源。那些侠客，都豪气干云，上酒店，吃饭馆，非常阔气，既不做工，又不经商，钱从哪里来？难道做了侠客，都有"呼风唤雨，撒豆成钱"的本事吗？至于爱情小说，更不用说了，爱情就胜过馒头和面包，还谈什么钱呢！

因为讲到刘邦和他妻子吕后的家世，可以大胆的假定，当刘邦在草泽中，收聚流亡起兵的初步资财，是吕后娘家的资助。所以打下天下，当了皇帝以后，不但感情上是习惯性地敬畏老婆三分，在利害关系上，吕后始终是可以"颐指气使"，俨然是站在"老板娘"当家的惯例上做事。因此形成汉朝三四百年的天下，始终是受"女主"和"外戚"所左右的家族政风。从形而上哲学的观点上讲，大自天下国家的政治，小至家庭个人的处事，真正的善恶是非，是因时因地为准，很难下定论。因为时间和空间的转变，是非善恶，也有所颠倒。但只有因果的定律，是绝对肯定的，乃至唯物世界的一切科学法则，也不能违背因果律的原则。

尤其刘邦和吕后，在家庭夫妇关系上，非常玄妙，历史上的记载，也并没有为他隐饰。刘邦与项羽的战争，所谓大小几十战斗，刘邦都是打败仗；最后一战，项羽乌江自刎，都归功于韩信的战略成功。当刘邦在彭城打了败仗逃走，项羽就俘虏了刘邦的父亲"太公"和他的妻子吕后，作为人质。后来便是历史上最有名的故事，项羽与刘邦面对面在战线上谈判，项羽绑着刘邦的父亲"太公"说，再不投降，我就烹宰了你的父亲。刘邦装着很轻松地说，"吾翁即若翁"，"则幸分吾一杯羹"。我和你本来是好朋友，我的父亲，就是你的父亲。你如果烹了他，请你分一碗肉汤给我喝！这种无赖的作风，项羽是很看不起的，结果还是放了太公和吕后。

有一个人，名叫审食其，从沛县开始，就为刘邦、吕后做管家的总务，过去官称的职务叫"舍人"。当太公和吕后被项羽掳去做人质的时期，审食其也一直跟随吕后做人质的副件。历史上只用一个字，"幸"于吕后。事实上，他就是吕后的情夫。后来刘邦当了皇帝以后，还封审食其做"辟阳侯"。侯爵不是小官，张良有大功，也不过是"留侯"的侯爵。所以后人有诗说，"汉王真大度，容得辟阳侯"。

一直到刘邦死后，吕后专政，审食其与陈平同做丞相。吕后想把刘家的天下变成吕家的天下，审食其可以说是参与其事的。最后，吕氏夺权的力量垮了，由刘邦另外一个儿子刘恒即位，就是汉文帝，也没有处置他，只把他罢免了相位，他还能老死在家中。这个审食其，也可算是历史上的奇人奇事，岂不是俗话说的"有福之人不要忙"吗？

史书给刘邦的短评

世界上最使人乐意拼命追求的东西，便是钱财和权位，但使人最容易堕落到丧心病狂的，也便是钱财和权位。证之历史上古往今来，上至帝王将相，下而平民老百姓，本来在贫贱的时候，还是一个平凡的好人。如果运气好，忽然发达了，就完全变了一个人。就以我个人的一生，见过也经过现代史上几次大风大浪，看到的接触到的人物各行各业也不少，对照历史的经验，可以说始终不因得意、失意而变更人品的，实在不多见。

如果以汉高祖刘邦来说，他本来就是一个没有文化基础的人，自起兵统将以来，直到做了皇帝，他那种"蛮不在乎"的"豁达"个性，变得并不太大。只是从经验汲取失败的教训，对人对事的见识增加，心机就更深沉了。

历史上，对他的一生，很坦然地说：

> 初，高祖不修文学，而性明达。好谋能听，自监门戍卒，见之如旧。初顺民心，作三章之约。天下既定，令萧何次律令（顺势大略修改秦法）。韩信申军法。张苍定章程（定度、量、衡准则）。叔孙通制礼仪。虽日不暇给，规模宏远矣。

但对于文化教化，自秦政以后，刘邦并无建树，还属于草昧初创的格局。

当刘邦建立汉朝做了皇帝，在位的六七年之间，吕后还能自制，并没有做出想夺取政权，过于跋扈嚣张的举动。只为儿子刘盈做太子的事，求张良的指教，请了"商山四皓"来保驾，使刘邦放弃了另立一个宠妃戚姬的儿子如意做太子的意图。

刘邦与吕后之间的钩心斗角

等到刘邦一死，他的儿子刘盈即位为惠帝，吕后就设法毒死了如意，又把他的生母戚姬斩断手足，挖去眼睛，弄坏她的听觉，迫她吃药变成哑巴，再把她放在厕所里，叫做"人彘"。叫自己的皇帝儿子刘盈来看。刘盈是个好心人，看后大惊大哭，就病倒了，对他的母亲吕太后说："这不是人做的事。我虽然是你的儿子，恐怕不能担任皇帝治理天下了。"因此，就故意服食刺激性欲的兴奋剂，天天在宫中玩女人，不大理会国政。勉勉强强在位七年，只有二十岁就死了。这个时候的吕太后，还不到五十岁的人。在历史上，就由她开始有太后"临朝称制"的创举，也可以说，由她专制独裁了八年，大量起用娘家吕氏的兄弟子侄辈，掌握军政大权，预备把汉朝的天下，换刘家成吕家。

由于这个历史真实故事，你可了解到夫妇家庭在权势利害的关系上，就会变更心志，换了一个与平常正常人格不同的心思，从爱情变成仇雠，由仁慈变成凶残，甚至亲生父子之间、母子之间，也会变做仇人。当然不只是女性如此，男性也会有同样情况。这种情形，岂只在权势富贵中心的帝王家族，即使在三家村里，有一两亩薄田的农家，也随时随地可见的。

所以在战国末期，几乎与孟子先后同时的大儒荀子（卿），就对"人性本善"的观点并不同意，认为"人性"天生是"恶"的，须要教化学养才能使它从善。因此，他对曾子、子思秉承孔门遗教，认定"人性本善"的说法，大加反对。所以由他教出来半途退学的学生李斯，受其影响很大，后来帮助秦始皇厉行"严刑峻法"

的暴政，是从确信"人性本恶"的基本立场出发。历史政治的背后，始终是受一种哲学思想所排演的活剧。因此，宋儒苏东坡也认为李斯的罪过，是该由荀子来负责的。其实，关于人性的本来，是善或是恶，乃至不善不恶，非善非恶的问题，几千年来，东西文化始终还争论不休，我们这次不讲这个专题，姑且不论。

现在，我们再回过头来，只讲汉朝初建的刘家媳妇吕后，她从小个性骄纵，到了中年，丈夫刘邦打下天下做了皇帝，自己也跟着成功做了皇后，正如刘邦对他自己父亲说的："当年你都说兄弟们成器，你看我不会生产弄钱，管家里的事，很不高兴。现在你看我比兄弟们，为刘家可赚得多吧！"说得他父亲"太公"很不好意思。这个从有钱的"吕家"嫁过来的大小姐，那种心情，比起刘邦，更是志得意满，不可一世了。但她是聪明人，担心的是自己只有一个儿子刘盈，依照传统宗法社会的惯例，理当做太子，将来好做皇帝，管理这个刘家天下的大财富。偏偏刘邦又特别宠爱另一个妃子戚姬，还想把她所生的儿子如意立为太子。这对她的威胁太大了，真是又气又恨。总算想尽办法，最后请教张良，请来"商山四皓"保住了儿子做太子的职位。但由于这个刺激，造成她的恐惧、怨恨、妒忌等错综复杂的心理变态。加上她正在女性更年期前后，由生理影响而促使心理变态。

所以刘邦一死，她就更加慌张，儿子又小，朝中和刘邦一起打天下的大臣还不少，不一定都靠得住，对她也不一定服气，自己势孤力单，怎么办？当时那个朝廷局面太紧张了，只有哭。幸得张良有个孙子名"辟强"的，虽然只有十五岁，但见解聪明，犹如他的祖父，他为丞相陈平出主意说："太后现在最怕的是你们这班老臣，那即位做皇帝的儿子又小，如果你们把她娘家的兄弟都封了重要职位，她心里就比较踏实，就好办了。"因此，吕氏娘家的兄弟们，就一举把握了朝政。后来所形成的那种"政治心理病变"也是够可怜的。

其实，她和刘邦一样，都是很有潜在机智的人，真是汉初一对半斤八两的活宝。当刘邦生病要死的时候，她找来医生为他诊治，刘邦就对她大骂说："吾以布衣提三尺剑，取天下，此非天命乎？命乃在天，虽扁鹊何益？罢之。"刘邦为什么不肯接受吕后请来医生的治疗？他为什么又再三要改立太子？可以说，他深知吕后，其志不小，太不简单。由此可见，他们夫妻在权势上的利害冲突早就存在，你看是多么复杂。

为刘汉后代的悲剧奏了序曲

所以他的后代子孙汉武帝刘彻，想立他所爱的钩弋夫人的儿子弗陵做太子，就很忍心地赐钩弋夫人自杀。然后他问左右，外面的人们，怎么评论这件事。左右对他说："人言立其子，何去其母乎？"刘彻听了说："然！是非尔曹愚人之所知也。往古国家所以乱，由主少母壮也。女主独居骄蹇，淫乱自恣，莫能禁也。汝不闻吕后邪？故不得不先去之也。"这就是刘邦、吕后两夫妻钩心斗角的反弹，留给他的子孙汉武帝忍心杀爱人的历史经验谈。

再看吕后的聪明，比刘邦也差不到哪里去。当她临朝称制，等于做了八年的女皇帝，临死以前，告诫侄儿吕禄、吕产说："我崩，大臣恐为变，必据兵卫宫，慎勿送丧，为人所制。"可见她也早有先见之明，真也不简单。只可惜她的侄儿比她差太远了。但他们夫妻的故事，在西汉、东汉两朝的末代，变更剧本，始终反反复复在重演，非常可悲可叹。由此看来历史与人生，再三反思，便知"诚意、正心、修身、齐家、治国、平天下"的教育学养的原则，是有多么重要啊！既有先见之明，知道人心难测而必有变，难道就没有其他方法可以"齐家"、可以"治国"吗？

三三、慈惠爱人的汉文帝

到了汉高祖刘邦死后，吕后临朝称制，这中间前前后后二十年，除了汉室王朝宫廷内斗以外，刘汉王朝初期的政治、社会、文化教育等方面，都没有什么特别的建树。总算天下不打仗了，全国人民可以喘一口气。汉朝真正奠定立国基础的，应该是从汉高祖的小儿子刘恒开始，照旧历史的称呼，叫他汉文帝。这个阶段，正是公元前一七九年到公元前一五八年。

刘家汉朝的天下，经过吕后夺权一幕以后，当年追随刘邦打天下的老臣们，大多已经亡故。只有丞相陈平、太尉周勃等少数几位恪守宗法社会传统的旧规，商议在刘邦亲生的儿子中，另选一个来继位。因此，研究的结果，认为刘邦的中子代王刘恒最为合适。他就是后来历史上所认为的宽厚、仁慈、节俭的好皇帝。在汉朝的政治上，刘恒和他的儿子刘启汉景帝，被公认推崇为"文景之治"的仁政好榜样。其实，刘恒与他的父亲刘邦，在一起过着宫廷生活的时间不长，而且也没有得到刘邦的好好教育。何以后来他能成为一个汉代开创守成的好皇帝？他除了命运以外，还有是得力于母教的影响，才有后来的成就。

得力于母亲的教诲

汉文帝刘恒的母亲姓薄，她原来本是南方的吴国人。在秦政的末期，天下大乱，魏豹自立为王。他听汉初一位看相的名女人许负说过，薄姬有贵相，将来贵不可言。因为许负善相的名气很大，她也相过吕后，所以魏豹就迫使薄姬的母亲，把她送进魏王的内宫。

后来魏豹战败被俘虏了。她也成为战利品的俘虏，归到汉王所属的纺织厂里做织布等工作。一个偶然的机会，刘邦看见了她，就很喜欢，把她提升到内宫来，作为自己的妃子，封她为薄姬，生个儿子就是刘恒。可以想象，她很会自处之道，所以没有像戚妃一样，被吕后忌妒痛恨。刘邦当了皇帝，刘恒只有八岁，就被封为代王。现在河北省西北部和山西省北部一带，就属于当时"代"的管辖范围，算是北方苦寒的地带，而且是北方边防匈奴的前线要塞。

薄姬母因子贵，抓住机会，认为儿子太小，封王守边疆，不放心，恳切请求刘邦要跟着儿子去代北。其实，她早已看透汉室的宫廷，矛盾太大太复杂，又怕吕后会谋害她的儿子，所以想远远避开。边防要塞虽然苦寒危险，但比起在宫廷中的危机，就平安得多了。她的聪明，正合于孔子所说，"贤者避世，其次避地"的道理。事实上，她是有文化程度、有教养的一位贤母，她喜欢读《老子》，对老子的道家哲学有认识，懂得谦退为上策。因此，她达到了愿望，跟着儿子刘恒到北方，成为代王的太后。但却没有想到她的儿子后来居然做了皇帝，她也正式被尊封为皇太后。事实上，汉文帝刘恒的一生，受母教影响很大，他以黄（帝）老（子）之道的学术思想治天下，正当天下人心厌乱思治的时候，全国上下，需要休养生息。他力守老子所教的"三宝"法则："一曰慈、二曰俭、三曰不敢为天下先。"因此，才赢得后来历史上有名的"文景之治"的美誉。而且，也可以说，汉代刘家的天下，到他手里，才是真正奠定汉朝根基的开始。刘邦提三尺剑，于马上取天下，不能在马上治之。他的儿子刘恒，却能以道德文治守天下，才能建立了一二百年的西汉王朝。所以在他死后，大家议定他的谥号，够得上称一个"文"字，因此被尊称为"汉文帝"。

两封信就化解了两场兵灾

当汉朝大臣们决定迎接代王刘恒来京的时候，他还只有二十三四岁，不免心里有所顾虑。经过与他的部下等会议讨论，郎中令（秘书长）张武，意存顾忌，认为"汉大臣习兵多诈，愿称疾毋往"。但中尉（主管军事的）宋昌提出四点理由，认为应该去。因此，他就带了宋昌、张武等六个高级部下直达长安。到了西安城外渭桥边，汉朝的大臣们都出来接驾、跪拜称臣。但刘恒的作风不同，他不但不以准皇帝自居，而且还不以王子的身份自重，亲自下车向大臣们答拜。这个时候，重臣周勃就起来对刘恒说，要求单独向他汇报几句话。宋昌马上就说："所言公，公言之。所言私，王者无私。"周勃被宋昌顶得没有办法了，只好跪着把玺符（皇帝的大印信）呈上。但刘恒接过印信，还说，我们大家到了城里官邸再商量吧！

当然，最后还是他即位做了皇帝。他登基时的第一道命令，就是"大赦天下"。第二道命令，"定振穷、养老"，"令四方毋来献"（即通知各地不要向皇帝奉献任何宝物）。但在那个时候，长江以南，还有一个在广东的南越王赵佗，他是河北真定人，和汉高祖刘邦，都是同时起兵的人，因为不满汉朝的内政，自己要独立称帝，情况相当严峻。你看汉文帝怎么办，他一不动兵，二不震怒，只是以后辈身份，写了一封信给赵佗，就使赵佗乖乖地收兵称臣了（有关这封信，我在讲《老子他说》时已经发表说明，那时还引发当代一件大事，也真有趣，将来再说吧）。后来对于长期侵略入寇北方的匈奴，他也是写了一封信给匈奴，得以暂时和平相处。至于"减轻刑法"而除"肉刑"等等，都是被后来历代所歌颂，引为政治的好榜样。

所以历史上对他的定评，大致都说，"慈惠爱人曰文"，又说：

> 汉兴，扫除烦苛，与民休息。至于孝文，加之以恭俭，专务以德化民，是以海内富庶，兴于礼义。断狱数百，几至刑措。至于制度礼乐，则谦逊而未遑也。

这些评语，其中说到他的时代，他能做到使司法公正清明，几乎做到很少人犯重大的刑事案件。至于重兴文化的工作，他自己也认为还没有做到。因为他只有四十六岁就死了。但他的母亲皇太后还健在。他死了以后，人们更钦佩敬重他俭朴的道德，说他在"帝位二十二三年间，车骑服御，无所增益。有不便，辄弛以利民。尝欲作露台，召匠计之，值百金"。他说："百金，中人十家之产也。吾奉先帝宫室，常恐羞之，何以台为！"史书又记载他：

> 身衣弋（黑色）绨（厚茧丝袍）。所幸慎夫人，衣不曳地，帷帐无文绣，以示敦朴为天下先。张武等受赂金钱，觉，更加赏赐，以愧其心。专务以德化民，是以海内安宁，后世鲜及之。

贾谊堪问唯鬼神

讲到这里，使我联想到小的时候读书，先生们教读古文贾谊《过秦论》《治安策》。又读李商隐吊贾谊的名诗：

> 宣室求贤访逐臣，贾生才调更无伦。

> 可怜夜半虚前席，不问苍生问鬼神。

对于贾谊，寄予无限的同情和惋惜。也认为汉文帝不用这个人才，真是失策。

后来自读历史，读《史记》《汉书》，加上人生的各种经历，才发现并不如此。贾谊生在汉文帝的时代，青年有才，也有远见。但在那个时候对汉文帝所提的意见，他实在不能接受，也无法采用。譬如一个平民，在万分艰难中发了大财，变成了一个大富翁、大企业家。但他刚死，家庭有大变故，这个家族事业也岌岌可危。但这个儿子在危急中刚刚接手当家，要在艰难紊乱中安定整理家族事业，只能求于安稳中振兴旧业。明知还有许多很严重的隐忧存在，但在这个阶段，是不能用大刀阔斧来变更它的，否则，会牵一发而动全身，整个事业前途会受影响，甚至前功尽弃。这种情形，只有身在其位，担当重任的人自己心里有数。不是像贾谊一样，少年书生，充其量只在这个大家庭做小职员，冷眼旁观，看出毛病，就希望少老板要照他的意思办就行了。古往今来，一般有才有学的青年知识分子，犹如贾谊一样多的是。唐代李商隐的处境，更不如贾谊，但自命不凡，所以写了这首名诗，他不是吊贾谊，其实，是在自怨自艾。

汉文帝呢？他看过贾谊的文章，也很欣赏他的才华，但也知道他的空谈理想是行不通的。因此，即使找他来谈谈哲学的形而上问题，问问他对于鬼神问题的看法或许谈得起劲，直到半夜；但有关苍生社稷的事，汉文帝心头明亮，自认为比他清楚得多了，没有什么好说的。千古文人，大都如此。好在大家都不是文人，像我一样，更是一文不名的不文之人，就无所谓了。

汉武帝、元帝文化政策的流弊

当汉文帝执政做皇帝的阶段，还没有刻意来做重兴文化的事业。直到他的孙子汉武帝时期，才开始复兴文化的措施。而汉武帝受公孙弘、董仲舒的影响，"罢黜百家，一尊于儒"，便开始扼杀"诸子百家"开放思想的发展了。尤其到了汉元帝时代，完全确定以偏重儒家学术思想为主，才形成汉儒以注疏、训诂、考据为重的"汉学"。这个阶段，距离秦始皇焚书坑儒和项羽的火烧咸阳，已有七十多年了。可见革命性的破坏打倒旧传统是比较容易，但要重新建立文化，想做继往开来的大事业，就不是那样简单了。这也正合了传统文化的一句名言："上有好者，下必甚焉。"而贪财好色，好酒使气容易，好文就不比好财好色那么轻易了！汉元帝偏好儒家，并非罪恶，但心有所偏，正违反了《大学》所说的，其心已不得其正的过错。尤其不知《易经·系传》所说"道并行而不相悖"的传统儒家的精神文明，因此，可说周、秦以来中国传统文化的散失，以及西汉王朝的衰亡，也正是从汉元帝手里开始。

总之，我们为了讲到《大学》的"诚意、正心、修身、齐家、治国"的一节，就插进来引用历史上帝王家庭大多陷于"家不能齐"的事实，作为说明。因此，不知不觉耽误了很多时间，而且说了许多有关历史事迹的废话。如果再来讲历来一朝一代的历史，那就离题更远了。所以，先到这里煞住为妙。况且研究历史，不免容易引发感慨，尤其要把经（"四书""五经"）史合参，鉴古明今，就更加吃力不讨好了！到这里忽然想起清代诗人张问陶（船山）《读史》的一首诗，可以借用暂时做一结论：

> 一编青史太陈陈，上下千秋笑转轮。
>
> 治乱凭天如有数，安危注意恐无人。
>
> 只闻叔世多豪杰，不信深山有隐沦。
>
> 叹息典谟三五册，万年难遇此君臣。

有关张船山这首诗，只要把起首两句和最后两句合为七绝，也就足够说明古往今来的历史，都是古版今印，但有人事的不同，内容大体上都是轮回旋转，翻来覆去差不多。他说除了《尚书》上所保存的有关尧、舜、禹等三五篇上古流传的好榜样以外，如果后世要想再碰上那些圣帝贤相，恐怕是永远的梦想，难以成为事实了（诗中所说的典谟，是指《尚书》的《尧典》《舜典》《大禹谟》《皋陶谟》《益稷谟》等篇）。

第五篇

内外兼修之道

打开微信，扫码观看南怀瑾先生
讲《大学》视频（五）

三四、从自净其"意"做起

上面《大学》讲到这里为止，主要是先由"内明"（圣）的学养开始，兼带涉及"外用"（王）的"诚意、正心、修身、齐家、治国、平天下"的总原则，正如原文所记"此谓知本，此谓知之至也"。这是《大学》最基本的提纲，也是"致知格物，物格知至"最重要的环节。现在继续开始，便是分别讲解内外兼修的道理。

我们在先前已经提过人的生命作用，是由生理的"身"和精神的"心"两部分所组合形成。"心"的作用，便是和生命俱来的"知性"，也可以叫它是"理性"或"理智"。喜、怒、哀、乐等情绪的作用，是生理的关系。但"知性"的"理性"，最容易受情绪所蒙蔽盖覆，容易被它所左右起伏。人的学养修到自能内明知性的德用，转化情绪，调和情绪，归到清明的本位，才得合于天性自然之道。因此，首先便要了解引发"心"的起心动念，乃至"动心忍性"的先锋，便是"意"的作用。"意"也有叫它是"志"，或叫"意志"，例如孟子便说："志者，气之帅也。"他用"志"字代表了"意"的作用。也有叫它是"意识"，这是隋、唐以后，精密的"因明"（逻辑）佛学进入中国以后，对"意志""意念"等名词加以严谨地定名。一直应用到现在，由哲学名称变成普通用语。我们在前面也提到过佛学把"心物一元"的人生生命，统归于"心、意、识"三个内涵。但在原本的《大学》，也早已把人的生命，列为"诚意、正心、修身"的身、心、意三重作用。这三重作用，我们也在前面已经大略讲过，而且还把这三者跟"齐家、治国、平天下"的关系，引证秦始皇、汉高祖、汉文帝等帝王，加以说明。现在，我们再就"意"的作用，进一步来做较深入的研究。

原本《大学》自释"诚意"的八正知

现在先读原本《大学》有关"意"的内外兼修，而做到"诚其意"的八重"正知"：

所谓诚其意者，毋自欺也。如恶恶臭，如好好色，此之谓自谦。故君子必慎其独也。（诚意）（一）

小人闲居为不善，无所不至。见君子而后厌然，掩其不善，而著其善。人之视己，如见其肺肝然，则何益矣。此谓诚于中，形于外。故君子必慎其独也。（诚意）（二）

曾子曰："十目所视，十手所指，其严乎！""富润屋，德润身，心广体胖，故君子必诚其意。"（诚意）（三）

（上面首要三节，朱熹自作主张，反而把它拿到后面，编为他自己章注《大学》的第六章。）

《诗》云："瞻彼淇澳，菉竹猗猗。有斐君子，如切如磋，如琢如磨。瑟兮僴兮！赫兮喧兮！有斐君子，终不可諠兮。"如切如磋者，道学也。如琢如磨者，自修也。瑟兮僴兮者，恂慄也。赫兮喧兮者，威仪也。有斐君子，终不可諠兮者，道盛德至善，民之不能忘也。（诚意）（四）

（朱熹把这一节，与后面的第八节中"邦畿千里，惟民所止"一小节，抽出编为他自己章注《大学》的第三章。）

《诗》云："於戏！前王不忘。"君子贤其贤而亲其亲，小人乐其乐而利其利，此以没世不忘也。（诚意）（五）

（朱熹也把这一节抽出，编为他自己章注《大学》的第三章里。）

《康诰》曰："克明德。"《大甲》曰："顾諟天之明命。"《帝典》曰："克明峻德。"皆自明也。（诚意）（六）

（朱熹把这一节抽出，编为他自己章注《大学》的首章，拿来作为“明明德”的佐证。）

　　汤之《盘铭》曰：“苟日新，日日新，又日新。”《康诰》曰：“作新民。”《诗》云：“周虽旧邦，其命惟新。”是故君子无所不用其极。　（诚意）（七）

（朱熹把这一节抽出，编为自己章注的第二章，作为篡改“亲民”作“新民”的佐证。）

　　《诗》云：“邦畿千里，惟民所止。”《诗》云：“缗蛮黄鸟，止于丘隅。”子曰：“于止，知其所止，可以人而不如鸟乎？”《诗》云：“穆穆文王，于缉熙敬止。”为人君，止于仁。为人臣，止于敬。为人子，止于孝。为人父，止于慈。与国人交，止于信。子曰：“听讼，吾犹人也。必也使无讼乎！”无情者，不得尽其辞。大畏民志，此谓知本。　（诚意）（八）

（朱熹把这节分割抽出，编为他自己章注《大学》的第三章及第四章。而且更有趣的，把原本《大学》前面“此谓知之至也”一句倒抽回来，放在“此谓知本”这句之后，一共两句，作第五章。自说这是“阙文”，认为在这两句前面另有文章，不过，被古人遗失了。）

　　由此看来，古今中外的大学问家，我慢我见，是如此的固执己见。比之玩弄权术的人，同样是扭曲别人的“慧命”，未免罪过。但反而因此能享千古盛名，岂非命运乎！

　　其实，原本《大学》本来就有它自己的次序，也可以说它本来就有它自己的“逻辑”系统。例如现在看他个别列出“诚意”这个主题来讲，无论是他自说“诚意”的内涵，或是引用经典来做说明，都是很有条理来阐明“诚意”内外兼修的作用。不需要朱熹来改正重编，好像曾子对文字写作不懂章法，排列颠倒，必须要等千年以后，出个“朱大圣人”来修改一番，才使儒家孔门的学问重新增光。这真是中国文化的一件怪事，百思不得其解。究竟如何？且听我们慢慢分解。

自欺、欺人、被人欺三部曲

原本《大学》原文讲到这里，再说什么叫做"诚意"，"所谓诚其意者，毋自欺也。如恶恶臭，如好好色，此之谓自谦。故君子必慎其独也"。我们现在为了深入了解，先来分别解释这节当中，自欺、好恶、自谦、慎独四个名词的内涵如下。

一、我读古人笔记，看到明代有一个人，对于买卖古董的看法，说了特别高明的三句话，他说："任何一个人，一生只做了三件事，便自去了。自欺、欺人、被人欺，如此而已。"我当时看了，拍案叫绝。岂只是买卖古董，即使是古今中外的英雄豪杰，谁又不是如此。人不自欺，几乎是活得没有人味。我们从生到死，今天、明天、大后天，随时随地，总觉得前途无量、后途无穷才有希望，才有意思。其实，那些无量、无穷的希望，都只是"意识"思想形态上的自我意境而已，可以自我陶醉，不可以自我满足（讲到这里，特别声明，不要误会了人生，就心灰意懒。你明白了大学之道，才知道做人的意义）。声明在先，你再来看看南宋才人辛稼轩的词说：

> 醉里挑灯看剑，梦回吹角连营。
>
> 八百里分麾下炙，五十弦翻塞外声。
>
> 沙场秋点兵。
>
> 马作的卢飞快，弓如霹雳弦惊。
>
> 了却君王天下事，赢得生前身后名。
>
> 可怜白发生。

这首词，我在少年某一阶段，正是前途如锦的时候，最喜欢读它。也许和他深有同感，便早自抽身不做"自欺"的事了。人，因为有"自欺"，才会"欺人"，最后当然要"被人欺"。换言之，人要自爱，才能爱人，最后自然可被人爱。也可以说，人要自尊，才能尊人，这样才能使人尊你。

那么，曾子所说的"诚意，毋自欺也"，究竟是什么意思呢？你必须要先注意一个"毋"字，这个字，在古代是和"弗""勿""莫"通用的，等于现代语的"不可""不要"。毋自欺，就是不要自己骗自己。

"意识"，是"心"起分别理想作用的先锋。它旋转跳跃变化得非常快速，而且最容易作自我欣赏、自我陶醉、自我肯定或否定。它就在我们脑子里盘踞活动，发挥思想、理想、幻想等成千成万的作用。但它本身是把握不住，想过了用过了便溜了。它把好坏交给我们的"知性"去判断。它把种种影像收集归纳以后，又交给了"心"来安排收藏。要使"意识"净化，除非你真要做到"内明"反省的学问，随时留意它的活动，使它能"知止而后有定，定而后能静，静而后能安，安而后能虑"，才能达到真正的"诚意"境界。这里的"诚"字，是包括专一、安定、无私、明净的意义。所以子思著《中庸》，便说："自诚明，谓之性。自明诚，谓之教。诚则明矣。明则诚矣。""诚者，自成也。"同样是发挥"诚意"的内涵。这是"内明"之学的精髓所在。

同样的，我们平常生活中，待人处事，也是这个"意识"的作用最为重要。但你如果对"内明"学养不到家，那被"意识"所"自欺"，或"欺人""受人欺"是势所必然，事所难免。因此，孔子特别指出对于"外用"方面就要做到，"毋意、毋必、毋固、毋我"才好。换言之，在"外用"方面，孔子是教我们对人对事的原则，不可随便任意妄为，不可认为必然如此，不可固执己见，不可认为非我不可，这都属于"意识"不自欺的警觉。因此，曾子开头便说："诚其意者，毋自欺也。"譬如说，人人都会埋怨被别人骗了，其实，人不自骗，谁又能够骗了你呢？相传禅宗的初祖达摩大师初到中原，将要入山面壁的时候，有人问他，大师啊！你来中国的目的是做什么？达摩大师便对他说，我要找一个不受人欺的人。达摩大师才是真大师，人能先不自欺，才能不受人欺（小心，也许我正在自欺，而且又欺了大家）。

二、接着"毋自欺"之后，他便用两句譬喻的话说："如恶恶臭，如好好色。"好像人们对于一切事、一切东西的爱好和厌恶一样，当你真讨厌它的时候，就会立刻厌恶它，再也不会去迷恋它。当你真喜爱它的时候，你必然会马上去爱好它，再也不会舍弃它。同样的道理，当你明白了"意识"的颠倒反复，自己扰乱自心时，你就要"不自欺"，立刻舍弃"意识"的乱流，归到平静清明的境界，正如前面七证次第所讲的"知止而后有定"才对。

三、你真能做到使意识、意念返还到明诚、明净的境界，那才叫做真正的"自谦"，这完全是靠自己的反观省察，才能得到的境界。谦，并不是消极的退缩，它是崇高的平实。谦，在《易经》是一个卦名，叫做"地山谦㪍"。它的画像，是高山峻岭，伏藏在地的下面，也可以说，在万仞高山的绝顶之处，呈现一片平原，满目晴空，白云万里，反而觉得平淡无奇，毫无险峻的感觉。八八六十四卦，没有一卦是大吉大利的，都是半凶半吉，或者全凶，或是小吉。只有谦卦，才是平平吉吉。古人有一副对联：

> 海到无边天作岸，
>
> 山登绝顶我为峰。

看来是多么的气派，多么的狂妄。但你仔细一想，实际上，它又是多么的平实，多么的轻盈，它是描述由极其绚烂、繁华、崇高、伟大，而终归于平淡的写照。如果人们的学养，能够到达如古人经验所得的结论，"学问深时意气平"，这便是诚意、自谦的境界了。

"慎独"要慎什么样的"独"？

四、最难了解明白的，便是"意"的"慎其独也"的"慎独"。

当然，历来的注解，大多都把"慎独"，说是一个人如在单独自处的时候，最需要小心谨慎，不可让自己放任散漫，或瞒着别人，做不善的事情。在十九世纪的末期，也有人为了配合政治民主的思想，说"慎其独也"的意思，是指不要在政治上搞独裁。不管如何说法，曾子在"诚意"这一节里，两次提出"慎独"的重要。我们在前面也曾经提出《内经》对于"识神"的作用，便有"独悟""独见""独明"三独的境界。为了希望大家特别重视，不妨不避重复，再读一次原文，岐伯对黄帝说：

> 请言神。神乎神，耳不闻，目明心开而志先，慧然独
> 悟，口弗能言。俱视独见，适若昏。昭然独明，若风吹云，
> 故曰神。

我们需要知道，《内经》这一段对"识神"的三个景象的说明，比起精密"逻辑"的佛学"法相唯识"，传入中国的时期，还早了一千年以上。就算把它拉下来算是汉代的著述吧！也早了七八百年。为什么中国和印度的先哲们，都不谋而合，说得这样相似呢？

《内经》所说"识神"的"独悟"景象，是指意识粗浮的活动静止以后，便会引发自性的智慧的功能，达到如有所悟的特别境界，"耳不闻，目明心开"，话也不想多说了。

从唐代以后，有些禅宗参禅的人，用心久了，也有达到相似的"言语道断，心行处灭"的境界，也有自认修行到这样，已算开悟得道了。但以真正的禅宗来说，便会明白这是"识神"的作用，所谓：

> 学道之人不识真，只为从来认识神。
>
> 无量劫来生死本，痴人唤作本来人。

从法相唯识学来讲，这也是"别境慧"的一种现象，也是意识的现象。虽是学养进修有得的好境界，但不是"明德"达道的究竟。

其次"识神"所发生的"独见"景象，它是在自我的意识中，

好像什么都看得见，但是头脑身体，是停在昏昧的情况中，正是冥想的作用。

再次，"识神"所发生的"独明"景象，几乎等于灵魂出窍（精神状态），或同佛学所说的"中阴"现状，没有身体的感觉，便有如风吹云，飘飘欲仙的自我错觉。

但综合起来说，学问修养使意识达到知止而定、而静、而安的情况，所出现的独悟、独见、独明任何一种境界，并非是不好的现象，只是不可执著为真实。知道它是过程，是行程中的外景，并非究竟。所以必须审慎精思。这样才是"慎独"的"内明"道理。

如果用"法相唯识学"来作对比发明，《大学》所谓的诚意、慎独，正如唯识学所讲，第六意识有独头、独影作用的一面。甚至有些学佛修道的人，不从学理上穷究入手，往往会把"独头意识"的作用，当作直观、直觉而认为自己已经悟道了。或者把"独影意识"所发生的境界，当作神通，或特异功能了。所以，我常说，小心！神通与神经，不隔一层薄纸，它是孪生的双胞胎，必须要仔细弄清楚，但人苦不自知，其奈他何！

至于中国禅宗百丈禅师所说："灵光独耀，迥脱根尘。"那是形而上的第一义道的境界。也可以比作《大学》在本节所说，"道盛德至善"，"此以没世不忘也"。既然已经借用了禅佛来做"他山之石可以攻玉"，那就引用到底，比较说得更明白一点。究竟什么是"慎其独也"，"慎独"的意义呢？曰：

　　诸恶莫作，众善奉行。

　　自净其意，是诸佛教。

这就很清楚了。但在日常意识清明的时候，可以做到纯善的情况，也算已很不错了。而最要紧的，当在睡梦中，"独头意识"发起"独影境"的变相时，仍然犹如日常意识清明的纯净，不被梦影所扰，甚至还转化梦境而能自主，这才够得上"诚意""慎独"而"毋自欺"的现实境界了。（诚意）（一）

"诚于中，形于外"的深远道理

接着，就说"诚意""慎独"的学养，见之于"人道"修养的实际状况。他说："小人闲居为不善，无所不至。"这里所说的小人，并非小孩子，但也和小孩的意义相关，比如没有受过良好教养的大人，也是同小孩子一样的小人。小人们在没有事做的时候，是非常烦躁、不耐烦的。因此，不分好坏，什么事都会做得出来。"见君子而后厌然"，当小人在乱来的时候，忽然看到大人君子来了，也会很不好意思地觉得自己做错了。因此，拼命说谎，或想办法掩盖自己的过错，"掩其不善"。表现自己还是很对很好的"而著其善"。其实，那是自欺、欺人，没有用的。天下人聪明都相等，谁也骗不了谁。"人之视己，如见其肺肝然"，别人看你，你看别人，都是很明显的，尤其不能装假，明眼人一看，便会把你的心肝肺脏都看透了似的。"则何益矣"，作假有什么利益呢！为什么做坏事会被别人看出来呢？因为人的"意识"在头脑中活动，就会促使神经细胞的变化，表现在面貌、气色、神情之间，逃不掉自己内心影响外形的规律。所以只有"诚意"的真诚，最为重要。"此谓诚于中，形于外。故君子必慎其独也。"你只要把"意识"纯正净化好了，自然就会变成真诚的人，可以"特立独行"地做一个正常的平常人了。当然，不需要变成一个"道貌岸然"的样子，那是难看的一副如木偶的模样。（诚意）（二）

讲到"诚意"修养的作用，他举出"诚于中，形于外"的必然律，便接着深入说明诚中、形外的严重性，因此才有曾子曰："十目所视，十手所指，其严乎！"类似宗教家的严词。其实，恰是科学观的真理。

距今六七十年前，我们读到《大学》这几句话，忽然自觉好笑，便出题要同学们猜，"十目所视"，有几只眼睛在看？"十手所指",有几个指头在指?答案:五双眼睛,十个指头。这是说笑而已。后来看到佛教寺院里,有千手千眼观世音菩萨的塑像,觉得比曾子所说"十目所视,十手所指"更为严重。但当然也会认为那是宗教迷信的图腾。再后来了解到自然科学,对于物理学、光学等有了一些皮毛知识。才相信人们起心动念的思想作用,甚至善恶念头等等,它在自然界里,也犹如投一颗石子在水里,会发生波动性的动力作用。由一个小小的涟漪开始,逐渐扩散,遍于虚空。而且还可以用光学原理把它录影下来。才知道"十目所视,十手所指",乃至"千手千眼"的真理所在,并非是托空妄语。如果真的学通了科学(我说的是真通,并非指专家的学位),他自然会了解到哲学和宗教学的严重性,就不敢妄加别人迷信的大帽子了。因为,自己不懂,就说别人迷信,这才是真迷信,也就是不"诚意"了。

但曾子所说的"十目所视,十手所指,其严乎",他不一定是宗教性或科学性的说法。孔门儒家学说,素来是主张"天道远,人道迩"。必须先从"人道"做起,立下根基,才可再及于形而上的天人境界。他的重点,是指任何一个人,活在"人世间",你的所作所为,始终脱离不了现实环境,自然而然,就有许多人都在注意你的作为。至少如父母、妻子、朋友,乃至社会上其他人等,都是互相影响,互相关注的。至于从政、或是在各行各业,有所成就,有了名声地位的人,便更加严重了。例如说,在南宋末期,当贾似道做了宰相的时候,便有人送给他两句诗说:"劝君高举擎天手,多少旁人冷眼看。"

这也就是十目十手所视所指的道理了。但是,这还是对外来说。

至于对个人本身来说,由"诚意"到"诚中、形外"的功效,他便说到"富润屋"。譬如一个人富有了,便会先把自己的住屋改造装修一番,变得更华丽、更气派。"德润身",同样的道理,当一个人,真正向自修"内明"之学的"诚意"上做学问,这自然就是道德的行为。由心理影响生理，自己的身体也跟着变化好转。日积月累，慢慢地心境宽广开朗了，身体也就发福了（古人所说的"胖"，不是现在人跟着洋人说的"肥"，就想拼命减肥）。例如社会上有些得了严重病的人（如癌症等），医药无效，便去虔诚信仰宗教，求神拜佛保佑，结果也真有得救好了的。因此就感恩图报，极力弘扬他的信仰，到了疯狂程度，说神或佛的灵验。其实，是"诚意"虔诚的效果，是唯心功能的发挥，正如《大学》这里所说："心广体胖"的道理。因此，就再叮咛一句："故君子心诚其意。"（诚意）（三）

学养须从日常行事中过来

接着说明"诚意"开始，修养达到"诚于中，形于外"的效果，也并非是知道了就能做到的。即使是天生圣人，也必须悟后起修，才能日臻完美。学问修养，都不可以躐等，必须要在日常行事中实践过来，才能渐臻堂奥。因此，从这里开始，他就引用了历史上几个大人物，王侯和帝王，由"诚意"改过自新，重新做好人，建功立业修德的故事。采取其中相关的名言，作为"诚意"自新榜样的说明。首先便引用《诗经》中《卫风·淇澳》篇的几句话来做说明（这篇诗是卫人思念赞美卫武公年已九十五岁高龄，还能思过修学，勤于国事的美德）。但在这里，曾子隐晦了历史上的故事，只是说诗，他是采用这篇诗中，有关描述学问修养渐进的说明。因为古人都知道这些历史上的故事。现在略为解说原诗如下：

瞻彼淇澳，菉竹猗猗（你看哪！淇水转弯那一块坳里的竹林，有多么美妙的丰姿啊）。有斐（一个文质彬彬）君子，如切如磋，如琢如磨（他到老了，还那么用功）。瑟兮（多么严肃啊）僴兮（多么勇敢啊）！赫兮（真是光明磊落啊）喧兮（胸襟真很爽朗啊）！有斐君子（现在这个文质彬彬的人啊），终不可谖兮（让人难忘，真的是没有什么好说的啦）！

原诗大意如此。但曾子用它做了深入的譬喻。他说："如切如磋者，道学也。"是指卫武公为求道学的努力，像雕刻一块美玉一样，先要切好粗坯，再来雕琢成形。再加仔细自修，这里还要琢一下，那边还要磨光一点。"如琢如磨者，自修也。""瑟兮僩兮者，恂慄也。"既要精工细作，所以随时害怕自己半途而废，会功败垂成。要有这样小心用功的精神，总算修整完工，摆在那里一看，真是好威风、好庄严的一块瑰宝！因此，才赢得了"赫兮喧兮者，威仪也"的赞美了！至于说："有斐君子，终不可谖兮者，道盛德至善，民之不能忘也。"那是说卫武公"诚意"改过自新，才做到文成功就的君子，学问道业不但成功了，德行也达到至善的程度了，实在没有什么好挑剔的，所以使人们永远忘不了他。这是说明学问之道，由改过自新"自诚其意"，内外兼修的不易。卫武公少年的时候，杀兄自立。后来改过自修，有文有守，能从谏如流，以礼自防。为宗"周"出力，打败戎狄，因功封"公"，又入周朝为相，进德修业，为诸侯所重。年至九十五，德寿可风。但宋儒（程，朱）他们，却把他放在圣贤的规格上，却不是曾子本意了。（诚意）（四）

总结历史人物经验在"自明"

接着就解释，"外用（王）"的影响，何以会使人永远忘不了他"道盛德至善"的作为呢！曾子便引用《诗经·周颂·烈文》一篇的第一句话"於戏！前王不忘"来做说明。

其实，这篇诗是记载周公辅成王先出了问题。后来，经过周公的教导，成王自己"诚意"改过自新以后，再出来执政的时候，各国诸侯陪着他祭拜文王、武王的颂辞。第一句，就很有警告性地说，唉！先王啊！我们忘不了你的道德教化啊！同时，也是警告成王，再也不要忘记了先王的道德学养的榜样啊！

但是，曾子采用了这一句诗，他的用意，是说明像文王、武王一样，由"诚意"的学养成就，出来从政，为什么会使人永远忘不了他呢？那是因为"君子贤其贤而亲其亲。小人乐其乐而利其利。此以没世不忘也"。这是说，像文王、武王那样，一般君子们，因为尊敬他难能可贵的贤德，所以更加亲切而怀念他。即使如一般小人们，为什么也是那么尊敬怀念他呢？因为他们感激文王、武王的德政，同时也使他们得到应该得到的利益，使他们也很满足、快乐。因此，虽然文王、武王已经不在这个世间了，但是，无论君子与小人，好人和坏人，普遍的人群还是永远忘不了他的道德仁政啊！成王能改过自新，也就是真正的"诚意""毋自欺"了！但还需要更进一步的效法先王才对啊！

但这"诚意""毋自欺"的学养，究竟是怎样修学才能达到呢？他又引用了《尚书》中三篇，有关历史积累经验的三句话来做说明：

一是《周书·康诰》记载成王伐诛管叔、蔡叔以后，再封康叔于殷，来管治殷的遗民。而在训诫康叔的诰文上，提出"克明德"，你要记住效法祖父文王一样，努力做到"明德"的境界。《康诰》原文，还有"王应保殷民，亦惟助王宅天命，作新民"等要点，不录了。

二是《商书·大甲》记载伊尹下放大甲于桐，三年以后，大甲"诚意"反省存诚，改过自新，学养有了成就。伊尹又把他接回来复位，作了三篇告诫书敬告他，首先就提到，"先王顾諟天之明命"。《大学》引用原文，删减了"先王"两个字，因为重点在"顾諟天之明命"一句，"顾諟"是伊尹告诫大甲，你要追念你父亲"先王"的成功，他是随时随地在照顾起心动念的善恶，明白了天性自然道德生命的作用（原文还有因此得到天地上下神祇等的庇佑，才能平定天下，有宗教性警告的话，就不引述了）。

三是《虞书·尧典》记载帝尧"克明峻德"，说明唐尧的基本学养功夫，就是能自我"内明"，完成"内圣外王"的最高道德。

最后，曾子做了一句总结。这些古代历史上记载的经验重点，都是说明"皆自明也"。当然是从自我"诚意"下手，才能达到"内明"境界。但朱熹却把这三句带有"明德"的话，认为曾子用意应该是注解"明德"的道理，反用在这里，并不合适。自作主张改编了它，未免太过乎！他却忘了"六经皆史也"的道理。更忘了这是指历史上大人们有关"诚意"改过自新"毋自欺"的要点（诚意）（六）。

曾子在这里，不但引证历史上大人物，如卫武公、周成王、商大甲的故事，隐恶扬善，再不提起他们的往事，只说他们"诚意"改过自新，不自欺的高尚成就。而且更进一步引证上古史上革命的帝王们，如商汤、周武王功成名就之后，衷心"诚意"，不自欺的坦白反省，足为后世效法的榜样。如，"汤之《盘铭》曰：'苟日新，日日新，又日新。'《康诰》曰：'作新民'。《诗》云：'周虽旧邦，其命维新。'是故君子无所不用其极。"

在古史上，汤、武革命的故事，应该不需多说了。商汤为了夏桀的残暴不道，才不得已起兵革命，最后下放了桀，就自己建立新政，代号称"商"。但他内心"诚意"不自欺，随时告诫自己，从此要内外兼修，做到日新又新的境界。"内明"的"日新"，是要天天反省，无欲无私，达到道成德就。"外用"的"日新"，要对国家人民，使其安居乐业，胜过前朝前代。等于现代人最喜欢通行的话，要天天前进，日日进步才对。当然不是要天天穿新衣服，随时换新房子等的意思。因此，商汤把这句话，镌刻在盘子上面，以便每饭不忘，好提醒自己。古代所说的"盘"，是盛水的器具，它的造型特别是圆形浅腹、圆足、有耳，是供王公贵族饭前饭后洗手之用。文献记载，西周以后，"盘"也作为沃盥仪式中盛水之用。但朱熹注说，"盘"是沐浴用的"盘"，表示在洗澡的时候，提醒自己也要洗心；道理没错，却非"盘"的正确注解。

同样的道理，引用《诗经·大雅》中周人推许周武王的革命成功以后，赞颂文王的功德，其中提到"周虽旧邦，其命维新"。周，原来是殷商末代的诸侯小国。但因殷纣太坏了，不得不起来率领诸侯革命，结果建立了周朝，可是革命是维新的，不会像前朝的纣一样，犯大错误而误国误民。其中插进一句《康诰》，曰"作新民"。都是说，要重新做人做事，绝不像过去一样。但朱熹不管原来的用意，为了引用说明古代的圣君贤相们，"诚意"不自欺的反思。他只看到有"新"字，便正好拿来注解自己认定师说的"亲民"，应改作"新民"的佐证。如果让我们抛一句古文来说："毋乃大谬乎！"

君子为什么"无所不用其极"？

那么，曾子有关引用这三句话的结论说，"是故君子无所不用其极"，是什么意思呢？如果要翻成白话来说，就是说："所以是真君子，没有哪一样不极力随时反省，改过自新的。"换言之，曾子用这一句是说，是真君子的"诚意"不自欺，他们都会坦然忏悔，"从前种种，譬如昨日死。从后种种，譬如今日生"。但他用词很含蓄，只说，"无所不用其极"。换言之，"无所不用其极"，便是彻底的"洗心革面"，是真的"自净其意"，并没有掩饰之处。因此，才有后文提出总结"诚意"与"知止"的相关作用。（诚意）（七）

结语，为什么首先要引用《诗经·商颂·玄鸟》中的"邦畿千里，惟民所止"？这就是用来表示"外用（王）"之学，为民服务而不自欺，必须要使人民能够安居乐业，才是"无所不用其极"的真"诚意"。接着，又引用《诗经·小雅·缗蛮》篇中的"缗蛮黄鸟，止于丘隅"的画面，就此来引用孔子的话，"于止，知其所止，可以人而不如鸟乎"作注释，因为《缗蛮》诗篇中这两句话，是指在周幽王的时代，"幽王无德，政治无道，礼废恩薄，大不念小，尊不恤贱"，所以知识分子的士子们，作诗讽刺，以小黄鸟来比喻一般平民的怨叹！觉得活在乱世之中，人还不如小鸟自在。你看那个小小黄鹂，可以自由自在，站在小山丘上，休息歌唱，但我们却永远工作辛劳生活无着。因此，曾子就引用夫子的话说，做人处事，尤其是为政，随时都要自己反省，该知道止的时候，就要赶快停止下来，好让人民休养生息。不然，就会使人感觉人的生命与生活，还不如一个小鸟呢！那怎么可以啊！这正如古人生在乱世时候的两句话："宁做太平鸡犬，不作乱世人民。"是一样的道理。你们年轻不知道，可以去找距离现在四五十年前的老人谈谈，就可知道其中的艰危辛苦了！

然后，又再引用《诗经·大雅·文王篇》中，描述周文王的伟大道德，他自己忍受纣王的无道加害，遵守礼法，委曲求全，修德俟命，但使人民得到熙熙攘攘的安乐生活。如"穆穆文王，于缉熙敬止"，那才是文王"诚意""立德"的榜样。因此，就再加以说明，"诚意"与"知止"的指标是什么呢？"为人君，止于仁"。作为领导人的人君，或是公私事业的主持人——老板们，自己的"诚意"，是"知止"在仁爱一切人的目标上。"为人臣，止于敬"。作为国家政府的干部，或是公私事业的职员，自己的"诚意"是"知止"在敬守职务的公德上。"为人子，止于孝"。作为人子女的"诚意"，是"知止"在孝顺父母。"为人父，止于慈"。为人父母的"诚意"，是"知止"在仁慈教养子女。"与国人交，止于信"。说到这句，真是感慨良深。我已是垂暮之年的人，白活了七八十岁。但我可以说，亲身经历和阅世看人七八十年了。使我最悲叹的事，在这几十年来社会文明的变化中，文化教育失败，造成人和人之间的"无信"，非常严重，几乎到了人人既不信己，又不信人，一代不如一代。近年以来，已经到了"与国人交，止于防"。甚至可说，"与国人交，止于欺"的地步。这几十年，是什么文化思想？是什么文明教育的结果啊！实在值得忏悔反思啊！因此感慨，常想到元遗山的诗：

百年世事兼身事，

杯酒何人与细论。

讲到这里，对于《大学》"诚意"的自释，大概已近尾声。但最有趣的，曾子却在这里引用夫子的话："听讼，吾犹人也。必也使无讼乎！"并说"无情者，不得尽其辞，大畏民志，此谓知本"。讼，是争讼、诉讼，照现代语说，是打官司。这与"诚意"有什么关系呢？尤其孔子说，听别人打官司，原告、被告、证人、律师，都是各有各的理由。当某一边说得很有道理时，反过来，听这一边说得也很有道理。最重要的是自己要保持客观，并使大家没有纷争，都能心平气和，合理的得到解决。天下的歪理千条，正理只有一条。当是非纷纭，莫衷一是的时候，只能用快刀斩乱麻的办法。所谓"当断不断，反受其乱"，阻止那个不合情理的一边，再也不要争辩下去。总之，就超越时空的"形而上"来说，是没有绝对的是非善恶的。但在现实的人世间，你只能依照全体人们共同认定的是非善恶为标准。所谓"大畏民志"，如此而已。最后，"此谓知本"。知个什么本呢？这是指我们的意识所产生的思想形态，在我们心中脑里，随时都有矛盾乱流，形成业力。任何一个人，随时在心中脑里，有理性和情绪上的斗争，随时自己和自己在争讼、打官司。除了能"自净其意"以外，"自讼"是随生命并存，永无停止的。所以道家的庄子，也形容这种"心、意、识"自讼的状态，叫做"心兵"，就是说平常的人们，意识心中，随时都在内战。如果心兵不动，自心的天下就太平了。人们假如能够学养到自净其意，不生妄念，心兵永息，更不自讼了，那才真是"知本"。

再加牵强附会地说，曾子自己引用了上古历史故事以后，觉得对于历史上的功罪，也很难下定论。讨论下去，也没有多大意思。所以便引用孔子说过"听讼"的话，借此作为"诚意""知止"的

总结。因此，我们也不必再替曾子作辩护人，与朱熹争讼了！（诚意）（八）

"诚意"在外用上也须"知止"

大家不要忘了，上面是我们把原本《大学》一路下来的"所谓诚其意者，毋自欺也"，到再重复一句"故君子必慎其独也"一段，有关"诚意""慎独"问题，用经史合参的方法所作的说明，列别为八个"正知"。这也就是说明"大学之道"，由"知止而后有定"的七个"内明（圣）""明德"的实证学养开始，是以"知止"为基本的正知正见。到了"诚意、正心、修身"的"外用（王）"阶段，就以"诚意"为内外兼修"明德"的关键修养。但要"诚意"在"外用（王）"之学方面，也必须要切实了解"知止"的重要。所以原本《大学》说明"诚意"的总结，便又引用"知止"，重提"知止"，实在是有深意。有关"外用"之学的"诚意""知止"，孔子在《易经》乾卦的"文言"中说得最为透彻清楚。如说：

> 亢之为言也，知进而不知退。知存而不知亡。知得而不知丧。其唯圣人乎！知进退存亡而不失其正者，其唯圣人乎！

人们如果真能明白了这个道理，就可知道"大学之道"是《乾卦·文言》的"大人"之道的发挥。明白了这个原则，才懂得"外用""知止"的不易。无论古今中外，人们要想自立立人，自利利他，上至领导国家天下、服务人群，为英雄、为豪杰，从事政治、军事、外交、经济等；中至经营工商企业；或为一家一己的商贾买卖，甚至只为个人的谋生，如果不明白"进退存亡而不失其正者"的"诚意""知止"原则，只知精进发展，任意妄为，那就一定会给自己带来临去时的后悔莫及了！不过，大家放心，在一般平常的人们，虽然到了生命尽头，仍然不知"诚意""知止"的"进退存亡"之道的大有人在。所谓"至死不悔"，那是普遍的情形。

三五、修身与正心

　　所谓修身，在正其心者，身有所忿（愤）懥（怒），则不得其正。有所恐（怕）惧（吓），则不得其正。有所好乐，则不得其正。有所忧患，则不得其正。

　　心不在焉，视而不见，听而不闻，食而不知其味。此谓修身在正其心。

我们在前面所讲的"大学之道"，由"致知、物格"，直到"诚意""知止"，都属于我们生命存在的精神方面的事。用简略粗浅的习惯观念来说，都是属于心理部分的事。但人和一切生物生命的存在，是由身心两部分所组合而成的。精神和心，众生天天在用，在活动。但心不知心，心亦不见心，正如子思在《中庸》上所说："百姓日用而不知。"如果要想自己见心、知心而明心，从"大学之道"来说，必须先从"知性"开始学养，由"知止而后有定"，到达"安、静、虑、得"的境界，才能得知"明德"自性的本来。

　　但一般的人们，由生来到死去，大多数是不管"心"是什么东西，"意"是什么东西，"知性"又是什么东西。从十九世纪开始，除非他是学心理学，或是哲学，乃至学医学的精神病科等学科的人，都是从唯物哲学的科学出发，才能对这些问题构成它为新兴科学分门别类的一套学识。我们在这里，没有时间另作比较性的介绍。

人身难得要珍惜

　　人们对生存的生命，所注重的现实人生，平常普遍都是以有

"身"的存在，就是生命，就是人生。其实，"身"是生命中机械性的机器，是在现实中所表达的每一个人"自我"存在的作用。它是属于自然物理的、生理物质的现实。是偶然的、暂时的，受时间空间所限制的实用品。如果从"形而上"的心性精神观点来讲，此"身"，不过是我们现在生命之所属，只有暂时一生的使用权，并无永恒占有的所有权。"身"非我，真正生命的我，并非就是此"身"。

我们为了暂有此"身"，假定以中间六十年做指标来讲，每天为了他要休息，占去一半时间都在昏睡中，已经除了一半，只有三十年。一日三餐，所谓"吃喝拉撒睡"五件要事，又减去了三分之一。如果像现在政界官场、工商业家们的习惯，一日有两餐应酬，至少每餐要浪费了两三个钟点，加上夜晚的跳舞歌唱等，不知道他们有多少时间办公？多少时间读书？看来，真为大家惋惜心疼。但是人们都说这样才叫做人生啊！我复何言！我们这样说，不是对人生的悲观，这是为了我们幸得而有此生，幸得而有此身，所谓佛说"人身难得"，应当加以珍惜自爱这个难得宝贵的生命。

但话又说回来，我们的一生，单单为了此身的存在，为了他的需要所产生的衣、食、住、行，就忙得够呛，自身忙得不得了，难有太多的时间为别人。因此，了解到做父母的、做社会服务的人，个个都是天生圣人，都是仁者。其实，每一个人活在人世间，几乎没有一个不是损人利己的；同时，也可以说，没有一个不是损己利人的。因为人是需要互助的，人是彼此需要互相依存的。人不像别的生物一样，所以构成人群的文化，形成了社会。

然而，此身的存在，为了生活，已够麻烦，如果再加病痛和意外的灾害，那可麻烦更大了。因此，道家的老祖宗老子便说："吾所以有大患者，为吾有身。及吾无身，吾有何患。"但是，另由道家分家出来的神仙丹道们，却要拼命修身养性，以求此身的长生不老（死），忙上加忙得不亦乐乎！真的长生不死的人没有看见，但他们有此永远的希望，因而洁身自爱，看来比吃、喝、玩、乐过一生的，也就各有妙趣不同了。另有从痛苦生活中经历过来的人说："百年三万六千日，不在愁中即病中。"乍看虽然消极，事实上，大多数的人们，都有这样的境遇，所谓儒家"仁政"之道"平天下"者，又将如何平之呢？

我们因为研究"大学之道"，恰好讲到人我的"身心"问题，所以才引发有关"身见"的话题。曾子在原文中，并没有像佛、道两家一样，特别说明解脱"身见"的重要。你只要仔细读了这一段原文，他也是极其注意"心"的作用为主体，"身"只是"心"的附庸而已。所以最后特别说明一句"此谓修身在正其心"。并不像一般佛、道两家的支流分派，专门注重修炼"身"的生理气脉，便自以为是修道的真谛了。

不过，话又得说回来，"身"固然是"心"的附庸，可是在现实存在的生命作用上，人们一切思想行为表现在"外用"方面，完全是因为有身，才能造成这个人世间芸芸众生的种种现象。所以在《大学》有关"内明（圣）""外用（王）"的八纲目中，特别列出"修身"这项要点。但在"修身"的要点中，他所提的，只是身心有关的"忿懥、恐惧、好乐、忧患"四个现象，并没有说到气脉、五脏六腑，以及现代所说的神经肌肉等问题，这又是什么道理呢？

答：儒家孔门的学问，最主要的中心，是注重"人道"的行为科学。不像古代医学所讲的养生，专在生理变化上讲到和心理相关的作用。如果要了解这方面的问题，应该多读黄帝《内经·素问》部分的学识，配合现代医学、卫生等科学来做研究说明。我们不必牵涉太广，反而变成泛滥无归，离题太远了。

在《大学》这里所提的"忿懥、恐惧、好乐、忧患"四个现象，其实，就是子思在《中庸》上所说的"喜、怒、哀、乐"四个情绪。再从上推寻，都是浓缩《礼记》中所述传统文化中的"七情"的要点，只是曾子把情绪所发生的现象作用，较为明白地分析描述。子思是照传统所归纳的原则，提出大纲，如此而已。如果从大体来说，这四个甚至七个情绪现象，每一个人在幼小时期开始，已经发生因子的阴影，做父母、师长的人，只要注意留心幼童的性向，已经可以看到他的一生。正如俗话说的"从小看到老"，尤其在生理健康状况，以及面貌表情上，几乎是无法掩盖隐瞒的。

所以教育文化的目的，就是要改变人的缺陷，使一切圆满没有遗憾。可惜的是，世间做父母、师长的，真能"诚心"知道的，"诚心"牺牲自我为社会造成一个"真人"的并不太多。普遍只想望子成龙、望女成凤，出人头地就好了。只想把自己一生遗憾做不到的希望，要求孩子去完成，真是大错特错。因此，古人所谓"经师易得"（教授各门学识的老师叫经师），"人师难求"（如孔子、孟子、颜回、曾子等，便是人师，甚至还兼经师）。后世的《三字经》也说："养不教，父（母）之过。教不严，师之惰。"也有这个意思。

"心"能转"身"的道理

我们现在不妨略知皮毛地说一点养生学的理论，如说，愤怒伤肝，恐惧伤肾，好乐伤心，忧患伤肺。换言之，容易发怒、容易发脾气或脾气不好的人，便是肝气不平和的现象。容易骇怕，俗话所说胆小怕事的人，便是肾气（与脑有关）不平和。嗜好过分，特别如饮食、男女方面过分，可使心脏有问题。多愁善感，或遇家庭问题，其他等等事故，心多忧患，便由肺气不平和开始，影响内脏健康。总之，七情六欲与生理健康关系非常大，错综复杂，一言难尽。中国古代医学，所讲的"五劳七伤"，便是这些原因。但是知道了，也不必怕，只要明白了"诚意""正心"，明白了"心能转物""心能转身"，一切可以从"唯心"的力量自能转变。当然，这就是"大学之道"大人之学的学问所在了。

通常每一个人，由面目的表情、态度、动作和言语表达等综合起来，才构成为一个人的行为。所有这些行为，是由整个人体的

"身"在运作。但在每一个人的行为动作中，都是充分含有"喜、怒、哀、乐"，"忿懥、恐惧、好乐、忧患"的成分。无论是婴儿、老人，或是聋盲喑哑残障的人，都是一样，并不因为肢体的缺陷就缺少七情六欲的成分。因此，平常要了解一个人，认识一个人，观察一个人，都是看到这个人就知道了他是爱笑的人，或是容易发脾气的人，或是非常保守内向的人，或是很有浪漫气息的人，或是很狂妄傲慢的人等等类型。其实，所谓这个人，是人们习惯性"逻辑"上的普遍"通称"。严格地说，这许许多多不同类型的人，是从他有每一个单独不同的"身体"所表达出来的形相不同。人们因为使用名词成为惯性，便就统统叫他是每一个"人"的不同，不叫他是每一个"身"的不同。

我们明白了这个"逻辑"道理，再来看《大学》，对于一个人的"身心"，就用很严谨的界别，述说有关喜、怒、哀、乐等情绪的重点，是属于"身"的一边，尤其容易见之于形态表达的作用上。要想修整改正这些生来的习性，所谓从事"修身"之学，便要从"心"的方面入手。

但现在问题来了，"心"是什么？什么是"心"？"心"在哪里？怎样才是"心在"？怎样才是"正心"？这里可有一连串的问题，留待后面再说。诚如曾子所说："心不在焉，视而不见，听而不闻，食而不知其味。"这当然是毫无疑问的事实。譬如那些古代言情小说所写的，"茶里饭里都是他"。一看，就知道他心里在想念着一个人，对茶饭无心欣赏，也不知道滋味了，并不是说茶里饭里有个心。同样的道理，当一个人，在极度愤怒、极度恐怖、极度爱好、极度忧患的时候，也是茶里饭里都是他。也是"视而不见，听而不闻，食而不知其味"的。因此，在曾子之后的孟子也说，"学问之道无他，求其放心而已矣"。孟子是说每个人，平常都生活在散乱或昏迷的现状中，此心犹如鸡飞狗跳，并不安静在本位上，所以只要能收得放肆在外的狂"心"，归到本位，就是真正学问修养的道理了。

曾子与子思都是传承夫子道统心法的弟子，也可以说，是孔门儒家之学的继承者。《大学》与《中庸》，都是专为弘扬孔子"祖述尧舜"的传心法要，当然就形成它另有一种严谨肃穆的风范。后世的人读了它，都非常敬仰，但实在也有"敬而远之"的味道。因为这些精义，稍加深入，就有如宗教家的戒律，使人有可望而不可即的迟疑却步之感。其实，心性之学，确是中国周、秦以前文化的精髓。在那个时期，世界上，除了希腊文化中的哲学部分，略有近似以外，只有印度文化中的佛学，才对心性之学，有它专门独到的长处。不过，在曾子、子思的时代，佛学并没有传入中国，所以不可以同日而语。但在春秋的初期，中国文化学术儒、道、墨等分家的学说还未萌芽，就有早于孔子而生的管仲，对于心性之学，也已有湛深的造诣，只是后世的人们，把他忘掉，归到"政治家"里去了。因此，他在政治领导的方向上，能够为中国的历史政制，奠定了良好的基础，永为后代的典范，并非是偶然的事。

管子有关身心的学说

我经常对西方的学者朋友们说，中国文化，自古以来，并不像西洋文化那样，是把哲学、史学、文学、诗人、政治家，加以分隔的。十八、十九世纪以前的中国，素来是文哲不分、文史不分、文政不分，是混为一体的文化学问。过去了不起的政治家，也就是哲学家、史学家、诗人、学者。如果你要研究中国的哲学，不会中国的文学、诗词、歌曲，不懂"二十六史"，就很难说是真能通达博雅了。例如管子，他的中心学术思想，是在他所著书中的《心术》上下、《白心》这三篇，最为重要。现在为了大家多加了解，就其《心术》上下篇各摘录一则有关"身心"的学说。

心之在体，君之位也。九窍（两眼睛、两耳朵、两鼻

孔、一嘴、大小便处）之有职官之分也。心处其道，九窍
循理。嗜欲充益（人被嗜好、欲望塞满了），目不见色，耳
不闻声（相同于视而不见，听而不闻），故曰：上离其道，
下失其事（譬如政治体制的失控）。毋代马走，使尽其力。
毋代鸟飞，使毕其羽翼。毋先物动，以观其则。动则失位，
静乃自得。道不远而难极也。与人并处而难得也（人的身
心，本来就有道，只是自己找不到它）。虚其欲，神将入舍
（只要自己去掉了妄想欲望，空灵的元神，就会回到你的家
里——身内）。扫除不洁，神乃留处。人皆欲智而莫索所以
智乎！智乎！智乎！投之海外无自夺。求之者不得处之者。
夫正人，无求之也，故能虚无。虚无无形，谓之道。化育
万物，谓之德。君臣父子，人间之事，谓之义。登降揖攘，
贵贱有等，亲疏之体，谓之礼。简物小，未一道，杀戮禁
诛，谓之法。

形不正者，德不来。中不精者，心不治。正形饰德，
万物毕得。翼然自来神，莫知其极。昭知天下，通于四极。
是故曰：无以物乱官，毋以官乱心，此之谓内德。是故意
气定，然后反正。气者，身之充也。行者，正之义也。充
不美，则心不得。行不正，则民不服。是故圣人，若天然，
无私覆也。若地然，无私载也。私者，乱天下者也。

当然，我无法在这里再多加引述，只是大略提到管仲的有关
"心性之学"的学问，作为对曾子所说"心正而后身修""修身在正
其心"的参考。我觉得，一般人只知管子在历史上的事功，却忽略
了他的学问和文章，是很可惜的。

庄子特别为残障者加油！

总之，"修身"的重点在于"正心"，并不是修饰外形。同样的

道理，庄子在《德充符》上，讲了五个身体残障而有道的高人，其中特别提到一位和孔子幽默的对话说，鲁国有一位残障的人，因为少了足趾，因此便叫他"叔山无趾"。他来见孔子，孔子就说："你以前为什么那么不自爱，搞成这个样子，现在还有什么办法呢！"无趾便说："吾惟不知务（我以前因为不懂事），轻用吾身（不爱惜我的身体），吾是以亡足（因此损害了我的足）。今吾来也，犹有尊足者存（我现在来见你，因为我还有那个比足更尊贵的存在），吾是以务全之也（我所以必须要好好保全它）。夫天无不覆，地无不载，吾以夫子为天地，安知夫子之犹若是也（我原以为你夫子像天地一样的伟大，哪里知道你也只是重视外形的人）。"

孔子听了，会有什么反应呢?《庄子》这样记载：

孔子曰："丘则陋矣（啊！对不起，失礼了，我今天太卑鄙了）！夫子胡不入乎，请讲以所闻（无趾先生，请你进来，对我讲解你所了解的道）。"无趾出。孔子曰："弟子勉之！夫无趾，兀者也（断了足的人），犹务学以复补前行之恶，而况全德之人乎！"

同时，庄子又讲了一位外形生得非常特异的人，名叫"闉趾支离无脤"，驼背，足跟不着地，整个身体扭曲，又没有嘴唇。卫国的诸侯卫灵公见了他，和他一谈，非常佩服他，又很喜欢他。卫灵公认为他是一个极其完美的"全人"。

因此，庄子说：

有人之形（有些人，只有人的外貌形象），无人之情（并无人的内情）。有人之形，故群于人（因为他的外形，的确是个人，所以他生活在人群里）。无人之情，故是非不得于其身（因为他不近人情，所以对他，没有什么是非善恶可说了）。眇乎小哉！所以属于人也（所以属于一个人的外形生命，是太渺小了）！謷乎大哉！独成其天（最伟大了不起的，是生命中的天性啊）！

再说，大家一定都看过那些佛教大寺里的罗汉堂。五百罗汉，大多是形貌古怪的角色，而且有的东歪西倒，并不像大殿上代表"全人"丰姿的佛、菩萨，那么庄严美妙。可是那些罗汉，也都是得了道的大圣人。

孟子也说过：

> 人之有德、慧、术、知者，恒存乎疢疾（有内在隐痛，或另有心病，或与生俱来内有暗病的人）。独孤臣孽子，其操心也危，其虑患也深，故达。

愈是受过患难曲折、生活在艰难困苦中的人，愈能反思立志，完成了伟大的学问、技能和道德的修养。

中印贤圣皆以无为法而有差别

所以说，修身在正其心，道在心，不在外形，都是同一意义。但"心"在哪里？"心"是什么？什么是"心"？怎样才是"心在"？怎样才是"正心"？这就要回到前面提过的问题上来了！曾子只说"心不在焉，视而不见，听而不闻，食而不知其味，此谓修身在正其心"。反过来说，视而见的是"心"在见，听而闻的是"心"在闻，食而知味的也是"心"在知味。如果一个人，在同一分秒的时间以内，看见了一件很可笑的东西，又听到了有人笑得像哭的声音，嘴里还正在吃得津津有味，又碰到牙齿咬破了舌头。这时"心"在哪一个作用上面？当然，也可以说，当下能看、能听、能知味、又能知痛痒的，同时都是"心"的作用。

但照现代科学来说，这些作用，都是脑的反应，并没有另外一个"心"的存在。但是，近来医学上对脑的研究，并不是绝对可以肯定地说，除脑以外便没有"心"了。不过，我们现在不能跟着医学的科学来讨论"心"和"脑"的辨别，不然，会愈说愈加繁复。我们只能照固有的传统文化来讲，如上面所说，同时能起"见、闻、觉（感觉）、知"作用的，还正是意识的范围，意识与脑的作用，几乎是连在一起的。至于传统文化中所说的"心"，是包括整个人体的头脑、四肢、百骸、腑脏；甚至所有全体的细胞，乃至现有生命活力所波及的反射作用；以及它能起思维、想念和意识所反应的"见、闻、觉、知"等功用，都是一"心"的"能知""所知"的作用。它既不是纯生理的，又不是纯精神的。而生理的、精神的，又都属于"心"的范畴。所以便可知道传统文化中的"心"是一个代号，是一个代名词。如果把它认定是说心脏的"心"，或是脑的反应，那就完全不对了。换言之，"心"是生理、精神合一的代号。既不是如西方哲学所说的"唯心"，也不是"唯物"，它是"心物一元"的名称而已。

关于这个问题，在中国文化中的哲学史上，由周、秦前后开始，到了战国时期，大如儒、墨、道三家，细分如诸子百家，各有主旨界说的异同。再经魏、晋、南北朝，到隋、唐之际，几乎一千年左右，论说争辩，也是各主所见，互有短长。直到中国的禅宗兴起，蜕变了宗教与学术的外衣，就以中国的民间的土语方言，表达了至高无上的"形而上"与"形而下"整体的奥义，才比较说得最为明显。例如盛唐之际的禅宗大师们就说："心即是佛，即佛即心。"又说："不是心，不是佛，不是物。"或说："本来无物亦无心。说一个佛，说一个道，已是十万八千里了。"尤其如初唐时期禅宗六祖慧能大师的著名偈语所说：

菩提本无树，明镜亦非台。

本来无一物，何处惹尘埃。

这是为各家所公认推崇的明心、悟道之作。但是，六祖的师兄神秀禅师的偈子：

身是菩提树，心是明镜台。

时时勤拂拭，莫使惹尘埃。

他所指渐修境界的叙述，便为南宋理学家，如程颐兄弟、朱熹等所因袭，作为"治心"之学的标本，提倡以孔、孟儒学"主敬""存诚"的修养方法。例如朱熹影射他自己学问修养的名作：

> 半亩方塘一鉴开，天光云影共徘徊。
>
> 问渠那得清如许，为有源头活水来。

> 昨夜江边春水生，艨艟巨舰一毛轻。
>
> 向来枉费推移力，此日中流自在行。

从他这两首七绝的诗，不能不说他对于"诚意""正心"之学，确有相当的心得与成就，可惜的，他还是不明白所谓"向上一著"的究竟。

我们了解了这些传统文化中"心法"的道理以后，便可知道《大学》所说的"正心"与"心"在哪里，是与它开始所说"在明明德"；以及"知止而后有定，定而后能静，静而后能安，安而后能虑，虑而后能得"；"致知在格物，物格而后知至"；"诚意、正心"；都是首尾兼顾，始终一贯的学问与修养，并非在此"心"之外，另有一个什么"明德"的存在。

讲到这里，我们又不得不借重佛学来做说明，因为专门深入研究"心性"之学，以及"心物一元"的学问，到现在为止，实在没有哪一种学说理论，更比佛学高明。佛学是以"三界唯心，万法唯识"为主旨。所谓"三界"，是指这个宇宙之间的生命，统以爱欲、淫欲为生命来源的作用，叫做"欲界"。它是包括物质、物理的世界的一切生命在内。超过欲界以上的，是"色界"，以光色为主体的生命世界。超过色界以上的，便是"无色界"，我们暂时只能理解它是"空界"，或可说是超越时空的一种现象。"万法"是指宇宙间的一切有形的事物，以及一切无形的理念和精神。佛学说所有"三界""万法"，都是"一心"的功能所变现。至于从人道立场开始，包括物理世界和精神世界的"唯心""唯识"作用来说，又分析归纳，列为八个"识"的界别。先从人体来说，眼、耳、鼻、舌、身，各有它个别的五个"识别"作用。普通叫做"前五识"。它们都通过第六意识的分别思量等作用，而纳入归藏到以坚执"人我"为主导的意根，作为形成个别生命的一种功能，以梵文命名它为第七"末那识"。这样由个别"人我"来分析说明它的现象，由前面七个识，到最后都是从一个"能藏、所藏、执藏"的作用，与精神、物理、物质相汇合的功能，以梵文命名它叫第八"阿赖耶识"，翻译成中文，便名"藏识"。而这八个"识"的中坚主导，仍然是以第六意为最重要。不过，"八识"统属"心王"，所以又简称为"心、意、识"。总之，最后仍然以"心"为主。

由此了解，你再回转来看曾子著《大学》的时候，佛学根本没有进入中国，而且这样条分缕析的"唯识""法相"学，在当时的印度佛学界，也未开始大流行。但"大学之道"，却从"明德"开端，中间也特别强调"致知格物"到"诚意、正心、修身"，如此等等，种种迹象，何期不谋而合，有这样相似呢？这就是说明，东方西方，前古后古，无论是讲唯心或唯物的道理，总之，真理只有一个，只是表达的说法，各有不同而已。所以佛说："一切贤圣，皆以无为法而有差别。"也就是说明真理是说一不二的道理。

修身的重点在正其心

那么，我们再回转到"大学之道"的本题来说，为什么说"修身在正其心"呢？事实上，我们身体歪了，"心"想要它正起来，你心尽管想正，它就老不会正，这又是怎么说呢？大家不要搞错了《大学》所谓"修身"的道理，一是说由身体内在所表达在外形行为的态色；二是说由身体内在生理习性所发生的"忿懥（轻易发脾气）、恐惧（随时怕事）、好乐（容易动容）、忧患（悲观多虑）"等，和"喜、怒、哀、乐"的情绪，需要修整的学问。并非是指如整骨、整形、美容医师们的治疗手术的学识。如果我们引用老子的话来作对比的说明，就更明白了。老子说："故贵以身为天下，若可寄天下。爱以身为天下，若可托天下。"又说："后其身而身先，外其身而身存。"至于大乘佛学，为了慈悲济世而救度众生，所谓真的菩萨们，是可施舍本身的头目脑髓。那都是超越世情的常道，并非人道中的平常人所能够做到的。

但是，你如要钻牛角尖，一定要向生命的身体上讲求"修身"与"正心"的关系。那是纯生理、纯医理等的学问，是属于唯物哲学和科学的一边。它和唯心哲学的一边，都是同等的深奥，都不是普通常识所可思议的。例如我们自古以来，传统文化中的道家医学，甚至道家学派支流的神仙丹法，以及从印度后期佛学流入中国，如西藏密宗的修行路数，都如一般人所固执的"身见"一样，要想从现有的肉体生命上追求，愿意自找麻烦地钻出一个成果来。可是它所包括的学理，更是千丝万缕，非常复杂。并非如一般人盲修瞎炼，随随便便"内炼一口气，外炼筋骨皮"就可以一蹴而就的。

至于后世一般人，为了希望长生不老，借重佛、道两家，乃至神仙、密宗等名目，执著人身的"身见"，拼命作炼气修身的功夫，那就先要深入佛学对于人道生命的生来死去的学识，如《入胎经》"十二因缘"的"中有"理念等，有了透彻的了解。然后对《素问》《灵枢》阴阳大道的学理，以及人身"十二经脉""奇经八脉"和几百个穴位，先有了医学上的基础。再对印度瑜伽术所说的"军荼利"（中文翻译如"灵能""灵力""拙火"乃至"三昧真火"等等，都是人身生命功能的代号），以及和它相关的人体生理七万二千脉、一万三千神经、四千四百四十八种病情，都须有所实修实验的学习，然后才可以讲究修身炼气之道。但是，最基本的，也是最重要的，须知"所"修者是"身"，"能"修者是"心"。最后还是要归到《大学》所说的一句名言："此谓修身在正其心。"

三六、中国文化传统的"家"

> 所谓齐其家在修其身者：人之其所亲爱而辟焉，之其所贱恶而辟焉，之其所畏敬而辟焉，之其所哀矜而辟焉，之其所敖惰而辟焉。

> 故好而知其恶，恶而知其美者，天下鲜矣。故谚有之曰："人莫知其子之恶。莫知其苗之硕。"此谓身不修，不可以齐其家。

我们这次研究讲说《大学》，大体上，是把它的内容，划为"内明（圣）"与"外用（王）"两大项目。由"大学之道，在明明德""知止而后有定"开始，直到"致知格物""诚意、正心"，属于"内明"的学问修养为主。从"正心"与"修身"来讲，已属于内外兼修的范围。但到了"齐其家在修其身"的阶段，直到"治国、平天下"，可以说，是属于纯粹"外用"之学了。但是，所谓"外用"之学，也可以说，就是行为学，或行为心理学；伦理学，或政治伦理学；管理学，或管理领导学。总之，如照现代人的巧立名目的习惯，若略有所知，就可夸大其词地戴上高帽，爱叫它什么学都可以。但不要忘了，它本身早已有了一个最好的名称《大学》。

祠堂曾是社会安定的基石

现在要讲"修身"与"齐家"之道了。我曾经多次提醒大家注意，中国传统文化中的"齐家"，并非是西方文化形式的小家庭的家。也不是二十世纪后期中国新式的家。古代传统文化的家，其主要是指"宗法社会"和"封建制度"相结合的"大家庭""大家族"的家。它本身就是"社会"，所以过去中国文化中，再没有什么另一个"社会"名称的产生。如果从"大家族"的"社会"，与另一个家族，或其他许多家族的土地连接起来，就是另一个团聚的名称，叫做"国"了。因此，由上古以来到后世，便正式成为"国家"名称出现了。

古代所谓的家，是由"高、曾、祖、考、子孙"五代一堂、贯穿上下的家。但这还是偏向于以男子社会为中心的家。如果再加上由女子外嫁以后，所谓姑表姨亲等，亲戚关联的家族相连接，构成一幅方圆图案的家族社会，再加上时代的累积，那么，岂止是五百年前是一家，几乎整个中国，本来就是一家人，这是一点儿都不错的。所以从中国上古的"武学"与军事发展来讲，古代俗话所说的"上阵需要亲兄弟，打仗全靠子弟兵"。这种观念，也都从"宗法社会"的"家族"传统文化所形成。例如民间小说，或旧式戏剧中所推崇的"杨家将""岳家军"等，也都是由这种"家族"观念所产生的荣誉。如果随随便便，说它是落伍的陈旧"封建"意识，应该打倒，才能使社会有新的进步，似乎未必尽然，还值得精细研究，再作定论。

"大家族"的"家族"观念，在中国文化中植根深厚，它影响了东方的亚洲，如朝鲜、日本，乃至东南亚各地。它也是民族主义和民族共和思想的根源。尤其在中国，直到现在，如果深入研究各个地方的"祠堂"和"族谱"，那种"慎终追远"的精神，以及旧式"祠堂"家族的"家规"，你就可以了解为什么古代政治制度，从政的官员那么少，社会治安、保安人员等于零，它用什么方法、什么体制，能够管理好那么一个偌大的中国。

我们现在再重举一个三百多年前的例子来说，当明末清初时期，满族在东北，一个寡妇孤儿率领十来万满、蒙军队，其中包括少数的汉军，就能轻轻易易地统治中国四万万的人口。他们靠的是什么，并非全靠杀戮，也不是全靠严刑峻法。他们是真正了解文化统治的重要。由康熙开始，他已经深深知道儒家学说的"齐家、治国"的重心。因此，他颁发"圣谕"，要乡村民间知识分子的读书人、秀才们，每一个月的初一、十五，在乡村的祠堂里，讲解"圣谕"，极力推行提倡儒家的孝道，以及把儒学作为戒条式的律令。后来到了雍正手里，又重新扩充了康熙的"圣谕"，成为《圣谕广训》。他们了解"社会教育"的重心，是在形成整个社会的一种循规蹈矩的道德风气，而达到一种不言之教，不令而威的效用。

你们后生年轻人不会知道，我是从小亲眼看见过在偏僻的农村里，一个子弟、一个青年有了不规矩的行为，偷了别人家一只鸡，或有了男女之间的奸情，告到族长那里，如果情节重大，大家要求族长打开祠堂门，当着列祖列宗的牌位，来评理处置，那就非常严重了。这个子弟如不逃走，也许会被"家法"（祖宗前面的红黑棍子）打死，至少是当众出丑，永远没脸见人。

后来在抗战时期（一九三七年），我到四川，有一位青年朋友，他是四川彭县人，跟我一起做事久了，他常常苦苦要求我，为他报仇。你说，他要报什么仇？他要杀人放火，烧掉了他家乡别家的"祠堂"，要杀掉那一姓的"族长"及有关人士。为了什么呢？因为他与这家的小女私相恋爱，被他们发现了，认为太不要脸，太丢家族的面子了，要把他两人抓住活活打死。结果，男的逃掉了，后来就是我的朋友。女的被抓住了，由"族长"当众决定，把她活埋了。因此，他日夜要想报仇杀人。后来，我总算用别的方法，化解他的仇恨，使他另外安心成家立业。当然，这些例子不多，但由家族制度所发生的流弊也不少。你们都也看过很多现代文学大师们的社会小说，也就约略可知旧式"家庭"和"大家族"阴暗面的可厌可恶之处，必须加以改革，但这也是"法久弊深"的必然性，并非全面，也不可"以偏概全"，便认为是毫无价值的事。

"大家族"的宗祠，它不是一种法定的组织，它是自然人血缘关系的"标记"，是"宗法社会"精神的象征，是"宗族"自治民主的意识。有的比较富有，或者宗族中出过有功名、有官职的人，也有购置"学田""义田"，把每年的收入，作为本族（本家）清寒子弟肯读书、肯上进的补助。祠堂里，必要时也会让赤贫的鳏、寡、孤、独的宗亲来住。当然，族里如果出了一个坏族长，也会有贪污、渎职、侵占的事。天下任何事情，有好处就有坏处，不能只从单一方面来看整体。

"社会福利"工作由来已久

从社会学的立场来讲，几千年来的中国文化，似乎缺乏人群"社会"团体这一门的思想学术，甚至孔、孟儒家的学说，如《大学》《中庸》，就根本没有提到"社会"的观念，更不会有什么"社会福利"思想。当年，我在听"社会福利"这一门课，刚由美国输入中国，非常新颖时髦。我一边听课学习，一边就提出不同意见。我说，在传统的中国文化中，有关"社会福利"问题，从我自幼接受的传统教育开始，早已深深种下这一门课的种子。大体来说，如恤老怜贫、敬老尊贤、存孤敬寡等等，都是幼少教育的重点。而且在儒、释、道三家的学说中，以及诸子百家，统统有从"社会福利"出发的理论和名言。只是大家不懂中国"社会学"历史的发展，没有像西方二十世纪以来的文化，由资本主义的经验，转变成为新时代劳工福利，推广到所有"社会福利"的实验方法而已。我只听了几堂课以后，那位在美国留学回来的博士教授，就约我畅谈中国历史上有关"社会学"的知识。后来干脆请我演讲"中国特殊社会史的演变"的专题。"特殊社会"是我当时新创的名词，因为从战国时期的墨子开始，几千年来，都存在这种"社会"。即使如西洋各国也同样存在。渐渐演变，就成为近代史上的"帮会"了。但到底我是在求新知，不是来卖旧货。讲了几次，听的人热烈欢迎。我就见好便收，干脆不去上课，自己看书研究，免得浪费时间，去听几十个小时的课，那我可读多少的书啊！

讲到这里，除了"宗法社会""大家庭"的精神遗风，演变成"宗族"的宗祠（祠堂）之外，由南北朝、唐、宋以后，中国社会佛、道两家的寺、院、庵、堂、道观等等，都是有形无形兼带着在做"社会福利"的工作。韩愈当时反对迎佛骨，接着，便写了《原道》等大文章，反对佛、老，更反对一般人去出家做和尚、做道士，认为是不事生产的、"无父无君"的不忠不孝。这个观点，从政治文化的立场来说，一点没有错。但从整个"社会"的观点来说，也未必尽然。过去帝王封建时代的中国，并没有专管"社会福利"的机构，如果没有这些寺、院、庵、堂、道观来收容那些鳏、寡、孤、独的人，试问，皇帝们、大臣们，包括韩愈老夫子，谁又来照顾他们呢？所以韩愈的侄子，出家学道成仙的韩湘子，也只好做两句诗来启发他老人家，"云横秦岭家何在？雪拥蓝关马不前"了。社会上的人，到了某一环境，的确都有"家何在"的情况啊！

从"张公百忍"的故事说起

在中国，"宗法社会"和"家族"所形成"大家庭"的观念，有四五千年前的传统，在唐、宋时期，最为鼎盛。最有名，也最有代表性的历史故事，就在唐高宗李治时代。公元六六○年后，高宗到山东泰山去，听说有一位九代同居的老人，名叫张公艺，便很好奇顺道去他家里看看，问他是用什么方法，能够做到九代同居而相安无事？这位张公艺请求皇帝，给他纸笔，要写给他看。结果，他接连写了一百个"忍"字。高宗看了很高兴，就赏赐他许多缣帛。后来就成为历史故事的"张公百忍"。不知道当时的张公艺是有意对高宗的启示，或是对高宗的警告。无论怎么说，他却无意中帮了武则天。同时，也确实是他由衷的心得，说明做一个"大家庭"的家长，等于是担任一个政府机构、大公司的主管，也犹如一国家的领导人，自己要具备有多大的忍耐，莫大的包容，才能做到"九代同居"而相安无事。

大家要明白，我们的中国由上古开始地大人稀，而且历来的经济生产全靠农业为主，土地与人口就是生产经济、积累财富的主要来源。在周、秦时期，封建诸侯的政治体制上，也多是重视人口。秦、汉以后，封侯拜相乃至分封宗室功臣，也都以采地及户口为受益的标准。所谓"万户侯"等的封号，都是对文臣武将等最有诱惑力的，也是最想得到的大买卖。因此，人人都以多子多孙是人生最大的福分。当然，户口人丁的众多，是生产力和财富的原动力，不免形成大地主剥削劳动人民，压迫小民的现象。但并不像当时西方的奴隶制度，其中大有差别，不可混为一谈。我不是赞赏那种传统的习俗，只是在历史学术上的研究，是非同异必须说清楚，提醒大家在做学问、求知识方面的注意而已。

同时，说明由于"宗法社会""家族"的传统，方形成后世"大家庭""大家族"的民情风俗。他所贵重多子多孙的结果。人们要想教育管理好这样的一个"大家庭"，比起管理一个社会团体，一个庞大的工商业集团，甚至比起一个国家的政府（朝廷），乃至现代化的政党，还要困难复杂得多。因为治理国家、政党，管理社团，从表面大体上来说，他只需要依法办事，依理处事，"虽不中，亦不远矣"。至于公平、公正、齐治一个"大家庭"或"大家族"，他的重点，在一个"情"，所谓骨肉至亲之情上面，不能完全"用法"，有时也不能完全"论理"，假定本身修养不健全，以至家破人亡骨肉离散，也是很平常容易的事。

举例来说，在过去的社会里，一对夫妻，生了三个儿子、两个女儿，几乎屡见不鲜，是很平常的事。甚至愈是偏僻的农村，穷乡僻壤的贫苦人家，愈是生一大群子女，比富有人家、城市人家，更会生产人丁。其中原因，并不只是饮食卫生等问题，包括很多内容，一时不及细说。但古代的传统，除了原配的夫妻以外，还准许有三妻四妾等习俗，所以稍稍富裕的家庭，以儿女成行来计算，还不只三个五个，或十个八个来算人口的。如果只以一夫一妻来说，他们生了五个儿子，讨了五个来自各个教养环境不同的媳妇，在兄弟媳妇之间，互相称做"妯娌"。每个媳妇的个性脾气、心胸宽窄、慷慨悭吝、多嘴少话，个个自有各自的不同。五个儿子之间，也并不是由父母遗传的生性一模一样。假如和父母一样，就叫"肖子"，肖是完全相像的意思；和父母不一样，叫"不肖"，人不一定都是"肖子"。所谓"一娘生九子，九子各不同"，也就是说和社会上的人群一样，智、贤、愚不同，良莠不齐。再配上五个不同的"妯娌"，单从饮食衣着上的分配，日用品生活的分配，甚至彼此之间对待上下的态度等等，在任何一件小事上，就有随时随地的是非口舌。如果发生在外面社会上的人群，还可忍让不理，躲开了事。这是昼夜生活在一个屋檐底下的人家，你向哪里去躲。倘使加上还有三个、五个姊妹还未出嫁，日夜蹲在家中的大姑、二姑、小姑等等，不是父母前的宠女，至少也是娇女，对"妯娌"兄嫂、弟媳之间，对哥哥弟弟之间的好恶、喜怒、是非，乃至为了一点鸡毛蒜皮的事，可以闹翻了天。还有能干泼辣的姑娘，虽然嫁出去了，碰到婆家是有权有势的家庭，或是贫寒守寡无所依靠的家庭，也可能回到娘家干涉家务，或是请求救济。总之，说不尽的麻烦，讲不完的苦恼，比起政府官场中主管老百姓的官，或是当管理国家天下的皇帝，看来，还要难上百倍。因为做领导人的糊涂皇帝，或做管理百姓的糊涂官，只要"哼""哈"两声，就可以决定一切了。可是"齐家"内政之道，不是"哼""哈"二将就可了事的。"哼""哈"二将，只能在佛教寺院门外守山门，不能深入内院去的。

我们这样还只说了父母子女的两代。如果五个儿子媳妇，各自再生三五个儿女，那么，一家二十口或三四十口，还不算相帮的僮仆婢女，以及临时外雇，乃至佃户等相关的人丁在内。再过一二十年，第三代的孙子，又结婚，又生儿女，那么，这个所谓兴旺的人家，在四五十年之间，已是"百口之家"了。因为过去的社会，通常是早婚的，不比现在。你们需要了解，从孔子到曾子、子思、孟子的时代，甚至后世如我所讲这种情状的家庭，尤其是"皇室"或"诸侯"王家，所谓数百口之家，那是通常的事不算稀奇。

可是，在我们的历史上，所谓"五世同居"的"大家庭"，历代都有，如在宋真宗赵恒的大中祥符元年（一〇〇八年），"醴陵丁隽，兄弟十七人，义聚三百口，五世同居，家无间言"。尤其是最后一句的记载，实在使人不敢想象的敬佩。所谓"家无间言"，是说全家三百多人，并没有一点不和睦、不满意而吵闹起来。因此便可知道"齐家"之道，是"齐"这样的家，不是如现代，乃至西式的小两口子，把两个铺盖，拼成一张大床，或两张小床的家。即使是对小两口子的家来讲，又有几对是白头偕老、永不反目的呢！你看，"齐家"，是那么轻易要求，那么稀松的世间人事吗！

照我默默的观察来看，依照现代物质文明的快速进步和精神文明相对的衰落，不论是资本主义或社会主义，甚至举世皆醉的工商业竞相发展，在不久的将来，人类社会不会再有家庭制度的存在，而且也没有婚姻制度神圣的存在了！人类历史的剧本看到这里，我自己觉得可以"煞搁"了。因为我是一辈子看戏的，再看下去不是不好看，习惯不同就有点太陌生不大自在了！

尧可不愿多子多孙哪！

讲到这里，又使我忽然想起孔子说的话，"我非生而知之者，好古，敏以求之者也"。为了上面所讲的中国过去社会的"大家庭"，依照孔子的话，"好古，敏以求之"，使我又想起孔子所再三推崇上古圣人皇帝唐尧的一则故事。根据历史的记载说，尧治天下五十载，出外巡视，到了陕西华山一带。华封人（管理华山地政的人）祝曰："使圣人富、寿、多男子（愿你长寿，大富大贵，多子

多孙)。"尧曰："辞（多谢你了，我不需要这些）。多男子则多惧，富则多事，寿则多辱。"我们看了帝尧辞让别人祝福的话，实在很佩服，不愧可称之为"圣人"，这也就是后世道家思想的根源，具有出世怀抱的超然感受。但是华封人听了，便又说道：

> 天生万民，必授之职，多男子而授之职，何惧之有。富而使人分之，何事之有。天下有道，与物皆昌。天下无道，修德就闲。千岁厌世，去而上仙，乘彼白云，至于帝乡，何辱之有。

看来，华封人这一段话，又是帝尧以后，儒、道本未分家的共同思想。不过，要活千年才厌世而去，未免又太奢侈了吧！正如佛说，长寿，是三灾（刀兵、瘟疫、水火）八难中的一难。仔细看来，的确别有高见。

对于中国传统文化的"家"，我们大概已经介绍清楚。也许，你们现代一般从开始就学新时代的文化，或一开始便从西方文化基础学习的人，看来非常奇怪，好像西方的社会文明，根本就没有这种情况存在。如果你是这样想，那你就大错特错了。无论是欧洲方面的英格兰、爱尔兰、法兰西、德意志等民族，乃至由各种民族所拼凑的"美利坚"国民，以及世界上任何地区和各国各地的少数民族等，在他的社会中，也都以拥有"故家"或"世家""大族"而自豪、自傲的观念存在。这是人性的特点，也可说是人性的弱点。举例来说，在现代的美国，对于已故的总统肯尼迪，便有其特别的追慕之情。"肯家"，也是美国的"世家""大族"，在美国本土的人，也经常有喜欢讲说或关心"肯家"，以及别的"世家"的许多故事。

三七、家家有本难念的经

前面所讲，是因为要研究讲解"齐其家在修其身"的道理，必须先要明白中国文化两三千年来，所谓"齐家"之"家"的内涵指标。因此大略介绍过去历史上，所谓"大家族"和"大家庭"的情况，是《大学》所指"齐家"之道的重心所在。至于初由一男一女，两相单独建立的"小家庭"，是归于"夫妇之道"的范围，当然也和"修身""齐家"有其基本的重要关系，但非本段文言的主要所指。

修身齐家的五个心理问题

《大学》本文这一段"齐其家在修其身"的内容，特别提出有五个心理问题，是主持家政的人，也可以说包括所有主持一个社团，或政党的领导人，本身最需要有自知之明，避免容易偏差、容易犯错的主要修养所在。这五个心理问题的内容是：

一、人之其（有）所"亲爱"而辟焉。

二、（人）之其（有）所"贱恶"而辟焉。

三、（人）之其（有）所"畏敬"而辟焉。

四、（人）之其（有）所"哀矜"而辟焉。

五、（人）之其（有）所"敖惰"而辟焉。

这五个"而辟焉"，也可说，就是人们容易犯错误的五个心理问题的专题。"辟"字，在古书古文上，有多重释义，有等于开辟的辟，也有等于庇护的庇。但在《大学》本文这里，"辟"，是等于偏僻、偏差，甚至有病癖的意义。我们先要了解这个文字上的意义，然后再引用比较浅近明白，在历史上有过经验的故事来做说明，就更容易明白这些心理问题了。

我们想引用历史故事来说明，也是为了配合《大学》所讲"欲治其国者，先齐其家"之标的来讲。其实，由上面所提出最浅近平常的五个心理问题，上自帝王将相、王公大臣，乃至工商业团体，甚至现代所谓的民主党派；下至每一个平民的小人物、小家庭，随时随地也都普遍存在这些问题。假如真要举出实例，恐怕用再多的货柜也装不完的。只是为人长上，或做父母的家长们，一时很难"反躬自问"，很少有人肯自我反省而已。

由"亲爱"而产生心理偏差的故事

有关第一个"人之其所亲爱而辟焉"历史故事的事例，便是《战国策》所记载触詟说赵太后的先例。

在战国的末期，燕赵两国和西面的秦国最接近，也都是秦国急于想吞并的对象。刚好赵惠文王死了，他的儿子孝成王即位，年纪很小，是个寡妇孤儿的局面，很难办，只好由能干的赵太后亲自出来掌握政权。秦国看到这个时机，就出兵急攻赵国。赵国没办法，就向齐国求救兵。齐国又把握机会要挟赵国，让赵国必须派遣赵太后最宠爱的小儿子长安君来做人质，齐国就会马上出兵救赵。赵太后不肯，大臣们极力劝谏她赶快派遣长安君去齐国，否则就来不及了。赵太后就公开地说："如果再有人向我说，要派长安君到齐国去做人质，我老妇必唾其面。"

正在大家毫无办法的时候，赵国的一位老臣触詟（官拜左师），忽然请求要见太后。太后想，他偏要倚老卖老来见我，一定和这件事有关，就很生气地等着他。但触詟是赵国的老臣，威望又高，所以虽然生气，也还不失礼貌地接见他。触詟老态龙钟，慢慢地一步一步走上来，嘴里说："老臣病足，走得不快，请太后宽谅。我因为很久没有来晋见太后了，怕你玉体欠安，所以想来看看太后你啊！"太后就说："我是靠坐銮驾走动，还算不错。"触詟又说："胃口还好吧？"太后说："老了，平常只吃流质的稀饭。"触詟说："我真老了，不想多吃东西。不过，每天勉强自己出去散步，走三四里，算是运动。这样，胃口就稍好一点，身体也舒服多了。"太后听了便说："老妇不能。"讲到这里，太后态度就变缓和，心里也放松了。她觉得触詟这个老头子，完全是和自己说些老人话而已，大概不会讲要长安君去做人质的事，也就完全放心了。

跟着触詟便说："老臣贱息舒祺，最少，不肖。而臣衰，窃爱怜之。愿令补黑衣之数，以卫王宫。没死以闻。"这是说，我有一个最小的儿子，名叫舒祺，很不像我少年时候的努力用功。不过，人老了总是疼爱自己的小儿子。我希望你太后开恩，叫他来补个王宫警卫队的队员。他有了一个位置，我也就安心了，所以我就不怕死地随便说出来，求求你太后准许吧！太后一听，就说："好吧！他几岁了？"触詟说："他只有十五岁，虽然还小，但我怕自己快要死了，'愿及未填沟壑而托之'，所以要抢着来对太后请求。"读了这一段，活像眼前看到一个很啰嗦的老头子，唠叨着为儿子求职说话。

太后说："大丈夫男子汉，也会爱怜自己的小儿子吗？"触詟说："哦！男人们比女性还过分呢！"太后说："女人和男人不一样，爱是真爱。"触詟说："我看太后你爱你那个嫁去燕国的公主，比爱长安君还厉害。"太后说："哪里能比，我实在最爱长安君，他实在还太小啊！"触詟说："做父母的爱儿女，都是要为儿女长远的前途打算。你太后送公主嫁到燕国去的时候，一步一步跟在她的后面，一边又流着眼泪，担心她嫁得太远。看了，真够难受的。但她出嫁了以后，你不是不想她，而且还随时祷告老天保佑，不希望她会回来啊！那不是希望公主在燕国，生个儿子，可以继位为王吗？"太后说："那是当然的，是这个意思。"

他和太后的谈话到了这里，触詟便说："如果细算三代的事，我们赵国前面历代的赵王，能够继位的后代子孙，好像存在的不多吧！"太后说："都没有了。"触詟说："其实，不只赵国，其他各国的诸侯后代，能够继位存在的，有很多吗？"太后说："我没有听说过还有多少存在的。"

触詟便说：

> 此其近者祸及身，远者及其子孙。岂人主之子孙，则必不善哉！位尊而无功，奉厚而无劳，而挟重器多也。今媪尊长安之位，而封以膏腴之地，多予之重器，而不及今令有功于国。一旦山陵崩，长安君何以自托于赵。老臣以媪为长安君计短也，故以为其爱不若燕后（指公主）。

这是说，那些目前看得见的诸侯子孙们，都是在眼前就闯了大祸，本身受报应了。有些虽然迟了一点儿，大家也眼见他们的子孙没有好结果。难道是做人民的老板们、做皇帝诸侯的子孙们，都不是善人吗？其实，不是这个道理。因为这些高贵的子弟们，家庭出身太好，生来就自然有高贵身份的地位，但他本身对社会、国家并无半点功劳，而且因为出身不同，生活"自奉"得很富厚、奢侈、骄纵。得来容易，习惯了不劳而获，并且方便要挟，而取得贵重的资产太多了。例如你太后，现在随便就封了小儿子做"长安君"的官位，又给了他许多肥好的地产，把好的东西都给他，还有特别的权利。你还不趁现在叫他努力做一点对社会、国家、人民有贡献，有大功劳的事情。如果有一天，你像山崩一样的倒下去了，那么长安君有什么办法自己对赵国的老百姓做交代啊？所以我认为你爱长安君，是不及爱出嫁燕国的公主一样深呢！

讲到这里，赵太后全明白了。便说："好吧！我懂了，随便你怎样办吧！"于是，为长安君"约车百乘，质于齐。齐兵乃出"。原文写到这里，后面还附带一段很有深意的结论说：

> 子义（赵国人）闻之曰：人主之子也，骨肉之亲也，

犹不能恃无功之尊，无劳之奉，以守金玉之重也，而况人臣乎！

这是说，一个赵国人名叫子义的，听到了这件事的经过内情，便说："你们看，做人们大老板的帝王，他们的子孙，也就是他们的亲骨肉，还不能只靠没有功劳的地位，也不能靠没有功劳的享受。不然，你虽然尊贵，满堂黄金宝玉，也无法守得住的。何况我们做普通的老百姓，有财富，就一定可靠吗？"

我们引用这个历史故事，是借来说明"人之其所亲爱而辟焉"的道理。因为一牵涉到亲情、爱情，心理就有偏差，严重一点，就心理失常。那么，所有的智慧、理性，就都会被自己的感情所蒙蔽了。正如欧阳修所说："祸患常积于忽微，智勇多困于所溺。"岂但国家大事，就是三家村里的贫困小户人家，也随时会有这种情况发生。何况那些有权有势，或是财富大老板们的家庭呢！所以"齐家"之道，在"先修其身"的不容易了。尤其现在只生一个孩子的家庭，集中了大人们的亲爱、哀矜、畏敬、敖惰，甚至贱恶丁一个孩子身上。真是使人不寒而栗，不敢想象，将来后一代的子孙，是什么样的情况。

由"贱恶"而产生心理偏差的故事

有关第二个"（人）之其所贱恶而辟焉"历史故事的事例，也就是孔子所著《春秋》中的旨在"责备贤者"的第一个历史故事，在左丘明发挥解释孔子的大义《左传》上，所谓"郑伯克段于鄢"，就是最重要的先例。

郑庄公的生母武姜，生她大儿子庄公的时候，正在昏迷睡梦中，被惊醒痛醒了，所以在心理上有了主观的成见，压根就对这个儿子有反感。用后世俗话来说，这真是前世的孽。因此她钟爱第二个儿子共叔段，她希望老公郑武公把王位传给老二。但当时在宗法传统的习惯上，必须以长子作为王位的继承人，如俗话所说："皇帝重长子，百姓爱幺儿。"况且庄公从小便很聪明能干，有机谋，当然就顺理成章继位了。可是他的生母心里是很不高兴，很不愿意的。

庄公即位以后，做母亲的武姜，便要求大儿子庄公封弟弟共叔段到制邑去做地方首长。庄公明白母亲的用心，就对妈妈说，那个地方地形险要，上代的虢叔就死在这个地方。妈妈！你老人家另选一个地方吧！其实，庄公知道这个行政区域很富有，兵精粮足，弟弟去了要造反夺权就难办了。所以对妈妈说假话，故意推托。这就是亲生母子之间，在政治上、权力上钩心斗角，毫无"诚意"真情存在。武姜不得已，为老二要了京邑。庄公只好照办，因此大家就叫老二共叔段为京城大叔。

郑国有一位大臣叫祭（蔡）仲，便对庄公说："都城过百雉，国之害也。"这就是说，你把那么大的最重要地区，封给弟弟去治理，对国家安全来说，是有问题的。同时，又说了许多理由。郑庄公听了，半真半假地说，那是我妈妈姜氏硬要的，我做儿子的，有什么办法！祭仲便说，这样做，你的妈妈也不会满意的，"不如早为之所。无使滋蔓。蔓，难图也。蔓草犹不可除，况君之宠弟乎？"庄公便说："多行不义，必自毙。子姑待之。"你放心，等着瞧吧！

接着，老二共叔段又另外要求在郑国的西边和北边的两个大地区，一并归到他的范围，这已等于有全国一半的地盘了。宗室的大臣公子吕便对庄公说："国不堪贰。"一个国家，不能两分。你究竟想怎么做，要把国家交给你弟弟，我们就去报到，不然，就应该另有处置。否则，全国老百姓，也弄不清楚大方向了。庄公说："无庸，将自及。"你放心，没有用的，他自己会倒霉的。事情愈来愈严重，公子吕又说一次。庄公便对他说，"不义不暱"，他老二不讲情义，不和我做哥哥的亲爱和睦相处。"厚将崩"，累积罪过愈多，

211

垮得愈快。

最后，老二共叔段什么都准备好了，就要发动叛变，用武力来抢夺哥哥的政权，妈妈和他约定做内应，发动的日期也约定好了。庄公的情报很清楚，因此，就派兵去伐京邑。百姓也不拥护共叔段，所以他想抢王位的计划，就全盘失败了。最后，逃到鄢邑。庄公再命令伐鄢。共叔段只好逃去投奔共国。因此，庄公下命令把母亲迁出内宫，下放到一个小地方城颍去住，气得狠狠发誓说："不及黄泉，无相见也。"这就是说，除非我们母子两人都死了，在地下才再见面。换言之，永远不想再见到妈妈了。

当然，亲生的母亲，虽然最恨她的偏心所造成的错误，但到底还是有母子骨肉的亲情。人世间最难解脱是情的作用，尤其是亲情最难了。所谓孝道，便是至情的表现。事后，庄公也很后悔，话说得太过头了，事也做得太绝了。总算经过他的另一位功臣颍考叔的劝谏，为了兑现誓言，叫庄公挖了一条地道，再使母子相见，终使母子重新团聚，恢复原来母子之间的亲情。《左传》记到这里，便说："君子曰：颍考叔，纯孝也。爱其母，施及庄公。"孝敬父母，是人性爱心最基本的真诚。孝敬自己的父母，又扩充到孝敬别人的父母，这才叫做"纯孝"。

《左传》的原文很精彩，文字写得很优美，而且简练晓畅，翻成了白话文，反而没有那种纯朴深刻的风味了！我们小时候读它，是要朗朗上口，背诵得出来，一辈子都有用处。变成了白话，就没有深度了，看过就会丢掉，很少有再启发作用的价值了。孔子著《春秋》，是从他的故国鲁隐公元年，也就是周平王四十九年（前七二二年），亚述帝国灭以色列的那一年开始。换言之，郑庄公出兵打弟弟共叔段，就是发生在这一年的故事。孔子对郑庄公的贬辞的要点，只用了一个"克"字。因为一个国家，对敌用兵胜利了，才可以叫"克"。共叔段是他亲兄弟，做哥哥的明明知道他被妈妈娇惯宠坏了，为什么不在事先设法教导，至少，也应该预先防范处置。但郑庄公却用政治手段，故意培养他、放纵他，造成他犯最严重的错误，叫全国的人看清他的不对。又把他当敌人一样，出兵去讨伐他，表示自己的了不起。其实，郑庄公基本上完全是玩弄手段，制造一个罪过的圈套给弟弟和母亲去钻，因此而赶跑弟弟，甚至在征战中杀了他，还自充好人，是为国家安全，不得已才大义灭亲，这就是阴险奸诈的用心。不但没有兄弟友爱的亲情，对母亲更没有真正的尽孝，为什么不好好事先感化母亲的错误，而且这样做，更是大大不合于"治国""从政"的道德。是为后来春秋时期各国的诸侯，开启了坏风气的"始作俑者"。所以孔子只用了一个"克"字来标明他的罪过。这样以一个字来批判善恶、是非，就是著《春秋》的"微言大义"的精神所在，也奠定了后来中国两千多年，写历史用字用句的典范。

至于对郑庄公母亲的偏心偏爱的过错，孔子不忍心说"天下有不是的父母"而已。但左丘明却根据孔子的《春秋》，"秉笔直书"，把郑庄公和他的母亲的不能"修身、齐家"的前因后果，都记述得清楚，为后人做警惕的榜样，这就是《左传》所谓"传"也。这也就是不能"齐家"，不足以"治国"的"宪"榜。

从"畏敬"鬼神说到近代"人造神"

有关第三个"（人）之其所畏敬而辟焉"的历史故事实例不少。严格研究，也很复杂，可以另成一个专题。而且牵涉的学科很广，当然，主要的还是哲学和心理学、医学等，最为重要，因为这些科目，也是最为相关的学科。

我们退而求其次，在这里所谓的"畏敬"问题，其中包括有两种成分，一是"畏"，二是"敬"。《大学》在这里把这两种内涵合称为一个名词，等于是由"畏"而"敬"的作用。这种现象在人的心理作用上，严格地说是普遍存在的。换言之，"畏敬"，它是一种莫名其妙的恐惧感。尤其在宗教的心理学上，更为明显。举例来说，人为什么惧怕鬼神？因为你不知它究竟是真的"有"，或是真的"无"。而且从有人类以来，个个说有，而人人又没有真正的见过。说看见过的，或肯定相信的，究其实际，仍然多是捕风捉影之说，并不像自然科学，可以拿出实质的证据来。

所谓鬼神之说，也就是概括"敬天"，或"敬事上帝"等等"形而上"，似乎另有一个作用的存在。不管任何一个顽强的人，虽然绝对不理会这些说法，但在他一生有某一种身心状况发生时，仍然难免会起一种异常的感受，恐慌、怀疑。那便就是这种"畏敬"心理的原始作用。

人的生命，有生必有死。但谁也一样，平生所最畏惧的就是死。因为人人都没有把握自己几时会死？自己是怎样死的？死了以后，究竟是怎样的？死了以后，还有来生吗？这些问题也都和"畏敬"心理的作用密切有关。

不说死而说生吧！谁也不知道自己活着的一生，前途的遭遇会怎样变化？受苦或享福？和我生活有关的父母、夫妇、儿女、财产、权位、主管、老板、政府、国家、世界等等，都在无法自定，无法可以前知之数的。因此，要算命、看相、求神、问卜、看风水（相宅、相墓地），甚至还请人来相看办公室、床位等的所谓"不迷而信"的"迷信"专家，就普遍地无所不有了。因为人们的心理，从来就存在着，有事事不可知，患得患失的畏惧心理。除了贪生怕死以外，怕没有饭吃、怕没有衣穿、怕没有钱用等等，无论穷富，谁也难免一怕，这就叫做畏惧。

至于从小在家，就畏惧父母、畏惧兄弟姊妹。读书入学，畏惧师长。学成做事，畏惧长官、老板，甚至畏惧同事、同僚。出门怕赶不上车，天晴怕下雨，不下雨的时候，又怕天晴。有人因为怕穷，怕失去了不能占有一切的希望，就不惜作奸犯法去偷人、抢人、害人。但也有人，为了怕违背道德，怕违犯法纪，而甘愿穷途潦倒一生。几乎一个人活了一生，随时随地都在畏惧中，但又自以为是、自得其乐的过了一生。

总而言之、统而言之，细数人生，谁又不在"畏敬"中过了一生。但是，世界上什么最可怕呢？鬼神并不可怕，因为没有见过。上帝、佛、菩萨也不可怕，天堂和极乐世界都距离我们太远。最可怕的是"人"；更可怕的是"自己"；尤其可怕的是人自己所造成的"人"神，它的代号，叫做"权威"。其实，权威只是虚名，它没有一个东西，但它又把握支配了一切的东西。它是一个孤苦伶仃可怜的人为形象，是"寡人"、是"孤家"，他使人不想接近，又想接近。望望然是很渺小，又好像很伟大，总之，是人人自我矛盾所造成的一个"偶像"。最好的"偶像"，是没有一个他的自我形式，是以人人心中各别自我所形成的一个"偶像"。它使人人心中自我自生有"畏敬"成癖之感。这样，就是《大学》所说，"（人）之其所畏敬而辟焉"的最高原理。

先不说讨去历史上的往事，只以我所经历过的时代，由二十世纪初期开始。小的时候，开始接触文化，也和众人一样，喜欢读各种名人的传记，拿来对比中国历史上的人物。那个时候，开始读德国的威廉二世和什么铁血宰相俾斯麦，很新奇，很惊讶。其他如兴登堡、福熙元帅，包括钢铁大王卡内基等等，都是新鲜的玩意。听的是李鸿章，以及日本明治维新的伊藤博文，仰慕的是曾国藩、石达开等等。但这些也只属于少年时期的憧憬而已。

到了北伐前期，那时，印刷术已稍发达了，到处可以看到一张又一张由第一次世界大战前后的袁世凯、张勋到奉、直战争的大帅们，和革命先驱孙中山、黄兴，甚至什么国民革命军的北伐总司令蒋介石的画像。一个个都是人们所制造的"权威"，令人望之似乎"畏"而生"惧"，但未见得有"敬"意的存在。

接着而来的，便是二十年代到三十年代，西方欧洲的国际局面变了，什么意大利新兴时髦的法西斯领袖墨索里尼，是如何的枭雄，怎样的了不起。跟着而来，德国的领袖希特勒，如何的枭雄，怎样的了不起。中国无人可及，墨索里尼也还差一点。天上的飞机，可以丢什么炸弹，汽车以外，又有机械化的部队坦克车；机关枪、迫击炮是怎的厉害。俄国又自"十月革命"以后，有了苏联第三国际，列宁是怎的神圣。日本的威风可怕，也制造了东条英机和土肥原，更是嚣张。赶快去找《墨索里尼传》、希特勒的《我的奋斗》等书来看。当然，那时的美国，还算是老实，关锁自己在太平洋的东岸，印象还不算太坏。

换言之，这个时候的欧洲，如德、意两国，都在人造神，要使人"畏而惧之"，犹如希特勒和墨索里尼一样。而在中国也开始学步了，出现了什么"救星"之类的口号。不久，那些制造人造神的（公司）伙伴们，好几个都成为我的朋友，也可以说，我成为他们的朋友。但很抱歉，我始终只能作为他们的"诤友"，内心还弄不清楚是什么原因，总觉得"大不为然"。也许是我读的线装古书太多了，总觉得"立德"和"立功"，好像不是这样就可以的。

可是，那个时候，社会上又流行出版美国人著的什么《演讲术》和《驭人秘诀》等书。接着到了抗战时期，我的朋友萧天石又出了一本《世界名人成功秘诀》的书，我看了对他说，你是写书出名成功了，也许会害了别人的。他要我写序言，我推辞了三十年后，才为了他的友谊而写了一点意见。

从这个时期开始，有些朋友们，访问德、意回来，受了墨索里尼、希特勒的影响和忠告，真的开始极力造神。苏联也一样，列宁早已成"神"了。有一次，在电影院"神像"出现时，大众肃立的时候，我轻轻问身边留学苏联的朋友沈天泽，他们怎么搞成这样？他说："苏联也是如此。有一次，列宁自己单独去看电影，'神'像出现了，列宁自己坐在那里不动。他旁边一个老头子吓住了，赶快拉他一把，叫他站起立正。不然，'格别乌'会抓你去受罪的。"列宁还是不动，只对那老头子笑一笑。我听了就说："我总算懂了项羽的话：'富贵不归故乡，如衣锦夜行。'也正是发自这种心理的。"站在我右边的朋友叶道信就说："老弟，你还太嫩了，我二十年的革命，还不及我现在当了三个月的'袍哥'。你在边疆的时候，为什么不试着自己制造自己，就会懂了。"说话的老兄，他也是留学苏联的。但新近却加入"哥老会"，做了一步登天的"舵把子"（龙头大哥），所以才有这样的感慨！我说："我尝试过味道了，不想上瘾成癖，所以溜了！你去做山大王过瘾吧！"大家彼此会心一笑。

但是，匆匆三四十年的时间，这些一幕幕的现代史，都已过去，神像也一个一个不见了，好像是彻底打倒迷信了。可是，人们仍然在造神，仍然在搞个人崇拜，好像不塑造一个"孤家""寡人"，自己就"六神无主"、无法玩弄"跳神"的法术似的，真是何其可悲啊！二十世纪的大半时期，好像都在人造神的"神人合一"的时代。

从史实中领悟"畏敬"的正反道理

讲到这里，我们姑且列举一个历史上的故事，给大家参考，可以由此而悟入"畏敬"心理正面和反面的教育道理。

在春秋的后期，齐国的贤相晏婴（子）已死了十七年了。有一天，齐景公公开请诸大夫（大臣）们宴会，高兴起来，自己起来射箭，但并没有射中箭靶上的红心。可是大家一起叫好。齐景公一听，变了脸色，叹了一口气，挂上了弓箭回宫去了。

这时候，一位大夫（大臣）叫弦章的进来。齐景公便说，自从晏子舍我而去十七年了，再也没有一个人对我说不对的话，没有人能够当面明白指出我的过错的。你看，今天，我射箭，明明太差劲，但大家都异口同声叫好，这样对吗？

弦章就说：这是大夫（大臣）们的不肖（不对）。大家"知不足知君之善。勇不足以犯君之颜色（没有勇气批评你，怕你不高

217

兴）"。但是有一点是一致的，"臣闻之，君好之，则臣服之。君嗜之，则臣食之。夫尺蠖（蚯蚓类）食黄，则其身黄。食苍，则其身苍。君其犹有陷（等于憾字）人言乎（你皇上有什么办法叫别人都不恭维你呢？)？"齐景公一听，便说：你说得对。今天我和你的谈话，"章（你）为君，我为臣"。

说到这里，正好有人报告，海边管理渔业的来进贡一批鱼。齐景公就说，拨五十车的鱼赐给弦章。因此，大路上都被到弦章家去送鱼的车子塞满了。弦章就过去拍拍送鱼的人的手说，刚刚"皇上"射箭的时候，所有在场的人都叫好。他们就是想像我现在一样，可以得到"皇上"赏赐的大批鱼啊！从前晏子在世的时候，碰到这种事，他一定推辞不肯收受，他只是直话直说，纠正皇上的过错。现在他死了，大家都只知道谄谀拍马屁，说"皇上"好听的话，其目的，只想为自己巩固权位，升官发财。所以"皇上"箭射歪了，还一起叫好呢！我现在辅助"皇上"，没有什么功绩，反而得到那么多鱼的赏赐，完全是违背晏子政治道德的行为。因此，我决定不接受皇上的赏赐。你把所有的鱼都送回宫去。"君子曰：弦章之廉，乃晏子之遗训也。"

汉代刘向，曾经为齐景公这个历史故事，写过短评，他说：

> 夫天之生人也，盖非以为君也。天之立君也，盖非以为位也。夫为人君行其私欲而不顾其人，是不承天意，忘其位之所宜事也。

这是说上天生人，都是平等的，并非是指定哪个来作为人君或领导人的。就算是上天给你机会，立你为人君或领导人吧，也不是只叫你占住那个位置，来满足个人的私欲，而不顾一切人民所指望的大事业。如果做人君的是这样一个人，那么，他就是不虔诚奉承天意，忘记了他占有这个人君之位，所应该做的事了（其实，古人所说的天意，也就是后世人所说的命运和机会的代名词而已）。又如说：

明主者有三惧：一曰处尊位而恐不闻其过。二曰得意而恐骄。三曰闻天下之至言而恐不能行。

齐景公出猎，上山见虎，下泽见蛇。归召晏子而问之曰："今日寡人出猎，上山则见虎，下泽则见蛇，殆所谓不祥也？"晏子曰："国有三不祥，是不与焉。夫有贤而不知，一不祥。知而不用，二不祥。用而不任，三不祥也。所谓不祥乃若此者也。今上山见虎，虎之室也。下泽见蛇，蛇之穴也。如虎之室，如蛇之穴而见之，曷为不祥也。"

这些历史文化上的故事，都与《大学》所说"齐其家在修其身"的"（人）之其所畏敬而辟焉"，都有相关的经验之谈，值得参考，或者多少会有启发，使你有所"悟"处。"畏敬"的心理，不只是在对上辈的父母，或长官而言。如兄弟之间、夫妻之间，也很容易形成偏差。我们也可以看到有些家庭，因为有一个哥哥或弟弟、姊姊或妹妹，个性特别或比较有才能，也就容易形成"畏敬"的心理，甚至父母反而怕子女。这些事例，古今中外，在社会上也并不少见。

至于一般人所说的"怕老婆""怕太太"，当然，也包括妻子怕丈夫的，也是并不少见的事实。在历史的故事上，比较出色的，就如汉宣帝时代的霍光，功在汉室，比伊尹放大甲、周公辅成王等历史事迹，都很类同。但为了"畏敬"他的妻子霍显，为了女儿做皇后，最后弄得身败名裂、家破人亡。

又如隋文帝杨坚"畏敬"他的老婆独孤皇后的偏见，结果，两夫妻都受了第二个儿子杨广隋炀帝的阴谋欺骗，弄得一手所创的统一国家局面，就此而亡。

从史实中体会"哀矜"的正反作用

有关于第四个"（人）之其所哀矜而辟焉"历史故事的事例，

我们只举出汉武帝与汉宣帝三四代祖孙之间的宫廷（家庭）变故，就是最好的说明。

公元前九十二年到前八十九年之间，是汉武帝刘彻的晚年，因为误信宠臣江充的挑拨离间，造成了西汉历史上有名的类似宗教迷信的事件，所谓"巫蛊"一案。杀了自己的儿子（太子）刘据全家，包括刘据的三男一女，以及诸皇孙、皇孙妃、皇孙女。当时在他嫡系的曾孙辈中的刘询（初名病已），还不满一周岁，也被关押在专为王侯、郡守们所设的"郡邸狱"中。廷尉（犹如现在执法的部长和最高法院的审判长）邴吉，参加审理这案。他心里知道这是汉武帝一时糊涂的暴戾举动，而且可怜这个皇曾孙刘询是个无辜的婴儿。他就派了一个罪刑很轻，而且刚生了孩子的女犯人，叫她做刘询的奶妈，喂他奶吃。

这样过了五六年。这个时候，又有那些专讲那"望气"一套的方士们，说长安狱中有天子气。传到最迷信神仙的汉武帝耳朵里，当然立即发生作用，就下诏："狱系者，无轻重，一切皆杀之。"命令到达关押皇曾孙刘询的监狱，邴吉就关闭狱门，拒绝接受诏命。他说："他人无辜死者，犹不可，况亲曾孙乎！"这样，就坚持一夜。天亮了，那个派去执法的"谒者"（传达官）郭穰对邴吉的抗命，也无法处理，只好回宫奏报。在这个时候，汉武帝的头脑，好像清醒多了，就叹口气说："天使之也！"不但没有再追究，而且下诏大赦天下罪犯。邴吉就把刘询送到他祖母史良娣的娘家，交给史良娣的母亲"贞君"抚养。

后来，又有诏，要他认祖归宗，把他放到宫廷的边舍"掖庭令"张贺那里收养。掖庭令，是职掌后宫贵人、采女等总务的官职。张贺原来曾经派在被杀的太子刘据那里任职，太子（刘询的祖父）对他很好。他"思顾旧恩，哀曾孙（刘询），奉养甚谨"。张贺本来还想把孙女嫁给刘询做妻子，因为他的弟弟张安世反对作罢。但他不死心，正好和他的职掌有关的一个单位"暴室"（是管关押宫中皇后、贵人有罪的拘留所，也是宫女们的医疗所）的主管官"啬夫"（官职名称）许广汉（他同司马迁一样，犯了罪，接受"腐刑"，变成了太监，派在这里做主管）有一个女儿许平君，美丽老实。张贺看中了她，就和许广汉商量，愿意自己拿出家财，为刘询作聘金，娶他女儿。许广汉答应了。回家同他妻子一讲，太太大发雷霆，她说："一般看相、卜卦、算命的，都说我生的女儿将来大富大贵，怎么可以嫁给一个没落皇孙，穷极无聊的赖小子。"但是，许广汉已经答应了张贺，就不变更诺言，把女儿嫁给刘询，小两口子很恩爱，不到一年，生了个儿子叫刘奭，就是后来的汉元帝。

刘询这个时候，依靠许广汉兄弟，生活在一起。同时只与外婆史家往来。但他也肯上进读书，就跟东海学者复中翁学习《诗经》。"高材好学，然亦喜游侠，斗鸡走马。"到处乱跑，所谓"上下诸陵，周遍三辅（首都长安以外附近各地区）。以是具知闾里奸邪，吏治得失"。因此，他不久做了皇帝以后，成为一代明君，庙号宣帝。历史上的皇帝，死了以后，得个"宣"字的谥号，并不太多，够得上称"中兴"的，才用"宣"字。如史称：

> 帝（指汉宣帝）兴于闾阎（起自民间），知民事之艰难。霍光既薨，始亲政事。励精为治，五日一听事（朝廷会议，当面听汇报）。自丞相以下，各奉职奏事。敷奏其言，考试功能（听了汇报，再考察他执行实践的绩效）。及拜刺史、守相（等于省级间地方首长，不过，那时社会形态不同，人口少，不像现在一省那样繁复），辄亲见问。观其所由，退而考察所行，以质其言。有名实不相应，必知其所以然（讲的和做的不同，都能知道他根本问题的原因所在）。常称曰：庶民（老百姓）所以安其田里，而无叹息愁恨之心者，"政平""讼理"也。与我共此者，其惟二千石乎（这是给郡守、省级地方首长的实物待遇，每月粮米二千担。但各级各有差等。这里是指地方首长和基层政治

好坏的关键所在）！以为太守吏民之本，数变易则下不安。民，知其将久，不可欺罔，乃服从其教化。故二千石有治理者，辄以玺书勉励，增秩赐金。或爵至关内侯。公卿缺，则选诸所表，以次用之。是故汉世良吏，于是为盛，称中兴焉。

其实，西汉的皇朝，从汉武帝以后，能够由刘询来继位做了皇帝，使汉室中兴的功劳，可以强调地说，完全是邴吉的阴功积德所造成，但他从最初救了刘询这个婴儿，又找奶妈养了他，使他长大成人，甚至向霍光推荐他做了皇帝，刘询都不知道内情。邴吉也始终不说，既不表功，更不邀宠。起初只为同情、哀矜（怜悯）、仁慈、正义的心理出发而已。

汉宣帝刘询做十一年皇帝以后，因为一个老宫女自己表功，告诉宣帝过去二十多年前，曾经在掖庭做过你皇帝的保姆，是怎样的保护你，才讲出当年在监狱中的情形。宣帝一路追究下去，找到当年的奶妈，才知道都是邴吉的功劳。史称："上亲见问，然后知吉有旧恩，而吉终不言，大贤之。"宣帝是读《诗经》出身的，因此，他就引用了《诗经》上的一句话说"无德不报"，就封邴吉为侯。对于当时保护有功的人，那个老宫女和奶妈等，都加赏赐。但在要封侯的时候，邴吉却病倒了，汉宣帝怕他死掉，很担忧。夏侯胜便说："有阴德者，必享其禄。今吉未获报，非死疾也。"果然，不久就病好了。

汉武帝临死的时候，把只有八岁的太子弗陵托孤于大司马大将军霍光、金日磾（匈奴人）及上官桀。这个太子后来就是汉昭帝，很聪明，可惜短命，只做了十三年的皇帝就死了，还没有儿子。霍光就和大臣们会议，迎接刘氏皇室一位昌邑王即位，不到一年，发现这个皇帝"淫戏无度"，又经霍光和朝廷大臣们决议废了他。在这个时候，邴吉才出面对大将军霍光说：

今社稷宗庙（刘氏的国家天下）群生之命，在将军之一举。而武帝曾孙名"病已"，在掖庭外家者，今十八九矣。通经术（《诗经》《论语》《孝经》等），有美材，行安而节和。愿将军决定大策。

"光会丞相以下，议定所立。"因此，刘询才得以继位，做了皇帝。他的出身经过艰难曲折，并非是纯粹的"职业皇帝"，所以后来才能成为汉室皇朝的一个"明主"。所有这些经过，可以说，都是邴吉一手所造成，多方极力"诱导"一个刘氏孤儿做为明君的成功史迹。

霍光对刘家的政权，的确也做到了不负汉武帝的所托。结果，为了老婆霍显，要把女儿推上皇后的宝座，谋杀了汉宣帝在"贫贱夫妻"时候的许平君皇后，因此而弄得家破人亡。历史上既赞许霍光，又替他惋惜。最后为他加上一句评语，是"不学无术"四个字。后来在宋真宗的时候，寇准使真宗在"澶渊之役"上立了大功，但被丁谓等同僚挑拨，说他拿皇帝性命来作赌注。因此遭贬，路过四川，碰到张咏。寇准请张咏对他的事作一句公平的评论。张咏只对寇准说了一句："霍光传不可不读。"寇准回来，再拿《汉书·霍光传》读了一遍，读到最后的评语"不学无术"一句，就笑说：这才是张咏要骂我的意思呢！

再说，关于"（人）之其所哀矜而辟焉"，同样的道理，相反的结果，仍然可在汉宣帝的历史故事中，看到成例。

汉宣帝刘询，因为少年未得志时候的妻子（皇后）许平君，被霍显谋杀以后，非常伤心，就立了许平君第一个儿子刘奭做"太子"。并且特别挑选后宫无子，而且做人很谨慎的王婕妤（婕妤，女官名，等于后世的妃子）做皇后，叫她认养"太子"（后来王婕妤的娘家，就在汉宣帝以后，历代出皇后，因此培养了王家的后代出个王莽篡汉。你看，历史故事的前因后果，真很难说得清楚）。刘奭长大成人以后，个性温柔，又很仁慈，并且极喜欢儒家的学术。看到他的皇帝父亲宣帝所用的大臣，多半是讲究"法治"，注重"吏"治，刑法比较严厉，心里很不同意。有一天，他陪皇帝父亲宴会，找个机会对宣帝说："陛下持刑太深，宜用儒生。"宣帝一听，变了脸色，很严肃地对儿子说：

> "汉家自有制度，本以霸（道）王（道）道（家）杂之，奈何纯任德教（只讲道德），用周政乎（还用周朝的礼法吗）？且俗儒（通常一般读书人）不达时宜（不能通达时势合适的变化），好是古（认为古代做对的）非今（现在都错了），使人眩于名实（被理论逻辑搞昏头脑），不知所守（他们又不知道自己该守的本分），何足委任。"乃叹曰："乱我（刘）家者，太子也。"

从此，宣帝对太子比较疏远，而且很想换另一个儿子来做太子。但因为刘奭是许平君皇后所生，而且夫妻父子三人，都是从平民艰苦中出身，尤其对他的生母许平君，情深义重，曾经还答应过她，一定把她所生的儿子立做太子。所以始终下不了决心，最后，还是让他做太子。等到宣帝死后，刘奭即位，就是汉元帝。果然，从此以后，西汉刘家的天下，就黯然衰落了，直到王莽假借儒家的学术篡位。不是刘秀"光武"中兴，汉朝的政权，也早就换了他姓朝代。这便是"（人）之其所哀矜而辟焉"反面的作用。

"哀矜"用现代话来说，便是"怜悯和同情"。"矜"这个字，包含有"自满"及"怜惜"几重意义。《大学》在这里所用的"哀矜"，是怜悯、同情的意思。犹如孟子所说："恻隐之心，人皆有之。"它是人性固有的爱心和同情心。尤其是女性在这方面的反应，比之男性更为明显。因此常常有人引用古代成语，所谓"妇人之仁"。其实，不要轻易曲解"妇人之仁"这句话，把它当作无用的代名词，扩充"妇人之仁"，才是大仁大义、大慈大悲。就怕你连"妇人之仁"的仁心都没有，就不必假借大仁大义来掩饰自己了。例如，佛说慈悲，就是中国传统文化的"仁"字同一意义。但佛把"仁"心用两极分开来说，便叫"慈悲"。"慈"是如父（男）性、阳性的爱，

"悲"是如母（女）性、阴性的爱。"慈悲""仁爱""哀矜"本来都是好事，但亦不可以受自己心理的蒙蔽，发展变成偏向的一面。如果变成偏心、偏爱，不但不能"齐家、治国、平天下"，甚至也不能"修身"，不能自处。

我们也可以从佛学中去了解"慈悲"另一面的作用，如说："慈悲生祸害，方便出下流"。这种道理，和人生实际行为的结合，"运用之妙，存乎一心"。不然，就犹如现代一般人，在那些报屁股或杂志的尾巴上，看到学到一句"爱心"，或"爱的教育"的皮毛，就一味只以"爱"啊"爱"的教养子女，最后多半变成"爱"之反而"害"之了。希望大家真要"好学""慎思"，去"明辨"它才对。

从史实中了解"敖惰"的心理背景

有关第五个"（人）之其所敖惰而辟焉"的内涵，须先了解所谓"敖惰"两个字的意义。在这里所用古文的"敖"字，就是后世常用的"傲"字，也就是"骄傲"的"傲"字。但严格来讲，"骄"比"傲"更厉害。"傲"是内在的，正如古人所谓，此人有"傲骨"或有"傲气"，这还代表了有一点赞许的意思。"骄"就有使人受不了的粗暴之感了。如果又"骄"又"傲"，那就什么都免谈了！例如我们现代，常常为了某一件很荣耀、很得意的好事，便说"值得骄傲"。那就完全用错了词句，把中国人自己，变成没有文化的国民了。这是几十年前，那些翻译者的粗心大意，把 proud 这个洋文字翻译错了。事实上，是叫做"值得自豪"的意思，那就对了。"惰"字，当然是指"懒惰"的"惰"。但严格地说，"惰"是不太勤快的意思。借佛学来说，叫做"懈怠"，太过松"懈"，又得过且过，马马虎虎了事，就是"怠"。换言之，"懈怠"就是"惰"。"懒"就不同了，此"心"从"赖"，根本上，就是什么都不愿意做，不肯动，不想动作，这就叫"懒"。正如《西厢记》上的一句诗说，"万转千回懒下床"，那是真"懒"。

但《大学》上，却把"敖"和"惰"放在一起，这个用字的方法真妙，它就代表了一种心理状态，自"傲"而养成"怠惰"的习性。犹如富贵中人的子弟，古代所谓"世家公子"或"千金小姐"，现代所谓"高干子弟"或"豪门"，因为从小出身受家庭、环境的影响，不知不觉自"傲"惯了，就什么事都"懒"得去做，变成"颐指气使"的神气；努努嘴、抬抬手，或用一个指头点一点，或用眼睛瞪一下，指挥别人去做。这就是"傲惰"的形象。我看，现在很多年轻的父母，专讲所谓"爱心"的教育，常常养成孩子指挥父母大人去做事，孩子反而大模大样，坐在那里摆架子。这真使人"望之生畏"，只好心里暗叹一声"阿门"（祈祷完了最后的一声）！

我们人与人之间的闲谈，经常会碰到有人问起：你看，将来的社会，或将来的时势怎么样？这是人人关心的问题。从前跑江湖、混饭吃的算命先生，有一句成语说"上门看八字"。这是说，只要进到你的门口，四面八方看一看，早已知道了你这一家兴旺不兴旺，不必要等你报上生辰年月，命已算过了。你要问将来的时势和社会趋势，多看一下后一辈孩子的教育文化，就可大概知道未来了。孟子有一段话说得很对：

> 富岁子弟多赖，凶岁子弟多暴。非天之降才尔殊也，其所以陷溺其心者然也。

这是说，富贵的家庭，或是社会富有了，就会养成青年人多"赖"，爱炫耀、爱耍阔、爱奢侈、好高骛远。社会苦寒，家庭贫穷，就会使青年人容易走上"暴戾"愤恨的路上去。这并不是天生人才有什么差别的作用，只是因为受环境压力，造成心理沉没的后果。除非真能刻苦自励，专心向上的人，才有可能跳出"世网"。又如我们小时候读的成语所说，"国清才子贵，家富小儿骄"，"马行无力皆因瘦，人不风流只为贫"。虽然短短一两句话，如果你能"闻一而知二三"，也可了解它和孟子所说的这段话，都是同一意义。这样，就可以知道《大学》所说"敖惰"的心理情状，它的内涵并不简单。

我们姑且举出历史上的事例，用来反映"敖惰"心理的正反面等情状。首先，引用的历史故事，便是大家所熟悉的越大夫范蠡，他辅助越王勾践复国灭吴以后，便飘然浮海而去，转到齐国，改变姓名，自称"鸱夷子皮"，在海边从事农业，亲自耕种，"苦身勠力，父子治产"。勤苦积累资产，没有多久，就成为数十万金的富翁了。齐国的人，知道他有经营致富的经济才能，便请他出来做国家的财"相"。他很感慨地说：

> 居家则致千金，居官则至卿相，此布衣之极也。久受尊名，不祥。

因此辞职不干，而且"尽散其财，分与知友乡党。而怀其重宝，闲行以去，止于'陶'，自称'陶朱公'"。再和儿子从事农牧，兼做贱买贵卖的生意，"逐什一之利"。不久，又"赀累巨万"。天下称陶朱公。

他在陶地，又生一个最小的儿子，我们通常叫做"幺儿"。这个时候，他的第二个儿子在楚国，不知道为什么事杀了人，坐牢判死刑。陶朱公知道了，便说："杀人而死，职也（依法抵命，应该），然吾闻千金之子，不死于市。"叫最小的儿子到楚国走一趟，看情形。"乃装黄金千镒，置褐器中（破旧灰色的背包），载以一牛车"，就要小儿子出门了。但他的大儿子不同意，一定要自己去楚国看二弟。陶朱公坚持不允许。他的大儿子就说："家有长子曰'家督'，今弟有罪，大人不遣，乃遣小弟。是吾不肖。"便要自杀。陶朱公的太太便说，你一定要派小儿子去楚国，未必能保得住老二的命，现在先死个大儿子，怎么办？在老婆和大儿子的双重压力下，陶朱公也没办法了，不得已，只好由大儿子去楚国，并写了一封信，叫大儿子到了楚国，就送给他的老朋友庄生。而且吩咐儿子，把这一车千镒黄金交给庄生，"听其所为，慎无与争事"。大儿子告辞出门，又私自带了"数百金"上路。

到了楚国，找到了庄生。他住在城外郊区茅草盖的房子，看来很穷。但他照父亲陶朱公的意思，把信和千镒黄金都交给了他。庄生看了信，就说，知道了，你赶快回家去，千万不要在楚国等消息。就是你弟弟出狱，也不必问其所以然，快走。陶朱公的大儿子听了，只好告辞出来。但并不回家，偷偷找个地方住下。把自己私下带来的黄金，另走门路去活动，找到楚国的政要贵人，要设法救小弟出来。

庄生呢，虽然穷居楚国，但是廉直之名，全国皆知，"自楚王以下，皆师尊之"。他虽然接受老朋友陶朱公送来千金，并不想要，他想救了老朋友小儿子的命以后，再全数退回，才是对好友的真情。所以收了黄金，便对他自己的老婆说："此朱公之金。如有必病不宿诫（他这样做啊，等于是病急乱投医）。后复归（事后要全数归还），勿动。"但陶朱公的大儿子不懂他的用意，认为这个老头子"殊无短长也"（他能有什么好办法）。他只是为了父亲的命令，照办而已，心里实在舍不得。

庄生找个机会去见楚王闲谈，便说："夜观星象，天象有变，对楚国可能发生灾难，怎样办呢？"楚王一听便说："这样就做一件大好事来消灾祈福吧！"因此，楚王就派人先通知执法的官吏，把有关刑法的重案，暂停执行。这个消息，被陶朱公大儿子的那个政要知道了，就来对他说："你弟弟有救了，一定快要出狱了。"陶朱公的大儿子一听，就问："你怎么知道？这样有把握吗？"那个政要便说："我知道楚王快要发布大赦令了。因为他每次大赦以前，都有这种举动。"陶朱公大儿子一听，真可惜他父亲送给庄生的千镒黄金，反正要大赦，弟弟一定出狱，岂非浪费了千金之赀，愈想愈心痛，就去再见庄生。"庄生惊曰，'若不去耶？'（你还没有走啊？）"他就说："不好意思，没有听你的吩咐，因为我实在不放心弟弟的案子。现在听说要大赦了，所以想先来向你辞行。"庄生一听，喔！你送来的黄金，都在那间屋里，你赶快搬走带回去。这位朱大公子也就老实不客气，亲自去把黄金都搬出来带走了。

庄生第二天，马上又去见楚王说："你要大赦做好事，消灾免难是可以的。不过，外面已经有了谣言，说是陶朱公拿了大批黄金，买通关节，所以你的大赦，是为了要放陶朱公的小儿子。"楚王一听，大怒。马上命令执法官，立刻先把陶朱公小儿子正法，然后再来大赦。因此，陶朱公大儿子，只好去为弟弟收尸搬丧回家。

回到家里，他的母亲和家人，都痛哭不止。只有陶朱公反而笑着说，我早知道他去了楚国，他的小弟一定要被杀掉了事。这并不是他不爱弟弟。因为他"顾有所不能忍者也"。他从小和我一起，劳苦耕田，辛苦经商。他知道生活太困难，爱钱如命。所以他认为白白丢了千金，很舍不得。我本来要老幺去办，是因为他出生以来，就在富有的家庭环境中长大。玩顶好名牌的车子、养名马、名狗，花钱蛮不在乎！"岂知财所从来，故轻弃之，非所惜吝。前日吾所为欲遣少子，固为其能弃财故也。而长者（老大）不能，故卒以杀其弟。事之理也，无足悲者。吾日夜固以望其丧之来也。"

历史上还记载了陶朱公的经营产业及财富，有三徙（三次迁居别地）三散的经历。这也就是根据范蠡自己的名言所说，"大名之下，难以久居"的原则。有名与有钱，都不是人生的大好事。但是世界上的人，都在拼命追求名利和权位，怎么说也是白费的。只有在名利、权势上亲身打过滚的人，才比较清醒了一点。但是，都是已经到了"尸居余气"的时候，虽然清醒了，太阳就立刻要下山了！像范蠡的一生，除了事功以外，自处之道，非常高明，可说是千古一人，不愧是正统的道家人物。

我们引用历史上所载有关陶朱公的这件故事，说明"敖惰"的心态。从陶朱公亲切说明刻苦成家子弟节俭谨慎的习性，容易偏向于吝啬；出生于富贵家庭子弟的习性，容易养成偏于放浪轻财"敖惰"的习性。但当然也不能一概而论，也有许多的例外。以我自己一生的经历来体会，单在钱财方面来说，有过极大艰难困苦的经验，身无分文求一饭而不可得的遭遇；也有撒手千金，不知财之所从来的境界。有"臆无不中"，经商得利的时日；也有一夜之间，全军覆没，依然两手空空，身无长物的打击。所以我常说笑，你们的经济学，是从课本上学来的，我是从经验上得来的。只有成功的经验，还只算一半，要有失败的经验，才算满分。世界上最困难的是一块钱，古人所说"一钱逼死英雄汉"，那是事实。有了资本，以后赚钱，那是一半靠聪明，一半靠运气。只有从勤劳节俭得来的，才是根基踏实。赚钱发财很难，但有了钱财以后，用钱更难。用得其时、用得其分、用得其当，并不容易。而且必须要知道财富是不属于你的，是属于整个社会人类的。你纵使有了财富，那也只是有了一时的使用权而已。它毕竟非你之所有，只是属于你一时所支配。

这篇有关陶朱公的文章，我在十二岁半的时候，由于父亲的教导背诵过来。但我真懂得这篇文章的时候，已经过了"不惑"之年了，所以说到这里，便有不胜感慨之思，倚老卖老又多废话了，抱歉。另一篇文章，也是和"敖惰"问题有关的，便是东汉时代马援《诫兄子（侄儿）严敦书》。后来在一九三一年左右，好像在中学国文课本上有过，大家都可能读过，就不必多说了。马援的一生，也真是了不起，但最后临老的时候，仍然免不了遭人排挤，被历史上算是高明厚道的光武帝刘秀所贬。除此之外，以历史的经验，说明"（人）之其所敖惰而辟焉"的故事。你只要去读《旧唐书》上所记叙初唐开国功臣的后代子弟，如房玄龄、杜如晦、徐（李）世勣等人的传记，便可知道那些"五陵贵公子，裘马自轻肥"的结局是怎样的，就能明白《大学》所说的"敖惰而辟"的学问修养之道，是有多么的重要了。

问：所谓"敖惰而辟焉"，是否具有更多方面的理解，例如我们看到某一位同学，聪明才智的确大有过人之处。但因为他太过自负，而且又理想不平实，便成了"恃才傲物""落落寡欢"的个性，几乎对任何人也看不惯，任何事也不肯将就，只自沉没在他自己的烦忧中，这种心态也应该就是"敖惰而辟焉"的情况吧！

答：你所说的，完全正确。你可以说闻一而知其余了。不但对"敖惰而辟"这一个问题的内涵，应当由多方面去理解，然后"观过而知仁"，用此反省自己的心理行为，同时了解其他如前面所说的几个问题，都是同一意义，不只是一端而已。扩充这样的所知所行，再能影响他人，感化其余，这才是合于中国传统文化所说的真正"儒行"之道。

如果再进一步来说，曾子在《大学》中所提出人之所"亲爱、贱恶、畏敬、哀矜、敖惰"五个重点，是属于最容易构成心理偏差的大方向。我们所讲，只是大略加以研究理解而已，实际上还是很简化的。倘使照中国文字学来说明，他这五个名词所包含的问题，都有正反双向和多方面的内容存在。而且一个字，就包括了一个概念，并非是两个字，只包含一个问题。例如，亲和爱、贱和恶、畏和敬、哀和矜、敖和惰，每一个字，都包含有不同心理状况、不同意识形态的心理现象。并非是两个字或多个字，只是代表了一个概念。这就是今文和古文不同的特点。

因为古人读书就学，从幼童开始，先学"小学"。这里所说的"小学"，不是现代化的"小学校"。这里所谓的"小学"，是先要真正了解每一个中国字的具体内涵，它为什么要写成这样的结构？它代表了什么一个概念？不是像其他民族的文字一样，有的是先有了概念，用音声拼合，再构成了一个字。所以在过去我们读书识字开始，由传统的教导所得知，上古人类文字的结构，有三个兄弟的不同：一是右行，如梵文等，以形声为主。二是左行，如"麼麼文"，但早已失传。三是直行，如中国文，方块字，包括"六书"（六种结构的意义）。由古文"小学"之学的发展演变，到了汉代，就产生对古文、古字的研究考据，便叫做"训诂"之学了。至于注音，甚至概括今古方言读音的不同，便发明中国字的拼音方法，所谓"反切"的拼法，那是在东晋前期，因翻译梵文佛经，采用梵文形声的方法，开始制造"切韵"等学理。可以说，大要是得力于西域东来的高僧鸠摩罗什法师等，和他在中国的高僧弟子们所创造的成果。

这些废话，都是为了同学的发问所引起的补充说明。

给自己、父母、领导人的启示

现在我们回转来，归到《大学》本题，有关前面所说"所谓齐其家在修其身者"，五个"修身"的心理问题，使我们拖延了一段时间，好像愈说离题愈远。其实，原本《大学》的本身，是有它一贯的次序，在论说道理方面，一层一层的转进而已。但它始终没离开《大学》开头所讲"知"的学问，和"止于至善""止"的修养实践效用。因此，他接着便说出最重要的结论：

> 故好而知其恶，恶而知其美者，天下鲜矣。故谚有之曰："人莫知其子之恶，莫知其苗之硕。"此谓身不修，不可以齐其家。

这是说，一般人尽管疼爱自己的家人和儿女，但必须明白在疼爱好的同时，还要了解他有反面的坏处和恶习惯。换言之，当你讨厌自己的家人和儿女，同时，也要切实了解他有美好的一面。不可以单凭自己私心的爱好或厌恶，就全盘偏向。但是，人是很可怜可悲的，往往只凭自己的主观成见，就否定了一切。因为人是最难反观自己，最难反省自己的。所以曾子便很感叹地说，人能不被自己主观成见所蒙蔽的，举目天下，实在是很少见啊！但他并非说是绝对没有，实在是太少了而已。因此，他又引用当时民间老百姓的俗话说，一般的人们，都不知道自己的子女，他有潜伏的恶性习气，正如不知道自己种的稻谷植物的苗芽，天天成长得多大多好啊！

当然，曾子所引用的，是春秋战国时代的俗语，所以便自己注明是"谚曰"，"谚"就是土俗言语的意思。如果我们也引用后世农村的土话来说，例如，"儿子是自己的好，老婆是人家的好"。前句便有类似的意思，不过说得更淋漓痛快。但曾子是大儒，他不会引用这样不雅致的话。我本来就是老粗，也来自田间，所以便"肆无忌惮"地乱用。

曾子所引用谚语的第二句"莫知其苗之硕"，很有意思，如果你是在农村长大，便会知道，老农友们每天还没见亮就先起身，走到自己种的地里转一圈，看看自己种的稻谷麦子，老是那么高，没有长大很着急。但偶然回头，四面一看，别人种的好漂亮长得又快，看来实在很泄气。其实，别人看他的，也一样总觉得自己的不如他人。为什么呢？因为天天在眼前看，就看不清楚究竟了。所以，凡事要冷眼旁观才清楚。俗话说："当局者迷，旁观者清"，看人也是同样的道理。又有一句土话说"丈母看女婿，越看越有趣"，是吗？这是因为丈母娘"爱屋及乌"，受自己女儿"所亲爱而辟焉"的影响啊！

再进一层来讲，《大学》在这里所讲的五个"修身、齐家"的方向，必须要明白，并不是对现代小两口子的"小家庭"来说，这是针对古代宗法社会所形成的"大家庭""大家族"来说。换言之，这里所说的"修身、齐家"之道，由小扩大，也就是对做国家领导人的王侯将相所讲的领导学问和修养。如果照现代来说，凡是政府或政党、社团，工商业的公司、会社等的领导主管，要讲什么治理或管理之学的，便首先需要了解自己的修身问题。

我们须知道所谓的"家"，是由一个人和另一个异性的密切结合，共同组成物质生活和精神生命的具体象征。由一男一女变成夫妇的关系，必然就会有了子女，再变而成为父母。有父母子女，当然会有兄弟姊妹的形成。正如孔子在《易经·序卦》下篇所说：

> 有天地，然后有万物。有万物，然后有男女。有男女，然后有夫妇。有夫妇，然后有父子。有父子，然后有君臣。有君臣，然后有上下。有上下，然后礼义有所错（错，是相互交错的意思）。夫妇之道，不可以不久也，故受之以恒（卦名）。

但从社会学的另一观点来说，人都是社会的成员。而人需要生活，生活必须要人与人之间的互利互助，因此就形成了人群合作的社会。而把"家"的关系，不当作社会的基本成员。"家"，只是整个社会成员的个人私有关系而已。由于这种理念，而发展成为社会公有、共存、共享的目的。这种思想的理念，虽然是"陈义甚高"，而在以人为中心的世界，基本上始终不能解脱以"家"为中心的作用。因为人是有情欲也有理智的，毕竟不同于无心无知的矿物、植物，也不同于一般动物，可以完全机械式地加以限制管理。因此，在人的社会中，始终存在着以"家"为主体的结构。但这个结构，在哲学的逻辑上，也只是一个具体的象征而已。可是由于有这个具体的象征，"家"与"家"的联合集成，便形成为一个社会。换言之，"家"是社会的基本单位，由"家"扩大为社会，社会便是一个"大家庭"。"家"与社会再扩大结合，就形成为一个更大的结合体，那就是所谓的"国家"。由此可以了解，无论是旧学或新知，说过来，说过去，说来说去"歪理千条，正理一条"。看来，我们传统文化中的《易经·序卦》所说，依然是千古常新，仍然不能外于此理此说。

明白了原本《大学》所说"家"的观念，是"大家庭""大家族"的"家"之内涵，它跟西方后期文化所说的社会，是有相同的性质。同时，需要了解《大学》所说的"修身齐家"之道，可说是指示我们对于家庭和社会团体，乃至政府、政党、公司等的领导哲学的认识，和领导人的学问修养的目标。

例如一个人，处在社会某种领导的地位，不管所领导的人有两个或多个，乃至成千上万，所负担的责任，就是这个社会的大家长的任务，而且又略有不同于自己血缘所属家庭的关系。因为所领导的人，来自四面八方，每个人的出身背景、家庭教养、文化教育程度，甚至宗教信仰等等，都各不相同。尤其如我们大中华的民族，因为有几千年文化的各种熏习更为复杂。我还住在美国的时候，常常对华侨社会中的同胞说，我们的民族习性，两个人在一起，就会有三派意见。而且正如我们自己的批评，"内斗内行，外斗外行"，这真是最可耻、最要命的恶习。所以我们上古传统的文化，早就教导我们，做一个领导人的三大任务，就是要"作之君，作之亲，作之师"，并"如临父母""如保赤子"。必须要求自己学养的成就，是可以为这个社会的长官（老板）。也可以为这个社会的父母亲人。更重要的是，也可以为这个社会的大导师。同时，对于所领导的社会成员，要有耐心地教育他、教养他，就像父母或保姆对待孩子一样。当然，如果是在负责教育的岗位上，也必须要有做学生的领导、父母、保姆一样的修养学识和心情才对。不是只做一个"经师"，传授知识。必须要同时是一个"人师"，有形、无形教导一个学生或部下，怎样做一个人。当然，假如能教导出一个学生，最后成为"完人"或"真人"，那就可说已对得起自己的一生，是为"圣人师"或"天人师"了！

我们了解了前面所说这样一个大原则以后，便可知道面对任何一个犹如"大家庭"的社会团体，和我们所接触的左右、上下、前后，任何一个人，彼此之间，随时随地，都很容易产生"亲爱而辟焉，贱恶而辟焉，畏敬而辟焉，哀矜而辟焉，敖惰而辟焉"的情形。如果我们要在历史上列举这一类相关的故事，甚至从现代社会上的个案来说明，那就需用现代的电视、电脑来演出，可以够半生或一生来工作了。我们只能到此打住，继续下文的研究讨论。

第六篇

齐家治国

打开微信，扫码观看南怀瑾先生
讲《大学》视频（六）

三八、从治国必齐其家说起

　　所谓治国必齐其家者，其家不可教，而能教人者，无之。故君子不出家，而成教于国。

　　孝者，所以事君也。弟者，所以事长也。慈者，所以使众也。《康诰》曰："如保赤子。"心诚求之，虽不中，不远矣。未有学养子而后嫁者也。

　　一家仁，一国兴仁。一家让，一国兴让。一人贪戾，一国作乱，其机如此。此谓一言偾事，一人定国。

　　尧舜率天下以仁，而民从之。桀纣率天下以暴，而民从之。其所令，反其所好，而民不从。是故君子有诸己，而后求诸人。无诸己，而后非诸人。所藏乎身不恕，不能喻诸人者，未之有也。故治国在齐其家。

　　《诗》云："桃之夭夭，其叶蓁蓁。之子于归，宜其家人。"宜其家人，而后可以教国人。《诗》云："宜兄宜弟。"宜兄宜弟，而后可以教国人。《诗》云："其仪不忒，正是四国。"其为父子兄弟足法，而后民法之也。此谓治国在齐其家。

我们研究《大学》，在前面已经提起大家的注意，到了修身齐家的阶段，是由"内明（圣）"的学养，转进为"外用（王）"的发挥。但必须更要了解，我们过去的历史文化，从孔子开始的儒家，乃至传承孔门心法的曾子、子思，甚至孟子，始终是秉承三千年来"宗法社会"的伦理传统，发扬人道的人本位思想。

中国上古社会以"礼治"为主

大家庭的家族，便是人群社会的基本，犹如一个小国的雏形，而且它所注重的是礼治，而不是"法治"。"礼"是文化的教养，道德榜样的感化。"法"是人为建立适应时（间）空（间）环境的规矩，用来管理人的行为，使其在人与人之间、人与社会之间，可起平衡利益、调整利害冲突的作用。殷、周以前，中国文化的政治指标是以礼治为主，法治仅是辅助礼治不足的偶尔作用。如果要研究讨论礼治和法治的比较，哪样才对？那可问题不简单，必须要从人类社会发展史、人类经济发展史等学科来综合研究。

我们现在提到礼治、法治的问题，只是要大家了解孔门儒家的传统学问的主旨所在，是以人本位的"人伦"之道出发，外及"为政"的原则原理。所谓"修身、齐家、治国、平天下"的一贯道理，都不外乎这个范围，它并不是讲政术、政法的运用法则。明白这个道理，才好去学习了解原本《大学》《中庸》等书的精义所在。

同时，更要了解，由于传统文化以"宗法社会"的"家族"为主，从夏朝开始，由尧、舜以来的"公天下"，一变为"家天下"，到了周、秦以后，确立以一姓一家为代表的国家、天下，"大家长"号称"帝王"。这个制度习惯，一直运作了两千多年，直到二十世纪初期，才与西方后期的民主等思想相结合。恰如孟子所说"民为贵，社稷次之，君为轻"完全一致。但在我们的文化思想习惯的血液中，至今还存在着"宗法社会"帝王"大家庭"的阴影。

以我的经历来说，在一九四一年，我还亲自碰到来自田间的农民七八人，手执杏黄旗，身背大关刀，冲进成都"皇城"大殿，登上皇帝宝座自称"天子"。这不是演戏而是真人真事。在这个世纪当中，如军阀、政客、学人们，也还有不少如曹操所说，有"几人称帝，几人称王"的思想呢！七十多年前，有一位清朝遗老亲口对我说："你看吧！国民革命军北伐成功了吗？他们不知道北伐成功，正好是政治南伐呢！"那时我还年轻，不懂就问。什么叫"政治南伐"啊？他说："做官、玩法、贪赃、腐败、无能、争宠、争权，哪一样，都跟清朝以前的帝制时代没有什么不同，只是外表不一样而已。而且他们还不像帝制时代有水平，那时文雅多了！你父亲要你读书不做官，是对的。'一代赃官九代牛'，来偿还罪孽，可怕啊！"老实讲，他这一番话，我数十年来记忆犹新，世事几经反复，愈看愈不是滋味。这真如张问陶的诗所说："一编青史太陈陈，上下千秋笑转轮。"将近一个世纪的革命，百年来的岁月，反反复复，依然如故，真的令人气结。

谈"民主"要从自己身上做起

而且，更要明白，从西方后期文化的民主、自由思想东来，开始冲击中国的固有传统文化，渐渐又互相沟通了解而结合。你看到了二十世纪五十年代以后，以美式的民主选举来说，为了竞争登上国家领导人的宝座时，互相揭发缺点，甚至做人身攻击。对于他青年时代的学业成绩、男女恋情，甚至夫妇之间的嬉笑怒骂，都要拉上电视来讽刺。大家还公认，这才是真正民主的风范。诚然，好玩是好玩极了。但是世上真有多少人是白璧无瑕的圣贤啊！照这样说来，自三代以后，有才能而德行有缺点；有高尚的品德，恰恰又缺乏掀天揭地的才能；在才、德和学识三者之间，又要别有雄才大略的气魄，这样的人，恐怕只有向印象派画里去找了。而且这是要求别人是圣贤，不是要求自己是圣贤啰！但不管怎样说，现代西方美式的民主选举挑剔病，正如 B 型流行感冒，风靡一时，归根结底，还不及孔门学派的《大学》《中庸》之道，说得更明白透辟呢！并且它不是要求他人，而是要人人能明白自己要达到的学养目标。"心诚求之，虽不中，不远矣。"要"诚心"地要求自己，虽然没有完全做到，也不太远了，总会达到目的。

那么，原本《大学》关于"治国必齐其家"的原文怎样说呢？"所谓治国必齐其家者，其家不可教，而能教人者，无之。故君子不出家，而成教于国。"在这一节里，先要了解所说的"教"字，照传统文字学的解释，教者效也。这个字的内涵，便有教化、教育和效果的意思。因此，便知他所说的是人人要求自己的学养，发挥"外用（王）"，先要从齐家做起。而且更要了解这个齐字，在传统文字学的解释上，有平等、平衡、持平、肃静的内涵。

因为你从"成人"而进入"大学"的阶段，既已养成"致知、物格、诚意、正心、修身"的"内明（圣）"之学，自然也可以因"身教"而影响自己的家人，使他们能够了解做人处事的标准方向，而使整个家庭，安和乐利。假使对于亲如家人都不能达到教化、教育的影响效果，那么，你说替别人做事业，反而能有教化、影响大家，那是肯定不可能的。所以说，一个真有学养的君子，即使不走出家门一步，他也能够对于整个的社会、国家，起教化、教育影响的效果。

上面是根据《大学》原文，姑且试着来略加说明。但我现在犹如《礼记》上所说的："猩猩能言，不离走兽。鹦鹉能言，不离飞禽。"我也是学话的鹦鹉而已。而且一边说，一边自己冒汗，心里发毛，惭愧之至。只有一句话："我所不能也。"因此，我也常告诉一般学佛修道、或信任何宗教的朋友们说，请你先平实一点，不要老是说，我要学佛度众生、救世人。自己的家人，不是众生之一吗？也是世人吧！既不能影响家人，还说要度众生、救世人，可能吗？也许你能，我实在自惭不能。所以一辈子也不敢以师道自居，既不认为有学生，更不敢自认为是你们的老师了！

所以更要了解如《中庸》所说，"仲尼祖述尧舜，宪章文武"的意义了。这是子思说明孔子所推崇宣扬的传统文化，是以尧、舜的道德教化作标准，以周文王、武王的接近道德的"宪章"制度做榜样。有关尧、舜的大略历史背景，前面已经提到过。现在，我们将对周文王的历史资料，先有一个认识，了解他是怎样影响"齐家、治国"的经过，就可明白孔门传统儒家所指的"治国、齐家"的榜样所在了！

三九、周室治国齐家的故事

姬周家族的来源，根据历史的资料，始于公元前二三五七年的时代，但我们并不是在研究远古史，姑不具论。现代所要取用的，是从商朝殷纣以后，有关周文王以及武王的兴起，建立了周室王朝约八百年的封建和中途的共和政权，奠定中国文化历史的传统根基，而且被孔子赞扬为"郁郁乎文哉"周朝上辈的"家世"。它的兴起时代，约在公元前一三二〇年（与此同期，摩西率希伯来人出埃及，登西奈山受十诫，为犹太教的开始）。乃至从公元前一二五〇年之间，希伯来人征服巴勒斯坦故土，腓尼基人开始殖民时代，恰是周室王朝上辈，历史上的著名贤王"古公亶父"与季历（即周文王之父）先后同是百余年之间的事。直到公元前一一二三年间的周室王朝兴起的历史故事，这些都是根据历史资料的记载，但我们只用一小片段来说明重点。

周室是尧、舜时代，为人民发展农业最有功的后稷的后代。到了夏朝末代政治衰败，不重视农业的发展，因此后稷之子不窋失去了公职，就避世避地到了当时所谓文化非常落后的戎、狄之间，就是现代的甘肃弘化县一带。到了不窋的孙子公刘时，他虽然在当时那文化落后的地方，仍然重新振兴祖传农业发展的精神，如记载所说："务耕种，行地宜。"普及到了渭水之南，"取材用（开发农林经济），行者有资，居者有畜积，民赖其庆，百姓怀之，多徙而保归焉。周道之兴自此始，故诗人歌乐思其德。"

再传八九代以后，到了古公亶父手里，也就是殷朝开始没落的前期。因他重兴祖先公刘的农业发展政策，所谓"积德行义，国人皆戴之（人民都拥戴他）"。但是，那时西北文化落后的戎、狄少数民族"薰育"，却来侵占攻打他的地盘，"欲得财物"。给了他以后，还不满足，又要再来进攻。"欲得地与民。民皆怒，欲战。"古公曰：

> 有民立君（有了人民群众，拥立一个君主），将以利之（那是因为这个君主，可以为人民谋福利）。今戎狄所为攻战（现在戎狄想来侵略我们的目的），以我地与民（是因为我们有了土地和人民群众）。民之在我，与其在彼，何异（人民群众在我这里，和在他那里，只要生活得好，那有什么关系呢）？民欲以我故战（现在人民大众，想为了我的关系，愿意战斗），杀人父子而君之，予不忍为（战争是要死人的，为拥护我而战，那是为我而杀了别人的父兄子弟，然后，又自做大家的君主。我实在不忍心做这种事）。

因此，古公亶父就悄悄地与近亲私属一群人，学他的远祖不窋一样，避地去了现代的陕西，重新定居在梁山西南的岐山之下。但被原来所有的人民群众知道了，大家就扶老携幼，离开戎狄而追到岐山来，照旧跟着他。而且附近的邻国，也久仰古公的仁义贤名，都来归附于他。因此，他只好开始传播文化，改革了戎狄的陋习和旧俗，建设城郭和屋室，划分地区，分配给人民群众来居住。同时又建立官制与职责，形成了一个"国家"的初步规模，所以历史称他是周朝的"太王"。

在这一节所讲的历史故事中，我们可以看出东西两方历史文化的演变，往往有先后同出一辙的故事。古公亶父的东迁，和摩西的出走埃及，都是上古历史上最有意义、最有兴趣的事。但与后世所建立的民族国家的思想，就有很大的区别和不同的理念。这点必须要了解清楚，且待稍后再来研究讨论。现在，再来看一段历史记载：

> 古公有长子曰太伯，次曰虞仲（仲雍）。太姜生少子季历。季历娶太任。皆贤妇人。生昌（即周文王姬昌），有圣瑞。古公曰："我世当有兴者，其在昌乎！"长子太伯和虞仲，知古公欲立季历以传昌，乃二人亡如荆蛮，文身断发，

以让季历。

古公卒，季历立，是为公季。公季修古公遗道，笃于行义，诸侯顺之。公季卒，子昌立，是为西伯（西伯就是后来的周文王）。

"三太"的母仪

古公有贤妃曰"太姜"，即季历等三兄弟之母。太姜有美色，而且性情贞静柔顺，并且极有智慧。教导诸子，至于成人，从来没有过失。古公谋事，必与太姜互相商量。随便古公要迁徙到什么地方，她都不辞劳怨，顺从追随。

季历即位，又娶有贤妃曰"太任"，史载，称其端庄诚一，德行无缺失。及有身孕，即自开始胎教，所谓"目不视恶色，耳不听淫声，口不出傲言"，因此而生文王。

文王又有贤妃，曰"太姒"。《史记·周本纪》说："武王同母兄弟十人，母曰太姒，文王止妃也。"《列女传》称其"生十男，亲自教诲。自少及长，未尝见邪僻之事。文王继而教之，卒成武王、周公之德。"

周室由古公亶父到季历、文王三代，都有贤妃良母助兴周室。所以能形成姬周王室七八百年的宗室王朝，都是由其上辈"齐家、治国"的德育教化而来，并非偶然徒然的提三尺剑，一战功成而得的天下。因此，后世尊称别人的妻子叫"太太"，便是从周室有三位"太"字辈贤妻良母，母仪可风的典故而来，并非是随随便便的口头语。

太伯推位让国的遗风

如要了解"齐家、治国"之道，兄弟之间"推位让国"的遗风余德，便须再看七百多年以后《史记》所载《吴太伯世家》的历史故事。

太伯和其弟仲雍两人，为了孝顺父亲古公亶父想立小弟季历为王的意愿，他两兄弟就出奔到当时所谓没有文化的落后地区荆蛮（就是现在的江苏、无锡、苏州一带），断发文身表示自甘隐遁没有用处，因此自号"句吴"（就是后来周武王分封为吴国的开始）。太伯卒，无子。弟仲雍立，兄弟先后相继五世。周武王克殷，求太伯、仲雍之后封为诸侯。

到了春秋时期，就有吴王寿梦崛起。寿梦生有四子，"长曰诸樊，次曰余祭，次曰余昧，次曰季札。季札贤，寿梦欲立之，季札让不可，于是乃立长子诸樊，摄行事当国"。大哥诸樊在除了父王寿梦的丧服以后，就要照父亲的遗愿，让位季札。季札又极力辞谢，并且"弃其室而耕（自愿下乡种田务农，做个平民）"。因此，大哥诸樊死后，就由其二弟余祭继位，他们兄弟的用意，仍然希望最后由季札来继位。余祭过后，就由其三弟余昧继位。余昧卒，大家仍要依照父兄的遗愿，要授位给小弟季札。季札推辞不掉，就躲开逃走了。季札在吴国的封地是延陵，因此后人便称他为"延陵季子"。因为季札的逃避王位，吴人不得已，才立余昧的儿子僚为吴王。历史上有名的专诸刺僚王的故事，就发生在这个阶段。这已是周室政权衰微没落，到了所谓春秋末期的时代了。

但季札在他二哥余祭当政的时候，曾经奉命出使去鲁国，因此顺路"请观周乐"，这也是历史文化上有名的故事。其实，是季札对周代以来文化历史演变的论评，极其精彩。

周末第一文化大使——季札

可是更精彩的，是季札顺道访问齐、郑、卫、晋等诸侯各国，对于当时四国的名相、大政治家，都有精辟的建议和劝告，那些大智慧的名言，影响当时和后世，都很重要，因此要特别附带介绍。

季札去鲁，遂使齐。说晏（婴）平仲曰："子速纳邑与政（你快点把封邑和政权交出去）。无邑无政，乃免于难（你既然没有分封的采邑财产，又没有政权在手，就可以免了杀身之祸了）。齐国之政将有所归，未得所归，难未息也（齐国的政权，看来将要另会归属他家了。如果还没有得到另一归属，恐怕争夺政权的灾难，很难得到平息哩）。"故晏子因陈桓子以纳政与邑，是以免于栾高之难。

去齐，使于郑，见子产（郑国的贤相），如旧交（一见如故）。谓子产曰："郑之执政侈（太夸张自负了）。难将至矣，政必及子（恐怕马上会有政变，最后一定会要你出来执政）。子为政，慎以礼（你如当政，应该谨慎小心，注重文化道德的教化）。不然，郑国将败（如果不这样做，郑国恐怕就会垮）。"

子产听了季子的忠告，果然成为当时郑国救亡图存的贤相。

去郑，适卫。说蘧瑗（伯玉）、史狗、史鱼、公子荆、公叔发、公子朝曰："卫多君子，未有患也。"

自卫如晋，将舍于宿（地名，河北濮阳县北部）。闻钟声，曰："异哉！吾闻之，辩而不德（口头理论很多，实际政治道德太差），必加于戮（恐怕难免于残杀）。夫子（指晋臣孙文子）获罪于君以在此，惧犹不足，而又可以畔乎（他孙先生既然已得罪了晋侯，所以避祸到这里。恐惧反省还来不及，岂可以另有图谋，想要反叛吗）？夫子之在此，犹燕之巢于幕也。君在殡，而可以乐乎（他孙先生避难到这里，好像燕子筑巢在布幔上，是很危险脆弱的。况且晋君新亡，还未出殡，怎么可以敲钟打鼓来作乐呢）！"遂去之（因此，季子就不去晋国了）。文子闻之，终身不听琴瑟（孙文子从旁人那里听到季札对自己的评语，在他的后半生，就始终不听音乐，表示惭愧和忏悔）。

适晋，说赵文子、韩宣子、魏献子曰："晋国其萃于三家乎（后来果如其言，韩、魏、赵三家分晋）！"将去，谓叔向曰："吾子勉之（你要特别小心啊），君（晋侯）侈（太昏庸自负），而多良大夫皆富，政将在三家（而且这许多的当权大臣都很富有实力。很快，晋国的政权，就要归到三家的手里了）。吾子直，必思自免于难（你老兄是个忠直的人，必须预先做好准备，不要在这场政变灾难中做无谓的牺牲了）。"

不但如此，季子在出使回吴的途中，再经过徐国，还做了一件"挂剑徐君墓树"的千古佳话。《史记》：

季札之初使，北过徐君。徐君好季札剑，口弗敢言。季札心知之，为使上国，未献。还至徐。徐君已死，于是乃解其宝剑，系之徐君冢树而去。从者曰："徐君已死，尚谁予乎？"季子曰："不然，始吾心已许之，岂以死倍吾心哉！"

这就是季札的高尚情操，不因为朋友的死生变故，而自负初衷的心愿。对朋友的心知而不负心，更何况是对君臣父子兄弟之间。人生学问修养到此境界，算不算得上是一个真、善、美的完人呢？

有关吴太伯和季札推位让国的结论，太史公司马迁写了第一篇《吴太伯世家》，评语如下：

孔子言："太伯可谓至德矣（吴太伯的德行，可说是高尚到了极点）！三以天下让（他一生三次把现成可以统治天下的权位推让出去），民无得而称焉（实在使人们欲赞无辞）！"余读春秋古文，乃知中国之虞，与荆蛮、句吴兄弟也。延陵季子之仁心（至于延陵季子的仁义之心），慕义无穷（使人无限的敬仰钦佩）。见微而知清浊（尤其对事理的观察，透彻微末，由某一点上就可分别清浊好坏）。呜呼！

又何其阅览博物君子也（何以他能有如此的远见？因为他是一个深通人情物理，有真学问的君子啊）。

另外，我们还可以从季札的生存时期，了知"乱世多贤"的历史事实。正当这个"春称"末期的半个世纪之间，圣如孔子，以及孔门的诸多弟子，乃至晏子、子产、蘧伯玉、延陵季子等辈诸大贤哲，都出生在这个时期，只是"贤者不在其位"，"能者不当其职"，但在文化史上，他们却留下不朽的立言功业，以及千古的流风余事，影响了中国后世两千年来的文化思想。

另外，在这个时期，可称为第二个成功的，而非职业性的外交大使，那便是子贡为救鲁国的国难，出使吴、越、晋之间的纵横外交。子贡和季札，应该都算是中国外交史上最成功的两种榜样。后来的苏秦、张仪，并不足以和季札、子贡二人相提并论了。

孝、弟、慈的道理

我们为了深入研究《大学》所谓"治国必齐其家"的道理，花了不少时间，引用《周本纪》及《吴太伯世家》的相关资料，说明《大学》所讲"其家不可教，而能教人者，无之。故君子不出家，而成教于国"的内涵。这也正是孔子"祖述尧舜"的公天下时期，以及从夏、商、周的家天下以后，治国必齐其家的主旨所在。现在我们采用历史事实来做引申说明，比较确切。然后，便顺理成章可以了解它的后文，所谓"孝者，所以事君也。弟者，所以事长也。慈者，所以使众也"的道理。

有关这一篇孝、弟、慈三者的事实说明，我们只要回转上面，由周室初期，太伯、仲雍两兄弟，为了要真实做到"推位让国"，就不惜舍弃个人对父母的孝养，离家出走，逃隐荆蛮，断发文身，以示无用。正是如古人所说"移孝作忠"的事君之道。因为从私来讲，古公亶父是太伯、仲雍的父亲，他们父母子女之间，并无彼此失德不和之处。只是古公亶父正位居国君，从"天下为公"来说，太伯、仲雍兄弟，虽然身为人子，但身居臣位。他们既然明白了为父为君的明智意向，既不能避世，就只有避地、避人一个方法，才可以解脱"宗法社会"君臣父子之间的矛盾烦恼。所谓"知进退存亡之机，而不失其正者"，才能"知止而后有定"，然后做到"孝者，所以事君也"的实效。唐、宋以后的儒家们，特别提出"求忠臣必于孝子之门"的论调，也许不完全是从这个观点出发，或者是把孝与忠的定义，只范围在一种小忠、小孝的个人人格圈圈以内！

同样，由前面所引用太伯、仲雍兄弟的故事，以及延陵季子的再三推让，逃避三位哥哥依次要传位给他的行为，便可说明"弟者，所以事长也"的道理。至于"慈者，所以使众也"的要点，我们只要真实理解古公亶父避居岐山以前所说的话"有民立君，将以利之"，以及"民之在我，与其在彼，何异？民欲以我故战，杀人父子而君之，予不忍为"，便知其中的道理。正如《大学》接着引用《康诰》所说"如保赤子"并说明"心诚求之，虽不中，不远矣。未有学养子而后嫁者也"。不过，讲到本文最后一句，我不免也要对曾子幽默一声说，曾子真是落后的古人。他没有看到两千余年以后的现在，和将来的时代，大多数都是"先学养子而后嫁"的呢！甚至还有专门教导未嫁而先养子的教育法。希望曾子再也不要叹息今不如古才好呢！

推位让国与统一江山

我们讲到《大学》"治国先齐其家"一节，都有引用孔子再三推崇尧、舜和周文王祖先的话。在有意无意之间，更是赞叹周文王的大伯父吴太伯和二伯父仲雍几个人的"推位让国"的伟大行为。因此，引用史实，说明这是很了不起的千古典型。

但是，孔子的本意，是不是要后世的人都要效法吴太伯兄弟一样，一定要推位让国才算是真君子呢？可以说，不论孔子和他的弟子们，都没有明确地说出来。只是赞叹敬佩，"高山仰止，景行行止"而已。

推位让国，是中国上古"公天下"或"家天下"的历史中，所表现出帝王体制时代的真民主，也是政治道德的最高品德。如果"高推圣境"，这是要求它在三代以上的政治情操，并不必过分强调在三代以后的作为。周、秦以后，如果都须依照古公亶父的"避地"，或是吴太伯、季札等先贤的"遁世无闷"，那么，秦、汉两代，早应归顺于匈奴；隋、唐初期，亦应早让给突厥或胡人。魏、晋、南北朝时期"五胡乱华"的纷争，难道是无理取闹的局面吗？至于五代以后的宋朝和辽、金、元，以及明朝以后的"满汉"明辨，都变成是多余的纷扰啰？

其实，推位让国的最高理则，并非如此。它的主旨，只是局限在"齐家"范围的"父慈、子孝、兄友、弟恭"的礼让行为，并非是加于领导有国者的大君主，或大领导统治者的要求。我们只要冷静读一读历史，从秦、汉以后，直到明、清，几乎所有"家天下"的帝王家庭，父子之间、兄弟之间、夫妻之间，为了争夺权位而互相残杀，甚至因此而亡国亡家的，岂可胜数。

到了现代，这种推位让国的精神和真修养，倘使用在真正民主政治，和真正民选的政治团体，或是大企业集团的大老板们，倒是成为至高无上的个人为政品德了！

如果是一统大国的领导理念，那么，又须另行参读司马迁论说唐尧、虞舜三代以上的王道德治，和秦、汉以后的一统江山，都不是草草匆匆、随随便便的事。实在值得一读，并且需要慎思明辨，就大有助益之处。如云：

> 昔虞、夏之兴，积善累功数十年，德洽百姓，摄行政事，考之于天，然后在位。汤、武之王，乃由契、后稷修仁行义十余世，不期而会孟津八百诸侯，犹以为未可，其

后乃放弑。

秦起襄公，章于文、缪、献、孝之后，稍以蚕食六国，百有余载，至始皇乃能并冠带之伦。以德若彼，用力如此，盖一统若斯之难也。

前面说到唐虞传天下之难（人），再说到秦"盖一统若斯之难也"（事）。但刘邦之天下，自认马上得之，但未必能马上治之。所以上古之时，用"道""德"来理天下，战国以后，历代帝王以"霸"和"术"来治天下或争天下。所谓"霸"就是武力和权威，而"术"就是方法、手段。如果以"明明德""亲民"为出发点，那就可以成为历史上的"民君"了，正如西方马丁·路德所说的，"不择手段，以达到最高道德目的"。但说起来简单，古往今来，做到的又有几人呢？所以玩弄手段、自欺欺人，毕竟是很危险的。

刘邦以一无赖子得天下，长期的楚汉相争，称帝时已快六十岁，到了暮气沉沉的时候，加之本人不学无术，也就没什么作为了。但是刘家出了两个不错的子孙——文、景二帝，他们从小所处的环境及所受的教育，使他们变成了一代守成之主，为汉朝厚植了国力基础。所以才有武帝的崛起，用了两代的积蓄，屡伐匈奴，一洗汉朝六十年来的屈辱外交；并解决秦汉以来的边疆问题，灭南越，伐朝鲜，奠定了中国初期的版图。这就是历史上所谓"汉唐盛世"的汉武帝刘彻。

武帝本身是一个既迷信而又任性的人，关于迷信的部分，司马迁在《孝武本纪》中一开始就说："尤好鬼神之祀"，接下来用了大半的文字，叙说武帝的求仙等等，所以元遗山才有"神仙不到秋风客"之句了。其余如尊儒术、通西域、征大宛等，无一不是自大任性所造成的。惟因如此，才有汉朝的盛世；也因如此，才种下了西汉没落的初因。真正谈历史的人，还必须深入研究，自有启发之处，这才真正是《大学》一书最好的旁证。

四十、治国当家的原则

　　曾子著《大学》，秉承孔子遗教，从夏、商、周以后，以"宗法社会"的"家天下"为主，由"治国必齐其家"为中心，特别引用周室王朝时代《康诰》中"如保赤子"的一句，作为执政治国者的目标和信条，告诫执政者的内明存心，必须对于全国的人民，确切具有"如保赤子"的仁慈之念，不可徒有口号而自欺欺人。但是历来秉国执政者的领导人，或者被才能和德性所限，或是被当时的社会环境条件所牵掣，是否具有这种存心，甚至是心有余而力不足，这也是势所难免的事。因此曾子便提出"心诚求之，虽不中，不远矣！未有学养子而后嫁者"的名言，作为勉励之辞。

自知与知人

　　然后他便提出作为秉国执政者，或是身负任何社会团体的主管，以及身任地方政府的领导者，必须要有"知人之智""自知之明"的道德原则。而且这个大原则，并没有时代的局限性，更不是任何政治主义，或是唯物、唯心等思想逻辑，乃至人治或法治的治理方法，以及帝王政体、民主政体等理念。这就是《大学》所谓"一家仁，一国兴仁。一家让，一国兴让。一人贪戾，一国作乱。其机如此。此谓一言偾事，一人定国"的道理。

　　假如我们用曾子所说这几句名言作历史论文的题目，就只以中国两千多年的历史立论，几乎可以分别开来，各写一部一两百万言的专著或小说。

　　现在我们姑且简单从秦、汉以后说起。汉朝自汉文帝倡导节俭，一二十年之间，就使社会富有丰裕，从此使人民得以休养生息，成为历史上所推崇的文景时代。因此，到了汉武帝手里，才能发挥汉室雄威，开疆辟土。

接着，由汉宣帝的以儒、道、法并用，整顿吏治，实行他刘家天下的王道和霸道并存理想，才形成了汉室前期的大汉规模。

到了汉元帝以后，就开始根植了王莽一流的儒生政治风气，所谓："一人贪戾，一国作乱"，"一言偾事"，"其机如此"。

在中国两千年左右的历史上，比较值得称道，能够做到齐家治国的榜样，以我个人肤浅的认定，大概只有东汉中兴之主的光武帝刘秀一人。他本身虽然来自田间，但也是从儒学出身，对于《诗经》的文化教育，更有心得。至于他的文章简练，虽然只有短短几篇诏书，便已足以启发东汉以后汉文的先声。

东汉末期，魏、蜀、吴三国分立，但是曹操父子富于哲学性的文学才华，开启了建安七子的文采风流，影响后世很大。曹孟德的称王称帝事功，哪里比得上他在中国文坛上的千秋价值呢！因此，而有魏、晋初期老、庄、易学"三玄"的兴起。青年士子，如王弼注《老子》，郭象注《庄子》，好坏不说，但不能不说都是受曹家父子深富哲学性的文学影响而来。

再说，历史上的"以孝道治天下"的宣传口号，很奇怪，恰恰是历史政治最糟糕一代的晋朝的高调。

至于南北朝时代的宋、齐、梁、陈，乃至隋朝和初唐之际的文学，柔靡婉丽，就像南北朝的历史形态一样，犹如"东风无力百花残"的败局，实在凌乱不堪。然而，它的风流潇洒风气，却影响了唐朝开国一代名王李世民。

中国的历史，我们自己对过去最值得称道的就是汉、唐。但是，李唐建国，为什么一开始就能有他的独特风格呢？那便不得不归功于唐太宗李世民一人。所谓唐诗、书法，甚至唐朝初期一代才子形成的政治风气，也都是受唐太宗的影响而来。从中国的书法来讲，初唐时期的虞世南，甚至稍后的颜真卿、柳公权、裴休等人，都超不过李世民本人的韵味。何况他的诗及文章，也是南朝六代以来的第一人。因此才有唐代的文学，照耀古今。这就是"上有好者，下必甚焉"的结果。同时，因为他喜好哲学，钻研佛理，才使中国的禅宗，在盛唐以后崛起，影响了日本，而且普及到东南亚各国。直到现在，仍为世人所揣摩猜测，摸不着边际，正如雪窦禅师所谓：

> 潦倒云门泛铁船，江南江北竞头看。
>
> 可怜多少垂钩者，随例茫茫失钓竿。

唐末五代之乱的后期，就出现了"陈桥兵变""黄袍加身"的赵宋王朝。但很遗憾，就是开国之初的宋太祖赵匡胤和宋太宗赵匡义两兄弟，却是爱好文事的军人而兼学者的人物。尤其是宋太宗赵匡义更为特出。在他带兵作战的一二十年间，虽在马上行军，还是手不释卷读书不倦。因此而养成"守文弱主"的格局。致使南北宋赵家三百年的中国天下，始终是和辽、金、元并存共治。等于在历史上，重新出现一个南北朝的时代，并不能算是真正的江山一统，故无法与汉、唐两代并美争辉。可是在南北宋三百年间的朝廷政府，重视文人学者，礼遇宰相，尊重儒林、道学的风气超越古今。因此而有"五大儒"，如周濂溪、张横渠、程颐、程颢乃至朱熹等人的出现，形成宋儒特有的"理学"，与佛、道两家，互争胜场。然而始终难免三百年来，赵家所有的职业皇帝，照例都是"守文弱主"的遗风，造成年年纳贡、岁岁捐输北国的奇耻大辱。这可不能误解是"一家让，一国兴让"的明训。宋儒们虽然拼命讲《大学》《中庸》，实在都没有教导养成"一人定国"的历史成果，应该是难免愧对先圣先贤吧！

接着而来，便是蒙古族所建立的元朝，统治了中国将近百年的局面。当时蒙古族缺乏文化水平，特别信奉边疆少数民族所崇拜的喇嘛教，使元朝九十多年间的政治，完全是与喇嘛和番、胡人等共治中国，使唐、宋以来的儒、佛、道三家文化的基础，几乎完全为之伤残殆尽，黯然失色。

出使西藏的禅宗大师

好在很快也就出了一个和尚皇帝朱元璋，推翻了元朝的政权，使蒙古族归还本位，返回他们的草原大自然之中。因为朱元璋，曾经为了生活无着而做过和尚，因此他对宗教，尤其是佛教，到底不太外行。所以在他建立明朝，登位做皇帝的初期，对于东南亚信仰佛教等地区，以及西藏只派了一个禅宗大师的和尚出使"番邦"，协调西藏，就此便使西陲相安无事，甘心臣服。永乐帝即位，用老办法，敕封哈立麻喇嘛为"大宝法王"，也就相安无事了。有关西藏现存密教中的"大手印"与"大圆满"等法门，都与宋、元、明时期输进禅宗佛法，息息相关，不可或分。不过，这个奥秘，实在"只可和智者道，难与愚痴者言"。佛曰："不可说！不可说！"其然乎？其不然乎！

有问：明初朱元璋所派安抚西番的和尚大使是谁？在历史上并没有明确记载，请顺便一讲。

答：中国过去的历史，都是自称为儒家的大学者所编纂。他们都是戴上有色眼镜，凡是碰到佛、道两家或不懂的事，就毫不客气地删除。孟子曰："尽信书，则不如无书"，正为此故。

明初在洪武三四年之间，朱元璋特别请托金陵（南京）天界寺觉源慧昙禅师出使安抚西藏。禅师原籍浙江台州人，俗姓杨，十六岁出家为僧，在杭州中天竺寺笑隐大䜣和尚处参禅悟道。悟后便说："只为分明极，翻令所得迟。"笑隐问道："汝见何道理？"他便展开两手说："不值半文钱。"他在西藏期间，极受尊重，后来便圆寂（死）于西藏。朱元璋很难过，请宗泐禅师等，收奉慧昙禅师留在天界寺中的衣钵，建塔在雨花台的左边以表崇敬。宗泐禅师，也是朱皇帝所最钦敬的和尚禅师之一，曾经要他还俗做官，禅师不肯。后来因为涉及宰相胡惟庸一案，被朱元璋贬遣到他的故乡凤阳修建佛寺三年。可是朱皇帝有了疑问，就很想他。因此，有诗送他说："泐翁去此问谁禅，朝夕常思在目前。"又召他回转南京，再住天界寺。

朱元璋和永乐以后，明朝三百年天下，所有后代的职业皇帝，几乎没有一个像样的人君。而且大多都如朱皇帝一样，内在有极恐惧的自卑感，因此轻视儒生、侮辱臣僚，使有明一代三百年来的政权，操纵在那些不男不女的太监手里。正如《大学》所说："一人贪戾，一国作乱"，极其可悲。我有时读《宋史》的感受，大有如北宋初期名相晏殊的词句"无可奈何花落去，似曾相识燕归来"的味道。但我读《明史》的感受，就完全不同，好像是"乱石穿空，惊涛拍岸，卷起千堆雪"的味道。赵宋和朱明两家的天下，同有三百年的执政时期，收场几乎都很可悲。李闯王进到北京，看到崇祯吊死煤山，很感叹地说："君非亡国之君，而臣皆亡国之臣也。"但也有人说，这是崇祯在临死前的自语。不论此话是谁讲的，实在不是公平的论断，只是推过于人的遁辞而已！朱明一代的王朝，虽没有一个出色的人君，可是却是江山一统的中国。至于赵宋一代，尤其在北宋初期，在文事政治方面，君臣都有可观可法之处，只不过仅是半统山河的局面，比之明朝不免大有逊色。

明朝后期，满族兴起于东北。这个时期，以现在惯用公元来计算，已是十六世纪后期到十七世纪的中期阶段。如果不谈三百年前"反清复明"的民族意识，但从大中华文化的华夏文明来讲，正如民国初年开始，早已了解汉、满、蒙、回、藏，乃至许多的少数民族等，在五千年前，由黄帝轩辕前后时期，寻根究底，原本算是一家。

不过，在十六世纪时期，满族在东北仍属少数民族的一系。但满族在东北建国的初期，虽然是"草昧初创""利建侯"的阶段，而在有形无形之中，也早已吸收中原的文化，只是水平不高，还在学习适应的阶段而已。

到了明朝垂危的最后时期，正好碰上吴三桂妄想利用满族武力，反击李闯王，才使皇太极的孤儿寡妇，率领十来万八旗子弟，俨然像煞正义之师，轻轻易易进入山海关坐取北京，从此便统治了四亿人口的中国又将近三百年的天下。这个历史镜头，使人想起唐人的诗句，真是"尘土十分归举子，乾坤大半属偷儿"的写照。如果用《史记》的笔法，便可说："虽曰人事，岂非天命哉！"奇怪的是"时无英雄，徒使孺子成名"而已！

因此而使明末遗老们，不甘心满族少数民族的统治，高呼"华夷之辨""满汉之分"，倡导民族主义，始终与清朝两百余年来的政权，或明或暗反抗斗争到底。直到孙中山先生崛起鼓吹革命，奔走海内外，终于赢得了辛亥革命的成功，才推翻了清政权，然后提倡"五族共和"，重新建立大中华民族的故国。

其实，初期清兵的入主中国，实在是"乘时而兴"机会给予的时代幸运，并非是满族的文治武功，另有特别高明之处。至于后来所谓的"八旗雄风"，甚至被人们最痛恨的"扬州十日""嘉定三屠"等劣迹，都还不是依史论史的关键所在。

从清朝得到的历史教训

我们如果要认真吸收历史的教训和经验，"鉴往而知来"，那就要：

一、应该要切实明白中国二三千年的内忧外患，重点都是起于边疆的边政、边防问题。以中国的地理立论，由西到东，所谓满、蒙、西域、番藏等问题，在历史的时间、空间上，一直存在三千多年，直到现在。其中包括文化问题、民族问题、宗教问题。至于由北到南，在海疆问题的海防上，也是极其重要，但须另作专论。元朝的蒙古族和明末的清兵入关，都是中国三千多年来的历史，在治理边疆问题上的败笔，希望后之来者，再也不要重蹈覆辙。

二、有关清兵入关的战略问题，实在是过去历史上的创举。如果真要研究满族在关外东北崛起的初期，就是满族对蒙古各旗的征服，的确并不简单。到了入关之后，若说满族是用武力统一中国，那是根本文不对题。清朝的统一中国，所用武力，完全是一种代理战争的战略，八旗兵力只是作为指挥监督的作用而已。明白地说，清朝是利用蒙古兵和汉族人本身来作代理战争，他自坐观其成唾手而得地统一了中国。如洪承畴和吴三桂、尚可喜、耿精忠等"三藩"，都是汉人汉兵，正如后人在崖山的吊古诗所谓"镌功奇石张弘范，不是胡儿是汉儿"，同出一辙。

三、清兵入关前后，他们的领导上层，初期所吸收的文化，是受《三国演义》和老子《道德经》的影响最大，并未认真接受儒家的思想（《三国演义》这部小说，在日本如丰臣秀吉、德川家康等幕府，也都受它影响，罗贯中先生真亦足以千秋矣）。可是到了入关之后，由顺治开始，到康熙、雍正、乾隆三四代一百多年之间，都是受佛学禅宗、律学的影响，这也是中国文化史上的奇迹，但却为一般历史学者所忽略、轻视过去了。如果用严格的比喻来说，大家都知道，西汉的"文景之治"，是重用黄（帝）、老（子）的道家文化思想。后世称它是"内用黄老""外示儒术"。那么，清朝在康、雍、乾三代，是"内用禅佛""外示儒家"。这是绝对正确的事实，如假包换。只可惜后世一般人，对禅佛之学太过生疏，反而不能学以贯通，自被成见所瞒了。

假定你能明白前面所讲的要点以后，你就可以了解在清朝初期一百多年，甚至与后来百余年来，他们并没有像汉、唐、明朝各代所谓历史上最头痛的外戚、女祸、宦官、藩镇等祸国殃民的大乱出现，岂是偶然的幸运吗？当然不能以清朝最后末代的慈禧、李莲英，或者拿过去历来的"反清复明"，有意尽量描黑的"清朝宫闱内幕"等小说来讲，那就没有什么话好说了。

而且最重要的，我们只要反证历史，由汉、唐以来的中国，所谓幅员之广，版图之大，收内外蒙古、西域新疆等于一统山河，全形如秋海棠叶的中国地图，便是这个时期的杰作。这总可算是功高一等，超越历代吧！同时，由康熙开始，亦收亦放，似紧又松地漫天散布法网，留给雍正即位，再来收紧网罗，整顿吏治、财政，奠定乾隆以来将近百年的承平岁月，使全国上下的百姓和知识分子，都醉心在文章华丽、词赋风流、功名境界之中。因此而有享受乾、嘉时代的青年士子们所谓"不做无聊之事，何以遣此有涯之生"的幽默话。乾隆也志得意满地自作御制春联，唱"乾坤春浩荡，文治日光华"的高调，似乎也不是大吹牛皮，过分夸大。只是他却忘了，能做到这样的成果，都是受之于父祖的余荫而来，并非完全是他一手所造成的大功德。但是历史和人生，毕竟超越不过因果的定律，二百多年后的满族，仍然是由孤儿寡妇，挟着皮包，坐上马车，黯然出关而去，可怜的只是末代皇帝溥仪，不过，他的故事，大家都知道，就不必画蛇添足了！

接着而来，我们如果讲现代史，那就比研究"二十五史"更为麻烦。现代史必须要从清朝乾嘉时期开始追溯前因。同时又须和西洋的文化史搭配起来研究，由十五世纪后西方文明的演变，以及十七世纪以来西方的航海、工商、科技、政治、经济等等的革命性文明，如何逐渐影响东方和中国。直到现在，东西文化虽还未完全融化结合为一体，但已有整合全体"人类文化"的趋势，以便迎接未来"太空文明"的到临。古人说："人无远虑，必有近忧。"为学为政，切不可目光如豆，掉以轻心，只当这些是狂妄幻想的妄语而已！

问：但是，我们现在为了讲《大学》的"治国必齐其家"一节，而且只在研究"一家仁，一家让"的影响，和"一人贪戾，一国作乱""一言偾事，一人定国"的小段，为什么却乱七八糟地引出历史来"讲古",又没有把历史的真实经过和每一小段话一一对证说明呢?

答:实在是为了时间和精力的有限,只能提纲挈领地说一点能够作为启发性的作用。至于"闻一而知二三",可以自启"虑而后能得"的效果,那就全在诸君的慧力了!至于说,为什么当在过去"家天下"的帝王体制时代,大讲其"治国必先齐家"的道理,忽然使我想起在隋末的时候,当李世民规劝、怂恿他父亲李渊起义造反,李渊最后被时势所迫,不得已地对儿子李世民说:"吾一夕思汝言,亦大有理。今日,破家亡躯亦由汝,化家为国亦由汝矣!"由于李世民的建议,才有李唐一代近三百年的天下。这是"一言偾事,一人定国"的样板,也是"一人贪戾,一国作乱"的反面对照。至于李唐家族有关"治国齐家"的功过得失,其中因果,姑且置而不说,以后可以专论。

其实,不管是封建的帝王时代,或开明的民主时代,不论是为治国、为家族或社团,即如任何一个人,要立志做工商业,或其他的事业,也随时可能会有"破家亡躯"的危险,同时也有"化小家庭而利邦国"的可能。所以对于"一人贪戾,一国作乱",以及"一言偾事,一人定国"的原则修养,就不能不深加体会。"贪戾"一句,是一个人心志发展的"行为"的阴暗面,"贪"字所包括的心理、行为作用,大小、明暗的无所不有,一时阐述不完,将来或专讲"心性""内明"之学时再说。"偾事"一句,是指一个人在言语上最需谨慎的关键。在这里必须要作补充的说明,因为这两样心行,在历史上,及现实人生的经历上,事例太多,希望大家有所会心,便可明白"知止而后有定"的功用对于自反自省的重要,便会后福无量了!

四一、法治与治法

下文所讲的，就是说明"治国安邦"有关为政的"法治"和"人治"的共通要旨。曾子就引用上古史的经验来做说明，如说：

> 尧舜率天下以仁，而民从之。桀纣率天下以暴，而民从之。其所令反其所好，而民不从。

这是很浅显的古文，等于白话，我们不必另加发挥，大家一读就会明白。下文接着，便说：

> 是故君子有诸己，而后求诸人。无诸己，而后非诸人。所藏乎身不恕，而能喻诸人者，未之有也。故治国在齐其家。

这是说明治国的要旨，无论是过去的君主体制时代，或是后世的民主体制时代，其政治和法令，都必须先从自己本身和家人开始体会设想，怎样领导人民，怎样制定法令，必须完全适合于人情物理，才能行得通。假定所领导的办法和所制定的法令，使用在自己本身，或自己的家人，都觉得无法忍受，无法宽恕。那么，便要求别人或下属人民来遵守，那是绝对行不通的。所以说"治国在齐其家"，便是这个道理，读来并不难理解。

为什么"率天下以暴，而民从之"？

但是，如果拿来对照现实的世间，我读它读了六七十年，还是不能理解。原因是什么呢？例如我们读历史，以过去的经验来说，不论是哪一国或哪一种族的人民，他们在很长的一段年代里，为什么就能够忍受那种暴政，一直要等到"人亡政息"，才有所反弹起而改革？就像前文所说，"桀纣率天下以暴，而民从之"。到底是为了什么？现代史上如意大利当时兴起的墨索里尼与德国的希特勒"法西斯"，我们都是亲身耳闻目睹的事实。但当时多少人为之疯狂倾倒，多少人为之顶礼膜拜？甚至还留给现世的后人，在憧憬欣羡，乃至私自摹仿，这又是为了什么？可以说"百思不得其解"。后来阅世愈久、涉世愈深，才完全明白这是一个人性哲学上的大问题，不是自然科学或社会科学所能彻底明白的问题。如要从社会科学讲起，最后回归到"哲学的科学"问题上去，多少年、多少字也讲说不完，我就不必自找麻烦了，自然会有将来的贤者去阐述明白。

话说回来，我们前面讨论过去"家天下"帝王制度的时代，即使如《大学》所说，"其所令，反其所好"，而人们却依然服从忍受，好像也是很难理解的事。其实，不只是过去的历史如此，即使在十七世纪以后，欧洲开始，二百多年来高唱"民主"和"人（民）权"的西方国家，甚至如现在的美国，他们自己认为是世界上最民主、最有人（民）权的国家。事实上就存在着许多法令，多是反其人民的所好。但是，人们依然在遵守流行，并未完全改正过来使其完善。仔细看来，古今中外善恶美丑的事实都是一样，只是各个时代、各个地区的人们，把善恶美丑的外形，粉饰打扮得各有不同而已。

当我在美国居留做过客的二三年间，审慎观察研究他们的各阶层社会，人们最厌恶的便是律师。其次，最恐惧的是医生和医药。号称为世界民主、文明的美国，也难免如老子所说"法令滋彰，盗贼多有"的社会。他们的法令也多如牛毛，各州的立法，有的和联邦法律不同难免抵触。法官们对于法律的解释，有时候也犯了如中国历代酷吏一样的错误，"周纳罗织"，入人于罪的也不少。因此，作为律师的一行，就有不少懂得钻法律的漏洞，犹如中国明、清时代的一些刁钻师爷或恶讼师一样，也会使打官司的当事人，弄得家破人亡。尤其有关税法方面，追缴、追补的多，逃税、漏税的也很公开普遍。这也就是美国式的民主"人（民）权"一面的热闹事。点到为止，也是一言难尽。

有关于美国医学界方面的"法令"，也是不堪领教。医生、医药的费用，昂贵得很难想象。等候排时间治疗，有时超过一两个月，可以拖死病人，也很平常。他们间接在压榨病人的费用，实际上是把持医药法令，直接在敲政府卫生部门，尤其保险公司的竹杠。如是私人出钱，向医生、医院求治，那就"贵不可言"了！但无论是间接或直接的要钱，其实，就是攫取人民社会的财富而归于己有。但他们是"于法有据"，习以为常，不认为早已根本违犯医德和医药对于人类救苦救难的基本原则了。

如照我在过去中国几十年前，亲眼看到那个古老的农村社会，现在人所谓的封建社会的医生和药店，几乎和现代西方或美国的医生、药店完全相反。医生如果太摆架子，拖延时间去看病人，当场会为病家及大众所咒骂。药店在过新年的正月初一，绝对不可关门，而且也不许关门，那是千多年来的风俗习惯。不论半夜三更，正月初一或除夕，请医生看病，或到药店买药，绝对没有推迟拖延的行为，不然就会被社会群众所唾弃的。至于民间社会，不论妇女村农，懂得几个祖传偏方或治病方法，给人方便治疗，得到一般老百姓的爱戴，那是天经地义的事。当然，或药不对症，庸医杀人，不免有之，但到底是少之又少。绝不像美国式的"民主"法令，以保障人命做借口，随便指为"无照医生"，就绳之于法。我在美国，也随时看到有些病人，明明是医药错误，但也绝对不敢施之援手，甚至也不敢多说，稍一不慎，就会触犯他们的法令，不堪设想。国际间能把新旧中外医药一例公费，减少人民负担的国家，据我所知，只有在八十年代前的中国，已经做到，虽然并未完善，那也确是当时历史上一个难能可贵的善政了。

总之，我们只是略举美国式的民主"人（民）权"有关法治的一些表面皮毛现象，说明"其所令，反其所好"而人民依然服从也是常事。只是一般来自外国，久居其邦，或为侨民的人们，始终在心理上，存有主、客之别，潜在意识的客气，并没有完全深入观察，就不觉得他们民主、法治的社会，仍然还有许多太不文明的阴暗面，不要只见其"秋毫之末，而不见舆薪"了！不过，他们到底是历史文化年轻的国家，像一般人群中的青年人一样，容易犯有自傲自满、轻视一切的毛病。但也确有"知过必改，善莫大焉"的好处，倒很希望他们真能产生一个雄才大略的领导人，和世界上各个民族、国家，相互合作，共同为人类谋福祉。

讲到这里，让我穿插一则往事。在一九八五年的冬天，我到美国还不到四个月，有一位担任美国财政部副部长级的人，经过朋友介绍特来访问。在闲谈的时候，他问我对于美国的观感，我说，我刚来贵国，差不多每天都在找房子，由最便宜的十万美元一幢房屋看起，到二百多万美元一幢的，大约看了大小二百多幢房屋，都需要登堂入室看个究竟；同时也和社会福利的社团有所交往，很忙，没有了解清楚。但他就从这个问题上，再三追问。我就很随便对他说，据我的初步观察所了解，现在的贵国，只有三句话："最富有的国家、最贫穷的社会，也是世界上负债最大的国家。"但你们不怕，因为国力很强啊！他听完了我的话，特别站起来和我握手说，你说得真透彻，你的观察力太敏锐了！我们很想你能留在美国。我说，请不要见怪，我是随便说说，不足为凭。我原是过客，到了贵国，能得合法的居留，安心暂住一时，已很感谢盛情了！我欢迎你常来我家做客，喝中国茶、吃中国菜，也是一乐也。于是，彼此相互欢笑而散。

制定法令的基本原则

我们再回转到《大学》本节中所提，有关建立和颁布法令的基本原则，所谓："是故君子有诸己，而后求诸人。无诸己，而后非诸人。所藏乎身不恕，而能喻诸人者，未之有也。"（"诸"字古代是通"于"字用）

这是说，从事政治的当权者或立法者，当你要发布命令，或建立法制的时候，不要忘了自己也是一个最基层的平民群众，也是对象的当事人。只是现在立场不同，处境不一样而已。如果自己接受这个命令，是不是可以做得到、行得通呢？假定人人是我，如果在我自己的心中也有所碍难，也觉不妥，那就不能随便下令或立法而要求别人遵守了。不过，这几句话的内涵很广也很重要，它是有关法律和政令的法理问题，也就是法律学的哲学问题。人类的社会原本无法，"法由人造"，"令自人兴"。以传统的文化历史来说，三代到西周的时期，姑且统归在礼治的社会。所谓礼治的精神，首先的原则，注重在教化。因为那个时期，文化知识教育，只属于官府和士大夫所有，教育并不普及。平常的人们，客气一点都叫做"庶民"，不客气一点，都算是愚氓，用俗话来讲，也叫做"细民"。"细"字，就是小的意思。"细人"就是小人。如要研究这个字的读音，应该照客家话、广东话来发音，就合于古音了。那么，所谓"庶民"，便是"细民"的变音而已，并没有什么特别的意思。礼治，不但在要求上层阶级的士大夫们，同时也是要教化一般的庶民。所谓"不教而诛之"，则过在士大夫们所从政当权的官府，并不完全重责于庶民，这是礼治文化最重要的精神所在。

到了东周以后，姑且以秦始皇上辈秦襄公时代做代表，来划定界线，从商鞅变法开始，才使主张法治的法家之学，崭然露其锋芒。因此，到了秦始皇建立帝王政权，专门注重法治，法令严密，才有历史上所称秦法綦严的说法。但帝王政体的法治，只是对皇帝以下的一切人等来说；独有皇帝本身，自有特权，不受他自己所颁布的法律所管。皇帝是"出言为经""吐语为法"的一个怪东西。所以秦、汉以后的许多帝王，本来都是前朝依法所称的盗贼或叛臣出身，一旦取得天下，登上宝座以后，便自又颁定法令，依法管理臣民了。早在春秋末期的庄子，就说过这样的话："窃钩者诛，窃国者侯。侯之门，仁义出焉。"而在唐代的历史上，记载着开国功臣徐（李）世勣的自白，用庄子这几句名言做注解，便很恰当，也另具有双向的内涵。徐世勣说："我年十三时为亡（亡音无）赖贼，逢人则杀。十四五为难当贼，有所不惬则杀人。十七八为佳贼，临阵乃杀之。二十为大将，用兵以救人死。"

千古英雄，大都不外于此例，只是徐世勣肯说坦白话，仍然不失其英雄本色。如从法律的观点来判决他的罪行，我们也许可以说徐世勣在十三岁时，是一个失去教养的无赖儿童，随便就犯杀人罪。十四五岁有所改变，但碰到对他不合理的人，因气愤才动手杀人。十七八岁，改邪归正，除非在战场上，才杀敌人。二十岁正式参军，因功封为大将，却是用兵来救人了。他在十三岁到十四岁时期，年少失学，岂无被杀者有关原告提出告诉，于法无据，家庭社会自应负责。今又自首坦诚改过从新，依例（判例）不问。他自十七八岁到二十岁时，参加起义有功被封为大将，临阵杀敌，功在国家，应稽核累积战功，依法加封"英国公"，以褒忠荩。此判！

汉代建国初期，大都只注意刘邦初入咸阳，还军灞上，悉召父老豪杰谓曰："父老苦苛秦法久矣。遂与父老约法三章：杀人者死、伤人及盗抵罪，余悉除去。"这只是刘邦在天下未定，收买人心的战略作为上的措施，并非是正式建立刘汉的皇权以后，都是用当时的约法三章来治理天下国家的。汉代建国以后，初期所用的法律，还是因袭"秦法"，但取其便民利国者，稍加修整而已。如汉初的开国丞相萧何、曹参，都是原在秦代的县级单位担任官吏、师爷，他们也都是从小学习秦法，并有从政执法的经验，也可勉强地说，都是法家出身，并非齐鲁儒生一样讲究诗礼，他们都是法家的门徒。

到了汉文帝即位以后，重视人身，对于原有刑法上的残酷有所不忍，下令加以裁减修正，因此，就赢得历史上万古流芳，有"汉文除肉刑"的德政盛名。但在他儿子汉景帝即位以后，对他父亲皇帝的宽大政策，发现流弊，又稍加收紧，重视法治，这就使后来的历史，虽然赞美"文景之治"，但对汉景帝，便要加上一个"严酷"的微辞了。跟着而来的汉武帝也很注重法治，例如有关李陵败降匈奴一案，司马迁旁观不平，稍为辩解，武帝一怒，便被降罪而受腐刑（阉割了男性生殖器），你说这有多么冤枉。而且可见，汉法之严，并没有比秦法好过多少啊！所以汉宣帝便说："汉家自有制度，本以霸、王、道杂之，奈何纯任德教，用周政乎！"这是真话。注重法治的管理，便是霸道的效用。王道的礼治和道家的"慈俭"，固然是应时良药，温和清凉，有时的确难以治愈重病或急症。

我们如要了解历代传统的法令、法律，大多已经不可考。但《唐律》《明律》和《大清律例》，并未散失，我觉得很值得研究，也只有从这些文献下手，才可以从它的反面，知道当时社会有关的各种情况，怎么可以只向"法律"本科一面去看呢！但自二十世纪以来，我们为了推翻几千年来帝王专制的政体，便向西方文化中学习西洋的法律，初期引进，和日本差不多，是学习欧洲的"大陆法系"为主，稍有参考以英国为首的"海洋法系"的精神。至于如埃及、印度、阿拉伯、罗马、巴比伦、犹太、波斯、希腊等法系，只当作学术上的事，并不实际采用，而且也完全不顾我国传统法系优劣好坏的精神。经过半个世纪以上的演变，还是相当紊乱，一言难尽。总之，直到二十世纪的末期，对于法制、政体等等，可以说也是一个阴晴未定的局面。思之！思之！未免神伤！

对不起，因为讲到法令问题，便引起一些有关法令的感慨。惟恐牵涉太广，离题太远，便只能如蜻蜓点水一样，略微一提，就此煞住。不然，又便成为"两个黄鹂鸣翠柳，一行白鹭上青天"，愈飞愈远，不知说到哪里去了！

多做好事才是真修行、真学问

我想，另用一个简捷的方法，来说明"所藏乎身不恕，而能喻诸人者"的道理。大家知道，许多人都很谦虚客气，叫我一声老师，其实，我哪里够得上可为人师的资格。有一次，一位在乡村担任多年警察的人来看我，谈到执行勤务的苦处，他便说："老师啊！我很想提早退休，能在你身边做事，随便打扫清洁，端茶送饭都可以。"我说："你是一个诚实君子，多担待一些烦恼苦痛，为地方社会老百姓做点好事，才是真修行，才是真学问。"

因此，他就谈到由台湾当局各部门向下发布命令，一层一层来个"等因""奉此"照转，也许加添上一些意见，或无意见，照转不误。又分发出去，到达乡镇最基层，要我们严格执行。但是那些坐在办公室里的老爷们，根本就不是从基层干起的人，先不要说他教育学识水平的标准如何，但他们至少是不知道人民社会和各个地区的情况不同，就闭门造车，乱出主意，就自己根据理想的理由，拟出办法，变成条文，要我们来执行。你说怎样行得通呢？如果拿到这些法令，向老百姓敲竹杠，那倒好，行不通的也得通，要通的也可以使它不通。但我是死不肯做的，实在是于心不安嘛！不过，有时也有很好的办法，就是多方面仔细看看，研究他们下达的法令和命令，就可发现他们上面的矛盾重重。有时间，有精神，高兴起来，不想升官就顶回去。不然，就置之不理，反正是上梁不正下梁歪嘛！为什么可以这样做呢？因为上面的法令，在他们高层的内部，就没有沟通联系好，例如管经济的下达的法令，和管教育的或管农林的等等所颁布的法令，甚至和地方行政机构的决策，就彼此上下矛盾互相抵触，那叫我们最基层的干部，又怎么去执行啊！

再从司法方面来说，法院方面的通缉令，说我们本地某某是大流氓，必须缉捕归案不可纵容。我们就不怕艰险，费了九牛二虎之力，把他缉拿归案送进法院。但再经法庭的审理宣判，根据什么"民主"啊，"人权"啊，或是这个人是心理不正常，或是精神病状态啊，轻轻一判，关了一两年就出来了。然后，他便带着一把刀或是一把手枪，反来拜访我们，二郎腿一翘，把刀枪在办公桌上一拍说，老兄，老子没事啦！你对我的好处怎么算，我们走着瞧吧！老师啊！你说我们说是为人民的保姆，原来那些立法和司法、执法的老爷们，又是那么宽容，岂不是叫我们和坏人结怨？倒霉的是我们，他们却赚到了一个宽大仁慈的好名。你说怎样才好做人做事啊？

他问："过去的历史上，想来也是同样的吧？"我说："对了。历史的兴衰成败，几乎就是同一版本的新修花样。宋朝的王安石书读多了，但不深入当时的社会环境，就想变法改革，理想是高远的，但他坐在办公室、书房里，所制定的法令并不合时宜。而且下达以后，又被委派执行的官吏和中下层曲解了，因此就闹得身败名裂，使北宋王朝从此一蹶不振。当然，主要责任也由于当时的皇帝宋神宗的急功好利之所致。这便是历史上给他的谥号'神宗'的'神'，寓贬于褒之意。"当然啰！其他还谈了很多，他也提了许多在从政上，所谓公和私之间的问题，使我憬然警觉到，他是一个很有见解，甘心于"吏隐"的好公务员，不禁肃然起敬，感慨万千了！如果要我去做警察，未必能赶得上他好。除非我是小说《包公案》里的南侠展昭，或是《七侠五义》里的北侠欧阳春，《施公案》里的黄天霸。但从和他的谈话里，会而通之，便可了解法令、政策合不合于民心，以及历史上所说吏治的重要，就是基层干部的好坏和一个政权的关系，是多么的严重啊！简单地说，通过这个故事，就可明白《大学》所说的"有诸己，而后求诸人。无诸己，而后非诸人。所藏乎身不恕，而能喻诸人者，未之有也。故治国在齐其家"的意义所在。

但要能做到"有诸己而后求诸人""藏身不恕而能喻诸人"的

行为，说来容易，做到不易。因为人人都有极强烈主观、我见顽固的习气，有时明知故犯，却也抵死不改。所以孔子告诫弟子们，要学问修养做到"毋意、毋必、毋固、毋我"的四毋最为重要。但怎样才能修养到四毋的境界呢？我们可以引用《大学》的实修实证的话说，必须要能"知止而后有定"，由定而后层层转进，达到"静、安、虑、得"的造诣才行啊！

四二、先看《诗经》怎么说

研讨《大学》到今天，我们还停留在"治国必先齐家"的阶段。对于《大学》的原文，过去已有人批评，几乎完全不顾逻辑的条理，可以说是杂乱无章。例如本段原文，既然是讲"治国和齐家"关系的转进，还算得上是有次序。但正在说到法令问题，忽然又无头无尾，插进来男女婚姻的问题，在它上下文的衔接处，又没有交代清楚，实在有点含糊不清。如果在明、清两朝几百年间，考"八股文"的对比文章，《大学》这一段的写作章法，恐怕也是考不取举人、进士了！

其实，春秋、战国时期的诸子文章，却是适合于当时理解的习惯，有时候以一两句，就告一段落，跟着便如异峰突起，另一个观念来了。例如庄子的文章，更为恣肆，但因为他文笔太美了，又是古代名贤，人们就不敢随便批评，反说他是"汪洋恺恍，理趣幽深"呢！曾子著《大学》，在这段"治国和齐家"的关键里，好像是少了个介词。但从古文的写作习惯来讲，接着而来，它用"《诗》云"开始，就已表示在这个大问题中，又须套出另一个最有相关的问题来了。这个相关的问题是什么呢？就是后世人们所说的"男女婚嫁"而成家室的问题。也就是现代人所说的婚姻问题和家庭问题等。

为了研究本段文字的内涵，且让我们先来了解曾子所引用三处《诗经》上的诗句，然后回转来详细了解它的内容。

"宜室宜家"的深意

"桃之夭夭，其叶蓁蓁。之子于归，宜其家人。"这四句诗，出在《诗经·国风·桃夭》三篇中。其实，在《大学》里，他所引用的重点，最重要是在最后一句"宜其家人"。事实上，上面两篇最后都有同样两句，都是很有深意的，那便是"宜其室家"和"宜其家室"。因此，我们后世用在结婚喜事的成语上，便有"宜室宜家"的颂辞。至于原诗的"桃之夭夭，其叶蓁蓁"的内涵，是指那个要出嫁的姑娘，既有年轻健美的外形，同时也有深藏不露的才能和良好的德性。"之子"两个字，就等于现代语所说的"这个孩子"。换言之，最后两句是说，这个女孩子嫁过去了，一定很合适于这个家庭。他家里会发达了，娶了一个好媳妇。

也许你们要问："桃夭"两句，简简单单，真有包含所说的那些意思吗？讲实在的，这就是《礼记·经解》篇所说的"温柔敦厚，《诗》教也"的道理。诗歌都是口语很好作，顺口溜便是。但好的诗歌，太难了。如果要就"桃夭"的两句内涵来发挥，又起码要讲说一二个钟点，我们不要离题太远，就学陶渊明的"好读书，不求甚解"吧！你只要从后世文学上惯用的成语"艳如桃李"，并没有加上"冷若冰霜"的反面辞，便可知道"夭桃"和那蓁蓁的桃叶配在一块，如说"牡丹虽好，还须绿叶护持"，这样便可明白"美在其中矣"的文学境界了！

至于"宜兄宜弟"一句，他是引用《诗经·小雅·蓼萧篇》里的一句。事实上，据历来各经学专家的研究，这四章诗作于周公摄政第六年，为"泽及四海，统一华夷"，"怀远人"，"柔万邦"的盛德所感，诸侯宴会，并无猜忌，都是如兄如弟，相亲相爱。使人读后，便会有怀念"成周一会，俨然未散"之思。

但曾子在本节里单单引用这一句，是借它来一语双关。对治国平天下而言，是指能做到"柔万邦""怀远人"的成果。对家庭而言，是指兄弟姊妹、至亲骨肉之间的和睦康乐，互相敬爱的作用。

所谓诗云"其仪不忒，正是四国"两句，这是《诗经·国风·鸤鸠》篇中的句子。"忒"字，有正心不变的意义。这是指在主体当权的人，对于诚意、正心的初衷，必须要做到表里内外如一终身不变，才能正己、正人。在家庭、家族中如此，对治国平天下也是如此，才可以自立、立人，相率天下以正了！

温柔敦厚的诗教

关于本节所引用"诗云"的问题，现在已经了解了，后面便可省掉插曲的麻烦。但在《大学》《中庸》《论语》《孟子》的四书里，为什么会常常碰到"《诗》云""子曰"等句子呢？

第一，因为在曾子他们那个时代，历史经验所留下的文献，并不如后代那么多。那个时候，孔子所著的《春秋》还刚好新出笼。所谓各国史料的《国语》，以及《左传》和《公羊》《穀梁》等《春秋三传》还未流行，除了《尚书》算是史料以外，如要引用前人的历史经验，以《诗经》所收集的资料，最为恰当。因此，写到或说到要"引古以明今"的时候，便常常出现《诗》云""子曰"了！到了后世，学者们便进一层，知道提出"六经皆史也"的观念了！

第二，诗句，往往是浓缩简练了历史社会上，许多复杂的事实和很多情绪上的感慨，构成少数的字和句子的精髓，包含内涵意味无穷，但又不是破口大骂，或是任意的批评，或是随便的恭维。例如大家都称唐代的杜甫是"诗圣"，如他所作"蜀相诸葛亮"的：

三顾频烦天下计，两朝开济老臣心。

出师未捷身先死，长使英雄泪满襟。

是多么的引起共鸣啊！但最关键的感慨在哪里呢？在"频烦""开济"的四个字，更可以为诸葛亮一生的遭遇而痛哭流涕了！他觉得诸葛亮的一生太划不来，太可惜。他本来是"躬耕于南阳，苟全性命于乱世，不求闻达于诸侯"的人，是多么的清闲自在。但偏碰上一个刘备，三顾茅庐，烦死人，不但是一次，还是三次的"频烦"，只好告诉他当时一代的局面，是注定天下三分的格局。但不幸被刘备硬拉出山了，情不可却，只好帮他一把。"刘老板"已经不算太高明，但他会用办法把诸葛亮稳住，临死还逼他再帮他自己的儿子。可是阿斗真是个笨斗，但君臣之分已定，已是没奈何的事。诸葛亮帮刘备开国称帝，又要帮阿斗搞"安内攘外""经纶济世"的"整体全程经济"。既已开国，还要开济其后代，短短的父子两代，耗尽了这个老臣的心血，到底还是白费。不得已，为了表明心迹，只好"六出祁山""死而后已"。出师不捷是明知故犯，那是诸葛公在求得其死所的上策。所以明白其中意义的人，就会"长使英雄泪满襟"。为诸葛亮一生的既"不遇其时"，又"遇人不淑"而痛哭流涕了！这样了解，才可明白"《诗》之教"的"温柔敦厚"之旨。不可说，你真可怜啊！比我杜甫还惨啊！那便叫作"嘶"，不能叫做"诗"了！

四三、炼石补天靠母性

现在我们回到《大学》所引用诗云"桃之夭夭，其叶蓁蓁"开始。我们要了解中国文化，先来看看代表儒家的所谓万世师表的孔子，他对于人类社会的看法是如何呢？大家都知道，他曾经说过一句："饮食男女，人之大欲存焉"的名言。尤其在他所研究的《易经·序卦》下篇，便更明白地说："有天地，然后有万物。有万物，然后有男女。有男女，然后有夫妇。有夫妇，然后有父子"，等等。换言之，他毕生主张尽"人道"以明"天道"，但从人类社会的现实开始，"天道远，而人道迩（近）"。后来代表道家的庄子也提出，"六合之外，存而不论"的理念，都有类同之处。因此，孔子在他所整编的《诗经》第一部分的"国风"里，开头就引出与男女夫妇最有关系的《关雎》一篇，所谓"关关雎鸠，在河之洲。窈窕淑女，君子好逑"，乃至"求之不得"，又是"寤寐思服"啰！"辗转反侧"啰！比起现代男女恋爱的情歌，激情都是一样，并没有什么强调古人多是"圣人"，后人都是"剩人"的样致。

从"只知有母"到"女主内"的演变

简单扼要地讲，这个人类社会的天下，主要的是男人一半，女人一半，平等！平等！女人并非是从男人拿出的一根肋骨变化出来，所以女人并非是永远附属于男人的。这都是传统文化很明显平实的基本原理。但是东西方的人类文化，自古以来，如"宗教学理"，以及"伦理道德"等的学说，甚至都把自然社会观念变成同样的"重男轻女"，变成了以男性社会为中心的现象。

其实，我国的历史传统文化，自有上古的记载开始，便很公平地认为远古人类的社会"只知有母，不知有父"。开初原来都是以母性为中心的社会。但因男女天然的生理不同，在女性的生理周期，以及最为重要的怀孕和生育时期，乏力再去自谋饮食和其他劳务，很自然地必须要男性的帮助和照顾，因此，就渐渐形成习惯，建立了男女结合共同生活的"家"。因为有了"家"的形成，又渐渐演变成"男主外、女主内"的初步习俗。然后为了饮食和生活，才自然地知道需要收藏、储蓄、占有、开发等行为，就初步形成了如后世所谓的"私有财产"或"家庭经济"的基本形态，这正是合于唯物史观发展的原理。但这是没有加入人性心理变化成分的观念，更没有涉及人类社会发展的"自然"和"必然"的规律。有关这种综合性的"人类社会"的发展变化进程，以及它的循环往复的法则，在孔子所著《易经·序卦》里，都早已有了很科学性的逻辑理念了！

因此，在中国传统文化中，有关远古、上古史上，都有对"母性社会""母系为中心"的简单记载，称之为"氏"。我们姑且避开天皇氏、地皇氏、人皇氏来说，如有巢氏、燧人氏，乃至伏羲氏、神农氏，直到黄帝有熊氏，因其母生"帝"于轩辕之丘（河南新郑），因名"轩辕"。长于姬水，故又以"姬"为姓。但从黄帝以后，仍称颛顼高阳氏、帝喾高辛氏。直到帝尧开始，人类社会的文明渐盛，才改变以母系为中心的习惯，从其封地开始，改称为"唐尧"，乃至"虞舜"。可以说，从尧、舜以后，以男性为中心的"族姓"风俗，才开始建立。至于认为"氏"即是"姓"的观点，那是汉代儒家们，从"重男轻女"的狭隘思想开始，才把母系为中心的"氏"，曲解改变过来的。事实上，中国历代历朝的政府所习用的，都是秉承上古传统文化的习惯而有分别，直到清朝末代，还是如此。如男人冠"姓"，女人冠"氏"，男人称"丁"，女人称"口"，后来才统统混合通用，就叫某某"姓氏"的"人丁"或"人口"。

其实，这种区分的称呼，不是阶级的观念作用，是适合逻辑的分类而已。

如果再向远古史上溯，那就必须要如荷马的史诗《奥德赛》《伊利亚特》或屈原的《离骚》一样，要推到远古流传的神话，便是代表历史的根源上去了。例如传统的古史神话之一，就说到黄帝和蚩尤的战争，那位被后世称为"战神"的蚩尤，头触不周之山，因此而使"天塌西北""地陷东南"，所以使中国变成了现在的地势，西北高，多沙漠，东南低，多海洋。好在感动了我们大家的老祖母女娲氏，看不下去了，才出来"炼石补天"哩！女娲称"氏"，仍是代表了上古以母系为中心的意义。而且人们所生存的最伟大的天地，有了严重的缺憾，还是要靠这位人神之间的老祖母出手撑持，才能挽回人类的浩劫。女娲氏，才是代表了人类母性的最伟大的光荣和功德。

好了，我又说累了，也觉得自己愈说愈远了，就到此打住。为什么我要从远古说起，以母系社会为中心的道理呢？简单总括一句，我要特别提出声明，我是认为中国文化传统继续保持了五千年，大半是靠过去历史上女性伟大的牺牲，以及她们"忍辱负重"的功劳。换言之，女性对中国传统的社会文化，的确犹如女娲氏"炼石以补天"的功德。但这是说过去，今后如何？我也和大家一样，只能知过去，并不能知未来，更不明白现在。

可是我们传统的历史文化，如从黄帝开始，下至夏、商、周三代前后，都是依循以"重男轻女"的男性社会观念为中心，关于女性，大多只记其反面。对于因得力于母教的记载，少之又少，只有在商汤以一旅中兴邦国的故事，还稍微表彰了商汤革命的成功，是得力于母教的成就。其他所记载的，都是对因女祸而破家亡国的故事，反加极力描写。如夏桀因嬖妹喜而国亡，商纣因嬖妲己而国亡，周幽王因嬖褒姒而国亡。看来夏桀、商纣、幽王，还远远比不上后世的唐明皇，他却是：

空忆长生殿上盟，江山情重美人轻。

华清池水马嵬土，洗玉埋香总一人。

美女子和美男人，那是天地父母自然生成的艺术品，它本身并不一定有善恶好坏的作为。无论是普通老百姓，或是一个帝王，因为有了美女而终至于国破家亡，那是男人本身没出息，专门拿妇女来做代罪羔羊，这不算是公允吧！

但到了西周的古公亶父东迁岐山，再到周文王、武王的兴起，总算在历史上有了公平的记载，极力赞扬了周朝初期的"三太"（古公亶父的后妃太姜、文王的生母太任，以及文王的后妃太姒，事见前述），外带及周武王的贤后邑姜，她是太公望之女，"贤于治内，辅佐武王。有妊，立不跛，坐不差，笑不喧，独处不倨，虽怒不詈"，生太子诵，就是后来的周成王。因此在孔子的思想观念里，"治国齐家"，不要忽略女性的功劳，并且极力赞颂周初姬家母教和母仪的伟大，对于周武王革命事业的成功、周朝的兴起，极力推崇，因他有了十位最重要的贤臣，其中一位，还是女性呢！

周武王的革命成功、建立了周室王朝的政权以后，开始整理自上古以来一脉相承的道统文化，也就是我们现在常说的传统文化，是周武王的弟弟周公。后世所谓的"三礼"，即《周礼》《仪礼》《礼记》，据说都是周公姬旦所汇集主编，然后才规定发布的。当然啰，也许有些是出于他人之手，后来又经过孔子删订改编而成的。这是属于考据学专家的事，我是"后进于礼乐"的野人，也是粗人，就不必细心专说了。不管如何，由周初周公"制礼"开始，照孔子的观念来说，中国人才真正开始有了一套整体的文化体系了。因此他郑重赞叹周朝是"郁郁乎文哉"的开始。"三礼"制定了政治、社会、经济等礼仪，可说是一部"宪法"法理的大原则。同时在婚丧等礼仪以外，制定男人成年的"冠礼"（等于后世的法定，有了成人资格，可以行使选举权或人权了）以及"婚礼"，乃至女子的"笄礼"等等，相当繁琐，别成一套体系的学问。但如仔细"好学、审问、慎思、明辨"一番，其中所包含的生理、物理，以及人和自然界的关系等学问都有，并不是一部陈腐不堪的老账簿。

"三从四德"的时代意义

好了，单说我们过去所要打倒的"孔家店"里有关女性的问题吧！"五四"当时，搞妇女运动的人，一听到女子要有"三从""四德"，就大喊打倒，而且都盲目地归罪到"孔家店"里去。其实这都出于《礼记》和《仪礼》上的记载。而且"三从""四德"的内涵，并没有一点轻视女性或是压迫女性的意思。所谓"在家从父，出嫁从夫，夫死（或谓老来）从子"，就叫"三从"，那有什么错？你把"从"字换做现在流行的法律术语，变成"负担"或"负责"来想想就通了，那真是对女性的尊重啊！女子在未嫁之前，应该由父母负担生活，负责教养，有什么不对？结婚出嫁以后，作为丈夫的，就应该负担起妻子一切的生活及安全，那又有什么不对？难道男人要靠妻子生活的才对吗？丈夫死了，当然妻子自身的父母也老了，不靠子女的照应，怎么办？

当然啰！从现在来说，可以靠政府所办的社会福利，但真是一个男子汉或好儿女，把父母养老的感情和责任，完全推之于社会，也未免有点那个吧！尤其在父母子女的情感上说，恐怕不是味道吧！为别人、为大众争福利的养老是大好事，如果是只为自己，那便不算是"民主"的本意，只能算是个人自由（自私）主义的什么吧？也许我又错了！不过，如从上古的历史社会来设想，三千年前，教育并不普及，尤其女性，根本无法受教育。而且基本上，上古是全靠人力的古老农业经济社会，女性更没有自由独立谋生的能力，那么，在家不从父，又要从谁呢？出嫁，当然也就是要有取得长期饭票的需要，不从夫，又如何呢？至于夫死从子，事实很明显，就不要多说了。但是还要知道，夫死、子小，还要"母兼父职"，抚养子女成人，试想那又是究竟谁从谁呢？如果你把"从"字只当做"服从""盲从"的意义来解释，那便是你这个中国人，还没有弄通中国字的内涵，还需要再回去在"孔夫子师母"那里多学习学习吧！

说到"妇德、妇言、妇容、妇功"的"四德"，这是有关妇女人格和人品养成教育的目标，不只适合于女性，男儿也同样需要有这种教养。一个人的品德有了问题，不论是男女，当然是不受人欢迎。言语粗暴，或是刻薄贫嘴，或是出言不当等等，也就是一般人所谓的没有口德，那也当然不行。至于"妇容"一项，更不要误解是在选美。古文简略，它所谓"容"，是指平常的"仪容"整洁，不要故作风骚，给人做笑料。"妇功"一项，过去在有的书上，要把"功"字读成"红"字，那是专指刺绣，或裁缝和精工纺织的技能。尤其在以农业经济为主的农村社会里，对于充实家庭经济的作用更为重要。古代妇女"四德"中"妇功"这一项，我觉得对于现代和将来社会中的女性，更为重要。简单地说，还在二十多年以前，我有一个朋友的女儿，大学毕业了，和一位在外国的华侨青年结婚。他们在出国以前，奉父母之命向我辞行。我就对那位朋友的女儿说，你出国第一件最重要的事，还要去求学。我不是叫你去读一个什么博士或硕士的学位，我希望你去学习一种个人独立谋生的技术，如依一般女性来说，学会计也好。因为时代到了现在，尤其是将来婚姻制度快要破产了，爱情是抵不过面包和米饭的。所以现代的女性，从小开始，必然要学会一项专业独立谋生的专长，才能保障自己和夫妻的关系，这就是"妇功"的重要。这位小姐，后来照我的话做了，固然不负所望，也不出所料。

在以农业经济为主的古老社会里，虽然不是政府的明文规定，但在自然形成的风俗中，对于幼小男女的教育，尤其是"妇功"方面，早已自成为一种当然的行为。长话短说，我们只举南宋诗人范成大一首《田家》诗，便可呈现出一幅江南农村社会教育的真实画面了：

　　昼出耘田夜绩麻，村庄儿女各当家。

　　童孙未解供耕织，也傍桑阴学种瓜。

　　另如清末的名臣曾国藩，当了那么大的官，但是对家中的女儿媳妇，每天要绩多少麻（做布的原料），织多少布，或者做鞋底，都有很严格的规定。其余的例子不胜枚举，也就不用多说了。

四四、治国齐家须女宝

总之,《大学》所讲"治国在齐其家",首先所提出的"之子于归,宜其家人,而后可以教国人",便是依照传统文化《周礼》的精神,要点是讲一个家族、家庭中,首先需要有一个具有妇德的女主人,才能使这个家庭、家族父子兄弟,上下老幼,各得其"宜"。这样,当然可以使这个家庭中的男人们,向外发展事业,不但无内顾之忧,同时还可以得到贤内助的助力了!但就下一句的"而后可以教国人"的结语来说,他的重点还是在指"家天下"时期的帝室家庭,以及王侯将相,乃至当权士大夫们的家族而言。因为上古的时代,还在"刑不上大夫""礼不下庶人"的封建制度的社会,所以对于上层领导的要求,更为重要。这就是所谓的"春秋责备贤者"。

从"妇德"到"母仪天下"

其实自古以来,从东方的文化来讲,当在周、秦时期,不但从孔子开始推崇《周礼》的文化,重视王朝帝室"齐家而后治国""妇德"和"母仪天下"的主旨;就如以"入世而后出世"的印度圣人释迦牟尼佛来讲,也是同样推崇治世的"转轮圣王",等同于佛。同时他也强调所谓治世"轮王"的福德,必须同时具备"七宝"(轮宝、象宝、马宝、珠宝、女宝、主藏臣宝、主兵臣宝)。但在人道上的第一重宝,就是"女宝",也就是贤良有德的后妃。所谓"轮宝",有两重意义,一是指犹如现代精密科技的海陆空等武器。二是指历史时代的巨轮,等于俗话所说的有好运气,和"天命攸归”的意义。“象宝”“马宝”是指交通和征战所用的快速交通工具。“珠宝”是专指经济、财政极发达的财富。但上面所说的四种，都属物质文明方面。讲到人事方面，第一需要有贤德智慧的后妃“女宝”。另一就需要有善于理财的经济、财政的能手“主藏臣宝”。你们知道吗？日本人叫财政大臣“大藏相”，就是出典在佛学中。另一最重要的就是善于知兵，统领大众所向无敌的大元帅“主兵臣宝”了。

虽然如此，但印度的古代信史，已很难稽考，例如著名的阿育王或孔雀王朝的好坏后妃，更是没有信史可征。在中国传统的“二十六史”中，除了周室初期，接连记载着四代的贤德后妃以外，自秦、汉以后，可以称为帝王体制时代较为贤良的后妃，为数实在寥寥无几。以开国创业的那些帝王来说，除了汉光武的阴皇后（阴丽华）和朱元璋的马皇后以外，即如李世民的长孙皇后，还当退居其次才对。尤其是朱明开国的马皇后，她是一个基本上没有受过教育的乡村妇女出身，但她的德行，却远远超过历代的贤后之上。而且她在朱元璋称帝封后的时候，严谨地提出警告说：“夫妇相保易，君臣相保难。”

足见她对朱元璋个性的了解和规劝，是多么的高明啊！她比范蠡警告文种，越王之为人“只可共患难，不可以共安乐”的话，更有深度。因为她从人生艰苦的经历中，了解到人性的反面。但是，她是朱元璋同甘共苦的妻子，她也深爱这个丈夫，只好在他得意欢乐登上皇帝宝座的时候，流着眼泪，对丈夫说了这样警告性的历史名言。短短的十个字，比起那些文章千古的大臣“谏书”，更为有力，真可以说是掷地有声的金玉良言啊！

下面，接着“宜其家人，而后可以教国人”之后，便是“宜兄宜弟，而后可以教国人”了。对于“宜兄宜弟”的出典和内容，前面已经说过，话不重提。但他引用这句在“治国在齐其家”的一段里，那是专指在家庭、家族中兄弟姊妹，互相争宠，互相争斗，尤其在权位和财利之间的争夺，甚至还不及路人和外人，彼此互相残杀的，历代历史所记载的太多了。岂只有初唐开国时代的"玄武门事件"，宋朝开国时代的赵匡胤兄弟的"烛影斧声"，乃至清代雍正夺嫡的疑案等等。即如一般平民老百姓，稍微富裕的家庭，甚至如三家村里薄有几分田地，或几间东倒西歪的破屋的兄弟姊妹为了争产分财，闹得你死我活，实在也是不可胜数。如果推广"四海之内皆兄弟也"这个观念，使现代社会上的政党、社团、公司、店号等的同志和同仁，都如兄弟姊妹，"同心一德"，互相尊重，互相关爱，那是广告中言语文字的"美声"，事实上，恐怕比水面上画花纹、小孩子的吹气泡还要难得。

因此，曾子只好著之于书，告诫奉劝天下后代，真正儒家"孔门"所教育的学问重点，对于"治国齐家"之道，首先重视有"贤妻良母"的"宜其家人"。同时就是兄弟姊妹之间，和妯娌、姑嫂之间的"宜兄宜弟"，就是如此而已。尤其如现代人，已经开始有了"四海为家"的习惯了。假使碰到为了个人的利益关系，和兄弟姊妹、朋友之间争得太过分痛苦的时候，我总是常常提醒他们一句话，古人说的"一回相见一回老，能得几时为弟兄"。退一步，放一着，就可自求多福了。话虽如此，如果没有"知止""诚意"的平日涵养功夫，一碰到事情，就绝难做到了。

"为政"不等于"政治"

接着而来的，在"治国在齐其家"的本节末后，就又引用《诗》云"其仪不忒，正是四国"的名言，用来说明"治国"与"齐家"的"宜其家人"和"宜兄宜弟"，都不是只在要求妻子和兄弟姊妹来做到的。真正能够做到使妻子和兄弟姊妹都能和乐相安相处的，是要由于自己本身的品德行为和学养教化的影响才行。这便是《大学》开端所说的"意诚而后心正，心正而后身修，身修而后家齐"效果的发挥了。"其仪不忒",是说自己本身"诚意、正心、修身"的榜样,始终一致,表里如一,从来没有言行相违、口是心非的败德。那么,自然而然地会"正是四国",可以感化普及于国人了。

所以它在做最后的结论便说:"其为父子兄弟足法,而后民法之也。此谓治国在齐其家。"但须注意,在这里所用的"法"字,不是指法律的法,而是作效法的法来用。这是说,假如你能做到,使父子兄弟们都要效法以后,渐渐就可使人民也都来效法了。这就是孔门儒学所说的"为政"的道理。"为政"是正己然后正人的教化,由君道、父道而同时兼具师道的道德,感化人民的作用,不是"政治";"政治",是依法管理和治理人民的作用。如果望文生义,看来都是同一名词,好像意义都差不多。事实上,它是大有差别的。

例如,东周以前,周(姜)太公吕望的"治齐",以及后来管仲的"治齐",他们两位都是真正大政治家的做法,而稍微兼具有"为政"的风范。其他如周公儿子伯禽的"治鲁",比较重视"为政"的德化,可是却使鲁国在春秋、战国末期,始终似嫌懦弱。可是到了秦亡、汉室初兴的阶段,东鲁儒生始终还存有保全儒家传统文化的风仪,影响两汉而流传于后世,终因齐鲁文化的启发,曼衍为诸子百家之言,其中道理,实在值得深思长想。

所以说,文化是人类民族的灵魂,尤其是一个国家民族,切不可自毁灵魂、但取躯壳地糟蹋文明,更不可自毁千秋的文化大业,而把后世的一家之言当作金科玉律。那是必有自忏孟浪,后悔莫及的遗憾啊!

第七篇
治国平天下

打开微信，扫码观看南怀瑾先生
讲《大学》视频（七）

四五、人世难能天下平

在进一步研究"平天下在治其国"之前，让我们先来读这段原文：

所谓平天下在治其国者，上老老，而民兴孝；上长长，而民兴弟；上恤孤，而民不倍。是以君子有絜矩之道也。所恶于上，毋以使下；所恶于下，毋以事上；所恶于前，毋以先后；所恶于后，毋以从前；所恶于右，毋以交于左；所恶于左，毋以交于右；此之谓絜矩之道。（一）

《诗》云："乐只君子，民之父母。"民之所好好之，民之所恶恶之，此之谓民之父母。《诗》云："节彼南山，维石岩岩。赫赫师尹，民具尔瞻。"有国者不可以不慎，辟则为天下僇矣。（二）

《诗》云："殷之未丧师，克配上帝。仪监于殷，峻命不易。"道得众则得国，失众则失国。是故君子先慎乎德，有德此有人，有人此有土，有土此有财，有财此有用。德者，本也；财者，末也。外本内末，争民施夺。是故财聚则民散，财散则民聚。是故言悖而出者，亦悖而入；货悖而入者，亦悖而出。（三）

《康诰》曰："惟命不于常。"道善则得之，不善则失之矣。《楚书》曰："楚国无以为宝，惟善以为宝。"舅犯曰："亡人无以为宝，仁亲以为宝。"《秦誓》曰："若有一介臣，断断兮，无他技，其心休休焉，其如有容焉；人之有技，若己有之；人之彦圣，其心好之，不啻若自其口出；寔能容之。以能保我子孙黎民，尚亦有利哉！人之有技，媢嫉

以恶之；人之彦圣，而违之俾不通；寔不能容。以不能保我子孙黎民，亦曰殆哉！”（四）

唯仁人放流之，迸诸四夷，不与同中国。此谓唯仁人为能爱人，能恶人。见贤而不能举，举而不能先，命也；见不善而不能退，退而不能远，过也。好人之所恶，恶人之所好，是谓拂人之性，菑必逮夫身。是故君子有大道，必忠信以得之，骄泰以失之。（五）

生财有大道，生之者众，食之者寡，为之者疾，用之者舒，则财恒足矣。仁者以财发身，不仁者以身发财。未有上好仁，而下不好义者也；未有好义，其事不终者也；未有府库财，非其财者也。孟献子曰：“畜马乘，不察于鸡豚；伐冰之家，不畜牛羊；百乘之家，不畜聚敛之臣，与其有聚敛之臣，宁有盗臣。”此谓国不以利为利，以义为利也。长国家而务财用者，必自小人矣。彼为善之。小人之使为国家，菑害并至，虽有善者，亦无如之何矣。此谓国不以利为利，以义为利也。（六）

我们研究“治国在齐其家”以后，接着而来的，便是“平天下在治其国”的全段大道理，作为全书的结论。这就是曾子秉承孔子遗教的心得，指出“外王（用）”之学的“为政”大道。也就是从宋儒开始，认为《大学》《中庸》，便是“帝王学”，是“治国平天下”的大经大法。用现代话来说，它就是“领导学”的大原则。可是，本段的内涵，也不免有时间（时代）、空间（地缘）的局限性，需要“慎思、明辨”清楚，不可只像宋儒的某些理学家的观点一样，认为只要《大学》《中庸》和半部《论语》就可治天下了，那便会成为笑话。如果真是这样，倒不如假借子路的幽默话说“有人民焉，有社稷焉，何必读书而后为政”，以及孟子的感慨所说“尽信书，则不如无书”，只靠天才和命运就可以了。事实并非如此。我们现在为了探讨的方便，姑且把这段原文分列为六节，等于是六个要点，然后再来分别理解。

先了解"天下"的原义

但是，必须先要了解一个名词的问题，即周朝当时所谓国家的"国"字。在周室"分封建国"的体制下，所有诸侯们的治地都叫做"国"，或自称为"邦"。所谓"天下"的一词，才是等于后世和现在一统中华"大国"的代名词。《大学》原文所称的"天下"，也就是这个意思。当时是以姬周王朝为所有诸侯邦国的共主。周王朝所统领的人民和土地，便称谓是一个"天下"，并非等同于现在的世界，或整个地球的观念。不过，我们也需要知道，在周秦以前的中国传统文化中，有的文献书籍上所讲的"天下"，也有同于现代世界观的地方，尤其是汉儒所分类以后的道家遗书，并不少见。例如战国时期的阴阳家邹衍，便说"天下有九州"。我们"中国"只是"九州"中的一州，称为"赤县神州"而已。所以当时的人，认为他的说法很"怪诞"。换言之，认为这是古怪的、不实的说法。

到了十五世纪以后，由于天文、地理和其他科学的发展，世界上的人类，渐次知道了地球上有八大洲，这便与两千多年前邹衍所说的只差一洲了。如果再拿《山海经》和中国上古神话来做比较研究，也许是上古以来，地球上的地质，经过时间的变化太大，洲和洲之间发生了分裂和重新组合，因此少了一洲，那就不敢随便否定邹衍所说的话是否"怪诞"了，这便是科学的精神，不可盲从附和。

明白了这些资料以后，就知道《大学》中的"平天下"观念，实质上是以当时周室王朝所统一的整个"中国"而言。假如我们扩而充之，视为可以用来指整体人类的"理想国"，或"世界大同"的观念来说，我想，曾子也绝不想保留著作权，大家都可以随便自由取用，只怕"言者无心"，但恐"听者有意"，反而自生争议而已。

什么叫"絜矩之道"？

现在我们首先讨论所谓"平天下在治其国"第一分节的第一项目，便是"上老老，而民兴孝。上长长，而民兴弟。上恤孤，而民不倍。是以君子有絜矩之道也"。用现代话来说，就是在上面高层的领导人，能做到尊重老人，先从对自己的老人，如父母以上的祖父母辈，乃至父母以上上辈中的叔伯等老人，都能敬重孝养。扩而充之，就能善养天下的老人了。犹如历史所推崇的"西伯昌（周文王）善养老"，便是此例。那么，你所统治下的社会人民，自然都会效法你的行为，做到孝顺父母和上辈了。

其次，所谓"上长长，而民兴弟"，也是同样的意义。你能做到尊敬年长的兄长辈的人，自然社会人民，大家都会效法你的行为，做到"善事长者"，兴起兄弟之间友爱的德行了。

再次，所谓"上恤孤，而民不倍"，这个"倍"字，在原始的文字中，也就包含有"违背"的意义。这是说，你能休恤孤儿，使幼孤的孩子，也有所养，有如己出。那么，社会人民，就都会效法你的德行，视你如大众的父母，不会生起背离的念头了。

最后"是以君子有絜矩之道也"一句，其中所谓"絜矩"是什么意思呢？"絜"字，在中国上古的文字学中，就有中心平衡点的内涵。换言之，犹如天平秤的"杠杆"的意思，不偏不斜，才得中正的平衡。"矩"字，大家都知道是规矩的矩。规是圆周的，矩是方角的，就是自古以来工程所用测量方圆的基本标准工具。把方圆标准的仪器名称结合在一起，便叫做"规矩"。这是说，大人君子们，必须要有"独立而不倚"的公平中正的内心修养，才能"智周万物"，"量同太虚"，可以包容涵养万民，泽及苍生。曾子在《大学》里所提出的"絜矩"之道，也就是后来子思所著的《中庸》之谓"中"的由来。简言之，什么叫"中庸"？就是"絜矩"之道的发挥。不信，再读下文便可知道了。

"所恶于上，毋以使下。所恶于下，毋以事上。所恶于前，毋以先后。所恶于后，毋以从前。所恶于右，毋以交于左。所恶于左，毋以交于右。此之谓絜矩之道。"在这里，所提出的"上下、前后、左右"六个方面，就具有人事、物理等古人所谓的"六合"的内涵。也就是《易经》八卦之学后天重爻所用的"六爻"的意义。"六合"就是四方加上下，也是上古对空间的代号。"六爻"，就是有六个层次交会点中心的作用。这样便叫做"絜矩"之道。所谓"絜矩"之道，就是平衡，就是"中庸"，且请大家精细参详为幸。

至于原文所说"上下、前后、左右"的内涵，切勿随便放过，以为一目了然，一看便懂，不需要多加讨论，那就难免有过分大意的失误了。例如"所恶于上，毋以使下。所恶于下，毋以事上"，这是说你本身在上位，作为领导的人，不管你是做皇帝，或做官的臣工，乃至做老板、做师傅，甚至做父母、兄长的人，凡是居于上位的人，无论你做任何一件事，自己想来都很讨厌，或很为难，或者很不应该去做，只想逃避，反而指使下面的人去做，那便是"缺德"，就是"意不诚""心不正""身不修"，切切不可如此。相反的，如果你身居人下，对于有些事，有些作为，自己想来都有些厌恶，但是为了讨好上级，就改变方法，把坏的成分，花言巧语，另加包装，怂恿上面去做，或是掩盖自己的过错，故意诿过于上级。那就是"意不诚、心不正、身不修"的最大"缺德"，切切不可如此。不过，这样的理解，还只是略说一面。如要照人世间的人情险恶心理去分析，再来参照过去历史上的故事，便可了解这两句所包含的内容还多着呢！希望大家自己去好学、深思吧！

至于"所恶于前，毋以先后。所恶于后，毋以从前"，看来又是多么的简单。但你仔细想想，就完全不同了。譬如，有一件事，我们从前就很讨厌它，不想办，现在又碰到了，就毫不犹豫地把它先搁在一边，这样，也常常会发生偾事或误事的后果。因为一切事，都会因时（间）、空（间）而变化，未必从前讨厌的事，现在仍旧讨厌啊！或者这个人，是你从前最可恶的人，他现在已改过从新，你还照以前的厌恶，不让他重新做人，把他一切阻碍在后，那也是不对的。至于"所恶于后，毋以从前"，譬如有一件事，或一个人，你看到将来的后果一定不好，但今天是由我或要我来办，你就"一朝权在手，便把令来行"，不管对与不对，先行处理了再说，那也常常有"后悔莫及"的反效果。诸如这样的理解，如果对照过去历史上所经历过的事实来讲，那便太多太多了。

现在让我这个老顽童，来讲个笑话给你们听。从前，我有一次带领学生兵的部队去散步，有一个学生，面色很难看，他看我没留意的时候，很快转身插队到前一个位置去了。我回头看到了，就叫他回来，要加训斥。但我先问他说："虽然不是正式行军，大家可以随便一点，你平日素来很守纪律，今天为什么这样不守规矩？"他说："我的前面那位同学，一路连放臭屁，实在受不了啊！我愿受处罚。"我听了，也不禁笑着说："你昨天还向我大谈《大学》上的道理呢！你可忘了'所恶于后，毋以从前'吗？"这个学生听了，就和我都大笑不止，然后我叫他去告诉那个同学，快到医务所去诊断一下，是不是肠胃消化不良，或另有其他的毛病。在外交界或平常正式宴会上，随便任意放响屁或臭屁，那都是很失礼的行为，必须要注意。

又如"所恶于右，毋以交于左。所恶于左，毋以交于右。此之谓絜矩之道"，这四句话的左右对比，很简单地讲，是说在做人处事上，自己碰到不愿意去做的事，就不可以随便推托给平辈平行的人去做。例如做官的同僚、同事，社团、公司中的同仁，甚至或亲如兄弟姊妹的朋友们去"勉为其难"，去做自己不愿做的事。但扩而充之，从"治国平天下"的大是大非、大经大法来讲，古今中外，任何朝代、任何政体、任何制度，都会碰到有左右两班两派的不同意见而形成矛盾，须在最高领导的原则上，绝不可以把右的一方所厌恶的事或主张，就强迫要左的一方去做。同样的，也不可以把左的一方所厌恶的事或主张，强迫要右的一方去做。至于处在最高领导层的地位，要怎样才能调和平衡上下、前后、左右的各种对比矛盾，而使其得到中正和顺的境界，那真是需要有大智慧、大仁德、大勇气的才器了。也正如岳武穆讲用兵之道一样，"运用之妙，存乎一心"，此话实在只可意会，难以言传。也正如古德禅宗大师们所说，"如珠之走盘"，并无一个定位的方法了。如果有一个固定的方法，那已是落在上下、前后、左右的偏旁圈圈之中了。这些在历史上所经历的故事和现代史上的新故事，事例也不少，都姑且不论。

对于《大学》这一节的名言，也有人说过，就是孔子所谓"己所不欲，勿施于人"的道理。其实不然，"己所不欲，勿施于人"，只对个人自我的学问修养来讲。至于本节所谓有关上下、前后、左右的话，始终是从"大学之道"的"明德""内明"之学出发，然后推之于"外王（用）""亲民"，而作为一个领导者，在对人、治事、处世之际来讲，其中的内外、表里、精粗之际，实是因应事物的大学问。如果以《大学》本身的主旨来讲，必须要先从"知止而后有定"，直到"虑而后能得"，通达"格物""致知"，配合"诚意""正心""修身"的全程学养，才能真的明了"絜矩"之道的妙用。

四六、天秤不自作低昂

跟着上节而来的，他又引用了《诗经·小雅·南山有台》的名言"乐只君子，民之父母"两句。自又加以解释说，所谓能成为人民所敬仰如父母的好领导，必须要做到真正的"民主"之"主"，那就是"民之所好好之，民之所恶恶之，此之谓民之父母"。像这样的文句，它本身就是白话，我们不必再加解释。只需要注意，"好""恶"两个字的读音和用意，就可以了。

当政者"不中不正"的后果

然后他又引用《诗经·国风·节南山》章中的典故。"《诗》云：'节彼南山，维石岩岩。赫赫师尹，民具尔瞻。'有国者不可以不慎，辟则为天下僇矣。"先说他所节录原诗四句文字的本意。前两句，是用古人帝王制度及官府的习惯，重视"坐北向南""南面而王"的气概。当人们面对南山的高峻，最为出色的，就是对门当面的那一块洁白无瑕、壁立万仞的大石岩，使人看了，便有肃然起敬，大有神圣、伟大和崇高之感。当然，并不像黄山的天都峰那样，令人会生起不在俗世的出尘之感，只可当做飘飘欲仙的意味。跟着后面两句，就使人会有压迫之感了，尤其是对当时"秉国之钧"的高层领导者来说，大有咄咄逼人的气概。"师尹"，是西周时期的官职名称，除了"天子"的皇帝以外，就是一人之下，万人之上的当道大臣。这两句诗的用意，是以比喻的文体表达出来。也就是说，你这个做师尹的要注意啊！你犹如南山的那块大石岩一样，你在万民所望、众望所归的权位上，威权赫赫，不可一世，但全国人民雪亮的眼睛都盯着你看，他们对于"治国平天下"的希望，都寄托在你身上啊！这便是原诗句的本意。至于历来严格研究《诗经》的经学家们，对于原诗在历史时代的故事，所指的究竟是谁，各说纷纭，莫衷一是。但至少都认为这首诗，是在周幽王宠褒姒那个朝代所作。因为周政衰败，民心愁苦，但是那个"秉国之钧"的师尹，既不负责任，又讨好幽王，弄得民怨沸腾。有关师尹是谁，是官名？是人名？千古以来，都还在考证中，姑且不论。

因此，曾子便说："有国者不可以不慎，辟，则为天下僇矣"。他所说的"有国者"，就是后世所谓的"当道者"，现在所谓的"执政者"或"当局者"，是同一意义的不同名词而已。"辟"字，就是"偏僻"的"僻"，就是"不中不正"的另一说辞。"僇"字，相同于"杀戮"的"戮"。这个字用得很重，就是说，犹如这个"师尹"，做得不正，天下人就会起来"杀戮"了你。不然，也会被后世的公平历史学家所"笔戮"的。

曾子在前面引用《诗经》上的历史经验，既说明了作为"民之父母"的存心之不易，更进一步来说明"秉国之钧"者，更需要有随时反观自省的警觉，不可被权位所迷惑，陷于万劫不复的境地。因为权位与功名富贵，都是外来的物欲，但也最容易迷惑自心，使人丧失"智知"的理性。宋代的名臣大儒欧阳修曾经说过："祸患常积于忽微，智勇多困于所溺。"这的确是古今中外不易的名言。人生到此，如果没有山林布衣的气度，如孔子所说"饭疏食、饮水，曲肱而枕之，乐亦在其中矣""富贵于我如浮云"的"知止而后有定"的定力，几乎没有几个能跳得出权位的陷阱。

先"立德"才能得民心

曾子引用《诗经》上的历史经验，更进一步巧妙地再配上一层，推到有国者的得失存亡之机，如说，《诗》云："殷之未丧师，克配上帝。仪监于殷，峻命不易。"这四句诗是《诗经·大雅·文王》七章诗中的名句。这是姬周初期建国时候的"箴言"名歌。它的用意，是告诫周室王朝继承者的子孙们，当在前朝殷商盛世的时期，他们并没有丧失了人民大众的信任。那个时候，殷商的善政，可以说，够得上是配合天心仁爱的标准（"师"字，是有大众、群众的内涵。"上帝"，是上古以神道设教的名称，它代表了那个能为万物之主的天心和天意）。谁知到纣王的手里，政治腐败到了不可收拾的地步，完全丧失了人民大众的信赖，因此致于国亡家破，才有我们今天的周室王朝。所以你们要把前朝殷商的失德，作为一面镜子，随时反照反省，不可忘记了历史的教训。那个至高无上主持大命运的天意，它永远监临着你，唯有施仁德在民，才能得到保佑，这是不可变易的最崇高的大原则（"监"字，古文通"鉴"字用。"峻"字，即有崇高至上的意思）。

然后曾子又进一层引申解释说："道得众则得国，失众则失国。是故君子先慎乎德。有德此有人，有人此有土，有土此有财，有财此有用。德者，本也。财者，末也。外本内末，争民施夺。是故财聚则民散，财散则民聚。是故言悖而出者，亦悖而入。货悖而入者，亦悖而出。"这一段文章非常白话，本来不需再加讨论。在座的几位年轻同学，是从现代白话教育起步的，使我回想到我自己读这一段文字的时候，还在童年，距离现在已有半个世纪以上，当时似懂非懂，不敢多问老师。如果太啰嗦多问，老师会说，好好背熟它，将来你就会懂，一辈子也用不完。当然，听来很闷气，不是生气，因年轻还不懂生大气呢！将来懂得，真是莫名其妙！心想，恐怕老师他自己还没有完全懂吧！可是几十年后，真的反而觉得那个老师真高明，好在没有点破我。如果那个时候，他教我懂得了文字，也许永远只是做个"浮沉宦海如鸥鸟，生死书丛似蠹鱼"而已。这是要有人生多方面的经验，而且还要配合数十年的做人做事，才渐渐地一层一层深入，才算真懂了。学文哲和文史，也同学自然科学一样，没有走进实验室去实习，永远不会有新发现，永远不会有发明的。

话说这段文章，它是在古往历史上，评论一朝一代，创业建国者的经验和成功失败的大原则，同时也是一个人，要做任何一种事业的成功和失败的共同原理。一字千金，真不愧是孔门贤哲弟子的名言。他首先提出"道得众则得国，失众则失国"之道，这个"道"字是一条不可变易的大原则之道，并非是说话之"道"。不过，你如把它当作要说话之先的"说道"，也勉强可以。总之，他说，要想创业建国，唯一的条件，需要有人民群众的归心拥护。有人民群众才能得国；相反，失掉民心，就会失国。但怎样才能得到人民衷心的归向呢？答案："是故君子先慎乎德。""是故"，是古代语言的习惯，便是现代常说的"所以"。这是说，你想要创业建国，或是你想做任何一件事业，必须要具备先能得到"人和"。你想要人心归向，或是个人想要有朋友相助，必须先要从自己"立德"开始。如果你自己做人，态度、言语、思想等行为，处处"缺德"，一切就免谈了！不过，一个"德"字，含义太多太广太深，真是一言难尽，说不完的，不是随随便便说一句"道德"就对了。所以"大学之道，在明明德"，一直说到这里，仍然还都在"德"字的范围里打转呢！明白这个道理，自可了解下文所说的推理：有德，才有人众；有了人众，就会有土地；有了土地，就会有财货；有了财货，当然就能兴起种种妙用了。尤其是一个国家，就是人民、土地、财货三个因素的综合凝聚。然后构成一种总动力的共同经营，那便是后世所说的"政治"和"治权"的内容了。其实，一个人家也是一样，先由男女两个人结合在一起，共同辛苦经营，成为一个家庭，也是同样的道理。至于现代人的创业，无论是工商事业、金融事业或社团事业，也不外乎此理。

但他特别慎重地提出注意，任何创业成功的基本条件，在于个人的"行为道德"，也就是包括心理行为和处事行为两种的综合。

所以说，"德者，本也。财者，末也。"这个"末"字，不是说财是没有用的意思。这是说，一个人，自己的道德行为是根本，财货是由根本所发展产生的枝末。换言之，德行，犹如树根，财货，犹如树的枝叶。树根不牢固，枝叶是不会茂盛的。因此，他便说："外本内末，争民施夺。"如果你不顾在自己内在的根本德行上建立，只想争取向外的财货，那就必然会有人来和你争夺权力的。所以在争取人和争取财货这两者之间的妙用上，曾子就特别提出一个道理，即"是故财聚则民散，财散则民聚"这个大原则。那是万古不易的名言，也是人类生存和生活上的大原则。赚钱难，聚财难。但是用钱更难，散财更不易。能够赚钱聚财，又能够善于用钱和散财的，必然是人中豪杰，不是一般常人所能及的。至于死守财富和乱散钱财，当然是一般社会人群中常有的两种典型。

当政者特别要注意一言一行

最后，曾子又特别慎重地对于有志于"治国平天下"者提出言论和财货两者的反应作用，也可以说是因果律的法则。"是故言悖而出者，亦悖而入。货悖而入者，亦悖而出。"第一，他为什么在这里又要涉及言语方面的事呢？而且他所说的言语，又是指哪种说法呢？答案：是指关于言语的"德行"，也就是平常所称的"口德"。言语，是内心思维意识的表达，如俗话所说："欲知心腹事，但听口中言。"一个人的善恶行为，在外表的是整个人身的行动，在内在的是意识思维。但这两者之间，对外表达作用的，便是言语。"唯口出好兴戎"，善言是德行，恶言是祸患，又如俗话所说的："祸从口出，病从口入。"都是同一道理。但是这还只是从一个人的立场而说。如果是身负国家天下之责的人，那就更严重了，他的一言一行，动辄会影响全民的，所以中国传统文化，在两千多年的帝王制度里，有形无形，具有监视帝王的作用的，便是"史官"。"左史"

记行，"右史"记言。虽然后世有今不如古的趋势，被改称为皇帝的"起居注"，但还是相当严格，在那些不敢记，而又不敢不记的字里行间，还可以看出究竟的。

总之，曾子在这里提出言语的因果作用，也是很有深意。因为曾子是周朝末期的人，应当还是先从周朝的史料中去了解，就比较切近。首先，我们且看周文王临终的时候，对他儿子周武王所说的话，如史料所载："西伯（文王）寝疾，谓世子（武王）曰：见善勿怠（看到应该做的善事，不能偷懒不做），时至勿疑（凡事要把握机会），去非勿处（过去曾经有错误的事，快改，切勿流连），此三者，道之所止也。世子再拜（听完了，叩了两三个头）受教。"等到周文王死后十二年，"是时诸侯皆畔（同叛）殷归周，不期（事先没有约定时间）而会盟（孟）津者八百。皆曰：纣可伐矣。王（周武王）曰：汝未知天命，未可也。乃引师还。"可是，有人向殷纣王报告这些情形，纣便说："我生不有命在天（我的生命不就是由上天来安排的吗）。"完全不听别人的劝谏。

看了历史上所记载的故事，由周文王开始教诫儿子的三句话，除了勉励武王努力为善以外，特别重要的一句，便是"时至勿疑"。至于怎样才能"知时""知量"，什么时候才是真的"时至"，那就完全是"物格知至"的智慧之学的境界，既需天才，还要力学才行。到了第二年，周武王就正式出兵革命，伐纣而建立周朝的天下了。但是周武王姬发与殷王纣辛，同样都说到天命，史书记载也很清楚，他们语气的不同点在哪里呢？应当"慎思、明辨"清楚，就可以了解"言悖而出者，亦悖而入"的道理。

除此以外，大家都喜欢读《史记》的刘邦和项羽的"本纪"。我也曾经说过，你只要看他们两个，都亲自见到秦始皇出巡的排场。但项羽便说"彼可取而代之（可以把他拿下来，由我来替他吧）！"刘邦也说："大丈夫当如是也（做人应当做到这样，才算是大丈夫呢）！"同样的心思，同样的话，两个人的语气所代表的

"心理行为"形态，完全不同。结果，项羽的事业，毕竟还是被刘邦"取而代之"了！

再举个例来说，当赵匡胤在陈桥兵变，黄袍加身做了宋朝的开国皇帝以后，再三要出兵收拾在江南的李后主。最后，李后主急了，派了一位大文豪的大使徐铉去宋朝，问赵匡胤说："南朝对北宋非常听话，又随时进贡，有什么不对，你非出兵不可吗？"赵匡胤也被他逼急了，便说："卧榻之侧，岂容他人鼾睡。"这是说，我要好好地在床上睡觉，但在我的身边，还有一个人在睡，而且还大声打鼾，我当然受不了啊！话说得很简单明了，没有什么其他的理由就是理由。这真是古今中外，一切想当英雄人物共同的心声。

我看历史，每次想起赵匡胤的话，什么理由都没有了，只好付之一笑。因为由赵匡胤开始，三百年的赵宋天下，都是吃软不吃硬的局面，他当时对南唐能够说出这样的话，但在黄河以北的燕云十六州，岂不是正有人在卧榻之侧，大声鼾睡吗？为什么不率领南唐，一起来先赶走北榻旁边的睡汉呢！不过，到了南宋时期，那个疯狂的金主完颜亮，一定要出兵打南宋，他作的诗也说：

> 万里车书尽混同，江南岂有别疆封。
>
> 提兵百万西湖上，立马吴山第一峰。

这首诗起头第一二句，同赵匡胤的卧榻旁边，再也不准别人打鼾睡觉，岂不是同样的"言悖而出，亦悖而入"吗？但完颜亮遭遇到南宋一位书卷名臣虞允文所指挥的"采石之战"，就彻底失败，终至国破身亡了。其实，我这样说也许是胡乱挑剔牵强附会，也只可付之一笑而已。但话说回来，在《大学》上，在这里忽然插进言语的悖出悖入的话，还不算是太关键的重点。也可说，只是做文章的对衬而已。他的重要主旨，是在下一句的第二个问题，"货悖而入者，亦悖而出"。

"财""货"的原义

我们研究周、秦以前的中国文化，最要紧的要把自己的思想观念，先从时光倒流，回到上古传统文化所使用的文字上去，便可知道古人简单的一个"货"字，是包括了现代人所说的物质资源，乃至人工所生产的农工商业等产品。属于经济学范围的东西，统名叫"货"。但有的古书上，又把"货""财"两字合用，也有和基本农业生产的粮食合用，称为"食货"的。如果随便一读，便很容易使人在意识分别上，混淆过去。其实，"财"字是指"财富"，是包括农工商业所得的"物资"和代表"货物"互相"贸易"交流与币贝等的总和统称。例如本节上文的"财聚民散，财散民聚"，是用"财"字。到了本文末节所用，便换了"货"字，都是很有深意，不是随便用字的。

人类的"财富"，基本上，都是由自然界的"物资"而来的，是绝对"唯物"的。那么，他在讲"治国平天下"之道，为什么先前已经说到了"财富"，现在又怎么再提出物质资源的"货物"观念上去呢？答案很简单，因为人性的最大的欲望，除了生命基本所需求的"饮食男女"以外，就是"好货"。这就是人性普遍存在的占有欲，基本病根最重要的一环。如果照后世的社会科学来讲，换了一个名称，就叫做"利"字。例如世人常用的"名利"二字，"名"，就包含有权位、权力、权势、权威等。"利"，就包括了货物、财币、钱财等。我们只要明白了这些意思以后，便可恍然明了先贤们把上古史，姑且裁定到夏、商、周三代开始，进入封建制度以后，以及家天下帝王制度的形成，经两千余年之久，王侯将相和所有的帝王，都是把天下国家当货物在玩弄，巧取豪夺，又有几个是以"济世救民"存心的呢？尤其在秦、汉以后，那些开国帝王的目标，都是以"贵为天子，富有四海"做为目的，谁又真能"明明德"而做到"治国平天下"呢？

刘邦、李渊、朱元璋的老实话

在历代的历史记载上，你可以看到有三个人物，说了老实话，真不失其为英雄本色了。一个是刘邦；一个是李世民和他的父亲李渊；另一个是朱元璋。

如《史记》所载，当刘邦做了汉朝的开国皇帝以后，志得意满。有一天，对他的父亲（太公）说："始大人常以臣无赖，不能治产业，不如仲力。今某之业所就，孰为仲多？"这是说，当年你在家里，常常说我是个无赖，不会谋生赚钱置产业，不如兄弟的勤力。现在你看看，我所赚来产业的成就，比起兄弟，是哪个赚得多呢？刘邦的出身、文化教育水平程度太差，当了皇帝以后，仍然是当年一副无赖的作风和口气，居然在老父面前，傲然自满，而且很坦率地说出这个国家天下，统统是我赚来的刘家产业财货，打天下的功臣们，都只是我刘家的猎狗而已（他明说功臣们犹如功狗）。至于天下老百姓们，都是逐鹿中原所得来的猎物，那当然都不在话下了。所以说这是刘邦讲的真话。

到了隋末，"太原公子"李世民，设计逼促他父亲李渊起兵造反，李渊胆小，但为形势所迫，也不得不冒险一搏了。李渊在不得已的情况下，对李世民说："破家亡躯亦由汝，化家为国亦由汝矣。"这是明说造反不成功，我们李家家破人亡，罪孽都由你而起。如果成功，把天下国家，变成了李家的产业财货，也是由你一手所造成。哪里有半点为"解民倒悬于水火之中"的诚心呢？所以这也是真话。

至于朱元璋当了朱明开国的皇帝以后，有一天，在深宫内院，和马皇后一起，两口子闲谈，一时高兴，朱元璋便说："当初起兵，还不是为了饥寒所迫，没有饭吃，哪里料到今天，居然做起皇帝称天子呢!"他说完出去,马皇后立刻嘱咐站在旁边的两个太监说:"皇帝马上就回宫,你们要从此以后,一个装聋,一个装哑,不然,就没有命了。"因为马皇后仁慈贤德,她知道朱元璋个性忌刻,一想刚才和自己的谈话,给旁边的小太监们听了传出去,太不光彩了,一定会马上回宫追问,动辄杀人的。果然不出所料,朱元璋又匆匆返转内宫,查问这两个太监,终因一聋一哑,总算格外开恩,放过不杀了。史称马皇后的仁慈德行,诸如此类的不少。但在正史上记载得并不多,在明人笔记上,反而保存一些资料。

古人说:"人间莫若修行好,世上无如吃饭难。"又说:"美人卖笑千金易,壮士穷途一饭难。"俗话说的"一钱迫死英雄汉";"人是衣服马是鞍,金钱就是英雄胆"等等,都是很平实坦白地说明,"食"和"货",确是人类基本需求,不可或少的东西。但从人类文化的人生哲学角度来讲,"名、利、财、货","富贵功名","权位金钱",都只是在生存、生活上,一时一地的应用条件而已。它的本身,只能作为临时临事时所需要支配的机制,根本上它都非你之所有,只是一时一处归于你之所属,偶尔拥有支配它的权力而已,并非究竟是归于你的所有。因为你的生命也和"功名富贵"那些现象一样,只是暂时偶然的存在,并非永恒不变的永生。可惜那些大如开国的帝王们,小如一个平民老百姓,大都不明白"货悖而入者,亦悖而出"的因果法则,都以为那是我所取得的,而且千秋万代都应统属于我的所有,谁知恰恰相反,反而变成后世说故事的话柄,惹得人们的悲欢感叹而已。如果能够在这个利害关头,看得破,想得开,拿得稳,放得下的,就必须先要有"知止而后有定",乃至于"虑而后能得"的平素涵养功夫。尤其对于"物格""知至"的道理,是关于"内明""外用"的锁钥,更须明白。然后才能起用在"亲民"的大用上,完成"诚意、正心、修身、齐家、治国、平天下"的功德。

四七、上台容易下台难

前面说"货悖而入者，亦悖而出"的观点，简略借用过去那些"家天下"大小王朝前因后果的故事，作为"悖入悖出"的参考资料。周、秦以前，暂且不论，但从秦、汉时期说起。我们根据历史，且看所谓汉高祖刘邦，以一布衣平民，因为社会时势演变的趋势，醉提三尺剑乘时而起，比项羽等人先入关中。那时秦始皇的二世，已经被太监赵高杀害，再立秦二世的兄子"子婴"为秦王。等到刘邦军临灞上，秦廷上下知道大势已去，就由子婴"素车白马"，头颈挂着皇帝的印绶，捧着皇帝的符玺，在轵道旁请求投降。"诸将请诛（杀）之"。沛公刘邦说："始（楚）怀王遣我，固以能宽容。且人已降，杀之不祥。乃以属吏。"（就把子婴交给部下来看管）。自己再入咸阳（秦廷首都），"与父老约法三章"，除秦苛政，还军灞上。这段历史，大家都很清楚。后来项羽到了咸阳，才杀掉子婴，放火烧了秦廷宫室和阿房宫。

由此可见，刘邦比起项羽等人，开始起事的确宽容仁厚得多。后来刘家汉朝的天下，好好坏坏经过四百余年后，在历史上称为魏、蜀、吴三国的末期，被曹操的儿子曹丕篡位而灭亡。总算曹丕父子，还是很有风度，并没有把刘汉最后一个皇帝汉献帝刘协置于死地。曹丕便以新朝魏文帝的名义，封刘协为"山阳公"，让他安然活到五十四岁。

但在西蜀，还有刘家一支后裔，便是刘备的儿子刘禅（阿斗），还在诸葛亮的保护之下，在成都称帝。等到诸葛丞相六出祁山，身死以后，阿斗支撑不住，就投降了曹魏，也被封为"安乐公"，阿斗果然一生有福气，得到安乐的晚年。

阿斗与孙皓的对比

其实，这个时候，曹魏天下的气数，也快要完了。促使西蜀投降的是在曹魏的权臣司马昭手里的事。刘禅（阿斗）投降以后，还曾经发生过历史上最有名的趣事，看来比起汉高祖刘邦当年的豁达大度还要豁达。我想大家都知道，不过，再讲一次，轻松一下也好。

刘禅投降以后，"举家迁洛阳，大臣无从行者，惟秘书令郤正及殿中督张通，舍妻子，单身从行"。他在魏国，被封为安乐公以后，有一天，曹魏宫廷公宴，演四川戏，旁边的人看了，都很伤感。但是阿斗却嬉笑自若。司马昭看了，就对贾充说："人之无情，乃至于是。虽使诸葛亮在，不能辅之久全。况姜维耶！"

有一天，司马昭又问阿斗说："颇思蜀否？"阿斗说："此间乐，不思蜀。"郤正知道了，便对阿斗说："若王（指司马昭）复问，宜泣而答曰：先人坟墓，远在岷蜀，乃心西悲，无日不思，因闭其目。"果然，有一天，司马昭又问他，想西蜀吗？阿斗便照郤正所教的演答一番。司马昭听了说：你今天怎么和郤正讲得一样的话？阿斗听了，就很惊奇地说："诚如尊命。"这等于说，你都说对了，正是郤正教我要这样讲才对啊！惹得左右人等，都哈哈大笑不止。

读了汉、魏之间的历史，看来古人所说"天道好还"的话，确是一点不差。有关刘汉末代降王，如刘协、刘禅的结局，就好像刘邦初到灞上，不杀子婴一样，总算自然很公平地还他一个仁厚的结案。

既然讲到这里，顺便一提三国时代的结束，东吴孙权的后人孙皓，被晋室司马炎所灭亡。孙皓也和刘禅一样，投降晋朝，被封为"归命侯"，两年后自然死亡，司马氏并没有使他受辱受罪。这正如孙秀所说："昔讨逆弱冠（东吴孙权的父亲孙坚，还只是二十多岁的少年，在汉末，与曹操等举兵共讨黄巾），以一校尉创业。今后主举江南而弃之，悠悠苍天，此何人哉！"但当晋主司马炎接见孙皓时，便对他说："朕设此座以待卿久矣！"孙皓便说："臣于南方，亦设此座以待陛下。"这个对话，完全不同于刘禅的假糊涂真圆滑。孙皓表现得也是真有骨气。晋室的权臣贾充又问他："闻君在南方，凿人目，剥人面，此等何刑也？"孙皓就说："人臣有弑其君，及奸回不忠者，则加此刑耳！"贾充反而被他弄得很惭愧，没有面子。因为他是帮司马昭谋杀曹魏后主曹髦的主犯，所以孙皓对他很不客气。孙皓这种性格，充分代表东吴孙氏后裔"南方之强也，强哉矫"的表现。但孙氏几代，数十年来雄踞东吴，除了割据封疆，拥兵自重，北拒曹魏，西抗蜀汉外，也并无太多的大过，有此结局，也算是很好了。

从秦、汉以后，把天下国家完全看做家天下的财货，所谓政权，只是为家天下财货经营管理机构的组织而已。这种现象，到了魏、晋时期一百年之间，更为显著。因此，当曹操培养儿子曹丕篡汉践位以后，短短做了七年的魏文帝便死了；由他的儿子曹叡即位，做了十三年的魏明帝也就死了。但在这二十年的曹魏政权中心，早已隐伏着另一个专以阴谋起家的家族司马懿父子、兄弟、叔侄的集团，又要取曹魏的政权而代之，变成司马氏的家天下了。所以当曹叡死后，便由他的养子曹芳即位，勉勉强强维持了十四年的"五马同槽"的曹氏王朝局面，便被司马师废了，另立了曹丕的孙子曹髦，也只做了六年的傀儡皇帝，弄得曹髦忍无可忍，便叫明了说："司马昭之心，路人皆知。"又被司马昭杀了，封为高贵乡公。再另立曹操的孙子曹奂，做了六年有名无实的皇帝，就被司马炎彻底废黜，封为陈留王了事。从此便变成以司马炎开始称晋武帝的晋朝天下了。算来曹氏祖孙三代，先后只占有权位四十六年，所谓"货悖而入者，亦悖而出"，是丝毫不差的。

刘毅的大胆直言

但当司马炎篡践曹魏的政权，史称为西晋王朝的开始，也便是历史上另一场滑稽悲剧的开锣。司马炎的为人，本来便是司马氏的权力世家子弟，深受家族的阴谋教养，所以他由父亲的余荫，顺手牵羊做了晋世祖的武帝，便志得意满，亲祀南郊，在拜天的时候，就问身边的司隶校尉（等于后世的人事行政部长）刘毅说："朕可方（比）汉何帝？"刘毅就干脆地说："桓、灵。"（东汉末期两个败家的昏君）司马炎听了说："何至于此？"刘毅说："桓、灵卖官钱入官库（归入政府）。陛下卖官钱入私门（收进司马皇帝的家里去）。以此言之。殆不如也。"这是说，你还比不上汉桓帝和汉灵帝呢！司马炎听了，大笑说："桓、灵不闻此言。今朕有直臣，固为胜之。"但他的好色，比起秦始皇、隋炀帝也差不了多少。他选了东吴的伎妾五千人入宫，服侍他个人的宫女太监们，差不多也有一万人。因为女色太多，难分专宠，便"常乘羊车，恣其（放任它）所之（随便它走到哪里），至便宴寝（就留宿在那个宫女的宫中），饮酒作乐。"因此，"宫人竞以竹叶插户，盐汁洒地，以引帝车（引来司马炎所乘的羊车）"。他是这样的经常"日事游宴"，当然就"怠于政事"，不管国家、天下的正事了！

所以西晋初期的司马氏家天下的政治权力中心，实际又操在权臣贾充等一般佞人的手里。但他也算享受了"身为天子，富有四海"的皇帝之福二十五年，便由他的痴呆儿子司马衷即位，被后世嘲笑叫"蛤蟆皇帝"的晋惠帝，就是这位活宝。他的皇后，便是贾充的女儿，也是在晋史上最富有丑闻的贾皇后。她生得"丑而短黑，妒忌多权诈"，但又极其浪漫淫荡。可是这个痴呆皇帝司马衷，反是"嬖而畏之"，因此，晋室王朝，本身早已乱七八糟不足以领导天下了。但在这样家天下的皇室情况之下，痴呆皇帝也享受了糊里糊涂的帝王生活十七年之久，真是奇福奇事。可是历史与政治，冥冥中始终有一个无形的规律在仲裁着它的善恶是非，不管你有怎样的权谋智巧，毕竟是逃不出这个因果定律。这也就是曾子所说"货悖而入者，亦悖而出"的报应原则。

当司马炎父子皇帝四十二年之后，司马氏的家天下，内有"八王之乱"，外有"五胡乱华"的开始。司马炎的儿子司马炽，做了六年的倒霉晋怀帝，便被"五胡乱华"之首的北汉王刘渊的儿子刘聪俘虏。当刘聪宴会群臣于光极殿，便使这个晋朝的皇帝司马炽"青衣行酒"（穿着青色的侍从衣服，出来为大家倒酒）。这样加以侮辱，他还算是留着故人的情面呢！但最后还是被刘聪所杀。

接着，便是司马炎的孙子司马邺晋愍帝，也只做了四年傀儡皇帝，又被刘聪俘虏，而且也照对待晋怀帝的待遇一样，更降一等，当刘聪出巡的时候，便要这个晋朝投降来的皇帝，充当"车骑将军，执戟前导"。见者指之曰："此故长安天子也。""故老有泣下者。"但这样还不算了事，刘聪又当着宴会群臣的时候，再命令他"行酒洗爵，已而又使执盖。晋臣涕泣有失声者。尚书郎辛宾起，抱帝（司马邺）大哭"。刘聪就干脆一起杀了这对君臣了事。

这便是由司马氏阴谋篡夺了曹魏四十六年的家天下，改称为晋朝以后，经过父子、子孙四代皇帝，总共起来也只有五十二年的西晋天下，但是身后子孙"悖入悖出"的情况，比起曹魏的结局，不但萧条，甚至更为凄惨。至于对国家天下人民来说，既不能"修身、齐家"，更谈不上有"治国、平天下"的丝毫功德。然而综合两晋（西晋和东晋）司马氏的家天下，却也拖拖拉拉了一百五十六年之久。这个问题中间的关键，究竟是什么原因？实在也是一个最有意义、最有趣味的历史文化演变的大问题。但不想拉杂在《大学》的研究中来讲，姑且暂不讨论，不然，就又成为一个历史哲学上的专论大问题，不是一朝一夕就可匆匆讲得完的。

四八、魏晋南北朝的时代

不过，在我们传统的历史上，所谓魏、晋、南北朝的时代，先后总共有三百七八十年之久的时期，每一个短短年代的家天下的皇室政权，每一个匆匆上台、急急忙忙下台的帝王人物，实在正如《红楼梦》所唱的"乱哄哄，你方唱罢我登场，反认他乡是故乡"，看来真是可悲可叹。同时，也可以说这一段的历史，比起春秋、战国的五百多年间的故事，更为紊乱和黑暗。但我们从中华民族和中华历史文化的角度来看，那就立场不同，观点也不一样。例如照旧史的文化哲学的观念来讲，都说魏、晋时代的历史文化，是误在知识分子的士大夫们，由于这些人们太偏向于注重《易经》《老子》《庄子》的"三玄之学"，以至于"清谈误国"，招致"五胡乱华"，形成了东晋南渡以后的南北朝格局。其实，这样论断，也未必尽然。我们现在要讲这个阶段的历史，却有三个最重要的关键需要另加理解。

要了解当时的三个关键问题

一是魏、晋以来，文官政治体制的形成。所谓魏、晋时期的知识分子士大夫们，已经养成轻视家天下的皇室统治，把从汉朝开始的"选举"精神，渐渐结合成儒、道、法三家的政治思想，形成了文人政府的治权，开始建立了一套政治管理学的人事体制，成为后世文官政治"铨叙"人事的先声。家天下的皇帝归皇帝，读书的士大夫们归士大夫，完全不理会皇室的权威，自然有他超然于政治权力以外的本身的地位。所谓"清谈""三玄之学"和研究新近由印度输入的"佛学",只是文化教育上的一种潮流,一种轻视皇权的反动,反映士大夫们另一种不同意现实政治的风格而已。

这种情况,最初是由曹操父子开其风气之先,当曹操开始建立曹魏政权的时候,一面注重法治,一面又特别奖赏聪明才智和文学才华的名士,但又不太要求他们的操守。所以到了魏明帝的曹叡阶段,虽然名儒有如陈实、陈群、王祥、贾逵等人,但是新进少年学者,如何晏、王弼,乃至如史称"竹林七贤"等辈,都是一代俊秀,名重当时,但又多是轻视世事,浮夸自负的青年名士。因此,曹叡想要建立另一种人事制度的考核办法来替代"选举"用人。如史称:

> 魏主叡深疾浮华之士,诏吏部尚书卢毓曰:"选举勿取有名,名如画地作饼,不可啖也。"毓对曰:"名,不足以致异人,而可以得常士。常士畏教慕善,然后有名,非所以当疾也。今考绩之法废,而以毁誉为进退,故真伪浑杂,虚实相蒙。"

曹叡同意他的建议,就诏散骑常侍刘劭作都官考试法七十二条。然而经过朝廷(政府)会议,迟迟没有通过,结果也就没有实行。可是刘劭却因此著了一部《人物志》,开启后世人事管理学的先河。

其实,在这以前,由陈群在曹魏时期所创建的"九品中正"的人事制度,配合当时从两汉以来以"孝道治天下"的宗法社会的儒术精神,不但早已实行于魏、晋的时代,也影响后世,使选举人才的制度,法久弊深,完全变成为名门望族所垄断的局面,形成两晋和南朝六代之间的门第、门阀风气。正如晋初尚书左仆射刘毅所痛恶的"上品无寒门(所谓上流社会,没有一个是贫寒出身的平民子弟),下品无势族(所谓基层干部,没有一个是权势家族出身的子弟)"。其实,刘毅这篇有关用人行政的谏疏文章,直到今天和将来,无论是哪种政党、政见的民主时代,也应当好好研读,作为民主选举的制度精神的参考。

二是世家门第的学术官僚，形成知识分子读书人的士大夫集团。这种风气，从魏、晋开始，直到南北朝的三百多年时期，成为社会默认的当然情形，并无一个有力者毅然出来鼎革这个时代的弊病。也正如曹魏时代的阮籍所感叹的"时无英雄，徒使竖子成名"。其原因，是由于传布学术知识的书本，都靠手写传抄的私家藏书，并不普及。文化教育并不发达，政府与社会，都没有设立"学校"的风气。尤其是一般社会，丧失了自古以来"文武合一"的教育子弟的精神；一般上层社会，也只重以读书成名，便算是品行端正的标准。因此而使学术知识，只能出于世家权门，形成门第、宗族的士大夫群的权威集团，左右把持皇室的政权，牢不可破。尤其正当史称"五胡乱华"的崛起，西晋皇室的没落，由群臣拥立司马懿的曾孙司马睿南渡称帝（晋元帝），从此定都建康（南京），为东晋的开始。但司马睿和他的儿子司马绍（晋明帝），虽然南渡以后，先后两朝称帝，事实上也等于是傀儡皇室，父子皇帝只有八九年时间，都在忧患中死去。

后来东晋王朝，虽然再经九个皇帝，共有一百零四年的时间，但政权仍然操纵在王、谢等势族手中，前如王敦、王导，后如谢安、谢玄等王、谢权门，都是籍籍有名的"世家望族"的子弟出身。他们坐以论道，谈玄说妙，多是文（学）哲（学）不分的高手。即使如谢安、谢玄叔侄一样，总算领导指挥了一次在历史上有名的"淝水之战"，打了胜仗。但在指挥打仗的场面中，仍然还不离名士风流的风格，模仿三国时期的诸葛亮，纶巾羽扇，潇洒自如。犹如西晋初期，与东吴的陆抗互相敌守长江两岸的羊祜（叔子）一样，"轻裘缓带"，依然不失其雍容优悠的风姿。这种士大夫们的作风，在政府或上层社会之间，只要读刘义庆所辑的《世说新语》一书，就可大概了解当时的一般情形了。

简单地讲，由东晋开始，士大夫们的文人学术官僚集团的风气，一直沿袭到南朝各代（宋、齐、梁、陈）和隋朝，俨然犹如牢不可破的堡垒，纵然是当时一代当国的帝王，也是对此无能为力，只好向这种现实低头将就。这是确实值得注意的历史经验上的一面"风月宝鉴"。现在且让我们举一个历史的故事来做说明。在南朝萧道成篡位称为齐帝的时候，他的中书舍人（等于皇室办公室的主任）纪僧真，"得幸于齐主（萧道成）"，"容表有士风"（外表很像一个有学识的读书人）。

> 请于齐主曰："臣出自武吏，荣阶至此（我从行伍出身，官做到这个阶层），无复所须（别的也没有什么要求了），唯就陛下乞做士大夫（希望皇上给我一个士大夫的荣誉）。"齐主（萧道成）曰："此由江斆、谢瀹（这两人是当时的名士而兼名臣），可自诣之（你自己去找他们商量吧）。"僧真诣斆，登榻坐定（刚刚坐到客座的椅子上）。斆顾左右曰："移吾床远客（江斆就对旁边侍候的人说：把我的椅子移开远一点，不要靠近这个贵客）。"僧真气丧而退（弄得他很没有面子，只好回来）。告齐主曰："士大夫故非天子所命（我现在才明白，士大夫这个头衔，就算是当今皇帝天子下命令，也是办不到的）。"

你只要读了历史上这个故事，再来对照一下我刚提过的《世说新语》，便可知道魏、晋、南北朝之间的读书人、知识分子的傲慢和自负的酸味，有多么的可畏和可悲啊！这种情形，直到唐朝才完全开始改变。所以唐代诗人刘禹锡，对南朝各代的首都南京，便有针对这种历史情形的《怀古》之作了：

> 朱雀桥边野草花，乌衣巷口夕阳斜。
>
> 旧时王谢堂前燕，飞入寻常百姓家。
>
> 山围故国周遭在，潮打空城寂寞回。
>
> 淮水东边旧时月，夜深还过女墙来。

三是旧史所称魏、晋、南北朝之间一百余年的"五胡乱华"局面，几乎与西晋、东晋的朝代相终始。这个历史上的旧问题，是中国由秦、汉以来，直到隋、唐之际，大约有一千年左右的大事。实际上，是中华民族，容纳接受"西陲"和"北疆"各个民族归服内地，融入"华夏"民族的阵营以后，因历代的帝王朝廷（政府），并没有加以深厚的文化教育，因而引发种族文明的冲突，形成"中华文化"的"内外之争""南北之争"，促使在隋、唐以后中华民族大结合的大事。只是大家研读历史，容易简略轻忽过去，没有特别注意这是历来中国"边疆政治"的重要问题，和"华北"与"西域"多种少数民族的生存矛盾问题。因此，历史惯例上只以固有的"华夷"之辨和"胡汉"之争的习惯，就笼统地称为"五胡乱华"了。

如果要彻底了解这个问题，必须先要从秦、汉历史上的"匈奴传"等开始，深切了解从中国的"北疆"，东起朝鲜，毗连俄罗斯的南境，直到内外蒙古、西伯利亚，再南回到古称"西域""西北边疆"的新疆、青藏等广阔边境的许多少数民族，和我们远古轩辕黄帝前后代的血缘关系，以及历来对待"治边"政策的是非。这的确是一个很严肃的历史文化的大问题。即使现在和将来，仍需要切实注意正视这类的大问题。只是我言之慎重，恐怕你们会当作我在狂言乱语，或认为是危言耸听，所以便只提到为止。

所谓"五胡乱华"之始，必须先要知道，早在西汉宣帝时代（前七十三—前四十九年），匈奴呼韩邪单于已来归降，渐通内地。到了东汉光武帝时代（二十五—五十七年），匈奴南单于以及鲜卑族的归降内附，致使匈奴北单于又来恳乞"和亲"。汉光武帝的政策（战略），是以匈奴为屏藩来捍御匈奴，可以说是"以子之矛，攻子之盾"的代理防御、代理战争的上策，并使匈奴各族，愿意投降的移民内附，居住在云中、五原、朔方、北地、定襄、雁门、上谷、代八郡（在山西、陕西、甘肃境内），赐以粮食、牛羊、丝绸布匹等生存种植物品，而且还派兵保护。到汉章帝时代（七十六—

八十八年），鲜卑人出击北匈奴，大胜。因此"北庭"有五十八部，二十万人，胜兵八千，都来降服，加入云中、五原、朔方、北地等处居留。接着又在汉和帝时代（八十九——一〇五年），以及汉桓帝时代（一四七——一六七年），乃至在汉献帝时代（一八九—二二〇年），都有陆续来降、移民内附的为数不少。

在这个时候，曹操初起，为追除袁绍的儿子、投奔乌桓的袁熙、袁尚，他就并击乌桓而破之，斩其首领蹋顿（据史称，是辽西乌桓的另一支）。跟着，他又把由汉光武时代开始入居西河郡（山西、陕西、甘肃一带）的匈奴等族，分为五部，加以监护。这不能不说是曹操对匈奴等族移民内地的管理政策上，已较有先见之明，只是当时仍然缺乏加以文化教育的观念，以致造成后来各民族之间的文明冲突，实为憾事。

"胡""华"民族的混合

讲到这里必须要了解，在这个世界上的东、西文化不同的各个国家民族之间，早在公元以前，就能接纳外族归附移民，不记宿仇，没有种族歧视的成见，除了中华民族，可以说是绝无仅有了。因为中国文化，本来有"王道治天下"的传统，以"民吾同胞""物吾与也"的仁义精神，才能做到。也可以说，中华民族的"华夏"文化，早已在公元以前，就实行了人类大同的理念，早已泯除种族歧视的狭隘胸襟。例如在这以后的唐末五代，以及元朝和清朝入主中国的历史事实，都是具有这种精神的作用。就以历史的事实为证明，中华民族从来不肯侵略他人，不是以强权当公理的民族，只有"忍辱谦让"，化解其他民族的非礼侵凌，加以感化而融归于整体"人道"之中。所以在公元六世纪初，南朝梁武帝的时代，印度佛教的禅宗达摩祖师，决定要"东渡"中国传法。别人问他为什么一定要去中国，他说："震旦有大乘气象。"换言之，所谓

"大乘气象"，就正如佛说的"娑婆世界"中的中国，确然具有慈悲（仁义）的精神。"娑婆"是梵音，它的意义，是说"难忍能忍"的"堪忍"的精神。

　　总之，由东汉光武帝到魏、晋两百多年之间，以匈奴为代表的各种入居内地"河西八郡"的各民族，其中分子颇为复杂，事实上，早已是汉族血统大混合的一个时代。如加严谨的稽考，北部匈奴的另一支，没有入居中国的，后来就在欧洲建立匈牙利。丁灵另一支，就是后来的俄罗斯的另一族。乌桓另一支，就是和后来建国的阿富汗有关。鲜卑，就是后世还居留在西域边疆的锡伯族。隋、唐之间的突厥，就是后来的土耳其。波斯就是后来的伊朗。大食，就是当时的阿拉伯帝国。天竺，就是印度。至于氏、羌、羯等少数民族，大部分都已汇合成后世居留在新疆、西藏（前藏和后藏）、青海等地的少数民族。史称"五胡"的，就是当时崛起而建国的匈奴、鲜卑、羯、氏、羌。先后称王称霸的十六国，计有前赵、后赵和四次分裂的燕国、五次分裂的凉、三次分裂的秦，以及夏与成汉等十六国。其实，他们当时的生活、语言，早已华夏、汉化，在基本文化上，也已学会了汉化的文字，只是在民族的性格上，仍然具有矫捷剽悍的习性。尤其他们看到汉末到魏、晋之间的朝廷皇帝的政权，原来都是这样抢来抢去，并不行于正道。而且由司马氏的家族，抢了曹家的天下以后，他们自己的家族，又闹兄弟争权的"八王之乱"，互相残杀。平时所谓文化教育上的"道德仁义"，原来都成为书本上的废话。那么，他们也认为自己早已是中国人，中原的天下，大家有份，因此而形成"起而代之"的乱源。同时，在魏、晋时代，另一批知识分子士大夫们，也看不惯这些世族、门阀士大夫们的作风，干脆就加入汉化的新民族，即习惯称呼为"胡人"的范围，起而大干其逐鹿中原的美梦了。这样，才是史称"五胡乱华"的基本原因，事实上，可以说是"胡华混合"，也并非过分。但在这个阶段的中间和结束，就形成"中华文化"另一章的大结合，变成北魏文化与南朝六代的大光彩了。

大家试想，如果我们也是生在当时外来入居内地的少数民族之中的一分子，由祖先辈从塞外的大沙漠和大草原进入中原以后，正如毛泽东的名词所说："江山如此多娇，引无数英雄竞折腰。"谁又愿意再脱离中原，回到那大沙漠和大草原之间，终日与"天苍苍，野茫茫，风吹草低见牛羊"的环境为伴呢？况且过了沙漠，西去欧洲，正是罗马帝国强盛纷争的局面，要想去分一杯羹，绝不可能。北有鞑靼的俄罗斯挡驾，东有朝鲜的海峡阻隔。此时，晋室王朝又正好自失其鹿，身强力壮，再不起来逐鹿中原，更待何时，难道要他们真肯倾心于当时的新进文化，去学佛修行打坐吗？所谓"物必自腐，而后虫生""人必自侮，而后人侮之"，这是千古不易的定律。魏、晋、南北朝、五胡乱华的时代，便是这个情形所发生的历史事故。

胡汉文化的另一面

现在让我们简略地列举历史上几个事实，作为说明。

其一，正当司马炎称帝的西晋初期，也就是公元二七九年间，鲜卑族的树机能（人名）攻陷凉州（陕、甘）边区。司马炎采用了王济的建议，就封匈奴族的刘渊为"左部帅"。其实，在这中间，历史的记载，就早已说明"自汉、魏以来，羌、胡、鲜卑降者，多处之塞内诸部。其后数因忿恨，杀害长吏，渐为民患"。侍御史郭钦曾经疏奏说：

> 戎狄强犷，历古为患，宜及平吴之威，谋臣猛将之略，渐徙内郡杂胡于边地，峻四夷出入之防，明先王荒服之制。

司马炎不加理会。不到十年，改封刘渊为"北部都尉"。接着，又再加封为"匈奴五部大都督"（等于是统管五部胡人的总督），这就造成他后来自称"北汉王"的权势了。但刘渊本身，也自有他必然不能久居人下的条件。如史称：

> 刘渊，刘豹之子。幼而隽异（幼年的时候，已经不同于一般的儿童）。师事上党（山西德安府）崔游，博习经史。渊尝谓同门生曰："吾常耻随（汉初的随何）陆（汉初的陆贾）无武，绛（汉初的绛侯周勃）灌（汉初名将灌婴）无文。"于是，兼学武事。及长，猿臂善射，膂力过人，姿貌魁伟（又是文武全才）。

晋朝的名臣王浑、王济父子都很赏识他，所以极力推荐。而且刘渊的为人，又"轻财好施，倾心接物"，所以"五部豪杰，幽（现在的北京）冀（河北的真定沧州区域）名儒，多往归之"。这里根据历史所说的豪杰名儒，都是当时在民间的读书知识分子的士大夫，和一般民间社会上的豪强之士。因此，历史上便称他是"五胡乱华"之首的"北汉王"。后来俘虏晋怀帝、晋愍帝的"汉王"刘聪，都是他的后人。但是根据事实，刘渊父子，早已是汉化的胡人，并不能算初从境外入侵的外夷了。

石勒与佛图澄的故事

其二，在五胡十六国当中，最为骁勇好杀的后赵主石勒，也并非只是一个武夫。其实，他也早已具有汉化的文化底子。他一边笃信佛教，师事印度东来中土的第一佛教神僧佛图澄。同时，又喜欢学习中国的历史文化，如史称：

> 赵主石勒谓徐光曰："朕可方自古何等主？"对曰："陛下神武谋略，过于汉高（祖）。"勒笑曰："人岂不自知，卿言太过。朕若遇高祖（刘邦），当北面事之，与韩（信）彭（宠）比肩。若遇光武（刘秀），当并驱中原，未知鹿死谁手。大丈夫行事，宜磊磊落落，如日月皎然，终不效曹孟德（操）、司马仲达（懿），欺人孤儿寡妇，狐媚以取天下也。"

从他的这一段言论来看，的确也非等闲之辈。同时，也骂尽了历史上不以"功德"取天下的自命英雄们，确是千古名言。比起庄子所描写柳下惠的兄弟盗跖与孔子的对话，并无逊色，而且更是痛快淋漓。

石勒虽然并不勤学读书，但"好使诸生读书而听之。时以其意论古今得失，闻者悦服。尝使人读《汉书》，闻郦食其劝立六国后，惊曰：'此法当失，何以遂得天下。'及闻留侯（张良）谏，乃曰：'赖有此耳。'"

史称："石勒，字季龙，上党（山西）武乡人。其（祖）先匈奴别部也（也早已是汉化的胡人）。年十四，至洛阳，狂笑上都门。王衍（晋室名臣）异之曰：胡雏声视有奇志，将为天下之患（王衍看到他，便说：这个年轻的胡人小伙子，他的说话声音和眼神，是胸怀异志的，将来会成为祸害天下苍生的人）。遣人收之（想派人去逮捕他），石勒已去。"石勒既为后赵主，施行暴政。因受佛图澄大和尚的教化，才渐回心纳谏向善。

这个时候，是佛法在魏、晋之间，正式进入中国的初期。一般从西域过来的高僧居士们，都是从事翻译佛经。晋室的名臣名士如王导、谢安等人，都是极力结交西域高贤，潜心佛学，等于十九世纪以来国内的上层社会，都倾心科学一样，风靡一时。但还未完全普及，可是在河西及关中的胡、汉各部，因为与西域较为接近，信奉的就较内地为多。而佛图澄的到来，不大讲经说法，只以他本身的神迹示现佛法，又感化了后赵主石勒，佛教的声望就大为人们所信奉了。

当时，在东晋的西域高士支道林，听到佛图澄在石勒身边，便说："澄公其以季龙为鸥鸟耶！"支道林的意思是说：佛图澄把石勒当作飞禽走兽在调教吗？太危险了！果然，东晋的兵力，曾经一度攻进淮泗，石勒就大发脾气说，我这样信佛，反而有敌寇来打我，太不灵了。佛图澄就对他说了一段神话，你的前身，只是一个商人，经过罽宾（当时的西域国名，现在的克什米尔）寺，发心作大佛事，但在僧众中，有六个得道的大罗汉，接受了你的供养，我也算是其中的一个。当时有一位大阿罗汉就说，这个商人，死后要投胎变鸡去受业报。再转身，便会在晋地称王。你今天也总算有了好报了。打仗，有胜有败，怎么又归罪到佛法有灵无灵呢！石勒听了神僧的话，倒很相信，又告诉佛图澄说，要不杀，是很难做到的。佛图澄就说："但杀不可滥，刑不可不恤耳！"不到十多年，佛图澄就对他说，我的寿命到头了，要向你辞行了。石勒就说："大和尚遽弃我，国将有难乎？"佛图澄就对他说：

> 出生入死，道之常也。修短分定，无由增损。但道贵行全，德贵不怠。苟德行无玷，虽死如生。咸无焉！千岁尚何益哉！然有恨者，国家（指后赵石勒）存心佛理，建寺度僧，当蒙祉福（应当有好报）。而布政猛虐，赏罚交滥，特违圣教（你的政治行为又特别违背佛法），致国祚不延也（因此，你当国的寿命就不太长了）。

石勒听了，大哭一场，抬头看看佛图澄，已经安坐而逝。可是不久，有一个出家人从甘肃过来说，自己亲眼看见佛图澄进了潼关。石勒听了，马上命令开棺验视，并没有遗体，只有一块石头。石勒一看，烦恼极了，就说，石是我的姓，大和尚埋掉我走了，这个国家还能长久吗？果然不久，石勒也就完了。根据神僧的传记说："佛图澄在关中，度化弟子数千万人。凡居其所，国人无敢向之涕唾。每相戒曰：莫起恶心，大和尚知汝。其道化感物，有如此者。大教（指佛教）东来，至澄而盛。"

我们讲到这里，主题仍在说明"五胡之乱"后赵石勒的时代，正当公元330年前后，也是罗马君士坦丁大帝迁都拜占庭的时期。这时正是魏、晋以来，中国传统文化中的"王道"陵夷，儒家和道家的文化精神，也已濒临续绝，士大夫们的文人政治体制，犹如《诗经·小雅·巧言》六章所说："无拳无勇，职为乱阶。"因此汉化已久的"五胡"等种族，对于固有传统道德有关的"仁义礼智信"等，都视为空谈，不足重视。但从西域新兴传入中原的佛法，以"慈悲"为教，以戒"杀、盗、淫、妄、酒"的主旨，加上宗教神灵默佑的冠冕，反而都被胡、汉人等所接受。因此而形成隋、唐以后"儒、释、道"三教的文化汇流，以及后世有北魏佛教文明的兴盛，才有流传到现在的敦煌壁画，云冈、龙门石窟等文物的存留，供人景仰凭吊。这些都是历史的血泪所累积而成，我佛慈悲润泽的结果，并非是离题太远，专门介绍佛法和神僧的故事。

苻坚见不到鸠摩罗什

其三，例如前秦的苻坚，据说他的先世是西戎的酋长，也不能完全算是境外迁入的胡人，旧史称他："雄武智略，尽有中原。"史称秦王苻坚鼎盛的时期，其武力霸权，已"东极沧海，西并龟兹（新疆省库车、沙雅二县之间），北尽沙漠，唯建康（东晋首都的南京）在外"。但最后以百万之众南伐东晋，为谢安、谢玄所败，自称"秦王"只有二十七年，寿命只有四十八岁。但他能重用隐居华阴的山东名士王猛，也就是曾经与东晋的权臣桓温见面，所谓"扪虱而谈当世之务，旁若无人"的奇士。王猛在临死之前，吩咐苻坚说："晋虽僻处江南，然正朔相承，上下相安，臣没之后，愿勿以晋为图。"

后来苻坚自负以百万之众，可以"投鞭断流"，南伐东晋。弄得宗室苻融没有办法，只好对他说："王景略（王猛字景略）一时英杰，陛下尝比之诸葛武侯（亮），独不记其临没之言乎！"苻坚还是不肯回心转意，终于一战而败，身死国亡，不出王猛之所料。

但是，苻坚也是倾心文化，尊重学者和高僧，对他们都是加以特别的礼遇，绝不自以为是，轻视文化人士。他除重用王猛，言听计从，尊如师礼外，那时在襄阳还有一位高僧道安法师，名重一时，是佛图澄的弟子，也就是后来南渡到庐山，建立净土宗念佛法门，影响中国千余年来各阶层社会的慧远法师的师父。道安法师的学问和德行，中外皆知，东晋朝野也很仰慕。在中国文化哲学史上所称的"襄阳高士"习凿齿来见道安法师，自称"四海习凿齿"，法师对曰"弥天释道安"，便是这个故事。苻坚敬仰道安，曾经送他"外国金饰佛像金缕结珠弥勒。法师每次讲经说法，便安设此像作证"。但苻坚终于忍不住而攻打襄阳获胜，就亲自与道安法师见面，对左右的人说："吾以十万师取襄阳，得一人半耳。"左右问为谁？曰："安公一人，习凿齿半人也。"可是，苻坚南伐东晋，苻融请道安法师力劝，也终于不听。但他既得道安法师之后，又听说西域有高僧鸠摩罗什，道望推重一时，就又派大将吕光（字世明，河南洛阳人）率兵七万西征，要迎取鸠摩罗什东来中国。

吕光奉命西征，据说，威服四十余个小国。到了龟兹，以武力威胁，龟兹国王无奈，只好出让高僧鸠摩罗什。但吕光得到鸠摩罗什，回到了姑臧（甘肃的武威），听说苻坚已死，他便收降了凉州牧（甘肃地方首长），先自称为"酒泉公"，后又自称"凉帝"。因此鸠摩罗什法师也在后凉吕光父子手里，被"凉"了十多年。这个时候，正是公元三九二年之际，欧洲的罗马，正开始确定基督教为国教。

苻坚以霸权武力，派兵遣将远征西域，只为了迎取一位有道有学的高僧东来，实在是古今中外历史上，极为稀奇少有的事。同时，也可知后来佛学在中国的盛行，鸠摩罗什法师对中国文化哲学、文学上的深远影响，也是史无前例的重要事件。

十多年后，西戎羌族的姚兴，即位后秦称王，又派大将姚硕德伐后凉，迎请鸠摩罗什入长安，待为国师，安居于长安的"逍遥园"，翻译佛经三百余卷。门下弟子共襄译事的很多，据说，从学的中国僧俗弟子，有二三千人之多，而特别优秀突出的有七八人。例如后来史称"生公说法"的道生，与著《物不迁论》《般若无知论》等哲学和科学上千古名文的僧肇，以及道融、僧叡等，各有著述。尤其他开创用梵文的拼音原理，为中国文字首创音韵字母的拼音反切方法，便是鸠摩罗什法师与他的中国弟子僧叡、惠观、惠严等的功劳。可惜法师在秦住世译经的时间，只有九年，便已圆寂。算来世间的寿命，并不太长，实在也是中国佛学文化的一大憾事。

但当苻秦与姚秦的两个时期，中国的道安法师，与西来的鸠摩罗什法师的时代，关中（潼关以西）与洛阳等中原一带地区的第一流知识分子、优秀人才，因对于当时政权的悲观和厌倦，大都是脱离现实，跳出世网去出家学佛。不然，就去学神仙，做道士。因此也可以说东晋时期是"天下之言，不归于佛，即归于道"的时代。南渡以后，东晋王朝上下各阶层的社会人士，也是如此，在位的权势名臣如王导、谢安等人，都与西域过来居住在江南的佛学名士支谦、支亮等人有密切交往。例如道安法师居襄阳的时期，东晋的孝武帝司马曜，便赐以诏书说："法师以道德照临天下，使大法流行，为苍生依赖，宜日食王公禄，所司以时资给。"但道安法师却固辞不受。而且当时兴起一种讲学论道的风格，所谓有学问有修养的人，手里都拿着鹿或马的尾巴所做的拂尘，表示有出尘离俗的风度，这在史料的称谓便是"手持拂尘，从事玄谈"的风气。事实上，这种习惯，是从印度文化中婆罗门教手持拂尘，所传布过来的形象，至今佛、道两门中还保有"持拂"的风规。

儒家沉寂、佛家昌盛的时代

总之，从魏、晋、南北朝以来，直到唐代开国之初的三百多年时期，所谓儒家"孔孟之教""五经之学"，非常沉寂，平常也只是用来读书习字，求知识的普通教育课本而已。并不像宋、明以后，不讲究孔孟之教，不合"儒宗道学"的人，就难以立足于朝廷，甚至在"士林"社会中，也会终身为人所轻视了。但在东晋到南朝六代之间，由于关中（笼统地指长安、洛阳一带）的佛学昌盛，江南佛教寺庙林立，影响了当时的各层社会，上至皇帝，下至贩夫走卒，个人所取的名字，很多用佛经上的菩萨、罗汉、那罗延等名词作为人名，由此可见当时佛学文化影响中国的情形，是如何的普及。这好比现代二十世纪的时期，人们喜欢取用西方的名字，如约翰、海伦等，乃至市面商店，也有以原子理发厅、原子冰激凌店等作为招牌的，这同样是时代感染的常态，并不足为奇。

可是正如曾子所说的："言悖而出者，亦悖而入。"到了公元440年间，北魏拓跋氏兴起，江北统一，南北朝对立的形势从此开始。北魏朝野后来也受佛教文化的影响，历代陆续建造佛寺三万余所，剃度出家僧尼达二百万之多，声势之隆，更过于"南朝四百八十寺，多少楼台烟雨中"的情况。但在五世纪间，北魏的皇帝太武焘继位，因受笃信道教的大臣崔皓所影响，崇拜道士寇谦之，便导致北魏的武帝焘做出使佛道两教教争的大事，也就是中国宗教史上，佛教受到所谓"三武一宗"之难的第一遭。同时，也是中国本有文化意识史上自相斗争的大事之一。

据史料所载："宣告诸镇将军刺史，诸有浮图（佛寺）形象及一切佛经，皆击破焚烧，沙门（出家人）无少长，悉坑之。但太子素好佛法，屡谏不听，乃缓宣诏书，使远近预闻之，得各为计。沙门多亡匿获免，收藏经像。唯塔庙在魏境者，无复孑遗。"

换言之，三万多幢佛寺，都被摧毁了，也真是一场破坏性的壮举，但现在看来，也早已史有前例，不足为怪。况且从美国人凯恩斯的经济学说观点看来，"消费刺激生产"，没有伟大的破坏，哪有伟大的新生产呢！你说是不是啊？人类就是这样幼稚，经常做出许多无理取闹的事，赢得自我毁灭。

其实，早经古代学者的考证，北魏拓跋氏也是黄帝的子孙，"昌意"的后裔，受封北方的一支，有"大鲜卑山"自以为号。故到北魏建国开始，"去胡衣冠，绝虏语，尊华风"，一律恢复学习汉化的文化习俗，迁都洛阳，改姓元氏。公元四八五年，还在南朝齐、梁之际，制定"禁同姓相婚法"，"定户籍法"及"公服制度"。而且更有意义的是，在那个时候，北魏就已开始实行"均田法"，也就是土地公平分配的政策，如果跟现在相比，他在一千五百年以前早已"前进"了。至于有关这个时代的"佛学与佛教"文明的兴盛和得失，宋代名儒而兼名臣的司马光，对于《魏书·释老志》所载，便有一篇论文，也很有参考的价值。

　　总之，根据历史的经验，作为能够影响一个时代的领导人物，基本的见解和修养，确实需要《大学》的"知止而后有定，定而后能静，静而后能安，安而后能虑，虑而后能得"的心境，才能够做到利己利人，功在当世，济世安民，泽及万代的大业。

四九、南朝权位戏连场

在公元四二○年间，东晋末代完结，南朝开始第一代的宋武帝刘裕，是农民出身，幼年就长养于佛寺，所以小名"寄奴"，后来得到时势造英雄的机会，最后就干脆谋杀了在位二十二年的晋安帝司马德宗，又用毒药再杀了被他利用了两年的晋恭帝司马德文，自己就学习曹丕、司马炎的办法，照样画葫芦，篡位称帝，定国号为"宋"。但比起曹丕篡位不杀汉献帝，司马炎篡位也不过废除曹奂而已。刘裕的行为就不同了，南朝各代，由篡位称帝对于前朝的子孙"斩草除根"的先例，是由他开始。以后接着齐、梁、陈、隋，都是同样翻版，只是隋朝开国的隋文帝杨坚，在杀戮以外更加灭族，所以历史学家们，便说隋朝皇权，是必然不会长久的。

刘准、萧衍、萧绎、陈叔宝的故事

刘裕自己做了三年的皇帝便死了，经过子孙继承帝位的七个职业皇帝，一共只有六十年的刘宋天下，便又被权臣萧道成照样翻版篡位，就改"宋"为"齐"了。但当萧道成篡位称帝，创建齐朝的初期，先来废掉刘宋还只十四岁的幼主顺帝刘准时，刘准便收泪说："欲见杀乎？"那个奉萧道成命令而来的王敬便说："出居别宫耳！官家（对皇家的代名称）先取司马家亦如此也（指刘准的祖先刘裕篡位称宋帝时，迫害晋朝司马氏的后代，也就是现在这样做的）。"因此宋顺帝刘准，也便知道自己的下场了，就泣而弹指曰："愿后身世世，勿复生帝王家。"最后，萧道成当然放不过他，不但杀了刘准，还灭了他的家属。

刘准所说"愿后身（生生）世世，勿复生帝王家"的话，足为千古滥用极权者的警语。而历史上有同样的痛苦，但有不同悲壮故事，就是明末的怀宗朱由检，也就是后人所称的崇祯皇帝。他在国破家亡的时候，准备自杀上吊以前，召来他只有十五岁的女儿（公主），说了一句："尔（你）何生我家？"就自己用左袖掩面，右手挥刀，砍杀公主，因为用力不准，只断了公主的左臂。读了历史，便可知道帝王或权势家族的后代，实在并非是真正的幸福。

可是萧道成自己本身在位做皇帝，也只有四年，接着虽有七个糊涂的子孙皇帝，也不过二十四年，就又被同宗的萧衍所废，改国号为"梁"，那便是后世较为有名的吃素学佛的梁武帝。他总算比较好心，起先没有要杀萧道成的后人，但因沈约的警告"勿慕虚名而受实祸"，终于也照样画葫芦。他本身在位四十八年，除了喜欢学做和尚，当佛学大师，亲自讲经说法以外，还不算有太多的大过，寿命也活到了八十六岁。但很可惜的是把权谋当作道德，尤其是投机取巧，错用了东魏投降过来的叛臣侯景，终于被迫而饿死台城（南京）。但他在临危的时候，却说了"天下自我得之，自我失之，又有何憾"的洒脱壮语，这种犹如赌徒的豪语，的确也非平常人所能企及的。后来他的子孙还继续称帝了六年，也算共有四主，五十四年的天下。

在中国的历史上，梁武帝萧衍，可说是一很特别的书生皇帝，他是文学家，又是哲学家。他在登位之先，便和一班当时的名士学者们，对主张"现实唯物论"的学者范缜所著的《无神论》打笔墨官司。他是极力主张有神论，认为生命是有前生后世，确实另有一个"神我"的存在。他早死的大儿子萧统，就是中国文学史上著名的"昭明太子"，后世流传的《昭明文选》便是他编辑的大作。后来反抗侯景的梁元帝萧绎，也是他的第七个儿子，同时也是历史上一个读书皇帝的活宝。他即位后，就派陈霸先讨伐侯景，三年以后，自己是被西魏攻进所杀的。但在敌人进城之前，他还有心情在作诗。当他知道敌人进入金城（宫城）的时候，"乃焚古今图书十四万卷"。被杀以前，有人问他，烧书是什么意思？他说："读书万卷，犹有今日，故焚之。"这也是天下第一奇言，自己本身没有雄才大略，却埋怨读书无用，岂不可笑，就大不如他的父亲梁武帝的豁达洒脱了。

接着萧梁而篡位称帝的，便是陈高祖陈霸先。他从小也是一个"不事家人生产"，放荡不羁的性格，但却会阴阳之学，通达"奇门遁甲"等方术。登位以前，也照旧先杀了梁主江阴王萧方智。不过他自己本身也只做了三年的皇帝，五十九岁就死了。经过四个子侄辈先后即位，最后便是他的孙子陈叔宝作为末代的皇帝，也便是在历史上有名的风流皇帝陈后主。当隋兵打进台城南京，他就抱着妃子张丽华、孔贵人跳进水井里去逃避，最后被人放下绳子，三个人一起被拉上来。那个水井，变成南京名胜之一的"景阳宫井"。这也是历史上风流皇帝在亡国的时候，抱着美人跳井的闹剧主角。但当时带兵打进南京的，便是后来的隋炀帝杨广，他总算没有杀了陈叔宝，只把他当战利品，作为俘虏而"献俘太庙"，把他作为自己论功行赏的活宝。所谓"南朝"之一的陈朝，一共也只有五主，三十三年的天下，如此完结了事。

陈后主陈叔宝，也和比他迟生三百多年的南唐李后主差不多，除了风流自赏以外，还是一个爱好音乐的名家，他还未亡国以前，自己制作了有名的歌曲《玉树后庭花》，教导宫娥们习唱，民间也有流传。因此，唐代的诗人杜牧有感于陈后主的故事，便有《秦淮夜泊》的诗说：

烟笼寒水月笼沙，夜泊秦淮近酒家；
商女不知亡国恨，隔江犹唱后庭花。

如果照中国传统文化的哲学观点来说，"造化"老儿，真会玩弄人类。由他所编写中国历史的剧本，总是给你画格子，又画圈圈，使你在社会的演变格子里，好像规定五六年一小变，十五六年一中变，三十年左右又一大变。然后又变方格为圈圈，六十年左右一小变，一百二十年左右一中变，一百八十年左右一大变。在这些方圆的演变程式中，用加减或乘除的公式，好好坏坏，多多少少，就看人类当中的操作算盘的人，自己怎样打算放账和收账了。其实，"造化"老儿也很公平，对于其他各民族的规格，也差不多。只是他们过去，没有像我们的祖先，对于历史是采用"会计"和"统计"法。我们祖先，对以往的历史，账本记得比较清楚，所以看来就很明显，也很惊人。

杨坚、杨广父子的故事

由魏、晋以来旧史所称的"五胡乱华"到南北朝的对立，在中国文化的演变史上，将要进入儒、佛、道三家汇流的前期，我们首先需要了解，所谓"北朝"的北魏，统一了江北各个少数民族胡乱建国以后，结果又分裂成为东西两魏。东魏后来又变为北齐。西魏又变为后周。从杨坚的崛起，并了后周、北齐，灭了江南的陈国，然后南北才得"混一"，称为隋朝。为李唐的建国首先开路的隋朝三十二年的天下，就在灭掉南朝陈后主的时候开始了。隋朝开国的隋文帝杨坚，和他继承皇位的儿子隋炀帝杨广，也都是历史上的明星皇帝，更为有趣。但大家不要忘记，在魏、晋、南北朝的三百多年以来，江北、江南的社会上下，都充满了佛学和佛教的气氛。那个时候，并没有把儒家的《大学》《中庸》或"四书"，当作帝王政治指导原理的"帝王学"来使用。所谓《大学》《中庸》是帝王们必读之书，这是南宋以后的广告宣传，应该另当别论。因此，作为隋朝开国之君的隋文帝杨坚，便是当时最时髦有趣的明星皇帝了。

现在先说历史上记载杨坚的出身故事。他小时候名叫"那罗延"（是佛学中东方金刚力士的名称，犹如陈朝的大将萧摩诃，都是佛学中的名词）。他的父亲杨忠，本来就在西魏及后周做官，封为"随公"。母亲生他的时候，已有很多的神话，是真是假，都不相干，姑且不论。生了他以后，从河东来了一个尼姑，就对他的母亲说，这个孩子来历不同，不可以养在你们凡夫俗子的家中。他父母听了相信，便把他交给这位尼姑由她亲自抚养在另外的别墅里。有一天，尼姑外出，他母亲来抱他，忽然看到他头上有角，身上有鳞，一下怕了起来，松手掉在地下。刚好尼姑也心动怕有事，马上回来，看见便说，啊哟！你把我的孩子吓坏了，这一跌，就会迟一步才能得天下。不管这个故事的真实与否，杨坚父子的确也是中国历史上划时代的重要人物。所以旧史学家，不好意思明写，但也不排除当时坚信不疑的流传神话，就照旧老老实实地记下来了。

杨坚后来在北周的篡位称帝，已势在必行，但促成他下篡位决心的，最重要的是他的妻子独孤伽罗的坚持。独孤氏勉励杨坚的名言，就是"骑虎之势，必不得下"。他开国称帝开始的行为，同样地就埋下了《易经·坤卦文言》所谓"积善之家，必有余庆。积不善之家，必有余殃"的不可思议的自然定律，那便是他尽灭北周国主宇文氏之族。他的儿子隋炀帝，结果反被宇文化及所杀，就此隋亡。杨坚父子的隋朝天下，始终只有三十二年而已。这样循环往复的现象，好像就自有规律的轮转存在似的。

且说杨坚做了皇帝以后，当然就是独孤氏升做皇后，史称："后家世贵盛，而能谦恭，惟好读书，言事多与隋主意合，甚宠惮之，宫中称为二圣。"事实上，隋文帝杨坚恰是历代帝王怕老婆集团的常务主席，所谓"宠惮"二字，就是怕得要命的文言。最后，因为听信独孤皇后和次子杨广的蛊惑，废掉大儿子杨勇的太子权位，而立杨广为太子。但在独孤皇后死了不到三年，杨广干脆就杀了在病中的父亲隋文帝杨坚，自己即位做皇帝。杨坚在临死之前，才后悔太过分听了皇后的话，受了儿子的欺骗，便捶床说："独孤误我。"但是已经太迟了。他做了十六年的皇帝，功过善恶是非参半，不知道那个教养他的老尼，为何只能养成他做皇帝，却没有教养他做个好皇帝！岂非"为德不果"吗！

至于隋炀帝杨广，在他弑父杀兄，登上皇帝宝座的初期，那种踌躇满志的高兴，便自有诗说："我本无心求富贵，谁知富贵逼人来。"那是何等的得意，后来天下群雄并起，他游幸到了扬州，自己也知道靠不住了，常常引镜自照说："好头颈，谁当斫之？"使得在旁边的萧皇后，非常惊讶地问他，为什么讲这种不吉利的话。谁知道他却笑着答复萧皇后的问题，说出了几句"出类拔萃"的哲学名言，比起那些"披发入山"或"剃发为僧"的高士，还要潇洒。他说："贫贱苦乐，更迭为之，亦复何伤？"这等于是说，一个人生，对于贫贱和富贵、痛苦和快乐，都需要轮流变更来尝试一番。这又有什么稀奇？何必那样悲伤呢？他明知自己已经快到了国破家亡，身首异处的境地，仍然还如平常差不多的名士风流，看通了"悖入悖出"的道理，甘心接受因果律的应验，好像自己有意作成"自食恶果"的佼佼者，这也真是不同凡响的挽歌。

但从隋朝杨坚父子"混一"中国以后，便转入李世民父子的李唐时代，才真正统一中国，建立唐代将近三百年的天下。后世学者，平常习惯以"隋唐"并称，因为隋朝的短暂三十多年，随之而来的，便不是以阴谋篡位而得天下，李氏同汉初一样，以武功而建立唐朝的，此所谓"隋"之谓"随唐"也。

也许从这个观点，引证历史，你们会说这是唯心哲学的史观，觉得可笑。其实不然。因果定律的存在，无论唯物、唯心，都是同样的事实，也是自然科学共同的认定。如果详细讨论，便又牵涉哲学和科学碰头的专论，我们暂且不讲，以后有机会再说。现在插在这里，我们先看一看当清朝的开国之初，所谓"太祖"高皇帝努尔哈赤，在他开国称帝的第四年，亲征原属蒙古后裔的叶赫族，尽灭其国。叶赫族贝勒金台石率妻子登所居高台，宁死不降，而且发誓，只要叶赫族有一人在，即使是女的，也必报此恨。因此，清朝两百多年，遵守祖制，绝不娶叶赫族的女子做后妃。但到了奕詝即位，年号咸丰的时代，叶赫族的后裔，就是"清史"有名的"慈禧太后"那拉氏（叶赫族原为纳喇氏，音译不同），偏又入宫成了贵妃，又生了儿子，即六岁就接位的同治，只做了十三年的皇帝，十九岁便死了。以后便开始由慈禧策划，名为两宫皇太后的懿旨，立了光绪。实际上，就是慈禧专政，一直到清朝彻底毁灭，就是她一手所造成的后果。这是巧合，或是前因的反复，就很难论断了，但却是一桩真实的历史故事，并非虚构。

谁能逃避无形的因果定律？

所以《大学》一再强调"诚意、正心、修身、齐家、治国、平天下"之道的"明德"之教，是阐扬文治与武功的政治行为。虽然从表面看来，只有现实的利害关系，并无绝对的是非、善恶的标准，但其中始终有一个不可逃避的无形原则，那便是循环反复的因果定律，正如《易经》泰卦爻辞所说的"无平不陂，无往不复"的道理。"为政"果然如此，做人做事，何尝不是如此。这也就是曾子所说"言悖而出者，亦悖而入""货悖而入者，亦悖而出"的道理。

我们现在提出的历史事实，只在证明真正"诚意""正心"为"治国、平天下"，能够"以德服人者王"的并不易得。大多数都是"以力假仁者霸"的存心和行为，以及他们的开场和结果。然后反观这个多灾多难的民族国家，为什么有如此的曲折？究竟自我要在哪一种文化，哪一种"政治哲学"的意识文明上，才能做到万古千秋、国泰民安呢？实在值得深长思量啊！难道过去我们几千年来的先人，都是笨蛋，都不及二十世纪的人聪明睿智吗？那么我们的"基因"，根本就有问题啰？是吗？

但恐怕引证历史太长，离题愈远，所以只大略提出魏、晋、南北朝三百多年紊乱而且短暂的历史局面，作为对照。可是这种讲说，还具有对中国历史和中国文化的两个重要观点，并未阐明。同时也希望即将放眼于世界人类学的国际学者们，也须特别注意留心。不可以偏概全，曲解了中华民族和中国文化的真义。

讲到这里，本来已经信口开河，收煞不住，便想继续说明中华民族和中国文化的特性。正面告诫国际上一般似通非通的所谓"中国通"的学者，不要眼光如豆，得少为足，然后便师心自用，以主观的偏见，想来挑起新时代的文化战争，实为不智之极。但又忽然想到"后生可畏，焉知来者之不如今也"，还是让你们多去用点心力来做些挽救世道人心的工作吧！

五十、所治在法，能治在人

《大学》所说的"治国、平天下"之道，讲到这里，就转入"为政在人"的法治和人治的大要。但曾子从这里起，都是引用在他以前时代的历史经验，作为说明。他首先引用《尚书·康诰》中"惟命不于常"的一句政治哲学，说明"秉国之钧"的当道为政者的精要重点所在，值得注意研究。

接着，他便引用《楚书》所说："楚国无以为宝，惟善以为宝。"这两句话，是春秋时期记载在楚国国史上的名言，原文接近白话，大家一读就明白。不过，需要知道，在曾子那个时代，楚国正是南方新兴的强国。楚国的名相，如令尹子文、孙叔敖等人，也都是一代的名贤。而且人才辈出，代表了当时南方文化特有的象征。有名的道家人物，如老子、庄子，从当时来说，都算是楚人。后来影响中国文学最有力的《离骚》作者，便是楚国的名臣和忠臣的屈原。由于曾子引用了《楚书》，更可说明当时的南方楚国文化，早已与中原的华夏文化、河洛文化并驾齐驱，别成一格，也已为儒家学者所重视了。

然后他又引用了春秋初期，在各国诸侯中的第二位霸主晋文公的名臣舅犯的话："亡人无以为宝，仁亲以为宝。"晋文公是因为晋国家族的内乱，出外流亡在国际间十九年，终于能得回国即位，励精图治，称霸诸侯。当他在外流亡的时期中，追随维护他的，共有四五个最得力的名臣贤辅，舅犯便是其中之一。他的单名是个"犯"字，因为他是晋文公的舅舅，所以后来便以"舅"为姓，叫做"舅犯"。明白了这个历史故事，便可知道舅犯所说的"亡人无以为宝，仁亲以为宝"的意思。也就是说，我们在国际间流亡了十九年，依靠什么法宝呢？唯一的法宝，便是几个仁人君子，同心一志，亲密无间地团结在一起，才能赢得国际间的亲切援助。

曾子从《秦誓》上发挥

然后，他又引用了《秦誓》的一段话，说明一个领导者，重用贤者的不易道理。这一段的历史故事比较长一点，这是有关秦始皇先代名王秦穆公的故事。在春秋初期，这也是脍炙人口的事迹。由此可见秦国以一个后起的弱小诸侯，竟能自成霸业，威震四方，终春秋、战国之世，诸侯国际之间，谁也不敢轻触其锋，并非偶然的事。所以贤如孔门的高弟曾子，也不得不重视秦穆公的政治文化的大要了。我们现在研究，势必要把曾子所引用《秦誓》的一段话，先来了解：

秦誓曰："若有一介臣（假定有一个人），断断兮，无他技（他能够具有明智的决断，虽然并无其他专长的技能）。其心休休焉（但他的心地善良），其如有容焉（心胸宽大，好像一个大容器，能够包容各类的人物）。人之有技，若己有之（别人的长处，就好像是他自己的一样）。人之彦圣，其心好之（别人有美德贤才，他就喜爱得很），不啻若自出其口，实能容之（不只是在表面上嘴巴说说别人的好处，事实上，他真能容纳别人的长处，犹如自己一样）。以能保我子孙黎民，尚亦有利哉（这样的人，当然能保护我们的子孙和人民，对于国家有多大的利益啊）！人之有技，媚嫉以恶之（别人有本事，就妒嫉他、讨厌他）。人之彦圣，而违之俾不通（对于别的有美德贤才的人，便故意反对他，还设法使他到处行不通），实不能容（事实上，他实在是无容人的度量）。以不能保我子孙黎民，亦曰殆哉（这种人，绝对不能保护我们的子孙和人民，实在是很危险的人物）。"

曾子在引用了《秦誓》原文以后，便加以发挥地说："唯仁人，放流之，迸诸四夷，不与同中国。"这是他根据《秦誓》的最后七句话，说到那些当道的人，既没有容人之量，反而还妒嫉有贤德的人才，那就应该流放他们到四夷去，不和他同居中国。这好像是曾子完全学了孔夫子的办法，一上手就先处理了少正卯再说嘛！其实，并非如此。这几句话，是曾子理解到秦穆公作《秦誓》的时候，有关百里奚和蹇叔的出身故事，我们在后面再说清楚，就可明白他评论的要点了。因此，他的后文就说：

> 此谓唯仁人，为能爱人，能恶人。见贤而不能举（纵然看到好的贤人，但不推荐提拔），举而不能先（虽然推荐提拔了，但太迟了，已失去他发挥才能的时机），命也（那是命应该如此，无话可说）。见不善而不能退，退而不能远（明知道他的不对，但不能辞退他，或者辞退了，还不能真和他疏远），过也（这就是本身的罪过）。好人之所恶，恶人之所好，是谓拂人之性，菑（灾）必逮夫身（总之，为政治国之道，假如只是凭自我的主观，师心自用，或刚愎成性，自己真正所爱好的方向和目的，是一般人们所厌恶的。自己所讨厌的方向和目的，正是一般人们所喜爱的。如果是这样的话，那就是违背了人性。那么，倒霉的灾难，一定会临到他自己的本身了）。是故君子有大道，必忠信以得之，骄泰以失之。

最后一句是曾子的结论：所以说，真是一个仁人君子，必然会遵循一个千古不易的大道，那就是言行忠信，必然可以得到一切好的结果。如果是自满、自慢、自傲，而且自以为是，一点也不悔改，那就必定会失去了一切。

秦穆公重用百里奚

公元前六五九年左右，就是周惠王的时代（也正当齐桓公伐山戎，兵临孤竹的那个时期）。在西陲的秦国，就由秦穆公（名任好）即位，他所迎娶的夫人（妻子），就是晋太子申生的姊姊。这个时期，晋国的诸侯献公故意与虞国（山西平陆县地区）交好，向他借路出兵，要攻打虢国（山西平陆县北部），这就是历史上有名的"假途灭虢"之计的阴谋故事。因为晋国出兵灭了虢国以后，班师回来，又途经虞国，就顺手牵羊把虞国也一起灭了，同时俘虏了虞国的君主和他的大夫百里奚。

晋献公得胜回国之后，正好把女儿出嫁给秦穆公做夫人，就把百里奚分配为出国陪嫁的男仆。百里奚就设法逃亡到了宛地（河南的南阳）。但很不幸，又被楚国边境的老百姓抓住了。秦穆公却听人说百里奚是一个很有才能的贤者，便设法派人到楚国去，说自己秦国有一个陪嫁过来的仆人，逃亡在你们楚国，我们愿意出五张黑色的上等羊皮作代价，把他赎回秦国。楚国边地的老百姓一听有这样高的代价，就把百里奚交还给秦国。这个时候，百里奚也已七十多岁了。

秦穆公得到百里奚，首先就亲自解去他的刑具，向他请教治国的大事。百里奚就说："臣亡国之臣，何足问？"秦穆公就说："虞君不用子，故亡。非子罪也。"秦穆公再三耐心地请教，百里奚就对他长谈了三天。秦穆公高兴极了，就把治国的政权交给他，号"五羖大夫"。百里奚又谦虚地说：我实在赶不上我的好朋友蹇叔，他才是一个真正贤能的人才，但可惜世人都不知道他。我以前曾经游历到齐国，流落他乡，穷困到了极点，就在沛县讨饭，蹇叔因此而收留了我。我想出来替齐君"无知"做事，蹇叔阻止了我，叫我不要去，因此而使我躲过了在齐国一场政变中的灾难。以后，我又到了周朝的国都，周王子穨喜欢玩牛，我就以养牛的专长技术和他接近，周王子穨也有意想用我，蹇叔又叫我不要干，所以我就离开了周地，跟着，周王子穨也在一次政变中被杀了，我总算又免了一次灾难。后来又替虞君做事，蹇叔还是阻止我不要干，可是我明知虞君不会听我的建议和计划，但是我贪图虞君给我的高官厚禄，待遇太好了，我就干下去了，因此终成为亡国的俘虏。我前两次听他的话，使我得免于难，就是这一次我不听他的，所以卷入了虞国的大难之中。由我和他个人交往的事例，便可知道蹇叔是一个真正贤能的人才。秦穆公听了，就马上派人以重金作礼物，迎接蹇叔到了秦国，请他担任上大夫的职务。所以蹇叔和百里奚两人成为秦国一代的贤臣，使秦国一跃而威震西戎，他两人最后成为秦国的大老。

在春秋时代，诸侯国际间的变化很大，正在秦、晋修好的五六年之间，晋国宫廷发生内乱，因此，也影响秦、晋之间许多事故。恰巧又碰到晋国大旱，闹饥荒，便向秦国求助借粮。秦穆公本来不想援助晋国，但百里奚就说："晋国的新君夷吾得罪于君，其百姓何罪？"秦穆公认为有理，就用舟车等运输工具，由陕西运粮救济山西的晋国。过了三年，秦国也因天灾而闹饥荒，就向晋国去借粮。可是晋国的新君晋惠公夷吾，反而听信谗言，乘人之危，就出兵攻秦。秦穆公只好发兵亲自主持反攻，就和晋惠公夷吾在韩地（陕西地界）会战，晋夷吾看到战场的形势有机可乘，便亲自带了少数人马，冲锋陷阵，不幸马失前蹄，陷于泥淖。秦穆公就和麾下人马，想赶来活捉晋夷吾。结果，不但没有抓住他，秦穆公自己反被晋军包围了，而且还受了伤。正在这个危急的时候，忽然来了一支岐山下三百人组成的义勇军，冲进重围，不但解脱了秦穆公的危难，而且还俘虏了晋惠公夷吾。

其实这支岐山脚下的农村游民临时组成的三百义勇军，秦穆公事先一点也不知情。这是在几年以前，秦穆公丢了一匹平常最喜爱的名马，它跑到了岐山下面，被山下农村的游民们抓住，当场杀了吃掉。参加吃马肉的，共有三百人。当秦穆公派出去寻找马匹的官吏们来了，一看，国君的马正被他们放进嘴里去了，那还得了，一面派人报告秦穆公，一边想调兵来抓人抵罪。谁知秦穆公听了报告，便说："君子不以畜产害人（君子不可以为了畜牲而伤害了别人）。吾闻食善马肉不饮酒，伤人（我听说吃良马肉不喝酒，会生病的）。"就派人专程送酒去给他们吃喝，而且声明赦他们统统无罪。所以这三百人，牢记秦穆公的不杀之恩，总想找个机会报答。现在听说秦穆公正和晋国交战，而且战况不利，他们就自动组成义勇军赶来了，每个人都争先冲进晋军的重围，真是歪打正着，恰恰解救了秦穆公的危机，还使他打了一次很大的胜仗，俘虏了晋惠公夷吾。这好像正是秦穆公量大福大的报应似的。这件事，如果摆到两千多年后的今天，被国际上保护动物的人知道了，一定会提出控告秦穆公和吃马肉的三百个人，共同犯了侵犯"马权"的杀害罪。然后扯到"马权"和"人权"之争，就好大做文章，大家有事可做了。

秦穆公这次受到晋夷吾的刺激太大了，便宣布要活活地杀了他，祭拜上帝。可是，那时各国诸侯的宗主周天子听到了这件事，便派人对秦穆公说："晋我同姓，为请晋君（晋国是我周天子的同宗，我要求你放了他）。"同时秦穆公的夫人正是夷吾的姊姊，当然受不了这种事的发生。她就穿了孝服，光着脚不穿鞋子，来见秦穆公说："妾兄弟不能相救，以辱君命（我兄弟犯了大错误，但我救不了他，我也只好对不起你，也不想活了）。"秦穆公一看情势，便对他的夫人说："我得晋君以为功，今天子为请，夫人是忧。"算了吧！我就放他一马，叫夷吾来当场签约，叫他的太子圉来做人质，献上河西的地盘吧！当然晋夷吾都一一照办了，就放他出来，请他住在国宾馆，并且还用最上等的饮食款待他，送他回国。秦国的国界，也从此就扩展到龙门河的边境，直逼晋国的疆界了。

"蹇叔哭师"的故事

晋公子圉在秦国，并配秦女为妻，过了几年，逃回晋国，即位为晋怀公。这件事，又使秦国上下非常不满，便把居留在楚国的晋公子重耳迎接到秦国来。过了两年，秦穆公就设法送重耳回晋国，立为晋文公。秦穆公开始帮助他建立了霸业，成为春秋时代，继齐桓公之后第二位霸主。但过了八年，晋文公就死了，他的太子即位称晋襄公。因秦穆公受了郑国一个卖国贼的怂恿，便派百里奚的儿子孟明（视）、蹇叔的儿子西乞（术），和白乙丙三个人为将，出兵侵袭郑国。事先也问过百里奚、蹇叔二老的意见，二老都力加反对，但秦穆公坚决不听。因此，二老就来阵前为儿子送行，大哭一场，断定此行必败，你们将死在殽地（河南三殽山）的山谷里。这就是《左传》上一篇名文"蹇叔哭师"的故事。

秦国这次出兵侵郑，是师出无名的偷袭。有人卖国，也有人爱国，恰好郑国有一位商人弦高，正在晋国的边境滑地（河南偃师县境）做买卖，买了十二头牛要赶到周邦去卖。知道了秦军已到达此地，为了自己的国家，就把这十二头牛赶到秦军的司令部去，自己说是郑国派来的代表，并且说："郑国知道你们大国要打来了，已经做好准备，现在先使我送牛来劳军。"秦国所派的三位将领一听，认为消息已经走漏，便会议商量，偷袭无功，去也没有用，不如顺手把晋国的边境滑地占领了再说。

这个时候晋文公刚死，葬事还未办完，继位的太子晋襄公一听到这个消息，就赫然震怒，穿着丧服，亲自领兵来反击，大破秦军，"无一人得脱者"。百里奚的儿子孟明领头的三位将领，也当然全被俘虏了。不过，晋文公的夫人是秦国人，她就对晋襄公说：秦穆公现在对这三个无用的将领恨入骨髓，希望你把他们三个人交还给秦国，由他自己去处理。晋襄公也就照办了。等到孟明等三个败兵之将回到了秦国，秦穆公穿了便服，亲自到郊外来欢迎他们，并且拉着他三人大哭说："孤以不用百里奚、蹇叔之言，以辱三子，三子何罪乎？子其悉心雪耻，毋怠。"换言之，秦穆公坦然承认自己在战略上已犯了基本错误，并不责怪三个败将在战术上的过错。

四年以后，秦穆公更加厚待孟明等三位将领，使将兵伐晋，大败晋人，占领了王官（山西闻喜县）及鄘（郊区），这是为了上次在殽地打败仗而雪耻。而且秦穆公亲自由茅津（山西平陆大阳渡）渡河到了殽地，在上次打败仗的阵地上，封检士兵遗骨，亲为发丧，哭了三天。"乃誓于军曰：嗟士卒，听无哗，余誓告汝：古之人谋黄发番番（和年纪老大的商量）则无所过（才没有过错）。以申思不用蹇叔、百里奚之谋，故作此誓，余后世以记余过。"这个誓言是记载在《史记·秦本纪》的原文，也许是秦穆公专对军中自白的讲话。至于曾子所引用的《秦誓》，可能是前方回国以后，再对国内的全面讲话，这样的"誓言"，等于是自白的忏悔文告吧！因此我觉得需要了解秦穆公的前后史料，才能体会曾子引用《秦誓》以后所说"唯仁人，放流之，迸诸四夷，不与同中国"这句话的意义。并非写到这里，又忽然插入《尧典》中"窜三苗于三危"的用意。

因为中国的传统文化，从孔子的"删《诗》《书》，订《礼》《乐》"开始，特别推崇"周公"对于中国文化初期汇集大成的功劳。从此便奠定了孔子以次的儒家，对于上古以来，流放四境边疆的东夷、西戎、南蛮、北狄，以及"华夷之辨"的界限，只在于是否具有受过"华夏"文化的熏陶，或是完全属于原始的粗野无文状态的界说而已。

明白了这个主要观念以后，便可知道在周朝后期开始，初封于西陲戎、狄之间的秦国，还没有"华夏"文化熏陶的深厚基础，跟介于上古"迸诸四夷，不与同中国"的戎、狄差不多。但自从秦穆公崛起后，他一切的所作所为，大体上，比之当时所谓中国的各国诸侯，不但并无逊色，而且几乎是有过之而无不及之处。因此曾子便有了上文的四句说明，再有下文的"此谓唯仁人，为能爱人，能恶人"；乃至"见贤而不能举，举而不能先，命也。见不善而不能退，退而不能远，过也。恶人之所好，好人之所恶，菑（灾）必逮夫身"的结论。如果你了解了秦穆公和百里奚的历史故事以后，就可恍然明白，他写在《秦誓》以后这一段话的内义了。至于"唯仁人，为能爱人，能恶人"的由来，可能曾子也是从秦穆公的历史故事引申而来。如史载秦穆公在百里奚以后，"戎王使由余于秦"的事，便可明白它的内义了！

由余论文化与文明之辨

由于秦穆公的崛起，威望日隆，雄踞西北边疆，就使当时还在过原始游牧生活的西戎等部落大为震撼，因此戎王便派了一位重要的人物由余做代表，东来秦国观察。史载：

> 由余，其先晋人也。亡入戎，能晋言。闻缪（穆）公贤，故使由余观秦。

由余的上代本来就是晋国的人，因为对晋国内政有意见，就由上辈带领，出走晋国，流亡居留在西戎。但他仍然会说晋国的语言，了解中原的文化。

秦穆公"示以宫室、积聚"。秦穆公为了接待由余，特别请他参观秦国宫廷殿堂的雄伟建筑，以及展示国家财货储备的富有。

由余看过以后，便说："这些伟大的建筑和繁华，如果是役使鬼神来造成的，那也未免太劳神了！假如是使人来造成的，恐怕使人民们太过劳苦了吧！"

> 缪（穆）公怪之，问曰（秦穆公听了他的评语，觉得非常惊奇！便问他说）："中国以《诗》《书》、礼、乐、法度为政，然尚时乱。今戎夷无此，何以为治，不亦难乎？"

这是秦穆公质问由余的问题。他说："中国的文化，以《诗》《书》、礼、乐、法度（治），作为政治领导的中心思想。但还随时会发生变乱，不能长治久安。现在你们僻处边疆的戎夷，没有固定的文化思想，那用什么来做为政治领导的中心？岂不是很困难的事吗？"

由余笑曰："此乃中国所以乱也。夫上圣黄帝，作为礼、乐、法度（治），身以先之，仅以小治。及其后世，日以骄淫，阻法度之威，以督责于下。下罢极，则以仁义怨望于上，上下交争怨而相篡弑，至于灭宗，皆此类也。"

这是由余对答秦穆公的问题。他笑着说："你所讲的正是中国的乱源所在。从中国的上辈圣人轩辕黄帝开始，创制了礼、乐、法度（治）等人文文化，并且从他本身开始实行，也只能得到小小'治平'的成果。到了后世，社会承平成为习惯，逐渐养成骄奢淫逸的风气。人们设法阻挡了上有法度的尊严，只以法治的威力，督责下面来遵守。因此，致使下层人民疲敝不堪；反过来，便由下面怨望在上位的，认为作为上层的领导者，都不合于仁义道德的政治标准。所以形成了上下交争，互相埋怨的现象。从此为了争权夺利，乃至造成上下篡位，弑杀夺权的行为，终至于灭宗亡国。这些历史事实，都是由于自认为有文化思想的差异所造成的结果啊！"

夫戎夷则不然！上含淳德以遇其下，下怀忠信以事其上。一国之政，犹一身之治。不知所以治，此真圣人之治也。

这是说，至于僻处在边疆的少数民族戎夷嘛，从表面看来，他们虽然没有什么特别的文化思想。但他们在上位的，只是内含着原始浑厚德性的纯朴作风，诚实地对待下属的人民。而在下面的人民，也只知道恪守忠信来奉事上面。所以一个国家的政治，犹如一个人的身体一样（没有什么头脑和肢体的分别感受），自己也不知道什么原因，便能自自然然地治理好国家了，这样，才是真正的合于圣人之道的"无为而治"的大原理呢！

怎样对待邻国的圣人

于是，缪（穆）公退而问内史廖曰："孤闻邻国有圣人，敌国之忧也。今由余贤，寡人之害，将奈之何？"

这是说秦穆公和由余对话以后，回到内宫，就对他的亲信重臣廖说："我知道古人说的，邻国的境内，有了圣贤的人物，那才是敌国真正值得忧虑的重点。现在看来西戎的由余，的确是一个贤才的人，对我们秦国关系太大，那才是秦国的隐忧，你看怎么办？"

内史廖曰："戎王处辟匿，未闻中国之声，君试遣其女乐，以夺其志。为由余请，以疏其间。留而莫遣，以失其期。戎王怪之，必疑由余，君臣有间，乃可虏也。且戎王好乐，必怠于政。"缪（穆）公曰："善。"

这是秦国的内史廖向秦穆公提议的谋略，也就是现代人所说的"大政策"和"大战略"。他说，戎王还僻处在中国的西北境的边地，过去，还没有接触过中原的华夏文明教育。你现在试着先派遣一班擅长文艺康乐工作的青年女战士，能歌善舞的，送给他，先使他的意志沉醉在享受声色的迷惑之中。并且特别提出推荐由余，要戎王再提升他的权位，使戎王对由余产生怀疑，离间他和戎王之间的信任。而且故意挽留由余在秦国多住一段时间，不要马上使他回国，拖延了他原有规定的任务时间。因此，戎王一定会责怪由余，怀疑他有二心。这样，便使他们君臣之间，互相猜忌而不信任，你就顺势把由余虏归己用了。而且戎王沉湎在声色歌舞之中，对于国内政务，必定会荒疏懈怠，那就有机会可图了。秦穆公听了廖的建议，便立刻说："好啊！"照办。

因与由余曲席而坐，传器而食，问其地形与其兵势，尽（察）。而后令内史廖以女乐二八遣戎王，戎王受而说（悦）之，终年不还。

这是说，秦穆公便留住由余，坐在一起的时候，便和他相隔不远，有时候还故意要他靠近自己，同坐一排。吃饭的时候，还把自己吃的好菜，送到他的面前去请他吃。顺便就问问他西戎的地理形势和军事布置的情形，因此，全面了解了西戎的一切。同时，使内

344

史廖，选了一班年龄不超过十六岁，受过严格训练的文艺康乐队，先送去西戎演出。戎王接受后，非常欣赏迷醉，过了一年，还不肯放送他们回来。

> 于是，秦乃归由余。由余数谏不听。缪（穆）公又数使人间要由余，由余遂去降秦。缪（穆）公以客礼礼之，问伐戎之形。

这是说，到了这个时候，秦穆公才放还由余回到西戎。由余看到戎王已经非常堕落，上了秦王谋略的大当，便几次劝谏戎王，要重新振作自强。但戎王再也不肯听信由余的劝谏了。并且在这个阶段，秦穆公又特别派遣人员，到西戎去慰问由余，邀请他再到秦国来。由余终于衡量形势，知道西戎必然会失败，不可久居，就来投降了秦国。秦穆公始终以上宾的客礼待他（等于请他当顾问），问他征伐西戎的战略。因此，不超过一年，"秦用由余谋，伐戎王，益国十二，开地千里，遂霸西戎"。

了解了秦穆公这段历史故事以后，对于曾子所说"唯仁人，为能爱人，能恶人"，以及"是故君子有大道，必忠信以得之，骄泰以失之"等所含的内义，就可以迎刃而解，完全明白他是从引用《秦誓》以后，"以史证经"的章法了。

从三方面来看秦穆公

但是，我们既然讲到历史，尤其对于秦穆公这一段事迹，还有三个问题，需要加以说明。也可说是"读兵书而流泪，为古人担忧"的余事而已。

一、由历史的经历来看秦穆公，他的器度格局，的确非凡，何以在当时春秋的初期，却不能完成对中原的霸业，而只能雄霸西陲呢？答：对于这个问题，便有两个关键，一是春秋的初期，秦穆公正生在齐桓公和晋文公的两雄之间，犹如后世历史上东汉末年，时代的机运，只能形成曹、刘、孙吴的三国局面一样。秦穆公果然器度不凡，但仍然缺乏问鼎中原的基础。二是秦穆公当国只有三十七年，在他雄霸西戎以后的第二年就死了，假如他能再活十多年，或二十年，齐桓公、晋文公都成过去，那么，当时的天下局面，会变成什么样子，那就很难说了。

二、秦穆公的一生，果然是雄才大略，光明磊落。但生在那个时代，风俗习惯，仍然还没有脱离神鬼迷信的鬼道。最遗憾的，是历史上记载他死后殉葬的人，达到一百七十七人之多。史载：

> 秦之良人子舆氏三人，名曰奄息、仲行、鍼虎，亦在从死之中。秦人哀之，为作歌《黄鸟》之诗，云："苍苍者天，歼我良人。如可赎兮，人百其身。"

因此，司马迁也说：

> 君子曰："秦缪（穆）公广地益国，东服强晋，西霸戎夷。然不为诸侯盟主，亦宜哉！死而弃民，收其良臣而从死。且先王崩，尚犹遗德垂法，况夺人之良臣，百姓所哀者乎！是以知秦之不能复东征也。"

其实，殉葬是古代社会最残酷不过的"鬼道"迷信。不过，也可能是在王位之间，权力斗争，铲除异己的最好借口，稍有理性的古代人君，并不采用。如果以秦穆公的一生器度，居然在死亡之际，仍然会有这种举动，实在有大大违反其平生的所为之疑点，就此一举，便抹杀他一辈子的作为，这都是不值一顾的戏剧性而已。但如多去了解历史的故事，也许可以为他辩护说，这种残酷的做法，并非是秦穆公生前的本意。

例如从前印度的名王阿育王（公元前二二六年左右，秦始皇的时代），威重一时，在他晚年临危的时候，他还想做一次"供僧"的布施。可是马上要准备继承王位的太子和财政大臣们，都阳奉阴违，并不听命照办。阿育王自己也心里明白，当他正在口啃最后一个梨子时，便问太子和权臣们说："现在的世界上，哪一个人的权力威望最大?"太子和大臣们,都马上很恭敬地说:"除了大王你以外,更别人了。"阿育王听了,便说:"你们不要再阿谀(拍马屁)骗我了。我明白,我现在的权力威望,只能达到这半个梨子,其他是一无所有,一无所能了。希望你们能遵守诺言,把这半个梨子,为我送去我师优波鞠多尊者的寺院里去供养僧众吧!"说完了,也就闭目而逝了。

由于这个历史的故事,大家便可真正了解到人生,无论你生前是有如何的权力和威望,或者是多么的富有和荣耀,到了真的一口气不来的时候,你所有的美德和才华、功名和富贵,都如昙花泡影,毫无用处。甚至在你活着的时候,暂时属于自己的几十斤肉骨头,也只好随便由人摆布,了无是处了。所以说,以秦穆公一生的英明,死后要人殉葬的事,或者未必是出于他的本意,也未可知。所以贤如曾子,也便不理秦穆公身后的史实,只采用他生前"文告"的名言,作为参考。

三、在中国的历史上,后世的英雄帝王们,受秦穆公作为的影响,甚至想学他做榜样的也大有人在。但是,一个人生成的器度,到底各有不同,学习榜样,往往变成"画虎不成反类犬"了!例如在三国的时候,所谓"治世之能臣,乱世之奸雄"的曹操,便做过一件事情,很像学秦穆公的举动,而到底限于器度,便成为完全相反的结果。

这事是在曹操北征乌桓以后,威震北方。因此,匈奴就派了一位使臣来到内地,侦察汉朝的虚实。当然主要是看看曹丞相,到底是个什么样的人物。曹操本来是一个白面书生,并不是如后世戏剧里把他丑化,扮成那个"鬼脸"。他怕自己不够威武,压不住匈奴派来的使臣的气势,便在部下中挑选了一个面貌身材很有气魄的,来扮作"曹丞相",他自己却打扮成为丞相身边的一个卫士,手里把握着大刀,站在丞相所坐的座椅旁边(那时候,座椅也叫胡床,是初由西域传过来的家具)。他是用这样一个图案画面来接见了匈

347

奴的使臣。事后，曹操便派人和匈奴的使臣周旋，侦察他的观感意见。派去的那一个人，在谈话中，便故意问那个匈奴的使臣说："你看，我们的曹丞相是哪一种人物呢?"那个匈奴的使臣便说："很奇怪，久闻曹丞相的英名，但看来，只是一个很有福气的平庸之辈。倒是丞相身边那个'床头捉刀人'，大有英雄的气概，将来恐怕并不简单。"那个派去侦察的人，便回来据实报告。曹操一听，大为惊震，马上就意识到："邻国有贤才，敌国之忧也。"此人不可久留，就暗地派人，在匈奴使臣回归塞北的路上，把他杀了。

　　这个历史故事，充分说明曹操之所以为曹操，并不能如秦穆公，所以生前不能完成霸业。他当然也读过秦穆公渴求由余来归的历史，但在作为上，就大不如秦穆公的器度，"唯仁人，为能爱人，能恶人"的行为了!

五一、义利之辨的财经学说

我们为了讨论《秦誓》的一段话，引申了历史上所载秦穆公的事迹，作为研究的说明。现在再回转来继续讨论《大学》后段"治国平天下"之道的结论。必须重新提起大家的注意，在"治平"一段的内涵，我们把它划分为六个要点。

第一，首先肯定以"孝道治天下"作为大经大法，这是他秉承儒家传统文化的不易信守，由此推广，以"敬老尊贤"为"治平"的重点，因此而和顺上下左右，终归于"絜矩之道"，为政治道德的准绳。有关"絜矩之道"的意义，我们曾经在上面讲过，就是至公至正的"持平"之道，或者也可说是公正的"平衡"作用。但在占文的用词，就叫做"秉国之钧"的均衡作用。

所以第二，就引用周朝中期卫武公"秉国"时期的政绩，说明怎样才能做到如"民之父母"，得到为人民所公推拥戴的荣耀。接着第三，说明既有人民群众和封疆"国土"，就须明白"财货"的分配运用，它与国家的权位和民心向背之间有息息相关的重要。因此，第四、五两节，特别提出天命无常"惟（天）命不于常"的关键所在。国家是人民公有的国家，天下是人人的天下。它毕竟不是永远属于某一姓某一家之所有，唯"有德者居之"。所以必须"选贤与能"，以治其国，才是真正的"治国"之要。总之，无论为"治国平天下"，或者为个人私家保有财富，必须要彻底了解"忠信以得之，骄泰以失之"的必然性。最后，第六，再重申提出政治伦理道德和财货分配运用的重心，只在于"义利之辨"。

"大学之道"就是这样的一篇大论。这是曾子秉承"孔门之学"的"明德"外用的极则。但在最后一段结语，也是说明了自三代以下"家天下"的诸侯邦国政治体制，需要怎样均衡"财货"，和"经济"关系的"治国平天下"之道的一贯思想。从秦、汉以后，便一直为中国儒家学者们"经世治平""死守善道"的信条。

民富即国富，国富则民强

讲到这里，我又习惯性地想起两句常用的古文感言："其然乎！其不然乎！"这样感叹，也就是表示问题并不简单，正值得切实研究。不过，在研究讨论这一段结语，首先需要简单解释一下《大学》的原文。如说：

生财有大道，生之者众，食之者寡（这是对古代农业社会的农业生产与人口消费来说）。为之者疾，用之者舒，则财恒足矣（这也是对古代农业社会经济，以及兼带手工业的生产情况来说）。

这的确是千古不易的名言。无论是十八世纪的亚当·斯密的《国富论》、十九世纪马克思的《资本论》、二十世纪凯恩斯的经济理论，都不能否定他的卓见。

其次，原文便说：

仁者以财发身（这是讲，能知仁道的人，因善于运用财富，便可以发展一身的功名事业）。不仁者，以身发财（倘使是不知仁道的人，便只想以他本身的一生的能力来拼命搏斗，求取发财）。未有上好仁，而下不好义者也；未有好义，其事不终者也（这又是说到当家治国的领导作风，以及领导社会的风气的重要性）。

上好仁，下必好义。但在古文中的"义"字，它的内涵究竟是什么？那可又是碰到一个麻烦的问题了！

儒家所讲的"义"，是"人人为我，我为人人"，人我之间都得安详，所以古人解释"义"（繁体为"義"）字造形的内涵，是从"羊"（吉祥）、从"我"，两个字义的综合，是属于"六书"中的"会意"字的范围，等于说是"为善最乐"的意思。但自曾子以后，孟子特别注重"义"字，主张以"义"为先。因此古人便如此注解：义者，宜也。这也等于说是没有哪一点不合适、不相宜的才是"义"。至于从墨子学说以后，墨家思想的"义"字，就有偏重于人我之间，富于同情心和相爱心的"侠义"之"义"了。我们知道古文对于这个"义"字和"仁"字一样，都具有广泛的含义，可以说只能"心领神会"，不可局限于文字言语的形式。因此，曾子所说"未有好义，其事不终者也"，是有"人人为我，我为人人"的意思，个个好义，当然就有了美善的好结果。

因此，他的原文便有"未有府库财，非其财者也"。这是说明治国者应当不起私财之心。"藏富于国"，"藏富于民"，民富即国富，国富则民强，当然就可以达到一个完全"均富"的境界了。

原文讲到这里，他又引用了"孟献子曰：畜马乘，不察于鸡豚；伐冰之家，不畜牛羊；百乘之家，不畜聚敛之臣；与其有聚敛之臣，宁有盗臣"。孟献子是春秋后期，鲁国有名的贤臣，史称其"为卿不骄，礼贤下士，士以是归之"。他是极力反对在位的权臣们以权谋私、以官图利的贤臣。古代四匹马同拉一车叫"一乘"，等于现代人有一部名牌的汽车。"百乘之家"，是古代表示当国者的诸侯们的财富气势。"伐冰之家"是古代有权位富贵的人家，派出人手，在冬天下雪结冰的时候，斫伐冰块，藏在地下室，保存食物，到了夏天也可以享受，等于现代人用科研制造成功的大冰柜。所以孟献子就说这样的人家，他既然养得起马车和驾车的马匹，当然就不会太注意家里还要养小鸡生蛋，或养小猪等它长大了来卖。这种人家，既然能有"藏冰"的财力，就不会太注意养牛羊来做买卖了。由此上推，有百乘之家的诸侯们，就不会培养专为他们一家"以权谋私"的图利聚敛之臣了。如果百乘之家，与其还要培养专门为他"以权谋私"的聚敛之臣，还不如直接培养一些夺权"盗国"的谋士呢!

曾子在引用了孟献子一段话以后,便说:

此谓国不以利为利,以义为利也。长国家而务财用者,必自小人矣。彼为善之。小人之使为国家,菑(灾)害并至,虽有善者,亦无如之何矣。此谓国不以利为利,以义为利也。

这是曾子著《大学》大论最后结尾的一段话,看来他是针对当时鲁国内政,以及春秋末期诸侯各国所说的。因为这些诸侯国家,都胡乱增加赋税,搜刮民间社会的财富,归于诸侯私家公室,充实权位与富贵。同时他也看到当时诸侯各国,以及鲁国内政争权夺利的结果,的确是"灾害并至",大多都成为不可收拾的败亡局面,因此,有感而发,坦率提出他的"危(正)言危(正)行",作为警世晨钟的名言。

但很可惜的,由于他最后的几句结语"长国家而务财用者,必自小人矣。彼为善之。小人之使为国家,菑(灾)害并至,虽有善者,亦无如之何矣",却被秦、汉以后历来读儒书出身的学者们,硬要用来学做"圣贤"金科玉律的教规,对于"钱""财"二字,视为毒害。甚至平时多谈这两个字,就会变成"俗物"。可是,不随流俗,特立独行的学问修养,毕竟不易做到。因此,一般的读书学"儒"的知识分子,大多成为"既要清高又怕穷"的矛盾心理状态。一旦考取功名,跻身政要以后,既不懂经济、财政,更不懂为国家社会人民之间,如何理财致富,而达到富国强兵的妙用。好像都是误解了曾子著《大学》最后的几句话,变成了如来佛加在孙悟空头上的紧箍咒一样,一听就要头痛得打滚,非常可笑。所以中国有二三千年丰富记录的历史资料,所谓"二十五史"或"二十六史",好像都是一部人事经历的资料档案。对于财政、经济、生产、消费等社会的财经变化态势的记载,如与人事史料相比,简直少得可怜。

注重财政的名相、名臣

在中国的历史上，特别注重经济发展，先行富有财政而建国的人，在秦、汉以上，突出的只有两个半人物。第一是姜太公吕尚治齐，开发渔盐之利，建立了当时滨海落后的齐国，后来的子孙，才得以富国强兵，称霸中原，经春秋、战国，直到秦、汉时期，约七八百年而不衰。第二是管仲治齐，也是先由发展经济着手，然后才能做到"一匡天下，九合诸侯"的霸主局面。另外半个，就是范蠡师法"计然子"的一部分学术，帮助越王勾践复仇雪耻，然后自己飘然隐遁，变更姓名为"陶朱公"，三聚三散，用致富来"玩世不恭"。

至于读儒书而搞财经失败的，倒有东汉时期的王莽和北宋时期的王安石。首先著作与经济、财政、赋税有关的专论，只有汉宣帝时代桓宽的一部《盐铁论》。但仍然是根据"六经"，不外以儒术为民请命的要旨，并非专就盐铁之利来加以发挥。又有后魏贾思勰著《齐民要术》。至于如汉武帝时代的桑弘羊、车千秋辈，以商人出身参与财政、经济政策的，历来就不为读书出身的儒家学者所重视，甚至还鄙薄之而不值一谈。其他，如唐代的财经名臣刘晏，也是不齿于"儒林"，实在有欠公允。史载：

> 晏有精力，多机智。当安史之乱，户口什亡八九，州县多为藩镇所据，朝廷府库耗竭，皆倚办于晏。其用人，必择通敏精悍廉勤之士。出纳钱谷，必委之士类。吏惟书符牒，不得轻出一言。凡兴举一事，必须预计使任事者私用无窘，而后责其成功。又以户口滋多，赋税自广。故其理财以爱民为先，为后来言利者所不及。

但终亦以功高，而蒙冤构陷赐死。无论帝王专制时代，或民主时代，古今一例，"谤随名高"，名臣毕竟难为，这也是人群社会必然性的矛盾啊！

现在我们为了研究曾子《大学》大论的结语，牵涉到"治国平天下"之道的经济发展，和财政调配的"义利之辨"，顺便约略提出历史上的一些相关资料，用来做为"义利之辨"的反面感慨之谈而已。因为实在没有时间为儒家学说和财经思想做专题讨论，只好到此打住。回转来再讲曾子本身，他一生的言行如一，确实做到了"义利之辨"，毕生清高廉洁自守，不愧于平生学问修养"择善固执"的风范。

曾子处义利之间的故事

我们为了浓缩时间，就同时列举孔门高弟如曾子、原宪，以及兼带牵涉到子贡的三个故事，做为大家自己去寻思研究的参考资料。《韩诗外传》记载：

曾子仕于莒（开始出来做鲁国莒邑的地方官）。得粟三秉（古代以十斗为一斛，十六斛为一秉）。方是之时，曾子重其禄而轻其身（在这个时期，曾子是只注重待遇的收入，而轻视自己本身的得失）。亲没之后，齐迎以相（当他父亲死了以后，齐国欢迎他去做宰相）。楚迎以令尹（楚国也欢迎他去做宰相，楚称宰相为令尹）。晋迎以上卿（晋国也欢迎他去做宰相，晋称宰相为上卿。但他都推辞了，不肯出去做官）。方是之时，曾子重其身而轻其禄（在这个时期，曾子是专心重视他自己本身的学养与出处动机的该和不该，因为已经没有必须孝养父母的负担了，所以他就不重视俸禄的待遇丰薄，和官职地位的高低等问题了）。怀其宝而迷其国者，不可与语仁（如果本身怀有学养的高尚至宝，但却不肯出来挽救自己国家的危乱，那就没有资格谈什么仁心仁术了）；窨其身而约其亲者，不可与语孝（如果故意自命清高而死守穷困，也不顾父母生活困难的痛苦，那还谈得上什么孝道呢）；任重道远者，不择地而息（一个人本身挑着重担，前途又很遥远，为了完成责任，就不会挑选什么地点，都可以随地休息保持精力）；家贫亲老者，不择官而仕（家里既然贫穷，父母又年老体衰，为了孝养父母，就不需要挑选官位大小，只要收入足够赡养父母，便去做了）。故君子桥褐趋时，当务为急（所以说，是真君子的人，穿着旧鞋和破布袄，急急忙忙地向前赶去，只是为了当时实在有迫切的需要）。《传》云："不逢时而仕，任事而敦其虑，为之使而不入其谋，贫焉故也（所以《韩诗外传》的作者韩婴，为他所传的《诗经》作这样的解说：一个人生不逢时，但不得已还是需要出来做官做事。既然担任了职务，就必须尽量尽心做好。可是只肯听命去达成任务，而不愿参与他的内部计谋。那是为了什么原因呢？因为他只是为了解决一时的贫困，并不是他要完成学养思想的真正目的啊）！"《诗》曰："夙夜在公，实命不同（所以《诗经》上说：我虽然昼夜都在忙着做公家的事，但是，我对生命意义的看法，自有不同的观点。只是一时命运的安排，现在只好这样做而已）。"

我们现在引用了《韩诗外传》，首先提出曾子为家贫亲老而仕的一节故事和评论，可以作为说明曾子在《大学》结语所说，对于当时诸侯之国的为财货与政治道德之间的"义利之辨"的观点，他是身体力行其道而自做榜样，是真实"儒行"的风格。同时，由此了解《大学》结语所说的道理，并不是专对"治国平天下"的经济、财政的专论。但也并非说它对于"治平"之道的财经作用上，就可忽略"义利之辨"的重要。从"治平"之道来讲，计较的是为"国家天下"全民的大利大义的"义利之辨"，并非专指一身的小节了。至少，我所见的是如此，且待诸公自己去研究吧！

如果孔门弟子少了子贡，行吗？

至于孔门高弟，在春秋末代的时期里，除了子贡一人别有他的胸襟怀抱以外，其他如颜渊、曾子、原宪等，所谓七十二贤人之中，大多是属于对当时时代的反动，处于"不同意"主张的清流人士，与后世宋儒的"儒林"、道学大有不同。其中突出对比的两人，便是原宪和子贡的故事。《韩诗外传》记载：

> 原宪，字子思。宋（国）人也。读书怀独行君子之德义，不苟合当世（不和当时社会的风气同流合污），当世亦笑之（所以当时社会上人，也觉得他很可笑。这是司马迁的记载）。其为人也，清静守节，贫而乐道。居环堵之室，蓬户瓮牖，桷桑无枢，匡坐而鼓歌。子贡肥马轻裘往见之，宪正冠则缨绝，捉襟则肘见，纳履则踵决。子贡曰："嘻！先生何病也？"曰："无财之谓贫，学不能行之谓病。宪贫也，非病也。若希世而行，比周而友，学以为人，而徒有车马之饰，衣裳之丽，宪不忍为也。"于是曳杖拖履，行歌商颂而反，声满天地，如出金石。子贡耻之。

所谓"子贡耻之"一句，是说子贡等于被原宪的举动羞辱了一顿。当然，子贡不但会经商致富，而且还善于运用谋略的学术而代孔子出马，安定了鲁国受侵略的危机。这个有名的历史故事，可以自取《越绝书》来读，就可明白其中的道理。孔子死后，在曲阜的墓地，也是子贡一手所经营的，而且他还在夫子坟上，守墓六年才离去。如果孔门高弟，都如颜渊、原宪一样，遁世无闷，甘于清贫，孤芳自赏，行吗？

但我们既然讲到"齐家、治国、平天下"之道，必须先要了解群众、资财、权力三者之间，犹如三根木杆捆在一起的三脚架，如果缺少了一杆，就站不起来的。尤其对一个国家的"治国"之道，没有良好的经济、财政，必然就没有一个完整美好的政权，那是古今中外千古不易的大原则。你只要看看每一朝每一代的兴亡史迹，最后促使衰败的，必定是先由财政、经济上产生必然崩溃的情况的。但在中国文化中一贯的传统观念，尤其是以儒家、道家为主流的学术思想中，认为要解决经济、货财的问题，使"国家天下"得到"治平"的境界，只要从政治上做好，便可达到"物阜民丰"，国家和人民，就都可以"安居乐业"了。

如再扩而充之来看，不但只有中国，其他如印度、埃及，甚至所有东方各国文化中的先圣先贤们，差不多也都有这样的观念。当然，西方文化，好像也并不例外。可是，到了十八世纪以后，尤其是从英国发生"工业革命"（实业革命）开始，西方文化中，渐渐形成对经济学的专注。到了十九世纪开始，在西方文化的思潮中，便形成了以经济为主导来解决政治问题的思想主义等的兴起。因此，直到现在东西双方，乃至全人类的文化思想中，对于这个问题，仍然还在含混不清，思辨难定。究竟是财富的资本影响了政治？或是政治影响了资本的财富？这也等于是哲学上的主题：究竟是蛋生鸡？或是鸡生蛋呢？且待人类慢慢摸索，再去求证吧！

《货殖列传》的妙论卓见

但在中国两千年前的周、秦文化时期，比孔子早生一百多年的管仲（公元前七二三—前六四五年），却首先提出了"仓廪实而知礼节，衣食足而知荣辱"，以经济为主导的政治方针。后人也有变易这两句原文，说为："衣食足而知荣辱，仓廪实而礼义兴。"这样的意思，是说明有了经济、财货的繁荣社会，才有文化文明的昌盛。"其固然乎？其不然乎？"姑且不论，而在汉武帝时代的历史哲学家司马迁（约公元前一四五—前九〇年），在他所著的《史记》中，特别创作一篇《货殖列传》，意在说明工商业经济的重要性，看来他是在有意无意之间，与历来的儒家学者们唱反调似的。其实，司马迁的思想主要是来自道家老子学说。但在《货殖列传》的论述中，也只好搁置"无为之治"的上古高远理想，随着时代社会的趋势，与管仲"经济政治"的观念，先后互相唱和，确实具有启发性的卓见，应该算是不可不读的名文，大有助于"内圣外王"之学的慧知啊！现在我们摘引他原文开始的三段重点，作为研究的参考。

（一）太史公曰：夫神农以前，吾不知已。至若《诗》《书》所述虞、夏以来（从虞舜、夏禹时代开始），耳目欲极声色之好（人们的耳目已经习惯了美声丽色的嗜好），口欲穷刍豢之味（嘴巴已经吃惯了好吃的米面和畜牲的肉味），身安逸乐（身体已经习惯安逸快乐的享受），而心夸矜势能之荣使（而且在心理意识上，已经习惯浮夸、骄傲，羡慕权位和势力的荣耀），俗之渐民久矣（这些风俗习惯，是由上古以来，渐渐地逐步所养成，后来的人们，便认为是自然地当然如此了）。虽户说以眇论，终不能化（你想挽回人心，恢复到如上古时代的淳朴自然，虽然你挨家挨户去劝导，也是枉然，始终不会达到"化民成俗"的崇高理想）。故善者因之（所以善于运用的人，便只好用"因势利导"的办法），其次利道之（次一点的办法，就用利字当头，诱导他上轨道），其次教诲之（再其次的，只好取用严格规范的管教方法来教导他们了），其次整齐之（管教也达不到目的，就只好订立法律规章来整齐划一地统治），最下者与之争（最下等的办法，就是和他们恃强争胜地斗争）。

（二）《周书》曰："农不出则乏其食，工不出则乏其事，商不出则三宝绝，虞（农林畜牧）不出则财匮少。"财匮少则山泽不辟矣（没有土地、山林、畜牧、海洋的资源，就没有办法发展经济的开放了），（至于农工商和山泽的资源）此四者，民所衣食之原也。原大则饶（资源多就富有），原少则鲜（资源少的就很贫困了）。上则富国，下则富家。贫富之道，莫之夺予（贫穷与富有，是不可以靠抢夺过来，或是施舍给人的），而巧者有余，拙者不足（这都需要人的聪明智慧去设法取得的，所以灵巧勤劳的人，就富裕有余。愚笨懒惰的人，就始终不够用了）。

（三）故曰："仓廪实而知礼节。衣食足而知荣辱。"礼生于有而废于无（礼义文明是产生在富有的社会和家庭。贫穷的家庭和社会，什么文化文明，也都变成过分的浪费了）。故君子富，好行其德；小人富，以适其力。渊深而鱼生之，山深而兽往之，人富而仁义附焉。富者得势益彰（富有的人得到权势的支持，就更辉煌），失势则客无所之（失势的人，宾客朋友就不会来了），以而不乐。夷狄益甚（夷狄中的势利观念，更加明显）。谚曰："千金之子，不死于市。"此非空言也。故曰："天下熙熙，皆为利来。天下壤壤，皆为利往。"夫千乘之王，万家之侯，百室之君，尚犹患贫，而况匹夫编户之民乎！

在司马迁《货殖列传》这篇文章里，他讲到子贡，便说：

既学于仲尼，退而仕于卫。废著鬻财于曹鲁之间（废著，古人解为储蓄和卖出。我认为应该解释为得空顺便的时候。鬻财，就是做买卖）。七十子之徒，赐（子贡）最为饶益（富有）。原宪不厌糟糠，匿于穷巷。子贡结驷连骑，束帛之币以聘享诸侯（一捆捆地带着通货的帛币，和诸侯们做交际往来上的礼物）。所至，国君无不分庭与之抗礼（他到哪一国，哪一国的君王们都要待他犹如国宾一样的对等礼遇）。夫使孔子名布扬于天下者，子贡先后之也。此所谓得势而益彰者乎！

司马迁写这篇《货殖列传》的文章，夹叙夹议，妙论卓见很多，大有深意存焉！你们自己去研究吧！他的最后结论，便说：

> 由是观之，富无经业（发财，没有一定要某种事业才可以的），财货无常主（财货也不固定是属于哪一个主人的），能者辐辏，不肖者瓦解（能干的就愈来愈多，不行的就破败不堪了）。千金之家比一都之君，巨万者乃与王者同乐，岂所谓素封者耶（难道都是靠上辈素来有封爵的遗产而得来的吗）？非也（不是的，都是靠自己的智力勤劳而成功的）。

我们为什么在讲《大学》"治国平天下"的结语，硬要拉扯到《货殖列传》来做讨论呢？因为我读历史，每每发现古人被《大学》最后结语"长国家而务财用者，必自小人矣。彼为善之。小人之使为国家，菑（灾）害并至，虽有善者，亦无如之何矣。此谓国不以利为利，以义为利也"的一段话镇住了，并未好学深思它的真义所在。因此，不惜眉毛拖地，特别点出其中的关键所在。既可还了曾子著《大学》的本来面目，又免得后儒们盲目追随两宋以来的理学儒家们所误解的蛊惑。讲到这里，同时我又想起雪窦禅师的一首偈子说：

> 一兔横身当古路，苍鹰瞥见便生擒。
>
> 可怜猎犬无灵性，空向枯桩境里寻。

读书求学，自当有顶门上一只眼，取其精华，舍其糟粕，不可妄自菲薄，盲目随人说长话短，死死啃住古人的遗骨、唾余啊！

至于补充《大学》结语，有关《大学》的"明德之用"和"义利之辨"的"至言"，我现在便为大家引用《易经·系传》上的话，作为总结。只是原文照抄，就不另加说明了！

> "显诸仁，藏诸用。""富有之谓大业，日新之谓盛德。"（系传上）

> "天地之大德曰生，圣人之大宝曰位，何以守位曰仁，何以聚人曰财。理财正辞、禁民为非曰义。""子曰：小人不耻不仁，不畏不义，不见利不劝，不威不惩。小惩而大诫，此小人之福也。"（系传下）

第八篇

儒学演化与国家发展

五二、宋儒程明道《定性书》点滴

中国文化从秦汉以后，学术思想的主流，从表面上看，虽然都一概归到儒家，但实际上，是以阴阳、儒、墨、道、法各家杂用，而又不太有明确的界别。汉末、魏、晋开始，便有道家的神仙"丹道"学派兴盛，他们的"修为"基础，都是以"守静"为中心。那是根据老子的"夫物芸芸，各复归其根。归根曰静，是谓复命"的说法而来。

从佛教传入到理学的兴起

但自汉末到两晋时期，由印度传入的佛家，它的修行实证方法，是以"戒、定、慧"三学中的定学和"四禅八定"的小乘禅法为中心，由戒行的严密自律而得定，由定而生慧，由定慧而得解脱，以完成"解脱知见"而进到"涅槃"寂静的境界，证得"阿罗汉"果位为最高的成就。

因此以定、静为修成仙佛之道共通的根基，就成为中国文化学养中的普遍意识。况且静态必须由不动的定境而生，定境必然由静态而成，这两者是一而二，二而一，互为因果，不可或分的效应。

尤其在隋、唐的初期，由天台山的智颉大师，开创了中国佛教特色的天台宗，以修止观而得"中观正见"为目标。于是，以打坐修行，修止修观的禅修法门，便大行其道。因此，影响了中国各阶层社会，朝野上下，都知道定静为修养的必要功夫，已成普遍的知识。

但自初唐开始，由印度佛法中禅宗大师达摩祖师东来，早在萧梁政权的初期，已经在中土传授以"直指人心，见性成佛"的法门。到了初唐，历中唐、晚唐，禅宗的"无门为法门"，已普及中国，成为中国文化的中心明点。尤其在残唐五代时期，禅宗的五家宗派鼎盛，几乎涵盖了儒道，乃至神仙丹道和佛教诸大派系的修证内容。当然也掩盖了天台止观禅修的声光。但禅宗虽然以"直指见性"为标榜，而在实际的修为实证上，仍然也离不开以禅定为基本入门的功夫。至于"参禅"的名词，是从宋元以后所兴起，那已是禅宗从驰骋中原和大江南北，终将走向小径的尾声了！

了解了中古文化衍变的趋势，然后进而研究由北宋开始，当时中国的知识分子，承袭五代的提倡儒家经学，吸收了自南北朝、隋唐以来佛道两家的学说修养，转而"反求诸己"，便以标榜孔孟的儒家之学为固有文化的"宗主"意识，别自成家，才形成了以祖述儒学为宗，左反神仙的道学，右反禅修的佛学，从形式和内容上，就自成为新兴儒家的理学，与佛、道两家互争胜场。理学的"理"，是袭取佛学华严宗的"理法界、事法界、事理无碍法界、事事无碍法界"，配合《易经·说卦传》的"和顺于道德而理于义，穷理尽性以至于命"的宗旨，采取了韩愈的《原道》主张，和李翱《复性书》的理念，作为信守的主题。但又学习禅宗语录的方式，统用通俗的语文来传道、授业，以去恶务善，达到圣贤的地位。必须要学问修养到"人欲净尽，天理流行"的境界。因此，便从《大学》"知止而后有定，定而后能静"等的"慎独"功夫起步，与《中庸》的"诚""敬"会同，由此而完成"明德"以后的"诚意、正心、修身、齐家、治国、平天下"的"外王"之道，这样，才是成圣成贤的正途。所谓道佛各家的行为学说，"遗世而独立"，都被当作是旁门左道的一偏之见而已。

但从北宋开始，被后世推为"儒宗""道学"的大儒，如周敦颐（濂溪）、张载（横渠）、程颢（明道）、程颐（伊川），并及邵雍（康节）等为五大"儒宗"。接着南宋程门再传弟子朱熹，极力推崇师说，自以"道问学"为主导，注解四书，分为章句，因此而使孔子、孟子的儒学，都须限于朱注的章句见解范围，历八九百年之久。但如从宋儒的传道讲学，高谈"心性微言"的造诣来说，最为扼要简洁，足与佛道两家媲美的，莫过于程明道的《定性书》，实亦"言中有物"，并非都是托空妄语。可是他的内容实质，又都是汲取了佛道两家的精华，融会于心而著述其"理"，批驳一般人所认为的"修定"而求"明心见性"，或妄求达到"清静无为"之道的误解。现在我们特别为他"认祖归宗"，指出他本来的出处，不必避讳他本来是借"他山之石，可以攻玉"的因袭手法了。

康熙善学《定性书》

《定性书》云："所谓定者，动亦定，静亦定，无将迎，无内外。"他的开头两句，便说动静都是本来在定，不必另行起心求定。这是他心得于禅宗所尊重的《楞严经》中"观音圆通法门"中所说的"动静二相，了然不生"两句而来的。

"无将迎"一句，是袭用《庄子·应帝王》篇中的"至人用心若镜，不将不迎，应而不藏，故能胜物而不伤"。至于《庄子》所说的"将迎"，等于佛学所说的"有觉有观""有寻有伺"，是同一内涵。"将"是"停心一处"，"迎"是从起念处观照。

"无内外"一句，也是汲取《楞严经》的心不在身的内外中间，以及龙树菩萨所作《大智度论》的"不依身，不依心，不依亦不依，是谓宴坐"而来的。这真可说他是善于读书求学，字字句句，都能会之于心的实学了。

程明道《定性书》所说"修定"之学的中心要点，就是上面所讲起初"破题"的四句话。实际上，都是佛道两家的家当，但他却一借不还，概不认账。以下的文章，都是对于这四句的根本而发挥，但其内容，大部分都是从《楞严经》的说"心"，禅宗的谈"性"而来。可是除了首先提出这四句特别高明的警句以外，跟着而来的结语，却又含混不清，并未说明所谓内和外的界别，是指身和心或心和物。如说："既以内外为二本，则又乌可遽语定哉？"

佛说《楞严经》是指"心物一元"的"心"。如经说："虚空生汝心中，犹如片云点太清里。""不知色身外洎山河虚空大地，咸是妙明真心中物。""想澄成国土，知觉乃众生。"至于意识的思想、感觉、知觉，统是物理世界形成以后的作用，并非真实的存在。但凡夫之人，妄自分别身心、心物，认为有内外的界别，因此而不能证入"楞严大定"的如来境界了。

如果《定性书》也有如《楞严经》一样的交代明白，那么，他所说的"定性"之定，本无一定点之定可言，不必再假借"修持"的方便，错认禅观的"定境"或"清净无为"的"静态"为本来自性。那他就确实对于《易经·系传》所说"故神无方而易无体""易无思也，无为也。寂然不动，感而遂通天下之故"，以及《诗经·大雅·文王之什》所谓"上天之载，无声无臭"等的奥义，就真的有其见地了！

很可惜，他在下文的发挥《定性书》的道理，却又急切于有心用世，坐而论道，用来和"明德"外用的"治国平天下"之道合拍，反而又迷离惝恍，言不归宗，恰如禅师们的说法，"扇子哮跳，撞着三十三天帝释鼻孔，东海鲤鱼打一棒，雨似倾盆"，始终没有说明"定而后能静，静而后能安，安而后能虑，虑而后能得"，有关定慧之间的妙用，甚为可惜。

《定性书》的最后结论，把"性"和"情"的作用，隐约作为内外的关键，提出"制怒"的修养最为重要。总算流传了四五百年以后，得到一个好学生，那就是清初的康熙，他从程明道的《定性书》中学到了唯一的要诀，就是"制怒"。他亲自书写"制怒"二字为座右铭，因此而使他年少成功，做了六十年的皇帝。

总之，程明道的《定性书》，虽然对于定学，语焉不详，但比起他的再传弟子朱熹的学养，就大有高明之处。希望你们年轻人

"后生可畏，安知来者之不如今"，当善于探讨，取其精华，舍其糟粕，必定有利于心性修养，大有用处，照此学以致用，"虽不中，亦不远矣"！不可因噎废食，随便轻听我的话，视古人的成就，都不值得一顾，那就不对了。附程明道《定性书》：

所谓定者，动亦定，静亦定；无将迎，无内外。

苟以外物为外，牵己而从之，是以己性为有内外也。且以己性为随物于外，则当其在外时，何者为在内？是有意于绝外诱，而不知性之无内外也。

既以内外为二本，则又乌可遽语定哉？

夫天地之常，以其心普万物而无心，圣人之常，以其情顺万物而无情，故君子之学，莫若廓然而大公，物来而顺应，《易》曰："贞吉悔亡，憧憧往来，朋从尔思。"苟规规于外诱之除，将见灭于东而生于西也。非惟日之不足，顾其端无穷，不可得而除也。

人之情各有所蔽，故不能适道，大率患在于自私而用智，自私则不能以有为为应迹，用智则不能以明觉为自然。今以恶外物之心，而求照无物之地，是反鉴而索照也。《易》曰："艮其背，不获其身。行其庭，不见其人。"孟氏亦曰："所恶于智者，为其凿也。"与其非外而是内，不若内外之两忘也。

两忘则澄然无事矣。无事则定，定则明，明则尚何应物之为累哉？

圣人之喜，以物之当喜，圣人之怒，以物之当怒，是圣人之喜怒不系于心，而系于物也。是则圣人岂不应于物哉？乌得以从外者为非，而更求在内者为是也。今以自私用智之喜怒，而视圣人喜怒之正为何如哉？

夫人之情，易发而难制者，唯怒为甚。第能于怒时，遽忘其怒，而观理之是非，亦可见外诱之不足恶，而于道亦思过半矣。

五三、"四书""五经"和中国文化

　　大家都知道西洋欧美的文化和精神文明，它的主要中心，从古至今，直到现在为止，仍然还是以基督教的《圣经》(《旧约》和《新约》)为主流。同样的，也有人认为中国文化和精神文明的主流，直到二十世纪为止，似乎还仍然以儒家"四书""五经"为中心。事实上，东西文化，都正处于转型变态的状况中，西方信奉宗教的文化正在蜕化。东方文明，尤其以中国的文化来说，也随时代的巨轮在转变中，支离破碎。主张重"人道伦理"的儒家学说，也正处于游魂、归魂的卦变之中。现在美国，有人正在断言未来的世界是"文化战争"的时代，尤其指明中国的儒家文化，是与西方文化对抗的大敌。看来未免可笑，但也深为可虑。天下事往往误于肤浅粗暴的见解，因此，我们自己也应当"反求诸己"，需要"温故而知新"了！

　　如果说，"五经"是中国上古文化传统的总汇，这是比较准确的答案。"四书"呢？它从北宋时代开始，到南宋时期，才渐渐盛行，取代"五经"文化的地位。它是专属于孔孟之教的学术思想，但是，被宋儒理学家朱熹所作的"章句"注解所垄断的儒学，并不足以概括中国文化的大全。

　　五经，就是《周易》《尚书》《礼记》《诗经》，以及孔子所作的《春秋》。而演绎阐释《春秋》内容的，有《左传》《公羊》《穀梁》等"三传"。《春秋》一书是孔子在春秋后期，即公元前480年间的绝笔之作。

　　这个时期，在西方的历史上，正当罗马改行共和政治，开始才有信史可征。斯巴达组织伯罗奔尼撒联盟。印度难陀王朝兴起，佛教徒第一次大结集佛经。波斯先后连续三四次远征希腊。雅典取代斯巴达为希腊霸主。西方所谓史学之祖希罗多德（前四八四—前四二四年）出生。苏格拉底（前四七〇—前三九九年）出生。这个时期，也正是希腊文化在西方兴盛的时期。

大家都知道孔子晚年，极一生的精力，"删《诗》《书》，订《礼》《乐》"而自著《春秋》。他是以极度客观的角度，把中国上古的历史文化，裁定从有文书资料信史可征的唐尧（甲辰年）登位时期开始，也就是公元前二三五七年。他避开中国远古史的时代，即从神农到黄帝（轩辕）之间的史迹（即公元前三〇〇〇年以前，与埃及金字塔王朝，以及巴比伦建国同期，这是东西方开始人文文化发展的初期）。他以"多闻阙疑"的态度，"存而不论"。因此，后来司马迁著《史记》，不好明说要补孔子"删《书》"的不足，便在《帝王本纪》上，首先提出一篇《五帝本纪》，历述唐尧为黄帝之后，追溯上推中国文化的年代。到了南宋孝宗时代，学者罗泌又另著《路史》一书，采用道家等遗书的说法，再上溯高推旧史所称"三皇五帝"以上的往事，文章华丽而亦富于考证，言之成理，书名《路史》，意思是说这是中国历史文化的"大史"之意。从他的著作宗旨看来，也是深惜孔子"删《书》"断自唐尧，忽略远古史的传统。等于现代有人将中国的历史年代，由黄帝纪元开始，到今年（一九九七年）为止，共计有四千七百三十一年的意义相似。不过，我们只是顺便一提，不是要讲中国远古和上古文化史的专题，到此为止就可以了。

总之，孔子删订"六经"，是把唐尧、虞舜以来，直到周朝开国以后的文化文明，尤其是由周公姬旦所整理过的中国上古文化，汇为总类，赋予后来的人们，作为先民遗留给后代"承先启后"的无价资产。当时对学者称为"儒士"或"儒生"，并非如汉代以后的儒家，是专指治孔孟之学才称"儒者"的。

到了秦始皇灭掉六国诸侯以后，改变了周朝分封诸侯建国的政体，统一中国，划分郡县，开始创制学者的专职官称叫"博士"，但并不限于专学《诗》《书》《易》《礼》《乐》《春秋》"等"六经"的范围才叫"博士"。秦始皇和李斯在公元前二一三、二一二（戊子、己丑）年之间的焚书坑儒，也并没有明令坑掉"博士"。所坑的大都是"处士横议"的非"博士员"的儒生。

五经博士的开始

后来到了西汉初期汉武帝刘彻（建元五年，公元前一三六年），设置"五经博士"，才是以专治儒学为主的开始。那时，距离秦始皇焚书坑儒的时期，已过了一百三十多年的时间了。当然，在这一百多年以前，汉文帝刘恒、汉景帝刘启，在政治作为上的主要文化思想，是以道家"黄（帝）老（子）"之学为主导，但也并非完全不重视儒、法等各家的学说。文景时代，认为自秦汉以前，以及楚汉争战的长期战乱，社会人民，残破痛苦不堪，人们所需要的，便是"休养生息"，使全民得到"安居乐业"，重新建立社会人民的秩序，所以省事节约为主要。

可是传到汉武帝的时代，却是重视以董仲舒为主的儒家学说。实际上董仲舒的儒学，已掺杂用阴阳家的思想以治《春秋》，从此便形成了两汉以后谶纬符（预言）之学的风气，影响中国文化的迷茫色彩很大，直到现在不衰。如果说纯粹以"五经"等为主的汉儒的汉学，实在是由汉元帝刘奭时代（公元前四十八年）开始，才特别重视儒家。因此，使汉代的儒者，注重对经学的训诂考订的学问，延续到东汉之间，约两百多年之久。古人讥谓"青春作赋，皓首穷经"的读书人，都毕生埋首在"经义"和文字学的故纸堆中。

在这个时期的变动，在史学上叫做"前汉"和"后汉"，也有惯称为"西汉"与"东汉"的，它的界别，就是从王莽篡位，改朝换代，自称为"新朝"的阶段，正当公元纪元开始的第八年底，也就是耶稣出生十二年间的大事。但使汉室重光，称为"东汉之主"的光武帝刘秀，他也是从小习读《诗经》出身的农民学者。因为他的影响，使东汉以后的文章和学术风气，与西汉比较，便各有不同的风格。古人评论说："西汉重功名，希世取宠，不尚清操。东汉重名节，取义成仁，至死不顾。"

玄学和玄谈的时代

两汉的经学，长期困守在训诂考证的沉闷风气的范围，所以一到汉末魏晋时期，便由何晏、王弼等青年后进学者开始，认为儒家的"六经"都是糟粕。他们只从事清谈，注重"三玄"之学的探讨，文化和政治同步解放思想。所谓"三玄"之学，便是从《老子》《庄子》《周易》这三部书中探讨人生和宇宙的哲学思想。因此形成魏晋以来的文人政府中的门阀子弟，和一般读书的知识分子，都倾向于逍遥解脱，不拘形迹而风流潇洒的作风。这等于是十八世纪以来，西方所说的"自由"思想和"浪漫"的情态，在上流社会的阶层中，尤其散漫放诞。跟着便是东晋南渡以后，历史的年代，转入了南北朝的阶段，佛学正好在这个时期，如云如雨一般地倾注东来，弥漫于朝野上下各阶层社会。这一个历史历程，经过四百多年之久（即公元二〇〇年间开始，到六二〇年之间），是中国文化思想探究宇宙和人生的哲学辉煌时代，但从政治和社会立场来看，也是最衰败堕落的时代。

唐代文艺辉煌的风韵

到了李世民父子开国，建立唐朝的政权以后，才有转变。但在这个历史文化的时期中，所谓自汉代以来的儒家经学，已经"此调不弹（谈）久矣"，还没有特别重视《大学》《中庸》等"四书"的风气。可是不要忘了，"五经"等学问，仍然还是中国民间和政府人士基本的文化思想，不过并不像汉儒和宋儒那样特别注重而已。唐太宗曾授命国子祭酒（等于现代唯一国立的大学校长）孔颖达，撰著《五经正义》，后世称为"五经注疏"的便是此书。

在这阶段中，有关西方欧洲文化的情形呢？他从第五世纪罗马帝国瓦解开始，到第十世纪阶段，新国迭相兴起，战争不止，人民生活困苦，文化低落，正处于西方历史学家所谓的"黑暗时期"。所以东方唐人的声威，在那个时候，就较为有声有色，鼎盛一时了。现代人所谓的西北丝绸之路，和南海广东的丝绸之路，以及日本、朝鲜、琉球等地，派人到长安留学的唐风，吹遍了东西两半球，尤其在中唐时代，中国经济、贸易重镇的扬州，更是不可一世，古人所谓"腰缠十万贯，骑鹤上扬州"，便是唐风的炫耀，比起二十世纪末期的香港，更加芬芳有致。

任何一代的文化，都离不开"时势造英雄，英雄造时势"的人事关系。唐代的文化，首先不能不归功于李世民的雄才大略，以及他在文治、武功上的天才成就。但绝对不可用《大学》的"格物、致知、诚意、正心、修身、齐家、治国、平天下"的八个条目来做深入的要求；同时，也不可只以《贞观政要》一书而以偏概全，掩盖了对历史伟人的是非评价。如从他的身世背景，和他天生禀赋的资质来看，他先天具有权门子弟的家世习性，同时又兼有绿林豪侠的资质。再从另一面深入来讲，他有齐桓公（公子小白）的坏习气，同时也有曹孟德（操）的文学才思。既有与汉武帝（刘彻）相似的雄才，但又有与汉光武（刘秀）类同的浑厚。因此，而使初唐开国在历史上的光辉，几乎有超过汉代的功绩。尤其当他还在做秦王的少年阶段，在他幕府中的得力助手"智囊团"中，如刘文静、虞世南、杜如晦、房玄龄等才俊之士，都是当时一代的杰出之选。起义以后，用的将帅人才，大部分都是在乱世从绿林中磨炼出来的英雄好汉，而且开始还多半是他的敌对人物，如徐世勣、程咬金、李靖，当然还包括了魏征。

李世民，因为他生来接受了隋朝首先统一了二百年来南北朝的政制和文风的熏陶，他在文学上的成就，也大有过人之处。例如我们大家所最欣赏的唐代的诗和文章，乃至中国的书法，所有这些都是因为唐太宗（李世民）是此中高手，因此而造成了划时代的风气。他的诗，自从虞世南死后，便很少写作，他说已经没有知己了。他的字，极力学习王羲之的《兰亭集序》，临死还要将它带进棺材里去。我平常总喜欢对人说，要学唐人书法，先要读看唐太宗所写的《晋祠铭并序》，然后再读柳公权、欧阳询、颜真卿、裴休等的法帖，便可稍能有会于心了。现在我们没有多余的时间来讨论唐太宗一生的是非得失，须急转直下略说唐代的文化思想和儒家的关键所在。

儒佛道与唐代文化

唐朝开国之初，首先提出改革自南朝五代以来的文学风气，不许再用华丽词章来写政府公文。然后到了李世民登基以后，贞观十一年，规定以同宗祖先李老君（老子）为教主的道教位列先班（上朝的礼仪次序），佛教序列第二，但并没有什么儒教或儒学在后的意思。因为朝廷政府的全体臣工，都是从读儒书出身的儒生。虽然后来建立了以考试取士的制度，但根本没有要考"四书章句"出身、作八股文章的进士。到贞观二十三年唐太宗死后，由太子李治即位为唐高宗，才复以周公为先圣，孔子为先师，用以尊重儒学。

唐初在宗教信仰方面，也非常自由，不但大量修建佛寺，而且准许在长安建立大秦寺，以及基督教另一派景教的教堂。后来又有波斯传入的祆教（拜火教）和摩尼教等寺庙，一切都让人民信仰自由，不加干涉。唐太宗贞观四年（六三〇年），也正当伊斯兰教创始人穆罕默德征服了麦加，称霸于阿拉伯的同时。到了贞观十九年

（六四五年），玄奘法师由印度取经回国，唐太宗便要他在新建的宏福寺开始译经，并派宰相房玄龄主管其事。玄奘法师不但对佛学有渊深精致的造诣，而且又兼通儒道等世俗学问。他在翻译佛经的同时，也把中国的《老子》(《道德经》)译成梵文，反馈印度，可惜后世失传，这对于古代沟通东西文化的历史作用来说，实在是一大损失！

至于唐太宗本人，因受奘师学识修养的感召，一面倾心佛理，同时，又希望玄奘法师还俗，做他的宰辅，但都被奘师婉转辞谢，只好亲自动笔，为玄奘法师所译的佛经，做了一篇《大唐三藏圣教序》的宏文，的确是唐文中的翘楚，果然不同凡响。因此而使初唐的中国佛教和佛学，盛极一时，朝野上下，普遍流行。所谓中国佛教特色的"十宗"，便从初唐开始，声光普耀，远及东亚，如日本、朝鲜等各地。尤其是从南朝梁武帝时代就由印度东来的达摩祖师所传佛法心宗的禅宗，这时渐渐普及流传各个阶层社会，甚至还转而反馈了印度后期佛教新兴的秘密宗乘，和密乘的持明（真言咒语）、曼陀罗（总持坛场）、愿行等相结合。到了唐玄宗李隆基开元四年（七一六年），又有由印度东来，专传密宗的善无畏、金刚智、不空三藏等人，世称"开元三大士"，大弘密宗的修为法门。中国佛教的"十宗"佛法，由此更加盛行于东方各地的国土。例如鉴真法师受日本的邀请而东渡弘法，日本的空海法师入唐求学等等事迹，都是唐代文化和宗教史，和中日文化史上影响深远的大事。

总之，由唐朝开国以后，经唐太宗、高宗父子，以及武则天做皇帝的三朝七八十年之间，佛教和道教乃至禅宗的自由发展，使儒、佛、道三教汇成为中国文化的三大主流形势，便在这个时期中确定了地位。尤其禅宗以"不立文字""即心即佛""心佛众生，三无差别""非心非物"等的教法，普及于朝野上下，而且在下层民间的僧俗社会里，更是欢喜信受。所谓"南宗尚许通方便（由禅宗六祖广东慧能大师开始称南宗），何事心中更念经。好去比丘（和尚）云水畔，何山松竹不青青。"我们只要翻开初唐以后的名人诗文集来看，所有诗词的名著，几乎十之八九，都离不开和禅与道息息相关的大作，如李白、杜甫、王维、孟浩然、白居易、杜牧、柳宗元、刘禹锡等等，实在不胜枚举。

百丈禅师与吕纯阳的深远影响

在唐玄宗（明皇）李隆基的中期，正当封杨玉环为贵妃以后（约在公元七五〇年之间，中国所发明的造纸方法，便开始传入欧洲），禅宗的大师马祖（道一）禅师，和他的弟子百丈（怀海）禅师，便在江西开创中国佛教特色的"丛林制度"，不顾原始佛教不事生产的戒律，提倡以集体修行、集体耕作、生活平等、劳逸平均的原则，制定了"百丈清规"，以替代原始戒律而适合时地相宜的信守。而且百丈禅师，年过九十，还以身作则，天天领众劳作，留有"一日不作，一日不食"的风范。当时百丈、马祖师徒的作风，被信守原始佛教戒律的僧众，骂为"破戒比丘"。可是从此以后，禅门丛林风规便大行其道，大多数的佛教僧众寺院，都以"丛林"相标榜，而额称为"禅寺"或"禅林"的，甚为普遍，因此使佛教能在中国的土地上生根立脚，并且为后世历代的社会福利慈善事业，有形无形地做了许多贡献。因为"丛林寺院"，兼收照顾了"鳏、寡、孤、独，老无所归，幼无所养，贫无所依"的人们。可以说百丈师徒是中国宗教革命的先驱。我在三四十年以前，便有一本讨论中国特殊社会"丛林制度"的小书，可做参考。在这个时期，欧洲方面的西方文化，也正是基督教的权威进到巅峰的时期。

不过讲到佛教的宗教革命，在这里，顺便提出晚唐懿宗咸通的时代，约当公元八六〇年之间，道教出了一位特殊人物，他便是相传在邯郸旅邸中，"梦醒黄粱"，不求功名而去修道的吕岩（字洞宾），号称"吕纯阳"的道士。他是融会儒、佛、道三教的神仙，也可以说他是从东汉魏伯阳、晋朝葛洪（抱朴子）、梁朝陶弘景以后道教的宗教革命者。从他开始，在中国的民间社会上，提起道教，大家都会知道吕纯阳。但很少有人知道魏伯阳、葛洪、陶弘景等人了。

《原道》与《复性书》的出现

由于禅与道在初唐、中唐二三百年之间的风头太健，太过煊赫，所以到了唐宪宗李纯的时代，也就是吐蕃求和，欧洲法国的查理大帝死去，由儿子路易即位的时期公元八一〇年前后，名儒韩愈（昌黎）倡导古文艺的复兴，重视从事文学改革，而且不甘坐视唐室宫廷迷信佛教的作风，为了《谏迎佛骨表》这一道表章，就被贬到潮州去做刺史。他同时感慨道佛两家的文化太过流行，特别提出中国传统文化的正统，应该是以儒家为主，因此奋笔作了一篇《原道》的大文章，说明以"尧、舜、禹、汤、文、武、周公、孔子、孟子"的一线传承，才是真正的人伦大道，真正的道统。他并且特别提出《大学》的"明明德"到"先诚其意"的一段，批驳道佛两家的出家修道，是对父母国家的不忠不孝、不仁不义。但他在引用原文中，也没有指明这是曾子所著的《大学》上的话，只说"传曰"两字，也不说"礼云"。其实，《大学》是在《礼记》中的一篇，而韩愈却不提起它的来源，只说是儒家传统的说法，但引来作为证明的说辞而已。

韩愈被贬到潮州以后，心有不安，又向禅宗的大颠禅师问道，略有心得，这在禅门的实录中，另有传记。不过，他问不问禅，并不重要。只可惜他的一篇《原道》大论，批驳道佛的见解，并不高明，实在还是外行。如果说是一篇批评道士、和尚们不可随便出家的文章，那就另当别论了。犹如他写的《谏迎佛骨表》，同样是不大得体的文章，所以会惹得唐宪宗发了脾气。但《原道》一文，劈头就提出"博爱之谓仁，行而宜之之谓义，由是而之焉之谓道"；然后便说"仁与义是定名，道与德是虚位"等等，气势不小。因此，后世的儒者大多认孔子所说的"仁"，就是"博爱之谓仁"了！殊不知"博爱"是墨子主张的精义。"行而宜之之谓义"，也正是墨子的学说的精神。韩愈是对墨子之学极有研究的学者，所以《原道》一文的开头，便引"墨"入儒，致使后世的学者们，却被他的健笔宏文轻易地瞒过去了。

对不起，我是开口没遮拦，提到韩愈韩文公的《原道》，目的是说明宋儒倡说理学的根源，是由《原道》一篇大论所启发。同时又因韩愈的门人李翱，从药山禅师问道以后，作了一篇《复性书》的高论，因此而使宋儒理学家们，凭据《大学》《中庸》而大谈其"心性微言"的性理。所以我便对《原道》一文，多讲了几句，好像是在讲国文的课一样，反而耽搁了不少时间。到此再也不敢再牵引到李翱《复性书》的原文，不然，就离题更远了。因此，只是略说李翱所提出"复性"观念的来由而已。

如果说我妄加评语，李翱的《复性书》所讲的性命之说，比起他老师韩愈《原道》的立论，就深刻得太多了。那么，李翱的儒学，又怎么能有"超师之见"的造诣呢？事实上，他是得力于禅门的启悟，所以便引禅入儒，果然就不同凡响了！可是他仍然同一般的儒门学者一样，不敢违背士林的现实，终于故作托辞而已。至于他的参禅故事，在我过去所讲禅学的书上已经提过，在这里不必再来画龙点睛吧！但顺便告诉大家，现代已经逝世的儒宗禅学大师马一浮先生，他也是我忘年之交，师友之间的老前辈，他所取个人自由讲学"复性书院"的名称，便是借用《复性书》而来的意义。

五四、儒家经学与李唐五代

前面已经大略讲过唐代三百年来的文化，由公元六一八年至九〇〇年之间儒、佛、道的文采风流，飘逸潇洒的风格。但是，好像都是象征了开国明君唐太宗李世民一人的外在的形象一样。至于李唐三百年来帝王宫廷的内幕，父子兄弟夫妇之间，以及"修身、齐家、治国"的"外王（用）"之道，可以说，并不见得比秦、汉、魏、晋、南北朝以来，更有什么特别高明之处。

总之，从李世民起义之初的动心用意，已经深深埋下了不良的前因。他说动其父李渊起兵的布局，是设计用酒灌醉了李渊，使他在昏昧之中奸污了隋炀帝在晋阳的两个妃子，因此迫使他的父亲，不得不听从他的主意而起兵。所以就由武则天的夺权做皇帝开始，使李唐一代后世的子孙帝王们，始终都在受内宫夫妇男女之间的"女祸"所困扰，甚至还要受那些不男不女的"宦官"（太监）随便摆布。因此，造成晚唐时期军阀专权的藩镇之乱，终至国亡家破，以了却前因后果的一笔滥账。至于李世民在登位之初，弑兄杀弟、霸占兄嫂等行为，遗祸到唐肃宗李亨以后四代之间的兄弟宗室的权位之争。如果不是介乎禅道之间的同宗名臣李泌，不避嫌疑的斡旋其间，恐怕在中晚唐的阶段，早就失鹿中原，移鼎他人了！

因此，我在前面说过李世民的内在个性，具备了齐桓公（小白）所有的坏处，只是初唐时代的贞观政治，能够听信魏征等人意见的作为，作风比较开明，实在大有值得后代当家治国做领导的老板们效法之处。我们民族的个性，是最喜欢崇拜个人英雄人物，尤其是比较豪迈爽朗的英雄人物，纵使他们有很多的缺失，也都能曲予宽恕，只看他光明的一面，撇开他的阴暗一面不谈。中国的民情如此，中国的历史学家们，也是情有独钟的多，因此在历史上，李世民就成为中国帝王中的旷代一人了。

至于晚唐时期末代李家子孙的皇帝们，外受藩镇（据地拥兵的军阀）的压力，内受"宦寺"（太监）的专权蒙蔽，已是由来已久的事实。这些历代在最高领导人皇帝身边的太监们，都是生殖器被阉割，不男不女心理变态的家伙，因为生理不正常的影响，头脑思维有时更加偏仄和细密。我们读历史上的记载，只要细想在唐武宗李炎时代一个太监头子仇士良的话，实在是古今中外，包围蒙蔽上司领导人的薪传口诀。讲到这里，好像骨鲠在喉，不得不一吐为快。我是希望一般做老板和那些做"长"的、"员"的所有人们，都应明白其中的道理，才能"好自为之"，"善自为之"。

唐武宗也算是一个"少有才，而未闻君子之大道"的皇帝，他做了皇帝以后，心里讨厌宦官们跋扈专权的坏处，想要设法疏远处置。仇士良正是当时宦官的首领，他很聪明，已经看出了苗头不对，就赶快首先提出辞职，告老还乡不干了。唐武宗也就马上照准。因此，在宫里一批大大小小的徒子徒孙太监们，都来为他送行，并且请示他怎样抓权"拍马屁"的锦囊妙计。仇士良便说："天子不可令闲（你要设法，使做领导的皇帝，一天到晚没有空闲的时间），常宜以奢靡娱其耳目（当然包括现代人的吃喝玩乐等等），使日新月盛，无暇更及他事，然后吾辈可以得志。慎勿使之读书，亲近儒生，彼见前代兴亡，心知忧惧，则吾辈疏斥矣。"他传完了秘诀，那些徒子徒孙的太监们，都明白了这种道理，所以历史上记载说："其党拜谢而去。"你看，这有多么的深刻可怕啊！小心啊，小心！

现代和将来，当然不会再有阉割了的太监，但是具有太监类型心理变态的小智小慧、小忠小勤的习气，并非没有。除非真能读书明理，达到《大学》"明明德"的学养才好啊！而且时代不同，过去要包围生在深宫内院，长在妇人女子"宦寺"们手中的"太子"，生来就是要做职业皇帝的人，便要使他忙于玩乐，不可有太多闲暇的时间，懂得读书明理。现在民主时代的老板们，就完全不同，所以要使他们忙于应酬会客，日理万机，再也没有精力得以静思深虑。下面的人，就可推、拖、拉、扯，欺上瞒下，阳奉阴违，搞他自己胡作非为的主意，然后多开一些以自我为中心的会议，就强加在这是民意民主的形式主义上，实在是与古人有同样可怕的歪风，所以《大学》便说"自天子以至于庶人，一是皆以修身为本"是最为重要的了。

五代是第二次南北朝的开始

现在我们再看唐末五代六七十年间乱世文化的转变，这一阶段正当儒家文化和"四书""五经"文化连绵续绝的时期。然后便可再进入宋代，讨论"儒林"道学理学家们的天下。

古人有言："物必自腐，而后虫生。人必自侮，而后人侮之。"研究历史，每一朝、每一代的末期，引发政权帝室变革的情况，大体归纳来说，只用"民不聊生"四个字，便可代表了一切衰败的祸因。其实，所谓"民不聊生"的内在因素，以及时代社会演变的外界趋势，它的前因后果，太过复杂，包括有政治、经济、财政，尤其是赋税和基层社会吏治（干部）的败坏等等，因此而造成历史小说上的一句名言，就是"官逼民反"的结果了。人性是"重苟安而恶动乱"，大至国家社会，小到个人家庭，人人所最宝贵的，就是性命。如果可以"顺时安命"，人们是绝对不肯起而革命的。"革命"一词，是来自《易经》的鼎卦的象辞以及爻辞，所谓："象曰：木上有火，鼎。君子以正位凝命。""鼎耳革，失其义也。"社会人民，碰到了"木上有火"，火上加油的苦难时代，就不得不起而拼命了。我们现在不是讲历史、政治哲学的课，只是略一涉及有关的问题，提起注意而已。

李唐的时代，到了唐僖宗李儇，公元八八〇年之间，已经进入

"民不聊生"的时代，因此而有王仙芝、黄巢等的起义造反。黄巢曾经攻进长安，自称"齐帝"。可是一个经历两百多年皇室集团的政权，到底还是具有"百足之虫，死而不僵"的顽固力量，在它外围"拥兵自卫"的藩镇霸权，也绝不会让现成既得的利益，随便拱手让人的。所以黄巢的失败，也是事所必至，理所固然的结果。不过，由此而使李唐王权统治的结束，在历史上，展开"五代"的一幕，这是由唐朝皇帝的部下们展开序幕的。到了公元八九〇年，正当末代唐昭宗李晔的时代，在五六十年之间，全国地方藩镇（军阀）据地称王的强霸势力，就有十三处之多。可是在历史上习惯性地称呼这个阶段的中国史，叫做"五代"。事实上，这都是古代读书人，自号为圣人孔夫子传人的思想，学习夫子著《春秋》尊王的精神，把"五代"五六十年间，能够在中原（长安洛阳一带）抢得李唐覆灭之后的王位的，才认为是"继统"的王朝，因此撇开当时全国各地的称王称帝的其他努力，只以在河洛称帝的为继统，所以就叫它为"五代"了。即使如欧阳修、朱熹他们，号称自己为公正严明的大文豪、大史笔者，也仍然难以去掉这种盲点。欧阳修的《新五代史》和朱熹的《紫阳纲目》，何尝不是如此呢？

俗话说得好，"习惯成自然"，那么，我们就照这个自然的习惯，大约介绍一下"五代"王朝那些称帝称王的乱世英雄吧！

开始第一代的"后梁"太祖朱温，在唐僖宗的时代，赐名为"朱全忠"，他的本名叫"朱三"。他是跟黄巢起兵造反的人。黄巢兵败，他就见风转舵，投降唐朝，又改名字叫"朱晃"（字匡圣），结果谋杀唐昭宗，废了唐哀帝李柷，自称"梁帝"。在位六年，被儿子友珪所弑。另一个儿子友贞即位十年，史称后梁末帝，后梁至此完结。

接着，便是后唐李存勖，沙陀郡（新疆境内）人，史称为胡人。实际上，他的祖先早已是归化汉族的西北边区民族。他袭其父李克用的"晋王"爵位，号召为李唐复仇，灭了朱梁而自称皇帝，叫做"后唐庄宗"。开始很英雄，做了三年皇帝，又死在伶人（戏子）手里了事。清初的名诗人严遂成，有一首咏李克用的名诗，很少有人有此手笔：

> 英雄立马起沙陀，奈此朱梁跋扈何！
>
> 只手难扶唐社稷，连城且拥晋山河。
>
> 风云帐下奇儿（指李存勖）在，鼓角灯前老泪多。
>
> 萧瑟三垂岗畔路，至今人唱百年歌。

李嗣源的向天祷祝

继他而起的后唐明宗李嗣源，真还不错，比较老实可敬。他是李克用的养子，也是西北边区归化汉族的代北人。因后唐的变乱，被大家所推举，立为皇帝，在位八年。在他登位的时期，北方少数民族的契丹，也已经开始称王称帝了。李嗣源做皇帝，不太作怪。突出的有三件事，值得为他褒扬。

一、当他在位的第七年，命令国子监（等于国立大学），校正"九经"（《诗》《书》《易》《礼》《春秋》三传、《论语》《孟子》），刻版印卖，时在公元九三二年。这是历史上在唐代以后，提倡儒家学术的第一次盛举。

二、他的儿子秦王（从荣）喜欢作诗，"聚浮华之士高辇等于幕府，与相唱和，颇自矜伐（经常聚集一些华而不实的浮夸子弟，如高辇等人，互相吟诗唱和，而且还自认为很高明，很了不起）"。李嗣源便对他说："吾虽不知书，然喜闻儒生讲经义，开益人智思（我虽然没有读过书，但是喜欢听那些读书儒生讲五经的道理，可以开豁人的智慧和思想）。吾见庄宗（李存勖）好为诗，将家子，文非素习，徒取人窃笑，汝勿效也（以前我看庄宗喜欢作诗。其实，我们都是将门之后的子弟，诗文素来不是专长，会被别人背后偷偷地笑话，你切不可学样啊）！"他有此见解，的确高明。可惜有些人偏要舞文弄墨，真不及李嗣源有自知之明。宋初在赵匡胤手里，灭了南唐，俘虏了李后主李煜，赵匡胤便说："李煜如果把作诗词的心思用来治国，哪里会这样轻易被我俘虏呢！"

三、历史记载李嗣源在做皇帝的几年中，"每夕于宫中焚香祝天曰：某（我李嗣源）胡人，因乱为众所推（因为乱世，被大家推举，不得已做了皇帝），愿天早生圣人，为生民主。"过去历史学家相信因为他的诚心感应，所以宋太祖赵匡胤就在这个时期出生在"甲马营"中。是不是迷信，姑且不论。但是李嗣源的这种用心，就不能不说是他的"诚意、正心"之德了！不要说五代时期所有别的英雄帝王们，没有如他的真诚和谦让之情，恐怕千古以来，能够肯自向天祝告，说出此话的，还找不出第二人呢！每读历史到此，常为他真诚的为国为民之心所感动，必然低眉敬礼，这也实在是很感人的历史故事啊！有这种存心的人，还可对他有民族歧视之见吗？但从李存勖开始称帝的后唐，经李嗣源继位称"明宗"，先后只有十一年的时间。李嗣源死后，不到三年，后唐也就亡了。

跟着称帝的，就是历史上第一个做为契丹傀儡皇帝的石敬瑭，号称后晋。也就是割让燕云十六州地区奉献给契丹的儿皇帝。因此而开创了宋朝开国以来，黄河以北成为辽、金、元三朝的根据地，形成中国历史第二次"南北朝"的三百年局面。但石敬瑭的后晋，也只有十二年的时间，就转入他的部将刘知远的手中。刘知远称帝改国号为后汉，做了一年皇帝便死了。由他的儿子刘承佑即位称"隐帝"，也只多了三年就完了。后唐李存勖、后晋石敬瑭、后汉刘知远三代，都是沙陀人，只是氏族不同而已，所以在旧史上叫他们为"沙陀"三大族的"胡人"。

接着由后汉的部将郭威，篡位称帝，改国号为"后周"，做了三年的皇帝也死了。他没有儿子，就由他的养子，也便是他妻子（皇后）的内侄柴荣接位，称为"世宗"，精明果敢，颇有英气，在位六年，在出兵伐辽的途中死亡。当时由他三岁小儿宗训即位为"恭帝"，提升赵匡胤为殿前都点检（相当于现在的陆军总司令），要他出兵征河东，刚刚出发到陈桥驿的一天晚上，就闹兵变，据说将士们把预先做好的皇帝穿的黄袍，加在赵匡胤身上，然后就迫他做了宋朝开国的第一位皇帝宋太祖。周家柴氏的孤儿寡妇，也就只好拱手让位。所以后世有爱管闲事的诗人，便作了一首诗说：

忆昔陈桥兵变时，欺他寡妇与孤儿；

谁知二百余年后，寡妇孤儿又被欺。

最后一句是说南宋亡国以后，末代的小皇帝恭帝赵㬎和皇太后，也被元朝的大将伯颜所俘虏走了，世事的轮转回旋，犹如原版重翻，非常奇妙而可叹。不过，后周的郭威和柴荣两代，并非胡族，不必老是胡说，把"五代"都说是"胡人"在作乱。

根据历史记载，"五代"虽为"乱世"，但对宋朝开国以后重兴儒家学说的关系，极为重要。我们在前面已经说过，在后唐明宗李嗣源时代，令国子监校正九经，刻版印卖。时在公元九三二年。这个新疆老乡李嗣源，真有现代出版商的头脑，同时也替中国文化首先做了一件大好事。但到了后周广顺三年（九五三年），也就是郭威称帝的末年，"九经"版才雕刻完成，先后历时二十一年。同时，在四川"后蜀"的孟昶，也同意四川刻版印"九经"。

史载："初，唐明宗之世，令国子监校正九经，刻版印卖，至是版成，献之。由是虽乱世，九经传布甚广。是时，蜀毋昭裔（人名，蜀之仆射，等于辅相）亦出私财百万，贯营学馆（办学校），且请刻版印九经，蜀主孟昶从之，由是蜀中文学亦盛。"可是我还记得读过一本历史的书，说五代时代的刻"九经"版，冯道也有鼓动之功，可惜临时想不起在哪本书上，又懒得去查。只是随便一提，将来你们发现了再说吧！在另一方面，我们也可以看出如五代这样一个乱七八糟的时代，你争王，我争霸，兵荒马乱，民不聊生，但无论是汉、胡等族，以及后来的辽、金、元，对于保存中华文化的传统，大家都是一致的同心同德。这就足以说明中华民族文化和文明的特点啊！

五五、两宋守文弱主的由来

南北宋三百年来的赵家天下，先由黄袍加身的宋太祖赵匡胤开始，根本就没有想一统中华，所以玉斧一挥，割掉中国北方的燕、云十六州，就让它自己成长，形成后来的辽、金、元朝。对于南方云南的大理，也无力统一。他只想暂时安定，努力俭省节用，收集财货，用金钱攻势，买回北方的一统。五代七八十年的战乱，人民社会困苦不堪。但经他的提倡俭约，宋初不到十五六年之间，洛阳近郊的民间，先行富有，甚至挂帘子用的装饰，就有银钩亮相了。他平常对人说："我以四海之富，宫殿饰以金银，力亦可办。但念我为天下守财，岂可妄用。"尤其到了他的兄弟赵光义即位做了宋太宗皇帝，喜欢读书学问，并且继承他哥哥赵匡胤的政策，避免军人将领干政，更加重文轻武，起用文人来管地方军政，授以大权。从此便养成以后三百年来的赵家子孙皇帝，都会遵守一个原则，所谓"守文弱主"而已。

但话说回来，在中国的历史上，赵宋三百年的天下，"齐家、治国"比较特殊的规范，约有三点，稍作补充。

第一，赵匡胤兄弟，虽自军人的子弟出身，但生性也比较孝顺，尊重母教，比起历史上的帝王宫廷来说，几乎就没有皇后或皇太后把持朝政，造成一般人所说女人为祸水的"女祸"故事。宋太祖、太宗兄弟等，都是由他们的母亲杜太后母教长成的子弟。杜太后算是一位贤母的典型，所以在北宋之世，就先后有过几位贤母型的太后，可为典范。从"齐家、治国"的原则来讲，宋代应可及格。当然首先还应归功于杜太后的母教而来。

第二，赵家兄弟，自小就出生在军眷的家庭环境中，赵匡胤出生在甲马营中。他们兄弟，都是将门之后，长大以后，也照例是做职业军人，并且追随周世宗南征北战，因军功而升迁到殿前都点检的位置，得来并非偶然。所以在他们的本身经历上，是极其知道战争的祸害和悲惨，同时也知道战争会给人民带来太多的痛苦。因此，厌武重文的心理，也比较强烈。世界上有很多文人，最喜欢谈兵，他们实在没有当过军人打过仗，往往会把战场当作考试场一样的紧张好玩。赵匡胤是从战争中勇于作战而成名的，他当然了解战斗是并非好玩的事，所以他在登上皇帝的宝座以后，就要考虑是否必要以武力统一天下，或是另谋其他的方略。他所以毅然断然在"舆图"上，手把"玉斧一挥"，暂且割开"燕云十六州"和云南一带的"大理"而不顾，固然不是勇者的所为，但也情有可原。而且他认为当时北鄙的契丹等胡人，进攻中原，其志只在财货的掠夺，人如只要富贵，就可用金钱攻势，买回失地。这就是赵家三百年来由太祖内定战略失策的致命伤。

第三，继赵匡胤做皇帝的宋太宗赵光义，也如他哥哥一样，跟着在军旅生活中长大，但他比哥哥还爱好读书与学问，所以历史上记载：他在"兵间二十年，手不释卷"。出兵打仗，后勤还有十几匹马，是驮着书本从征的。因此，在中国文化中，有两句最有名的成语，都是由他说出来的。"开卷有益"，这是他赞叹读书有好处的一句名言。还有一句，是和春秋时期卫国大夫蘧伯玉相同的话，"吾年五十，方知四十九之非"。这也是他做了皇帝以后，更加知道实践的经验和修养知识相结合的重要，而且是心有所感的叹息。

杜太后"母仪可风"

有关赵匡胤的家教和母教的事，结合正史和宋人其他史料笔记来说，还有这样一些故事。当赵匡胤已经知道大家都已计划好了要临时兵变，"黄袍加身"，拥护他做皇帝，但不免也有"既喜且惧"

的心理，成功与失败，两者都不是儿戏的事。他就悄悄回到家里，想告诉母亲一声，好向母亲请教。一进门，他的母亲和他所最敬重的姊姊，正在厨房里做饭。他就正好对母亲和姊姊讲了这件事。他母亲听了还没有说话，他的姊姊就大声地说：男子汉，大丈夫，要做什么大事，就要自己心里有决断，还跑到厨房里问我们做什么！一边说，一边就把手里拿的擀面棒举得高高的，把他用力地推出去。赵匡胤听了姊姊的责骂，心中踏实了，立即转身，回部队去了。到了晚上，就闹兵变，"黄袍加身"做了皇帝。所以他终身对这个姊姊，敬畏有加，不敢怠慢。

而在正史上怎样说呢？

> 宋主尊其母杜氏为太后。后，定州（今河北省定州市）安喜人，治家严而有法。陈桥之变，后闻之曰："吾儿素有大志，今果然矣。"又尊为皇太后，宋主拜于殿上，群臣称贺。后愀然不乐，左右进曰："臣闻母以子贵，今子为天子，胡为不乐？"后曰："吾闻为君难。天子置身兆庶（老百姓）之上，若治得其道，则此位可尊。苟失其驭，求为匹夫不可得。是吾所以忧也。"宋主再拜曰："谨受教。"

这一段话，历史学家也并没有过誉其辞，同时，也是说明赵匡胤的成功，的确是得力于母教。赵宋开国的老祖母，真是"母仪可风"啊！

杜太后被尊为皇太后的第二年，就死了。她在临危的时候，皇帝赵匡胤随时侍候在她的身边，她就叫赵匡胤召最亲信的辅相赵普进来，并且问赵匡胤说，你知道你为什么这样容易得天下、当上皇帝的道理吗？赵匡胤说，那都是靠祖先的阴功积德和母亲您的教诲啊！太后说，不对。是因为柴家（周世宗）使幼儿主天下，所以你占了便宜又卖乖了。假使后周有年纪老成的后代做皇帝，你哪里有这样容易。所以我要吩咐你，假如你死后，应该传位给弟弟光义做皇帝。光义过后，应该传位你的三弟光美。光美过后，再传位给你（赵匡胤）的儿子德昭。你要知道国家天下之大，能够有一个比较老成的人来继位做皇帝，那就是社稷之福了！赵匡胤听了，哭着说："敢不如教。"儿子不敢不听妈妈您的吩咐。这时，太后又对赵普说，你是一起听到我的吩咐，同时做好记录，将来不可以违背了我的主意。赵普听了作好记录，并且在末后一行签了字"臣普记"。藏之金匮，命谨密宫人掌之。

"烛影斧声"的疑案

赵匡胤开国称宋，只做了十六年的皇帝，在曹彬灭了南唐李后主的第二年就死了。他的死，也是宋朝开国之初一件重大的疑案，所谓"烛影斧声"，便是说他在临死之前，和弟弟光义为了传位的事，是有所争执的。也有人怀疑赵匡胤在临死时，是被弟弟光义逼死或气死的。如云：

> 太祖不豫（快要死了，很难过），夜召晋王光义，嘱以后事，左右皆不得闻。但遥见烛影下，晋王时或离席，若有逊避之状。既而太祖引柱斧戳地，大声谓王曰："好为之。"已而帝崩。

赵光义即位，史称宋太宗，做了二十二年皇帝，并没有遵照他母亲杜太后的遗嘱，把帝位传给兄弟，再传侄子，而且早已把兄弟光美和侄子德昭，因犯错误而处置了，最后还是传位给他自己的第三个儿子赵恒（宋真宗）。据说，他不遵守杜太后的遗嘱，传位给自己的儿子，也是经过和赵普商量而决定的。赵普告诉他，太祖赵匡胤听信皇太后的吩咐，已经做错了，你可不要再错。因此就传皇帝之位给自己本支的子孙，直到徽宗、钦宗，被金人所俘虏，康王南渡浙江为南宋高宗以后，因为没有儿子，才找出赵匡胤一支后代七世的孙子赵昚（读"慎"）过房做他的儿子而继承大统，后来因他对高宗比亲生的儿子还要孝顺，所以历史上的谥号，便称他为

"孝宗"了。

我们为什么费了那么多的时间，说明宋初开国这一段的历史内幕呢？因为两宋的政治中心，在表面上，是尊重儒家的孔孟之教的学术思想为中心。儒学重"圣人以孝弟治天下"。从"齐家、治国"之道立论，对于兄弟的友爱情谊，自宋太宗开始，已违背他母亲的教诲和本身的初衷，而且犯了儒家"伦常乖舛"的大忌。宋人笔记史料，还记载赵普在临死的时候，因有负杜太后的嘱咐，白日见鬼，吓得请僧道来做佛事以求忏悔，并且亲自写悔过书烧化，向杜太后祈求饶恕。不过，这是过于迷信鬼神之说，所以正史便不采录。到了清初，名儒查慎行（初白）有一首诗，专指宋初开国的这一桩公案，最为精彩。

> 梁宋遗墟指汴京（开封府），纷纷禅代事何轻（由五代后周等变宋的禅让）。

> 也知光义难为弟（故事如前面所讲的便是），不及朱三尚有兄（后梁太祖全忠与宗戚饮酒酣醉，其兄全昱视帝曰："朱三，汝本砀山一民，奈何灭唐家三百年社稷！"）。

> 将帅权倾皆易姓（针对赵匡胤的事，言将帅权倾人主者，皆欲篡位也），英雄时至忽成名。千秋疑案陈桥驿，一着黄袍便罢兵。

宋真宗神道设教的愚民政策

宋太宗即位做了二十二年的皇帝，传位给真宗赵恒，赵宋自开国到此，还不到四十年的时间。但在黄河以北的契丹，国势兵力，坐以强大，便在真宗即位的第七年出兵南犯，同时又派人来谈和，宋朝也派曹利用代表和谈。但契丹攻势，由河北的德清，直逼冀州（真定），到达澶州（大名府开州），军书告急，一夕五至。

当时的宰相"平章事"寇准，对于边防告急的公文，一概不理，"饮笑自如"。真宗知道，吓坏了。追问寇准，他便说，"欲了此事，不过五日耳"，但陛下你一定要亲自到澶州的前方去一趟。真宗听了很为难，其实是真不敢去，就想回宫去了。寇准拦住他说，你一回宫，我就见不到你了，"大事去矣"。另一位宰相毕士安便极力劝真宗要采用寇准的建议。因此真宗只好召开御前会议，商量御驾亲征的事。有些大臣们听到了契丹入寇，吓死了，王钦若建议迁都南京，也有建议迁都成都的。真宗便再问寇准的意见，寇准假装不知道是哪个人的提议，便说："谁为陛下画此策，罪可斩也。"他就详细为真宗讲明战略上的胜算，因此真宗才决定了御驾亲征。但他到了澶州以后，还是胆小不敢过河，寇准再三鼓励，而且说："陛下惟可进尺，不可退寸。"跟在真宗旁边的"殿前都指挥使"高琼也极力赞成寇准的战略，就命令御林军的卫士们，快推皇帝所坐的銮驾过河。前方的战士们，看到了皇帝果然亲到前方，便士气百倍，踊跃呼万岁，声闻数十里。对方的敌人契丹也被吓住了，赶紧用数千骑兵来进攻，但被宋军打败。

真宗回到行宫，悄悄派人去看寇准在做什么。回报便说，寇准正和皇帝的秘书长杨亿在喝酒打牌，说笑唱歌呢！真宗听了便说："寇准如是，吾复何忧。"但是到了最后关头，这位赵宋的皇帝真宗，还是决定和谈，几次往返，仍然由曹利用做代表。甚至愿意每年出百万两银子给契丹，互称兄弟同盟。同时有人在造谣挑拨"寇准幸兵以自取重"。因此，寇准对这样一个老板，实在也无能为力。但他特别吩咐曹利用，"虽有敕旨，汝所许过三十万，吾斩汝矣"。议和到了最后的定案，每年给契丹银十万两，绢二十万匹，称宋朝为兄，契丹才引兵北去。这便是两宋两百余年来，由宋真宗开始，对辽、金、元等，低首自卑，只用金钱外交的弱国政策。但宋真宗却又自作掩饰地说："数十年后，当有捍御之者。吾不忍生灵重困，姑听其和可也。"其实，他是真的吓破了胆。加上寇准的政敌王钦若的谗言，只是轻轻说他一句，"寇准好赌"。澶州之役，他是拿你皇上的生命做赌注。从此寇准富国强兵的统一思想，就永无出路，而且也被免了宰相的职权，下放做地方官去了！

可是，宋初全国人心，仍然希望这个国家，能够做到华夏一体的统一局面。那又怎么来对付这种政治趋势呢？因此便由王钦若出个鬼主意，假造"天书"，造成真宗皇帝领导全国军民都信奉道教，"敬事上天"，只要太平安定，就不要随便谈兵，轻举妄动。因此宋朝代代相传这个统治秘诀，用了一百多年，到了宋徽宗赵佶"道君皇帝"手上，就和他的儿子钦宗赵桓，一起当了金人的俘虏，受苦受难，老死在东北的"五国城"了。

可是宋真宗想用宗教信仰的"愚民政策"，淡化一统中国江山的全民思想，也并不如此简单。首先需要得到政府人民所依赖的宰相王旦的意愿。因为宋朝的制度，比较历代帝王最尊重相权，而且对朝廷中的文臣，也特别尊重。宰相是文臣的领袖，也是全国民意的象征，所以他必须先要使王旦默认这个不可公开的政策才行。但王旦对于这个措施，始终不肯表态。宋真宗没有办法，只好向王旦府上，多送名贵重礼。这是历史上皇帝向宰相行贿的第一次举动。王旦心里有数，天下是赵家的，政府是赵家的朝廷，皇帝已经低声下气，要求宰相同意他的办法，行也得行，不行也得行。他就把皇帝送来的礼物封存起来。"归家或不去冠带（上朝回来，有时连礼服都不脱掉），入静室独坐。"他是在打坐参禅呢？或是无言的抗议呢？他平常就是"与人寡言笑，默坐终日"，因此谁也无法窥测他的心境了。

可是到王旦临死的时候，便遗命家人，不许用官服来埋葬他，只准用和尚的身份收殓。史载："旦遗令削发披缁以敛，盖悔其不谏天书之失也。诸子欲奉遗命，杨亿以为不可，乃止。"他是忏悔呢？或是遗恨呢？就不得而知了。同时也记载他对于当时用道教做愚民政策的事，也早有后悔，再想极力反对，又觉得"业已同之（已经表示同意了），欲去（辞而不干了），则上遇之厚（但皇帝对他太尊重，太好了，不忍心舍他而去）。"虽然有当时担任宋真宗皇帝的枢密副使（中央政府副秘书长）马知节，也曾经对宋真宗说过："天下虽安，不可忘战去兵。"但他自己到底没有恳切地表示这个意见，所以临死还不心安。

宋真宗也曾经在他病危的时候问过他，假如你过世了，谁做宰相最好，他就毫不迟疑地说寇准最好，除此以外，"臣所不知也"。读《宋史》，必须先要了解宋初真宗的这一段事实的大关键处，就可知道两宋三百年来的赵家天下，为什么会成为中国历史第二个"南北朝"的由来了。清人王仲瞿有题《汉武帝茂陵》的诗中说：

和议终非中国计，穷兵才是帝王才。

守文弱主书生见，难与英雄靖九垓。

王仲瞿这四句话，虽然言重一点，过于偏激，但对于治国当家者，实在是值得警惕的名言啊！孔子答子贡问政，曰："足食足兵，民信之矣。"并非是必要发动战争才能解决问题啊！

五六、宋初文运和宋儒理学

我们为了说明传统文化中儒家经学在历史上的衍变，以及宋初文运的昌盛，乃至形成宋儒理学家的因由，因此，花了不少时间介绍赵宋开国的重文轻武政策，恰为宋儒理学成长的助缘。由此而使《大学》《中庸》在儒学"十三经"中的突出，和《论语》《孟子》共称为"四书"的经学，主导中国文化教育，配合元、明、清考试取士、读书做官的政策，千年以来，牢笼天下的才智之士，都陷于功名泥淖之中，难得自拔。但不要因为我的这一说法，便误解了儒家"四书"害了中国文明，或耽误了中国文明的发展。其实，儒家的"四书"，并没有妨碍了中国，只是南宋以后的有些学者，过于迂曲误解了"四书"，反而妨害了传统儒学对民族文明发展的重要。

如果从人类学的观点来说，对比东西文化的演变，而且以中国文化史的立场来讲，就像太阳运行东西两半球的一昼夜之间，西欧和东亚的中国，明暗代谢，几乎似有类同，而又有大不相同的差别情况。我只是首先提出大家的注意，希望青年后生，可以做多方的研究探讨。

例如西方的欧洲文化，自五世纪罗马帝国瓦解到十世纪，战争相继不息，新国互有兴亡，人民生活困苦不堪，文化低落，正是欧洲文化史上所谓的"黑暗时代"。这时犹如日出东方，西方正处于长夜漫漫之中。但在中国，恰是由南北朝经唐朝、五代，到宋朝开国初期的阶段。虽如旭日东升，朝阳艳丽，有时也是阴云密布，阳光黯然失色。西方文化从九世纪开始，由黑暗时代进入基督教的经院哲学时期，长达六个世纪之久，到十五世纪，才渐渐有了转变。十六世纪"文艺复兴"运动以后的西方文明和文化，才换了一个崭新的面目。

所谓"经院哲学"，就是专门研究基督教的神学，它在研究怎样认识神与实在存在的关系。思辨精密，论证迂回，烦琐曲折万分。所以后世学者，又有称它是"烦琐哲学"的。但非常巧合的，中国从十世纪开始，便是宋朝建国，到十一世纪中间，宋儒的理学、道学也开始兴盛，二程（程颢、程颐）一系传承的朱子（朱熹）学派建立权威。"四书"的朱著章句之学，也迂曲了周公、孔子以来的儒家"经义"之学，长达八个世纪之久，到二十世纪的初期，遗风渐息。在这样一个长期的黯淡状况中，犹如在东方的日丽中天过后，阴霾四合，完全是一片"万木无声知雨来"的现象，所以才有二十世纪中苦难的中国，不得不重新革命，重新建立中华。

我们必须先要了解了前面所讲的中国文化与西方文化的对比，然后回转来探讨儒家学说的演变，就可启发大家的反思，运用"正思维"来寻求答案，然后再来重估传统儒学对人类的"人道"文明的价值了。

文运鼎盛的前因

现在要讲宋初的文运之先，必须要注意由盛唐到五代，帝王政权的兴替，与中国文化儒、佛、道三家之学的盛行，并无多大影响。甚至反使当时的聪明才智之士，厌恶乱世，逃避现实，去参禅学佛，或修炼神仙道学的，更为多数。宋朝初建，禅宗的"五家宗派"，正是盛极一时。道家和道教经过宋真宗的提倡，也是有声有色。例如宋真宗景德元年（一〇〇四年），就有禅僧道原首先汇集禅宗公案的《景德传灯录》著作面世，而且有当时的名臣杨亿为它作序推荐，这是后世研究禅宗第一部重要的宝典，《五灯会元》等书，都是后来居上的续成之作。在道教方面，也有张京房召集道士所集《云笈七签》大部著作的完成，为后世编集《道藏》，开其先河。稍后，有张紫阳（伯端）《悟真篇》问世，融会禅佛儒行的精华，是开创道家"神仙丹诀""南宗"的宝典。

但不要忘了，前面已经说过由五代唐明宗李嗣源时代开始的雕刻传统儒学"九经"出售，以及周世宗（柴荣）时代"九经"的刻版完成，和西蜀四川"九经"的流通，都是促使宋初读书士子学习儒学更加方便有利的条件，也是使儒学更为广泛传布的原因。因此，宋初文运的鼎盛，并非出于偶然，实在是有它的前因。同时，也需要了解，在唐宋的阶段，中国的学术文化的重镇，大多还在关中（陕西、山西）及河洛（洛阳、开封）等黄河流域等地为盛。唐宋的名儒学者，也是这个区域范围的人物占多数。过去所谓的"华夏文化""中原文化"，或"中原人物"大多也是这一区域的人。

到了宋朝开始，由读书学儒而考取功名，渐至跃登为朝廷的政要，功显当时，名留千古的一大群人物，大多都是平民、贫民出身的寒士，正如古人所谓，"十年寒窗无人问，一举成名天下知"；或如说，"一举名登龙虎榜，十年身到凤凰池"等颂辞，便是从宋初开始，考试制度最为成功特出的现象。

但是，同时还有一些读书学儒有成的学者，淡泊名利，志行高尚的人，始终不求功名，以耕读自娱，终身以学问为重，虽然名重当时，但又隐居不出的处士也不少。所谓"处士"的意义，就是善于自处，不求闻达于当时的清高代号。这在唐代的习惯上，称为"高士"，再早一点，便叫"隐士"，都是同一含义的名称。这一类人，在中国历史上，关系也很重要。甚至每使历代的帝王或朝廷，隐隐约约都在注意他们的言行举动，心存顾忌。那些帝王将相，生怕被他们看不起，而使自己很不安心。这也是中国历史文化上的特色人物。如果比照西方文化，从西洋的政治学说上，勉强的比类，便是属于保留"不同意"的主张，或"不合作"态度的人。不过，这种比方也很勉强，中国文化中的隐士、高士们，是属于道家一流的人物。他们绝对不肯只为自己而鸣高，有时为了国家天下人民的利益，也会婉转设法，提出很有影响力的主意，帮助社会的安定，然后即所谓"功成而弗居""没世而无闻"而已。

宋初开国的第二十四年，也就是宋太宗赵光义即位的第十四年，年号"雍熙"开始，就召请当时在华山的隐士陈抟入朝，在名义上是皇帝向他请教道术。究竟他们所谈的真实内容是什么，就不得而知了。历史所载，都属于官府公告式的官话，就不必讨论了。陈抟当然不会久留朝廷，立即请辞还山归隐。但在这一年内，太宗就颁发诏令，要求民间提供遗书。所谓"遗书"，就是有些人的著作，还没有公开问世，被社会上所不知道的书稿。过了四年，改年号为"端拱"元年，就免了共同起事的布衣之交赵普的宰相职位，正式发布吕蒙正为"同平章事"（事实上，就是宋朝对宰相的官衔名称）。

钱若水一番有骨气的话

吕蒙正，我想大家大概都会知道，他是宋初最贫寒家庭出身的子弟。少年的时候，一边上山砍柴谋生，一边苦志读书，经常会在山上劳动中，碰上大雨，肚子饿了，就将斗笠中的雨水泡冷饭吃。他读书有成，功名得志，结果当了宋太宗的宰相。我们现在特别提出吕蒙正来，就是说明由他开始，宋初百年之间，造成文治的文人政府的朝廷中，大半都是由贫寒出身的儒学之士。尤其在吕蒙正以后三十年左右，便有从最贫苦出身的范仲淹出仕，古人歌颂他是出将入相，英雄而兼圣贤的人物，也是开创宋代文运最有贡献的大贤。我们只要翻开《宋史》，读了吕蒙正当宰相前后时期的"翰林学士"钱若水答宋太宗的对话，便可知道宋初开始形成文人政府的风格，实在大有不同于历代帝王政体的特点。史载：

宋太宗谓侍臣曰："学士之职，亲切贵重，非他官可比。朕常恨不得为之（他说自己也很想做翰林学士）。"又曰："士之学古入官，遭时得位，纡朱拖紫（宋朝的官服形色），足以为荣矣。得不竭诚以报国乎！"若水对曰："高尚之士，不以名位为光宠。忠正之士，不以穷达易志操。其或以爵禄位遇之故，而效忠于上，中人以下者之所为也（如果只是为了做官就算光荣，因此便表示对你皇帝尽忠的，这都是那些中等以下的人所做的事，还有什么好说的呢）。"

钱若水的一番话，也代表了宋朝开始，由宋太宗到真宗、仁宗数十年间，如吕蒙正、王旦、吕端、王曾、寇准一辈儒者的正义和作风，实在足为有志从政者的针砭名言。

到了宋真宗时期，又征召终南山的隐士种放入朝，结果种放还是不来。又因澶州之役过后，极力提倡"神道设教"的政策，便赐封信州（江西）道士张正随号真静先生，为他建上清院及授箓院。这就是后世江西龙虎山张天师的起源。

我们先要了解宋初的文运，有关儒、佛、道三教鼎足并茂的情形，然后再来了解宋初开国六十多年以后，到了宋仁宗赵祯在位的四十多年之间（一〇二三——一〇六三年），才出现一群名儒贤相，先后相继执政的鼎盛时期。也是宋儒的儒林和道学（理学）的开始。

宋仁宗登位前十年，还由刘太后主政，仁宗只是备位而已。刘太后死后，也正是宋仁宗二十四岁的时候，才由他自己当家，才算是真有实权在手的赵家天子。但当他自己亲政的第一件事，就是停止修造道观和佛寺，不用内侍（太监）罗崇勋。立即召范仲淹为"右谏议"，以备咨询。这也等于说明由宋仁宗开始的宋朝文运，好像演电视剧一样，首先就由范仲淹登场亮相，也并非是偶然的事。当宋仁宗庆历（一〇四一——一〇四八年）前后，宋儒理学家的兴起，大部分是受范仲淹的影响，或经他的培养推重而成名的。而且在仁宗庆历三年前后开始，名儒而兼名臣的，就有晏殊、韩琦、富弼、文彦博、欧阳修、蔡襄等人。稍后，便有司马光、苏轼（东坡）三苏父子兄弟、王安石一辈人物。

因范仲淹的关系，影响一代的大儒，如胡瑗（安定先生）、孙明复（泰山先生），以及后世称为"五大儒宗"的周敦颐（濂溪）、张载（横渠）、程颢（明道）、程颐（伊川）、邵雍（康节），直接或间接，都与范仲淹先后有关。我们大家都知道他的名文《岳阳楼记》中所说的名句："先天下之忧而忧，后天下之乐而乐。"这不是他只为写作文字上的空言，而是他一生实践行履的守则。

范仲淹是真正的儒宗儒行

讲到范文正公范仲淹（希文），我们大家都是知道的。但是我觉得应该为将来的后起之秀提起注意，所以再来简单介绍。范仲淹出生在苏州的吴县，两岁的时候，生父便死了，家境很贫寒，他的母亲实在没有办法撑持这样一个孤儿寡妇的家庭，就带着他改嫁了一个姓朱的人。他因此也被改了姓名。可是他从幼童开始，自己就很有主张、有志气。他明白了家庭关系和母亲的苦衷，就向他妈妈痛哭一场，不愿再留在朱家。他到了南京，依靠亲戚家的微少帮助，努力读书求学。因为太穷，有时煮了一锅粥，凉了分做三块，每餐吃一块充饥。这样昼夜不息地读书求学，到了冬天，穿的衣服破了不够保暖，感觉太疲劳了，就拿冷水浇面，勉强提起精神来苦读。

有志竟成，他终于考取了进士，得到一个官位，为"广德军司理参军"，等于现在的一个军区司令部的政治部主任兼管军法。这样，他总算有了薪俸的待遇，就去接母亲回到本家，恢复本姓。后来又调为"大理寺丞"，等于现在的最高法院院长，再后又调职务，管过粮食工作。因母亲死了，就回家守丧三年，一边教授学生，他可没有一点埋怨或不满母亲的心理，完全恪守"儒行"的孝道。三年过后，经由推荐，出任过"秘阁校理"，等于现在中央办公厅的主任。跟着就出去做地方行政首长等职。

宋仁宗久闻他的人品和学问，所以在皇太后一死，自己亲政的第一年，就召他担任了"右谏议"。仁宗并不是刘太后亲生的儿子，因此，很多人趁太后死了，就有许多批评太后的话发生了。范仲淹身任谏官，是可以对皇帝讲不同意见的话。因此他就对仁宗说，先帝宋真宗死后，太后调护陛下十余年，今宜掩其小故，以全其大德。仁宗听了，便说，我也很不忍心听这些闲话。就下命令宫内宫外，不准再讲皇太后垂帘听政这十多年的往事。这就是范仲淹推己及人，调和皇帝和养母之间的心结，促进宫廷政府之间的安定。他"要言不烦"，只提起皇帝的注意，你母亲养你且帮忙你那么多年了，就是有些不对，现在更不能旧事重提了。

自"五代"以来，天下学校废坏，当仁宗还未亲政，在天圣五年的时期，宰相晏殊开始提倡兴建学校，作为各州各县的标准，并且延聘范仲淹做教师。范仲淹教授学生的作风，首先是重视养成一个人的品格，所谓"敦尚风节"，最为主要。同时要关心天下事，不能只为自己着想。晏殊对他的教育方针，和他本身的行为，非常器重，而且认为范仲淹的将来，一定会成为国家社会的"大器"。晏殊是宋初才子型的宰相，人们最喜欢的名词如：

一曲新词酒一杯，去年天气旧亭台。夕阳西下几时回。无可奈何花落去，似曾相识燕归来。小园香径独徘徊。（浣溪沙）

这便是他的流传千古的名作。文化最基本的影响力，就是文学，也叫文艺。你只要翻开《宋词》，首当第一位的，便是他的《珠玉词》。至于他的文集有二百四十余卷之多，就很少有人去摸它了。古人所谓"但得留传不在多""文章千古事，得失寸心知"，就是这个道理。权势地位，只可以煊赫一时，并不能左右后人的爱憎。它和领导政治的成果一样，好坏永在人心。

晏殊对范仲淹的人品学问，非常赞赏，同时也很欣赏范仲淹的文学才华。学问人品的基本，固然有关于天然的禀赋，但也是由道德修养而来。文学辞章就不同了，几乎百分之七十由于天才。虽然勤力学习，没有生有自来的才情，始终难得有文艺上的绝妙境界。所以清人赵翼论诗，便有"到老方知非力取，三分人事七分天"的感慨了。尤其是身兼文武韬略，出将入相的人物，大多是富于才华，富于情感的人。古今的名将，具有军事天才的人，也是如此。只是一般人没有真正置身军旅，并不明白其中的道理。换言之，军事上的战略、战术和战斗，统是战争的艺术，也是智力和情操的结晶。兵法即艺术，艺术即兵法，只是普通的人，不了解真正的武学，看到军人就怕，认为统是老粗，实在非常遗憾。

范仲淹奉命防御西夏，镇守边疆，号令严明，爱抚士卒。甚至敌人所属少数民族的羌兵，都互相警告，"大范老子，胸中有数十万甲兵"，不可轻触其锋，因此相率投降来归的很多。宋仁宗的时期，因他而得边疆安靖。所以欧阳修便有"万马无声听号令，八方无事谏书稀"之作，就是这个时期的写照。欧阳修极力奏请要用范仲淹做宰相，但范仲淹恳辞不干。可是范仲淹在前线的心情又是如何呢？且看他的：

塞下秋来风景异，衡阳雁去无留意。四面边声连角起，千嶂里，长烟落日孤城闭。

浊酒一杯家万里，燕然未勒归无计。羌管悠悠霜满地，人不寐，将军白发征夫泪。（渔家傲）

碧云天，黄叶地，秋色连波，波上寒烟翠。山映斜阳天接水，芳草无情，更在斜阳外。

黯乡魂，追旅思，夜夜除非，好梦留人睡。明月楼高休独倚，酒入愁肠，化作相思泪。（苏幕遮）

这两首词，都是他在防御西北边疆前线上的作品，眼泪是真的眼泪，为国家民族的心，也是真的耿耿忠心，情感和理智，并无什么矛盾的冲突，他是分得很清楚的。至于他的名文，如《岳阳楼记》等等，大家都知道，不必多说了。

栽培宋初一代大儒

现在要讲的，是范仲淹在有官位、权力在手的时候，仍然念念不忘文化教育的大业，极力鼓励后生青年，首先要立志学问。我们大略讲两三则有关他的小故事，也都是影响宋朝文运的大事。

前面讲到晏殊对他的赞赏和信任。有一天，宰相晏殊想为自己的女儿选择一个好女婿，就来问范仲淹，在他所教的学生中，有哪个人最好。他就推荐了富弼。晏殊终于选择富弼做女婿。后来富弼果然不负所望，成为宋代的名臣名相，同时也是一位最了不起的外交官，年八十而卒。"守口如瓶，防意如城"的名句，就是他自己写在屏风上的一生守则。当富弼还在做学生的时候，考试没有通过，就要回家去了。范仲淹知道了还有一次考试的机会，就亲自去追他回来，因此富弼"遂举茂才异等"，犹如现代国家特别考试录取的人选。这就是范仲淹爱护后进子弟，极力造就有为青年的行为。

至于宋初一代儒宗的胡瑗（安定先生）、孙明复（泰山先生）、张载（横渠先生），也都是他所培养出来的大儒。

如史料所载：胡瑗，字翼之。十三（岁）即通"五经"。家贫，无以自给，往泰山，与孙明复、石介同学。攻苦食淡，终夜不寝，一坐十年不归。范仲淹爱而敬之，聘为苏州教授，诸子从学。后来又推荐先生，以白衣（没有功名的普通人）对崇政殿（和皇帝对话），授试秘书省校书郎。后又屡迁，擢为太子中允、天章阁侍讲，专管太学，卒年六十七。出其门者不下数千人，从政者也不少，影响宋初文人政府的风范很大。他便是由范仲淹首先推荐的第一人。所以清初黄梨洲比照禅宗公案汇书《景德传灯录》等的办法，初编

《宋元学案》，便以"安定学案"和"泰山学案"开始，标明都是高平讲友。所谓"高平学案"就是范仲淹本身一系的学案。

孙明复，晋州平阳人（山西），四举开封府籍，进士不第（没有考取进士），退居泰山。后来因石介（徂徕先生）的推荐，经范仲淹、富弼的进言，才名显朝廷，擢为国子监直讲，年六十六卒，学者尊称为"泰山先生"。但他和范仲淹本来就有关系，而范文正公却早已置之度外，并不知道后来学养成名，以师道自居的"泰山先生"，就是当年他所培植的人呢！因为范仲淹当初在睢阳（河南境内）掌管讲学职务的时候，有一个孙秀才要求游学他方的费用，范仲淹便自己送他一千文。明年又来了，又送他一千文。范仲淹就问他为什么要到处游学，奔波于道路呢？孙秀才就很痛苦地说："母老，无以为养，若日得百钱，甘旨足矣（孝养母亲的生活费就够了）。"范仲淹便说："吾观子辞气，非乞客也。两年仆仆（风尘），所得几何？而废学多矣！吾今补子学职（给你一个学生的名额），月可得三千以供养，子能安于学乎？"孙生大喜。于是授以《春秋》，而孙生笃学不舍昼夜。第二年，范仲淹离开了睢阳，孙生也就辞别他去了。十年以后，范仲淹闻泰山有"孙明复先生"，以《春秋》教授学者，道德高迈。他就和富弼协助石介，共同向皇帝推荐。却想不到在朝廷上见面的"泰山先生"，就是当年向他要游学费用的孙秀才。这就是范仲淹推己及人，以及他爱才的度量和德行，能够大公无私地鼓励培养出一个学者宗师的盛德。

至于范仲淹和张横渠先生的故事，就又不同了。"张载，字子厚，世居大梁（河南开封）。父，迪，仕仁宗朝殿中丞，知涪州（四川涪陵），卒官（他父亲在任上死了）。诸孤皆幼，不克归（兄弟姊妹们都很小，没有能力回到故乡）。以侨寓凤翔郡横渠镇（陕西眉县东）。"但他虽然是个孤儿，可是很自立，志气不群，尤其喜欢谈兵。当康定（仁宗年号）用兵时，年十八，慨然以功名自许，欲结客（联合一批志愿军）取洮西（甘肃境内）之地。因此，上书谒范文正公。范仲淹接见他,知道他是大器,责之曰:"儒者自有名教名乐,何事于兵?"便顺手拿了一本《中庸》给他。他总算一点就透,听了范文正公的话,就不投军,立刻回去返求"六经"。又与二程夫子交往,后来考取进士,仕于朝廷,与王安石政见不合。但他的学养却开启关中的风气,成为一代宗师。尤其是他平常所讲的"为天地立心,为生民立命,为往圣继绝学,为万世开太平"的四句名言,与范文正公的"先天下之忧而忧,后天下之乐而乐",都成为北宋以后中华文化学者立志的典范,长垂不朽,永为后生所景仰。

总之,如果由周公、孔子以后看传统文化中"儒者之学",究竟是什么样的内涵和定义,你只要仔细一读《礼记》的《学记》和《儒行》两篇大文章,就可明白秦、汉以前所谓"儒者"的规模了。"五经"是中华传统文化储藏库,要想完全通达,颇不容易。"四书"是儒学实习经验,也可以说犹如《学记》和《儒行》的续编。宋初从仁宗开始,儒学昌盛,但在"五大儒"之先,足以代表真正的儒宗儒行者,应当是范仲淹。他对儒学的造诣,是《易经》和《春秋》,志存经世致用,绝少如后起的"五大儒"中的二程夫子(程颢、程颐)等人,自称为"出入佛老",反求"六经",而道在是矣;然后再来高谈心性之学的微言,以自标榜为继孔孟的绝学。范仲淹只以实事求是的作风,力行所知所学,为人民、为社会、为国家"诚意","正心"做实事,但求尽其在我,无负初心而已,这才是真儒实学的标准。他的一生,"内刚外和,泛爱众而亲仁,乐善好施(博爱他人,爱做好事,肯布施),置义庄里中,以赡族人(为故乡地方族人买田,首先创办社会慈善福利的产业)"。但在他死后,家里没有太多积蓄,仍然保持两袖清风,书生本色。他的四个儿子,也都学有所成,而且智勇俱备,公正廉明,犹如其父。古今学者,能才兼文武,德行纯粹如范文正公仲淹者,便可以无愧于"儒行"了。

北宋后期儒林道学的现象

北宋的政权，由宋仁宗亲政，正在公元一〇三三年开始，接着就是英宗赵曙、神宗赵顼、哲宗赵煦三朝，前后六十年之间，可以算是文运鼎盛，名儒辈出，也是中国历史上最尊重相权，最尊重文人学者的时代。但由神宗到哲宗的三十年间，也是学者大臣各自固执我见，因意识主张的异同，互相争执，互相对立，终于形成宋朝的"党祸"，和真伪道学之辨的悲剧。

神宗时代，由"拗相公"王安石的执政时期，想要恢复王道的井田制度、实行管仲治齐的军政管理、建立"保甲"等制度、整顿经济财政的田赋税收，便大力推行新政，不惜排除平时意气相投的名儒大臣们的反对意见。渐渐演变，就明显成为派系斗争。到了最激烈的时候，就认定以司马光为首的为"洛党"，以苏东坡兄弟为首的为"蜀党"，极力加以打击。因此使文名最盛，才华毕露的苏轼先后被放逐二三次。使他与广东、琼州（海南岛）等地，在文化历史上结了不解之缘。同时，在这个时期，如自相标榜为继孔孟绝学，高谈心性微言的二程兄弟，程颢（明道）、程颐（伊川），在王安石和苏轼（东坡）两大高明之间，因彼此观点的不同，视为"伪道学"，那也是理所必然的结果。因为苏东坡和王安石两人，不但以儒为宗，对于禅与道的见地，似乎比二程等人尤有胜处。程明道和王安石的学术与政见不合。程伊川和苏东坡的政见也不合。欧阳修是明白反对佛老。司马光则保留态度，在他修编《资治通鉴》，但取《魏书·释老志》以供学者的参考，比较少加意见。

如果专以宋神宗先后时期来说，比较学行纯朴，足以为"五大儒"之首的，当以周敦颐（濂溪）为胜，尤其由他所制的"太极图说"，综合儒、道、阴阳的理念，常被后世道、儒各家所引用，作为依据。二程兄弟，早岁曾经从他求学，只是后来自相标榜，并不承认是学出"濂溪"之门。张载（横渠）是二程世谊后辈，而且曾经从二程问学，但也自成一格。

唯一不同的便是邵雍（尧夫），世称"康节先生"。他毕生阐扬易学，而且对于象数之学，别有师承。不但为宋代"儒宗"所推崇，由他开始，经元、明、清千年以来，易学的术数、方伎等等杂学，大多都以邵康节的象数方法为标榜，有形无形地影响民间社会的风俗。二程兄弟，平常很想向他探问易学象数的隐秘，但终因自视太高，不能明白他的精微。但在邵康节临死之前，程伊川问他："从此永诀，更有见告乎？"他但举两只手一比做答案。伊川不懂，再问他，这是什么道理？他就说："前面路径须令宽，窄则自无着身处，能使人行乎！"换言之，邵康节深切知道程氏兄弟的学养，尤其对程伊川过于师心自用的个性更清楚，因此，便告诉他前面的路道要留宽一点，太窄了，会使自己没有站的地方，怎么好叫别人走得过去呢！

苏东坡对神宗的建议

我们现在非常简单粗浅地介绍了北宋后期由学术思想和政见的异同所引发的"党祸"的可悲，以及对后世最有影响力的"五大儒"，和二程兄弟一系所标榜的"出入佛老，而反求六经"，才悟到孔孟的心法，认为"道在是矣"的宋儒性理微言的大概情形。因此在中国文化史上，开始以宋儒二程一系的理学，和南宋以后继承"程门"心法的朱熹（朱子）儒学，便接替了上古历代先圣和孔子的心印，实在是一件不可思议的大误会。这正如禅宗大师洛浦所说"一片白云横谷口，几多归鸟夜迷巢"的感叹是相同的。

可是从元、明、清以来，都奉朱熹的"四书"章句为标准课本，教导后生小子千年之久，比起西方文化中的"黑暗时期"和"经院哲学时期"的沉没还要长久。因此，才有二十世纪初期的

"五四"运动，不得不起来打倒"孔家店"了！其实，这是先师孔子枉受牵连，应当为之平反才好。但不料数十年后，觉得还打得不够彻底，再由"四人帮"来演一次"文化大革命"的悲剧。事实上，在宋神宗的时候，苏东坡已经提出过纠正的呼吁，如说：

> 性命之说，自子贡不得闻（性命之学，孔子没有明讲，就如子贡的高明，也没有听过夫子讲性命之说），而今学者，耻不言性命（但是现在的学者，不讲一点孔门的性命之学，好像是很可耻似的）。读其文，浩然无常而不可穷。观其貌，超然无著而不可挹。此岂真能然哉（其实，他们哪里是真能达到见性知命的造诣啦）？盖中人之性，安于放而乐于诞耳！陛下亦安用之（这些人，都是中等人的资质，放任自己，高兴随便胡吹，皇帝你听他们的高谈学理，有什么用处呢）！

神宗看了他的建议，如有所悟地说："吾固疑之，得轼（东坡）议，意释然矣！"再问他说："何以助朕？"苏东坡就说："陛下求治太急，听言太广，进人太锐，镇以安静。"意思是说，第一，你想要改变政治体制，快点达到治国平天下的心太急了。第二，你听了许多不同的意见，反而难以判断谁是谁非了。第三，你为了要达到理想的目的，进用人才提升得太快了。最好，皇帝你自己先要镇静下来才好。

苏东坡虽然说得对，但在历史上称"神宗"的谥号所谓的"神"，统如汉灵帝和明神宗等的谥号一样，称之为"灵"为"神"的皇帝，都是历史评议，含蓄批评他们本身，生来就具有神经质的禀赋，思想情绪不太正常，当然无法求其"知止而后有定，定而后能静，静而后能安，安而后能虑，虑而后能得"的高明智境啊！

北宋王朝，由宋神宗到哲宗这三十年（一〇六八——一一〇〇年）前后，学术思想的异同，和主张政治改革的新政意识，互相冲突，互相争议，可是没有因此而随便处死一个大臣或学者。看来有相当的主张自由、言论自由的味道。但毕竟是"乱哄哄，你方唱罢我登场"的"文戏"；实际上，对当时南北对峙的局势，富国强兵的作用，并无什么好处。但我们应知道，在北宋这一时期，何以能有这么多"儒林"学者产生？原因不外三个：第一，我们在前面说过，因有五代雕刻"九经"的流通关系。第二，因在宋仁宗庆历八年（一○四八年）时期，有毕昇用胶泥刻字，排比成活字印书版的发明，从此而使书本更为流通，古书得以保存流传。而且还很快辗转流传到西洋，知道采用活版印书。第三，公立学校和独家讲学的"书院"兴起，因此使文化教育较为发达。

古人说北宋五大儒的出世，是天命攸关。事实上，人间事还是人事所造成的，岂能推托于虚无缥缈的天命。可是在这个时期，在西方的欧洲，也还沉没在"经院哲学"的神学洪流中，大致也并无多大的动静。只在一○九五年间，有克勒芒的教士会议决定，派遣第一次十字军东征，四年之间，即一○九九年，十字军取得耶路撒冷，建立了耶路撒冷王国。这是西方历史上的大事，好像东西方的命运，又有一点相似之处。

在东方的中国方面，也正是由宋徽宗赵佶继承北宋的帝位，对于前期的学术思想上的论争和政体变革等演变，都已渐渐淡化。但因受上代以来文学文化的影响，宋徽宗也如五代时代的南唐李后主一样，是一个名士风流的才子皇帝。他擅长书法，又会作画，爱玩天然的奇石。他讲究宫廷的建筑，在皇宫的东北角，动工新建花园式的宫殿，以堆叠劳民伤财所搜括来的奇石。同时又相信道士林灵素等的蛊惑，笃信道教符咒神力，可以安邦定国，会打退金兵。所以便放心大胆去玩弄当时的名妓李师师。他也算很有福气吧！就凭这样一个败家子弟的样子，做了二十五年的皇帝。不料天兵天将抵不住金兵的进攻，就急急忙忙把皇位交给儿子赵桓继承称为钦宗。不到一年，父子二人和后妃太子宗戚三千人，都被金人所俘虏，最后，被囚死在东北的"五国城"。

北宋的王朝，就是这样的划分了历史上的界限。接着就是康王赵构南渡，终于又在浙江杭州重新建立起一个朝廷，号称"南宋高宗"。这完全和晋朝的情况一样，前晋亡于北汉，历史划分它叫"西晋"，南渡以后继起的王朝，便叫"东晋"。而在南北宋的时代，北方辽、金民族先后更替兴亡所建立的王国，也并不是从境外入侵中国的外族，事实上，他们都是早由上代已经归化居住在北方的少数民族。在文化教育上，仍然是以中国文化的儒家为主，佛道两家为辅的"华夏"文明。大家只要多留意对辽史、金史的研究，就可明白北宋一百多年来有这样的结局，完全由于宋太祖赵匡胤和宋太宗赵光义两兄弟，在开国之初，战略决策上犯了最严重的错误，因循自误，没有一鼓作气，收复燕云十六州，进而统一全国的江山所致。

"三代"以上，是以德化民成俗，用文治而平天下。"三代"以下，是以"止戈为武"的武功平天下，然后再事治国。"功德并用"，"恩威并济"，才是传统儒道文化的最大原则。而赵宋天下，在建国之初，但用"黄袍加身""陈桥兵变"的巧取豪夺政策而取天下，并非以正义之师来统一中国。从此便"偃武修文"，使用金钱财货的外交和议政策，媚敌自保，因此养成后来的赵家子孙的职业皇帝们，统统成为"守文弱主"的结果，岂不是"事有必至""理所固然"吗？

五七、南宋王朝和四书章句

南宋高宗赵构和钦宗一样，都是徽宗的儿子。徽、钦二宗父子被金人俘虏北去，金兵曾经一度进攻到南京和临安（杭州），但被韩世忠和岳飞等所击败，立即撤退北归。可是金人曾两次利用宋臣张邦昌，立作"楚帝"，跟着又立刘豫作"齐帝"，想用傀儡的政权，缓和民族之间的抵抗情绪。宋高宗在这种胜负不定的战况下，不听抗金名将宗泽的建议，就从他最初被封为"康王"的封地相州（河南汤阴，今称安阳县），撤退到扬州，后来又一路逃亡到浙江的宁波、温州而到杭州。正当宋室朝廷进退无主的情况下，他被臣工们拥护，在杭州继承帝位，是为"南宋高宗"。

但高宗在即位以后的战略政策，既不想中兴，更不敢想统一。他所想的只是偏安一隅，苟延残喘而已，所以仍然学祖先的办法，以金钱财货的"和议"作为上策。因此罢李纲、韩世忠，以秦桧杀岳飞，表示"偃武修文"，以促成和议的成功。至于国破家亡，父兄被俘，在他做皇帝的三十六年，以及后来让位给太子孝宗的二十五年，前后一共活到八十一岁之间，从来没有表现过激昂慷慨的情绪，真是到达一切都不动心的景况，看来也算是历史上一个稀奇的皇帝。另据宋人史料所载，当宋高宗出生的时候，他的父皇宋徽宗，忽然梦见"五代"末期和赵匡胤同一时代的吴越王钱镠进宫，他就出生了。这个史料，虽然是古人迷信的传说，但看来也非常有趣。钱镠一变而做宋高宗，便把杭州做汴州（开封），大概正如白居易的诗所说，"未能抛得杭州去，大半勾留是此湖"吧！

宋高宗的所作所为，明显的权术不少，例如他使秦桧杀了岳飞以后，又把岳飞的故宅来办"太学"，这是要人怀念岳飞呢？还是教人只要读书，不要学岳飞以武力抗金呢？这就不得而知了。其实，他的心事，敌国的金人都很明白，只是不说穿，好做要挟而已。例如在绍兴二十一年的春天，他总算要表示一番，就派了一个专使叫巫汲的，到金国去做"祈请使"。这个职责的名称很奇怪，"祈"是"祈求"，"请"是"请安"。所以巫汲到了金国，首先提出要迎请靖安帝（钦宗）归国。金主就说："不知归后何处顿收？"换言之，你们要钦宗回到南宋以后，不知道你们拿什么地位来安顿他啊！做皇帝吗？高宗肯让位吗？不做皇帝，他回去又做什么呢？岳飞口口声声要"直捣黄龙，迎回二帝"，所以就不能不被杀了。巫汲听了金主的问话，就无话可对，只好唯唯而退了。

宋高宗两道互相矛盾的诏书

我们暂且不管历史上的是非，再回转来讨论南宋开始的文运，和宋儒程、朱理学的兴起，使《大学》《中庸》大行其道，做为帝王领导学和帝王帅之学的出来。

前面已经讲过北宋末期五大儒和二程兄弟自称"出入佛老，反求六经"而悟道，突然继承孔孟的绝学，点燃千古心灯的经过。现在我们看来，只如浮光掠影，白纸上有一些黑字而已。而在南北宋之间，这可不是小事，它是足以震撼千古的奇迹，使当时的天下学者低首向"程门"的，实在不在少数。

宋高宗既然不顾宋室的国耻，决心以和议为上策。但他也知道，全国的人心是不甘于三分天下二分亡的局面，主战和主和派的冲突，也很难调和。因此，他也要学祖先宋真宗那样的办法，怎样可使人民的心理，安于偏安才好。武的不行，只有文的最好。因此先须收服一般读书知识分子的舆论情绪，就在他仓促登位的第四年，也就是改年号为"绍兴"的元年，"诏（追）赠程颐直龙图阁大学士"。他下的这一道命令便叫"制词"，大略如说：

周衰，圣人之道，不得其传。世之学者，其欲闻仁义道德之说，孰从而求之？亦孰从而听之？尔（你）颐（程颐）潜心大业，高明自得之学，可信不疑。而浮伪之徒，自知学问文采，不足表见于世；乃窃借名以自售，外示恬默，中实奔竞；使天下之士，闻其名而疾之，是重不幸焉！朕所以振耀褒显之者，以明上之所与，在此不在彼也。

他这道"制命"，褒扬程颐（伊川）是继千古以来周公、孔子绝学的第一人。只有程伊川是真儒真学者，其他的人都是假道学，自己叫卖虚名而已。所以我要追封程伊川为大学士，希望大家都要如他一样。不过，这篇"制命"的大文，不知道是高宗自己的手笔，或是大臣所代写的，看了它最后两句，真的很有意思，也很可笑，是绝妙好辞。他说："我所以现在要褒扬程颐，是要使大家明白皇帝给予他的荣耀，真正的意思，只是为了这个，不是为了那个。"你们不信，再读一读原文最后的三句试试看。他当时还是初登帝位，还在坐立不安的局势之下，就先来捧出北宋王朝的一位新圣人干什么？根据他原文最后一句自做的答案，是"在此不在彼也"，岂非明白告诉大家谜底了吗？

但在他下达尊崇程颐的诏令五年以后，便有儒臣陈公辅上书，要求禁止"程学"，高宗又照准了。陈公辅的奏疏内容，大略是说：

今世取程颐之说，谓之伊川之学，相率从之，倡为大言：谓尧舜文武之道，传之仲尼，仲尼传之孟轲，孟轲传之（程）颐，颐死遂无传焉。狂言怪语，淫说鄙论，曰此伊川之文也。幅巾大袖，高视阔步，曰此伊川之行也。师伊川之文，行伊川之行，则为贤士大夫，舍此皆非也。乞禁止之。

因此，高宗就另下一道诏书说："士大夫之学，宜以孔孟为师，庶几言行相称，可济时用。"可是当时与"程门"有关的学者，也是开初推荐秦桧的名臣胡安国，又上疏为"程学"辩护说："孔孟之道，不传久矣，因（程）颐兄弟始发明之，然后知其可学而至。今使学者师孔孟，而禁从颐学，是入室而不由户也。"这当然又引起另一些儒学大臣的反驳，反而弄巧成拙。

评朱子所谓"帝王之学"

南宋高宗初期用儒学相号召的文化教育政策，就在这样的争辩不定中过了三十多年，但二程之学的门人弟子，高谈心性微言的学风，已经大行其道，在年号"绍兴"的三十二年间，有"程门"的再传弟子朱熹，自己主动"上封事"（当时的密奏名称），首先提出："帝王之学，必先格物致知，以极夫事物之变，使义理所存，纤细必照，则自然心诚意正，而可以应天下之务。"接着第二点，提出安内攘夷的理论。第三点，提出政府官吏的管理治权的根本，还需朝廷的正确决策等等。朱熹的这篇奏疏，除了他首先提出《大学》开头的"格物致知"为帝王学的根本以外，其余所论国家天下为政之道的见解，不但现在看来很平凡，在当时看来想必也很平凡。而且朱熹当时的官职，只是一个"监南岳庙"的"监官"，等于现在湖南衡山的宗教局长，虽然学术上已有"程门"传人的名声，但到底还是官卑位小，人微言轻，当然起不了多大的作用。但在后世推崇朱子学说的人看来，便认为是无上的高见，因为他首先提出《大学》的"格物致知"为帝王之学，是为儒学出身的学者引起足以自豪的心态了。

其实《大学》的本文，只说"自天子以至于庶人，一是皆以修身为本"，并非说《大学》就是做天子的帝王学啊！它是说做国家第一领导人的皇帝也好，做一个普通的老百姓也好，不管做什么，必须先要学好做人，以修身为本才对。至于由修身而外发为治国平天下之学，是做学问一贯的道理。并不是说，必须要出来做官，做事业发财，甚至要做国家的第一领导人，当上皇帝才是"明德"的学问啊！否则，著作《大学》的曾子，他自己为什么不出去做皇帝，而且也不肯随便去做官，做事业发财呢？

总之，学问修养是一件事，做皇帝或做官或发财，是另一件事。有学问修养的去做皇帝或做官，做事业发财，当然是好事。但没有学问修养而能做个好皇帝或好官，那也就是真学问真修养。有学问修养，不得其时而行，就不出去做官做事，自守善道，做个规规矩矩的人，或者以"师道"自居，随缘教化后生而"止于至善"，这也正是"大学之道"的一个典型，例如曾子就是这样一个人啊！

话说朱熹，他在宋高宗的时期，并没有得行其道，高宗死后，由孝宗赵昚登位，有恢复中原之志，准备讲武，设置武举十科，并以朱熹为"武学博士"。因为他对高宗"上封事"的书中，也讲过有关恢复的事，所以便给他这个官衔。但还没有开始讲武，宋朝又与金人修好谈和，而且朱熹又和当时的宰相及大臣们议论不合。史载"熹登第五十年，仕于外仅九考，立朝才四十六日，进讲者七，知无不言"，然因与韩侂胄等意见不合而罢官。当宋光宗赵惇的最后一年，才再召朱熹为侍讲。跟着就是宁宗赵扩即位，韩侂胄当权，宋室朝廷也正闹严禁"伊洛之学"，视之为"伪学"。因此，又罢免了朱熹的侍讲和修撰的官职，再过九年，朱熹以七十一岁的高龄过世了。

总之，朱熹生当南宋新朝的初期，经高宗到宁宗四代半壁江山的皇朝，主战与主和的战略纷乱，忠奸邪正的政党相争。他抱有以圣学匡正时弊的目的，处于无可奈何的局势之中，但仍然坚守二程"伊洛"之学的师承，自以"主敬"的修养，主张"道问学"以达贤圣的宗旨，始终不变，实在也足为后世学者的楷模。他的一生对儒家经学的著作不少，但最用心得力的应该算是《大学》《中庸》的章句。换言之，他把古本《大学》《中庸》另加分章编排，自作注解。他自己并没有说，只有我朱熹所编注的《大学》《中庸》，才是空前绝后的孔门正宗心法，后世必须以此为准。岂知他编注的

《大学》《中庸》，却变为后世元、明、清六七百年来的御用范本，用它来牢笼天下学者进取功名的思想，成为不可另有其他见解的意识形态。应该说这并不是朱熹的本心，这是元、明、清三代那些"不学无术"治国当家皇帝们的过错。尤其是明朝开国之初的和尚皇帝朱元璋一手造成的罪过。

主张学以致用的名儒

事实上，南宋初期四代帝王的八九十年间，和朱熹一样，同为当代名儒学者，同样具有以正学救时的用心，同时也在讲学传道授业者，并不在少数。

例如在中国文化史上，或是儒家理学史上最有名的陆九渊（象山），便和朱熹有正好相反的治学观点，他是主张学问修养之道，以"尊德性"为主，但得其本，就不愁其末了。朱熹主张的"道问学"，是由集成学识，加以理性的精思推理而到达"形而上"道的境地，是从舍本逐末入手，恐怕终生不得要领。"尊德性"是先行证入"明德"的"自证分"，自然可以贯而通之，达到一切学问的本际。因此，才有历史上著名的朱熹与陆象山在江西的一场"鹅湖之会"，互相对话，辩证真理的学术会谈。结果是各有胜论，难定一是。朱陆异同的"鹅湖会辩"，可以说是南宋初期儒家理学家们"理性主义"在逻辑上的论辩，是后世学者所称道的盛事。从西方欧洲的文化史来说，这时还正在经院哲学探究神学的阶段。陆象山、朱熹死去的二十年后，西方的哲学家培根才出生（培根生于1214年，正当宋宁宗嘉定七年）。看来也很有意思。

其实，在南宋初期，除了朱熹、陆象山代表理学家的注重心性微言以外，其他名儒学者也不少。尤其是调和朱陆之间的吕祖谦（东莱），后来列为浙东"金华学派"的代表人物。另如"永康学派"的陈亮（同甫），以"功到成处便是德，事于济处是有理"的事功主张，与朱陆异同之争更为突出。如其自说："研穷义理之精微，辨析古今之异同，原心于秒忽，较理于分寸，以积累为工，以涵养为主，晬面盎背，则于诸儒诚有愧焉。至于堂堂之阵，正正之旗，风雨云雷交发而并至，龙蛇虎豹变见而出没，推倒一世之智勇，开拓万古之心胸，自谓差有一日之长。"这些话很像孔门弟子子路的豪情壮语。因为他有志急切于事功，曾与当时退居浙南的军事学家兼诗人的辛稼轩往返，纵论国是。辛稼轩在他走后，用自己的经历，作了一首《破阵子》的壮词寄给他，可以说不是赞许的意思，还是劝勉他"知止而后定静"的成分居多。原词是：

> 醉里挑灯看剑，梦回吹角连营，八百里分麾下炙，五十弦翻塞外声，沙场秋点兵。

> 马作的卢飞快，弓如霹雳弦惊。了却君王天下事，赢得生前身后名，可怜白发生。

另如吕东莱、陈同甫之间的"永嘉学派"的代表人物叶适（水心），大致都主张学以致用，不大同意高谈心性，无补时艰的空言义理。其他还有"闽中学派""宁波学派"等等，也各有所长，各有专著行世。有人说："哲学家和文学家，都出生在乱世和衰世的时代。"如以这个观点来看南北宋的文运，似乎哲学和文学太多了一点。但到了南宋建都杭州百年以后，十三世纪的后期，中国文化儒、释、道三家的主流，也都如"强弩之末，势不能穿鲁缟"了！由于理学的兴起，传统儒学的"五经"正义的经世致用之学，也已渐形没落。禅宗从临安大慧宗杲禅师以后，也已进入"说理者多，行证者少"的情况。道家有与朱熹同在福建武夷山的白玉蟾，被后人推尊为继南宗张紫阳的正脉以后，也就转入元朝初期王重阳和长春真人邱处机所创的"龙门派"的道教了！

可是宋儒的道学，从出入禅道的樊篱，以《大学》《中庸》为主导的"性理微言"，犹如异军突起，势不可遏。其中尤以朱熹所尊奉"伊洛学说"，并自创立以"道问学"为主导的性理学风，更为一般后起学者所欢迎。自朱熹以后，有真德秀和魏了翁二人，皆宗奉朱子的学派，最为杰出。虽然宋室的政权，已在风雨飘摇，摇摇欲坠的情势之中。但被历史认为促使宋朝灭亡的先后三大名相，如韩侂胄、史弥远、贾似道，也都是忠奸莫辨的人物。其实，是因为他们复兴无功，建国无能，又在学术思想和政治作为上矛盾冲突，就弄得灰头土脸，遗臭万年。不管南宋的朝政如何紊乱，但在宋理宗赵贵诚时期，真德秀仍以儒家理学可以救时的用心，作了一部名著《大学衍义》，极力推崇"大学之道"便是千古不易的"帝王之学"。以"格物致知、诚意正心、修身、齐家"为四大纲领，引证经训，大旨在端正领导人皇帝的"君心"，严肃宫廷的齐家之道，排弃幸进者的当权执政等三个要点，都是针对宋室末代衰乱的情形而立论，所以更被当权者所忌惮。史称其"立朝十年，奏疏数十万言，皆切中要务"，终亦不免遭受排挤出局的必然结果。

五八、蒙古西征与西方人的误解

南宋宁宗庆元六年（一二〇〇年），朱熹死了，韩侂胄当权的阶段开始，此后的七八十年之间，北方的金国亡于蒙古族的元朝。南宋末代的宰相贾似道求和于蒙古，反而促使南宋早亡于元。这些历史往事，都是发生在十三世纪的阶段，在东西方文化历史上造成一个偏见论点的，也是此时发生。那便是成吉思汗的西征，造成西方人至今误解东方人为"黄祸"的论点，以及附会基督教《圣经》上所说的魔鬼，与东方中国龙的图腾连在一起，谬论连绵，形成畏惧和仇恨东方人和中国人的偏见心态。

西方的历史学家，或历史哲学家，因为不大明白中国历史，从来没有人做详细的研究，理出公平的理念。中国本土的学者，也往往随便跟随西方学者的观点，认为凡是中国人便统称蒙古族，也不仔细研究分析中国各民族，尤其是汉族，它和印第安族与蒙古族祖先的血缘传统关系等等。希望将来的学者能正视这些问题，不要如因此而使忽略过去，造成人类之间的大误会。世界上有人借此挑起种族主义，或有色人种的战争，那就更加罪过了！

现在我们简单地了解十三世纪这一阶段的西方历史故事：一二〇三年十字军攻陷君士坦丁堡三年后，即一二〇六年，蒙古族的铁木真统一蒙古诸部，自称"成吉思汗"。同年，东罗马建希腊帝国于尼西亚。一二〇九年，法兰西斯派修道士会成立。一二一二年，西班牙十字军兴。一二一五年，英王公布大宪章，世界才有宪法。一二一九年，成吉思汗西征。一二二二年，蒙古灭回回国（花剌子模），成吉思汗西征军逼近印度。一二二四年，蒙古降伏南俄罗斯诸侯。一二二七年，成吉思汗死亡。一二三七年，蒙古人进入俄罗斯。一二三八年，西大食建格拉纳达王国。一二四〇年，蒙古将领拔都征服俄罗斯，于第三年建钦察汗国。一二四一年，蒙古大破北欧诸国联军。一二四五年，教皇英诺森第四派蒲郎卡皮泥东来。一二五〇年，埃及马摩卢克朝兴起，是为历史上著名的埃及奴隶王朝。同年，法王路易第九派罗伯鲁克到蒙古和林。一二五四年，第六次十字军终结。德国大空位时代开始。一二五八年，蒙古灭大食阿拔斯朝，开建为依儿汗国。一二六四年（甲子），忽必烈在中国北京正式建都，改年号为至元。一二六五年，英国创立国会，是为世界上有国会之始。意大利诗人但丁出生。一二六九年，元朝才由帝师藏僧八思巴根据藏文创作蒙古字。一二七〇年，法王路易第九发起第八次十字军东征，到一二七二年，第九次十字军东征终结。一二七三年，德国哈布斯堡家族开始。鲁道夫一世被选为德帝（德国的大空位时代结束）。三年以后，即一二七六年，南宋都城临安被攻陷。一二七五年，马可·波罗来到中国，仕于元朝，后返抵威尼斯。我们大略看了这些对比的东西方历史文化，既很奇怪也很有趣，好像十三世纪，便是成吉思汗的世纪，也是中国传统文化，到此划分界限，成为黯然失色，大不如前的转折时代。

成吉思汗为何西征？

研究中华民族上古氏族社会的渊源和分化，问题很大，也很复杂，暂且不说。如果只从中国北疆的蒙古、满洲，以及汉代所称的"西南夷"，与苗瑶等各个少数民族的血缘渊源来讲，古人也早有说明，认为原在远古，与我们同为一体血脉相承的共祖。清朝初期的雍正，曾经为了满汉民族意识的争端，便亲自写过一部《大义觉迷录》。他的论点，虽然一直没有被汉人学者所承认，但也不能一概抹杀，从中华民族史学的观点来讲，应该算也是富有创意的论文。至于大元帝师八思巴对蒙古民族祖先的来源，用了印度小乘佛学上的观点，另行"高推圣境"，那是针对元初开国的恭维话，老实说，是凭空捉影，在人类学上和中国民族学上，实在无所根据，不必再加讨论了。

我现在首先提出几个观点，以供诸位及将来学者研究作参考。

一、蒙古这个名词的来源，很可能是从西汉初期"冒顿"这个名词的变音而来。等于现在西方人称中国为 China，是从秦的变音而来。冒顿，就是汉高祖亲征时，把他围困于白登的那个氏族。

二、自汉以后，匈奴、乌桓等族，喜欢尊称他们所敬服的君长叫"汗"。事实上，是从仰慕汉朝的用意而来的。"汗"就是"汉"的同音语，只是为了区别，中国的历史上便采用"汗"字，而表示刘氏王朝所建国的"汉"字，是华夏民族文化的正统。匈奴、突厥因景仰汉室的威风，也自己尊称为汉，是要降格以从，所以便用一个同音的"汗"字来替代了。换言之，"汉"字也好，"汗"字也好，反正都是自认同样是一个"大汉"的民族。所以到了唐代，因唐太宗李世民和李靖在武功上的威望，突厥便全体降服，尊称唐太宗为"天可汗"。这个尊称的含义，就是把中原皇帝称"天子"的"天"字，加在"汗"字前面，便成为"天可汗"了。换言之，就是推崇唐太宗为皇帝的皇帝。因此，十三世纪初，铁木真崛起蒙古，便自称为成吉思汗，也正由这种传统观念而来，并不是从"汗马功劳"的"汗"字取名的。

三、在中外的历史上，凡是原先居住在北方地区的民族，如果崛起南征，大多数必定会占领南方，统一全国的。中国的历史，是有很多次的先例的。欧洲各国的历史也是如此。甚至十八世纪新兴的美国，也不例外。孔子也曾经说过北方之强与南方之强的异同，那是从地球物理与地区民族性的科学观点上立论，理由太多，一时说不完，而且不是本书的正题，就不多说了。

但在中国三千年的历史上，无论是从地缘政治，或战争史实上来看，从北征南，江山一统的次数多，如汉、唐、宋、元、清。从南伐北，除了明代一次算是例外，几乎没有不失败的结局。其中的道理太多，牵涉太广，也只提到为止。

四、成吉思汗在蒙古的崛起，包括他的子孙，在几十年间之所以西征东讨，南征北伐，无往不胜，并非天助，也不是蒙古军别有好勇善战的武功。实事求是来说，那是因为蒙古军在当时，拥有了世界上强大兵种的关系，这也就是佛学上说轮王须有七宝中之一的"马宝"。十三世纪的东西各国，虽然也早已知道使用骑兵，但使战马繁殖群生，加以严格训练骑射等武功，而成为集团作战的骑兵，却以蒙古军最为成功。这等于是二十世纪初期，用拥有大量机械化的坦克部队，以压倒性的攻势，歼灭地面上的陆军，当然势如破竹，所向披靡了。但也不要忘了，能够崛起而领导人群的人物，胸怀大志，腹有良谋，加以宽大坦诚的作风，有德才有威的形象，最为主要。成吉思汗便是这样的一代之雄，才能培养发展出史无前例的骑兵威力。

五、成吉思汗崛起后，为什么不先行南征，打垮金国，直下江南而统一南宋的天下，却偏偏远征西域而打到欧洲呢？这个问题，大家似乎都忽略过去。尤其是西方的学者，过去素来不了解东方和中国的历史背景，所以只以"黄祸"这一个观念，用来概括蒙古或东方，甚至是所有中国人的野蛮了。

如果熟悉中国史，不要说上古或西周，只要从秦汉开始，展开中国历代的历史记录，几乎不论哪一朝、哪一代，百年内外，或几十年之间，没有所谓匈奴、突厥等等从西陲、北疆进入的侵略战争，这种事件不一而足。中国历史上所谓的"胡人"，就是指由西陲和北疆所有侵略中原的各个民族的统称，而且历代的胡人，大多数早已是胡汉交流的混血种族。不管如何，凡是从西陲北疆入侵的胡人，以畜牧为生，牛马羊及骆驼的繁养，首先便需要占领西北和北疆的蒙古草原，才能立足。而草原在中国西北的边境，根本就无法严格划界。因此，西胡、北胡的入侵，首当其冲的便是蒙古各族。铁木真（成吉思汗）从幼小孤苦的心灵中，深受他族侵凌之害，而且也明白西胡的祸害特别深，所以一旦崛起，趁着屡战屡胜的余威，就长驱西向。所以他对被征服的各国说："因为你们犯有滔天大罪，我乃奉天命来惩罚你们的。"这便是他西征的原因所在。

至于他当时对于在南方的金国，和更南方的宋朝，还没有可以南征的认识，一直到他死后，他的儿子们南进，攻下金国所属的潼关，才知道中原故国也不过如此而已。因此，才敢奢望华夏，但仍要先派人和南宋联合，灭了金国。再到宋理宗景定（一二六〇——一二六四年）时期，由忽必烈在东北的开平建都开始，才入主中国，统一海内。忽必烈在位三十五年，以后经历六个皇帝，或三年，或四年，或十三年，一共加起来，不到三十七年，只有最后亡于明朝的元顺帝，也和忽必烈稍长一样，在位三十七年。

以藏密为主之下的儒家

总之，元朝建国，先后只有九十八年（一二七一——一三六八年），但对中国传统文化的伤残性非常的大。

一、元朝当时的蒙古民族，因为久处在中国极北边疆的草原，历来都受西胡、北胡的侵扰，防御和战斗，便是平常生活中的习性，本来就缺乏文化的基础，并不像辽、金两个民族，早已受华夏文化的熏陶。因此，自忽必烈首先进兵西藏，便受西藏密教喇嘛文化的感染，非常信仰。尤其他更惊奇二十五岁的藏僧八思巴的学识和神奇，就尊为国师，请他制作蒙古文字。到了统一中国以后，便和西藏的喇嘛共治中国，把大小的喇嘛分布全国各地，主导各省、州、县的教化。而且当时喇嘛还是以原始西藏密教的"红教"为主，大都从事男女合参的"双身法"。因此，使一些戒行有亏的番僧，得以仗势奸淫妇女，侵占贪污，不一而足，民怨沸腾。至于传统的禅、道、儒、佛文化，受到密教的摧毁，几乎已一落千丈，从此欲振无力了。

二、蒙古在元朝的时期，本身种族人口并不太多，而且西征到欧洲，北伐到俄罗斯，南征到中国全国，要分派各地统治的人才，根本就非常缺乏。因此，就把原先西征途中早期投降过来的人，都派出到中国各地，充当统治的官吏。所以从元朝开始，政府下达民间的公文，就有"各色人等"，或"色目"人等的文句。所谓"色目"，就是蓝眼睛的人。"各色人等"，就是包括黄种、白种、棕色及黑色各种民族。中国的历史，在元朝这个阶段，也可以说已经有过人种血统大混合的一段经历了。

三、在元朝初期忽必烈统治的时代，好在还有一个金国的遗贤耶律楚材担任中书令的相职。同时还有一个和尚出身的汉人刘秉忠，都是受忽必烈所信任的人。耶律楚材是当时金国的禅宗正统大师万松秀禅师的弟子，而且对儒家、阴阳家、杂家等学说，都有深造。他和元遗山一样，都是金国末代具有中国传统文化深厚修养的学者。当成吉思汗兵临印度边境时，因为接受他的劝谏，才没有进攻印度。刘秉忠也是兼通儒、佛和阴阳家之学的特殊人物。因此，而使元朝初期，渐渐受到儒家学说的熏习，才能保存元气。但元朝以来的儒家学说的理念，大部分仍是宋儒的传统，尤其是以受朱熹影响的传承为主。

四、元朝的蒙古族入主中原以后，除了崇信西藏密教的佛法，和藏僧喇嘛共治中国以外，渐渐也开始认识孔孟之道的儒家文化，而且受到一般儒家学者臣工们的影响。忽必烈死后，由他的第三个儿子继承帝位，史称为"元成宗"的铁穆耳，封孔子为"大成至圣文宣王"。而且这篇封号的文章"制诰"，实在胜过历代敕封孔子的"诏书"，不知出于哪位儒臣的大手笔。如云：

制曰：先孔子而圣者，非孔子无以明。后孔子而圣者，非孔子无以法。所谓祖述尧舜，宪章文武，仪范百王，师表万世者也。可加大成至圣文宣王。遣使阙里，祀以太牢。

于戏！父子之亲，君臣之义，永为圣教之遵。天地之大，日月之明，奚罄名言之妙。尚资神化，祚我皇元。

并赐诸王《孝经》，到了"爱育黎拔力八达"即位，史称"元仁宗"的第二年，又诏以"周敦颐、程颢、程颐、张载、邵雍、司马光、朱熹、张栻、吕祖谦、许衡，并从祀孔子庙廷"。但元朝宫廷内外的重要大臣及其族众，始终是以信奉喇嘛的密教为主；尊重儒家，只为俯顺士大夫们的习惯而已。古人所谓："善于泳者溺于水"，"上有好者，下必甚焉"。因此，到了元顺帝的时期，便有韩山童等以"白莲会"烧香惑众起义，宣传天下大乱，"弥勒佛"下生人间救世。跟着便有方国珍、张士诚、陈友谅，乃至朱元璋等乘时而起，促使其亡。元亡于明的这个阶段，已经到了十四世纪的初期，即是公元一三三三年至一三六七年，西方的欧洲，正当意大利人文主义开始发达，商业都市勃兴。英法百年战争的兴起，也正在这一阶段。德国的帝位，正由诸侯选举所产生。日本也正在分为南北朝的时代。西欧的文化，仍处在基督教神学昌盛的阶段。从一三七八年开始，罗马教会大分裂，直到十五世纪的一四一七年为止。

五九、明清的科举与宋儒的理学

东方古老中国的文化，经过元朝百年以来的摧折，由平民起义的各路英雄，基本上都不如汉、唐开国的规模。明太祖朱元璋更不例外，既没有汉高祖刘邦的豁达大度，更没有唐太宗李世民的雄才大略。虽然朱明一代，与汉、唐、元都是一统山河的帝制政权，但前追唐朝，后观清代，无论文治武功，都是黯然失色的。有人说，汉朝四百年，是刘家与外戚宦寺（太监）共有天下；唐朝三百余年，是李家与女后藩镇共有天下；明朝三百年，是朱家与宦官（太监）共有天下；清朝两百余年，是爱新觉罗与绍兴师爷共有天下。这样的史论，虽然过于笼统草率，但也蛮有道理的。

为朱元璋做个心理分析

我们在前面大概约略地提过，在整个的历史上，反观任何一朝一代的政风，都和开国之君创业立国的学养见解，有牢不可分的关系。这正是《大学》所讲"意诚、心正、身修、家齐、国治，而后天下平"的原则要点所在。

明朝三百年来的帝室政权，之所以如此的阴暗，完全由于朱元璋本身的前因而来。他出生在元朝末代乱世的贫民家庭，在童年孤苦伶仃的生活中，早已埋下了看人世社会都是一片悲惨残忍的心理因素。后来生活无着，为了糊口，只好到皇觉寺去做和尚。宋、元以来的汉僧寺院，仍然具有丛林制度的严格清规，俨然一个政治体制的组织。对于长上和各个职司，既要坚守戒律，又要集体劳务，所谓"敬"和"肃"的遵守，是它基本的精神所在。他做和尚的日子不算太久，对于佛教的慈悲和忍让的内养修持功夫，虽然也有所了解，但毕竟并未深入。况且皇觉寺的和尚，也避不开时艰年荒、流离失所的遭遇，他只好被迫出去化缘，仍然也混不到饭吃，因此才去投军，参加平民起义的行列。

如果从心理学立场的观点来分析，以朱元璋从小到长大的遭遇情况来说，假如事业有所成就，这种人就会变成三种个性的典型：

一是对社会人群，始终充满仇恨和不信任的个性，变成刻薄寡恩的作风。

二是对社会人群，反而具有同感痛苦的同情心，处处推己及人，愿意反馈社会，尽量做好事，成为一个大善人。

三是变成双重人格，既充满仇恨与刻薄，又很悲观而具有同情心。但有时仁慈，有时残忍，很难自制。

我们只要多读《明史》，仔细研究朱元璋，你就可以了解到孟子所说孤臣孽子的心境了。如孟子曰："人之有德慧术知者，恒存乎疢疾。独孤臣孽子，其操心也危，其虑患也深，故达。"可惜他所遭遇的是时势造英雄，做了皇帝，却不达观。如果以他的聪明慧知，做一个中唐时代的和尚，一定会成为一代宗师，称佛做祖。但他的根本学识习性，仍然没有脱离少年时代在皇觉寺为僧时的僧院知识，因此在他所创建的明朝政治体制中，有关官职的名称，有些仍然采用"丛林寺院"僧职的名位，如"都察院""都检"，乃至称僧职叫"总统""统领"等名词，都是与"禅林寺院"职司的名号相同。

可是在他称"吴王"开始，到登位称帝以后，的确勤奋读书，努力学习。但很可惜，没有得到良师益友的辅导。如宋濂、刘基，他都是以臣工视之，并非尊为师友。如史载他对两人的评语说："宋濂文人，刘基峻隘。"所以对于他们，始终是有距离，用而不亲，影响不大。在他心理上最大的缺点，就是始终有挥之不去的自卑感。古今中外的人性心理，凡是过分傲慢的人，都是由心理上有一种自卑感在作祟。他自小由环境所造成严肃忮刻的生活习惯，很难兼容并蓄，更谈不到有"格物致知"的容人容物之量。

但他在登位称帝以后，正如唐、宋开国的皇帝一样，总想找出一个具有显赫有名的祖宗，作为自己的背景。李唐皇帝，找到老子李耳，有道教教主的"李老君"做背景，是够神气的。赵宋也用道教的帝君来陪衬自己。朱元璋找谁呢？开始他是想用朱大夫子朱熹的关系。当他还正在疑难不决的时候，刚好碰到一个理发的司务（相当于今天所称的师傅）也姓朱。他便问他，你是否也是朱熹的后人？谁知那个理发匠却答说，我姓朱，是另有祖先的，朱熹和我没有关系，我为什么要认他做祖先啊！这句话，使他感觉到很惭愧，因此，就决心不认朱熹做祖先了。这个典故，不是凭空捏造的，是记在明人一部史料笔记中，我一时记不起书名来了，你们查对，一定会发现的。

科举取士的利弊

但从明朝开国，创建科举取士的考试体制，规定用朱熹的《四书章句》为标准，推崇《大学衍义》等传统，实在出自朱元璋的创制规定，以后一直沿用到由明朝乃至清朝约六百年而不变，并非事出无因。另如以宋儒理学家的严峻规范思想，制定对妇女的节操观念，限制重重，也是由他手里所开始的。大家不可以把这些过错，随便归到儒家的礼教和孔子、孟子的罪名上去，那是很不公平的。

现在为了缩短讲课的时间，我们只引用明初朱皇帝有关这一方面的史料，大家看了，就可明白了。

元顺帝至正二十六年（一三六六年），朱元璋正在称吴王的第三年，即诏求遗书，如史载：

> 上谓侍臣詹同等曰：三皇五帝之书，不尽传于世，故后世鲜知其行事。汉武帝购求遗书，而六经始出。唐虞三

代之治，始可得而见。武帝雄才大略，后世罕及。至表章六经，开阐圣贤之学，又有功于后世。吾每于宫中无事，辄取孔子之言观之，如"节用而爱人，使民以时"，真治国之良规。孔子之言，诚万世之师也。

又命侍臣书《大学衍义》于两庑壁间，曰："前代宫室，多施绘画。予书此，以备朝夕观览，岂不愈于丹青乎！"

第二年，开始第一次创制文武科取士之法。如云：

然此二者，必三年有成，有司预为劝谕民间秀士及智勇之人，以时勉学。俟开举之岁，充贡京师。其科目等第，各有出身。

洪武元年（一三六八年）。

谓学士朱升等曰："治天下者，修身为本，正家为先。观历代宫闱，政由内出，鲜有不为祸乱者也。卿等纂修《女诫》，及贤妃之事可为法者，使后世子孙知所持守。"

洪武三年，第二次

诏设科取士，定科举法。初场，各经义一道，四书义一道。二场，论一道。诏、诰、表、笺、内科一道。三场，策一道。中式者，后十日，以骑、射、书、策、律五事试之。

洪武十七年，第三次

颁行科举成式。凡三年大比，乡试，试三场。

八月初九日，试四书义三，经义四。四书义，主朱子集注。经义：《诗》主朱子集传。《易》主程朱义（程传与朱子本义）。《书》主蔡氏（沈）传及古注疏。《春秋》主左氏、公羊、穀梁、胡氏、张洽传。《礼记》主古注疏。

十二日，试论一，判语五。诏、诰、章、表、内科一。

十五日，试经史策五。

礼部会试。以二月，与乡试同。其举人，则国子学生，府州县学生，暨儒士未仕，官之未入流者应之。其学校训导，专主生徒。罢闲官吏，倡优之家，与居父母丧者，俱不许入试。

同时，另有一件故事，从现代人的观点来看，一定觉得他很愚蠢，不懂得科学技术，因此而限制了科技的发明和应用，非常可惜。事实上，科技的发展，给人类带来无比的方便，而且大有好处，那是事实。但科技的发展，给人类带来精神文明上的堕落和痛苦，那也确是有相等的负面损失，这也是事实。所以在中国历史上，类似有朱元璋这种想法和做法的事，还不止一桩而已。这件事，便是史载："洪武元年冬十月，钦天监（管天文台的台长）进元（元代）所置水晶刻漏（最早发明的自鸣钟），备极机巧。中设二木偶人，能按时自击钲（铃声）鼓。上（朱元璋）览之，谓侍臣曰：废万机之务，用心于此，所谓作无益害有益也。命碎之。"这样一来，由元朝时期，从西洋引进的一些最初的科技知识，就很少有人再敢制作和发明了，实在可惜。假如当时一反过去历史上压制"奇技淫巧"的政策，加以提倡奖励，恐怕中国的科技，就早早领先世界各国了。

由朱元璋开始，制定科举考试取士的程式以后，朱明王朝历代子孙的职业皇帝们，便严守成规，奉为定例。但当时的知识分子，也有人认为把儒学局限在宋儒和程、朱一派的思想见解上，是很不恰当的。所以到了朱棣赶走他侄子建文帝允炆以后，自称皇帝，改元"永乐"的第二年，便有江西饶州鄱阳儒士朱友季，"诣阙（自到北京皇宫大门外）献所著书，专毁濂（周敦颐）洛（二程兄弟）关（张载）闽（朱熹）之说。"永乐帝看了，便说："此儒者之贼也。遣行人押还饶州，会司府县官，声其罪杖之，悉焚其书。"并在永乐十二年，命儒臣纂修五经四书《性理大全》，开馆于东华门外。书成，永乐帝亲自写序。从此便使朱明一代的儒学，偏向专注于性理的探讨，推极崇高而不博大了。

过了四十年后，在明宪宗朱见深成化二十三年（一四八七年），有礼部右侍郎邱濬进所著《大学衍义补》一书。他认为真西山（真德秀号西山）的《大学衍义》，虽是帝王学的中心思想，但缺乏治国平天下的事迹可供参考。因此，他采集经传子史有关治国平天下的事迹，分类汇集，加上自己的意见，以备帝王们学习治国平天下的学识。宪宗特别赏识，赐给金币以外，又进封他做礼部尚书，并命将此书刊行流布。邱濬是琼州（海南岛）人，少年时便有神童之誉，是一个才气纵横的人物。如他咏海南岛五指山的诗，便有"疑是巨灵伸一臂，遥从海外数中原"之句，大有岭南学派人物的豪情壮志，目空一切的气概。

阳明学说的兴起

从此以后，到了明武宗朱厚照的时代，已经是十六世纪的初叶，在中国文化史或哲学史上产生了一位名人王阳明，他本名王守仁，儒家学者称之为"阳明先生"。他在明代历史上的事功，是以平定江西宁王"宸濠之乱"而出名。但在文化哲学史上，他是以"知行合一"的学说，影响当时和后世。最为突出的，就是东方的日本，在十九世纪到二十世纪之间明治维新的成功，便是接受阳明学说的成果。因明治维新的影响，当清末民初，中国一般留学日本的学生，回国以后，重新捡起阳明之学，作为革命救国的张本，提倡研读王阳明的《传习录》，乃至阳明的治兵语录和曾国藩的家书等作典范，俨然日本在明治维新前期的作风，用来抗衡由西方输入的各种文化思想潮流，形成一代的悲剧，为现代历史增添了太大的不幸。

王阳明学说的由来，开始也和南北宋时期一般儒家的理学家们相同，也是为了追求形而上道和入世致用之学相结合，先是由道家和佛家的一般学理入手，而且努力参禅静坐，曾经发生有遇事先知的功能。但他却能自知神通妙用的特异功能还不是道，因此退而反求儒家的经学，别有深入之处。恰好碰着在仕途上和当权的宦官刘瑾结怨，被贬到贵州的龙场驿以后，更有进益。总之，他后来心性学养的成就，如照朱熹所主张的道问学和陆象山所主张的尊德性来讲，他也是以尊德性为本。而且更与朱、陆不同之处，他在尊德性入道的同时，又特别强调以事功的实践，与即知即行的良知良能相契合。实际上，王阳明的学问造诣，是由禅入儒，引儒入禅相结合，比宋儒朱熹的见地，实在别有胜处。他是极力反对朱熹的四书章句之说，认为朱注的章句，其祸害尤甚于洪水猛兽。因此，与当时宗奉朱熹学说，崇拜程朱学派的人，俨然对立。好在他有平宁王之乱的一段事功，震撼朝野，所以他在当时程朱学派的天下中，还能立足，这也是并非偶然的事。

如果我们把明武宗时期和王阳明倡导知行合一儒家理学的时期，和西方欧洲历史文化作一对照，那也正是一五一七年到一五六一年之间，德国人马丁·路德开始从事宗教革命的同一时代。除此之外，也正是西方在这一时期（十六世纪）历史文化上开始转运的阶段，如文艺复兴运动的发生；波兰天文学家哥白尼倡太阳中心及地动学说；维斯浦奇发现南美洲东岸；哥伦布发现中美洲；麦哲伦远航周游世界一周成功；葡萄牙人到了广东租澳门为通商地，为近世欧洲人到中国的开始；葡萄牙人又到日本的种子岛，首先掌握了东洋的贸易权；西班牙人征服了墨西哥；英国女王玛丽登位，禁信耶稣教，接着是女王伊丽莎白即位，厉行新教；德国开宗教会议，重许信教自由，新旧教之争结束；法国新旧教开始战争。西方的欧洲，在这个时期所发生的这些故事，和我们虽然还远隔重洋，说是没有关系，却是很有关系，所以也在此顺便提起大家的注意。

至于明朝在武宗时期，因有王阳明的学说出现以后，同时也影响了道家和佛家出家的道士、和尚，也有向王阳明参禅学道的出家人。王阳明虽然不像宋儒那样，左批佛，右批道，但对佛道两方，多少也有微言。不过，他和宋儒理学家相同，对性命之理，人生的生命之学，仍有存疑。他在晚年又研究道家的外丹，或者为证长生，结果因为服食信石（砒霜）中毒而殁。

我们对阳明学说的是非暂不评论。总之，在明朝三百年，特别注重以朱注"四书"为主的儒学，影响所及，到了晚明时期，如对宫廷具有影响力的佛教大师憨山德清，便以儒、佛、道三教一致观点，著有《中庸直指》，以及《老子道德经解》《庄子内七篇注》等。稍后，他的再传弟子蕅益法师，又有《四书蕅益解》等著作。种种事实，都说明由初唐（六二七年）年起，到明末清初（一六四四年）年间，有关儒、佛、道三家学说，却已经历纷争了千余年之久，由各自殊途而归趋于一致，共同成为中国文化的主流，才得汇流而集成。但也正如道家老子、庄子的观点，"成者，毁也"。由于西方的欧洲，正从物质文明之中逐渐发展，促使唯物哲学思想的光芒，正从地平线西面升起，在十六世纪以后，渐已东来了。

总结明朝的政治文化

我们现在不必读历史而流泪，为古人担忧。只对朱明三百年来的政治文化，作一简单的结论。

一、明朝的文运，由朱元璋（洪武）和朱棣（永乐）父子，制定以宋儒程朱理学为主导的儒学以后，同时既不尊重相权，又更轻视文臣学者。朱家子孙十五个职业皇帝，除了被太监宫女们玩弄在股掌之间以外，几乎找不出一个对历史社会有很好贡献的君主。其中两三个稍有特别天才的，如英宗朱祁镇，如果不做皇帝，专学天文，应该可以成为名家。神宗朱翊钧，不做皇帝，专业经营，或从山西票号做学徒，以他爱钱如命的个性，一定可以经商致富。熹宗朱由校，不做皇帝，专学建筑设计或土木工程，也应该大有成就。但很可惜，他们都不幸而生在帝王家，当了职业皇帝，反而在历史上留下许多劣迹，真是不幸。

二、朱元璋从佛门和尚出身，做了皇帝以后，除了本身太过严厉，杀戮太过，留给后代以刻薄寡恩的榜样以外，其他功过善恶，很难定评。最大的缺憾就是"不学无术"。但"佛门一粒米，大如须弥山；今生不了道，披毛戴角还"。所以他的子孙，仍然必要出家为僧偿还这个因果。起初是由他的孙子建文帝朱允炆，被永乐所逼而出家。最后仍由崇祯的断臂公主出家为尼，了却佛门一代公案。

三、明朝三百年来的文运，规守在宋儒理学的范围以内，使传统的诸子百家之学，更无发挥的余地。在《明史》上的儒学文臣，如于谦、海瑞、王阳明、张居正等少数特殊之士以外，其余大多不得展其所长。因此，在代表一个时代的文学方面，也没有格外的特点。如唐诗、宋词、元曲之外，唯一可以代表明代的文艺，就是小说。如《三国演义》《水浒传》《西游记》《封神演义》《金瓶梅》等等，便是明代的作品。这些著作，也代表了明朝一般知识分子的心声，生在一个无可奈何时代的反感和悲鸣。所以在世宗嘉靖时期，就早有李贽（李卓吾）一类愤世嫉俗的学者出现。李卓吾明说当时的道学先生们为"鄙儒、俗儒、腐儒"，又说他们是"言不顾行，行不顾言，阳为道学，阴为富贵，被服儒雅，行若狗彘"的人。但他不只反对道学，自称"不信道，不信仙释"，甚至讨厌见任何人，既讨厌和尚，更讨厌道学先生，贬斥六经，认为不能专以孔子之是非为是非，因此而"得罪名教，遭劾系狱，自刎而死"。古人所谓的"名教"一词，就是指以儒家孔孟之教为名的意识形态。单是一个"名"字，有时便代表论理的逻辑观念。"遭劾"就是被当时在朝廷的儒臣们所弹劾，认为他犯了意识形态上的大反动，所以就入狱坐牢了。事实上，他最初是从王阳明的学说中脱颖而出，因对时代社会的不满，太过偏激，形成狂态。另如神宗万历时期的袁宏道（中郎）、袁宗道、袁中道三兄弟，都有才名，当时人称"三袁"。尤其以袁中郎的声名更盛，但他也是对时代不满，早年就辞官不做，专以诗文名世，不与世俗相争了。

明代的文运，诸如此类，所以到了万历后期，就形成以太监头子魏忠贤为首，指顾宪成、高攀龙等两百多名学者为东林党，兴起党狱，随便定罪杀戮儒臣学者。一直到了李闯王的民兵入京，崇祯朱由检自杀，清兵入关，才结束了从皇觉寺开始，到东林书院而变为东林党的党争的历史，使朱明与太监共天下的三百年王朝了结完案。因此而刺激了明末清初的大儒遗老，如顾亭林、李二曲、傅青主、王船山等，扬弃理学专讲性理之义理的弊病，转而重视实用和考据之学，才使中国文化，从清朝开始，归于义理（哲学）、考据、词章三大类的学问。至于猎取功名科第的科举八股文章，都是余事而已。

六十、外示儒学内用佛老的清朝

接着明代已尽的气数，清朝爱新觉罗的入关，便是中国近代史到现代史的关键所在。当清兵入关称帝以后，在过去两百多年的时间，始终存在满、汉民族意识情绪的斗争。但从满族的立场来说，因为明末时期，明朝的政权，已经物腐而后虫生，自己不能收拾，所以才请我们入关来澄清宇内。大家都是炎黄子孙，天下本是天下人的天下，有德者居之，这有什么不对。雍正《大义觉迷录》的立论，就是由这个观点出发。

事实上，从中华民族发展史来讲，暂且不说魏晋南北朝的阶段，但从唐末五代到南北宋和辽、金、元这个时期，大约三百年之久，表面上，是政权上称王称帝和民族性的争夺。但从华夏文化的立场来讲，无论辽、金、宋、元、明、清，实际上，仍然都在儒、佛、道混合的文化基础上发展演变。只在空间区域上有南北之分，在时间的轨道上，有朝代之别，从中华民族整体的统一文化来讲，始终都是一致的。尤其满族与辽、金在氏族的血统系统上，关系更为密切，这又是历史上的一个专题，暂且不论。

满族在明神宗万历十六年（一五八八年），从努尔哈赤统一建州卫（吉林省），首先修建第一座佛寺及玉皇观等寺庙。正值万历二十七年（一五九九年）开始，仿造蒙古文字的方法，创造满文，但那也只是从言语读音的区别上，创立了文字的符号系统。而在人文生活的文化上，包括政治体制，仍然都是学习华夏文化的传统，并无另有满洲的文明。万历四十四年（一六一六年），清太祖努尔哈赤称"汗"，建元天命，自称国号为"后金"，这很明显的便自认为是金人的后裔。

再到明熹宗七年（一六二七年），努尔哈赤卒，由皇太极（清太宗）继位，改元天聪以后，政治体制也更加汉化。尤其在天聪三年，即设立"文馆"，并将以往由征明所俘虏的儒生三百人，分别考试优劣，逐渐录用。天聪四年，议定官制，设立吏、户、礼、兵、刑、工六部，统学明朝体制，并令满族子弟，皆须读书。当时初建的文馆，后来再加改制，到了入关以后，在顺治、康熙王朝，便正式扩充成为"内阁"了。所以入关之初的儒臣，如范文程、顾八代（文起）等人，都是镶黄旗的明儒汉人后代。

皇太极在天聪五年开始，为什么要命令旗人子弟，皆须读书呢？如史料所载：

> 上（皇太极）谕诸贝勒曰：我国诸贝勒大臣之子，令其读书，闻有溺爱不从者，不过谓虽不读书，亦未尝误事。不知昔我兵之弃滦州（河北地区）四城，皆由永平（河北卢龙）驻守贝勒，未尝学问，不通义理之故。今我兵围（明朝）大凌河（辽宁），越四月，人相食，竟以死守。虽援兵已败，凌河已降，而锦州、松杏（皆在辽宁）犹未下，岂非读书明理，为（明）朝廷尽忠之故乎？凡子弟十五岁以下，八岁以上，皆令读书。

这就是皇太极在当时已经体会到读书明理，与忠贞爱国的情操，确实具有重要关系，所以他要旗人子弟读书。后来再发展到要求武将也必须读书。但在当时所读的书，基本上，就是孔孟之道的"四书"最为重要。

从开建文馆，录用明朝遗留在东北各地的儒生，归入旗下以后，不到两三年，他们果然成为为大清出谋划策、文韬武略的中坚分子。如宁完我的首先上疏言事，建议厚待汉人。接着便有贝勒岳托提出优待汉人赐婚等等的办法。然后，就有朱延庆、张文衡等先后上书，请即征明的建议，他们当然都是出身文馆的明儒后裔儒生。但皇太极的头脑并不简单，不失为具有雄才大略的领导人，他对征明会议的讲话，就大有可观之处。如说：

> 进言者，皆欲朕速出师，以成大业。朕岂不愿出此！但今察哈尔新归附，降众未及抚绥，城郭未及修治，何可轻于出师！朕于旧人新人，皆不惜财帛以养之（如明之降将孔有德、耿仲明、尚可喜等）欲使人心倾服耳。若人心未和，虽兴师动众，焉能必胜。朕反复思维，我国既定，大兵一举，彼明主若弃北京而走，追之乎？抑不追而攻京城乎？抑围而守之乎？若欲请和，宜许之乎？抑拒之乎？若北京被困，逼迫求和，更当何以处之？倘蒙天佑，克取北京，其人应作如何安辑？我国贝勒及诸姑格格等，皆以贪得为心，宜作何禁止？尔高鸿中（时为刑部承政）、鲍承先（时为文信榜式）、宁完我、范文程（沈阳汉族旗人）等，其酌议以闻。

同时，又谕文馆诸臣择史有关紧要者，据实汇译成书，用备学习。如说：

> 朕观汉文史书，殊多饰词，虽全览无益也。今宜于辽、宋、元、金四史，择其紧要者：如勤于求治而国祚昌，或所行悖道而统绪坠，与其用兵行师之方略，及佐理之忠良，乱国之奸佞，汇译成书，用备观览。又见汉人称其君者，无论有道无道，概曰天子，安知其即为天之子耶？盖天下者，非一人之天下，惟有德者能居之。亦惟有德者乃可称天子。今朕蒙天佑，为国之主，岂敢遽以为天之子，为天所亲乎？

接着就以归降汉官，为各部承政，并遣大学士范文程祭先师孔子。

清取天下几异数

事实上，他在这个阶段，曾经有两三次致书明朝请和，而明廷都没有理会，当然更没有正式回应。因此，便在计策万全以后，才一步一步派满蒙部队侵近山海关。但仍然不敢有公然征明的大举。直到皇太极逝世，由第九个儿子，年方六岁的福临即位，多尔衮摄政。李闯王民兵攻入北京，朱明末代皇帝崇祯自杀，吊死煤山，才有吴三桂向清朝乞师，使清廷正当孤儿寡妇当政的危机中，趁势乘时而驾，由吴三桂为前驱，名正言顺地入关进京，登上皇帝的宝座，成为大清朝入主中国的第一代皇帝，年号顺治。这从中国几千年的历史上来说，取得天下有如此的容易侥幸，真可算是最稀奇特别的一代，如照古文精简的说法，便叫做"异数"，也就是说，有特别的好运气，不是人力所能勉强做到的。

清兵入关，福临在北京登位称帝，改年号为顺治元年（一六四四年）开始，已经是十七世纪的中叶。这个时期，除了帝都北京以外，中国的各省州县，并未完全被大清朝所统一。除李闯王、张献忠等遣散的民兵势力还未平定以外，在南方还有"南明"等临时政权存在。而且各地的抗清武力，皆未削平。所以当顺治在位十八年的时间里，全国还在兵荒马乱的战争状态，清室的皇权，也还处在安危未定的局势。

如从军事武力来讲，入关前后的清朝八旗子弟，全数亦不过三万多人。加上在皇太极时代，收编内外喀喇沁蒙古的丁壮一万六千九百十三人，另行分编为十一旗（属于蒙古族的），总数加起来，还不到五万人。至于当时蒙古的人口，大约在四十多万内外，但并未完全归服清朝，何况扣除老弱妇孺，能征调动员的兵力也非常有限。何以他们能以十来万人的武力（这是比较宽松的估算）入关，统治当时三四亿人的中国呢？我们如果要了解这个问题，首先就要明白在人类世界的战争史上，最先能够运用"代理战争"的战略，可以说便是清朝。他们在东北初起，由皇太极时代开始，攻城略地，夺取明朝在东北的要塞阶段，已经运用收编了蒙古的旗兵参战。入关以后，南征北讨，也都是以蒙古旗兵参合互用，而从一般汉人来说，无论是满旗、蒙旗，统称之为清朝的旗人或旗兵。而且后来平定南方，统一全国，又是运用汉人汉兵作为代理战争的先驱。如用洪承畴及吴三桂、尚可喜、孔有德、耿仲明等藩镇四王，便是最明显的成例。

所以当郑成功在台湾，率水师十七万北上，入长江，克镇江，围南京的战役，防守北方的旗兵，还不足万人，而且大多是老弱残兵。顺治和皇太后，表面镇定，内心已准备在不得已的情况下，就出关回避。结果郑军因气象变化，天时不利，加上郑成功方面没有准确的侦查情报，而且反攻郑军部队的，也正是汉兵。因此，郑军只好迅速退走，反成败局，虽曰人事，岂非天命哉！

但在北京顺治一代的十八年间，除了还需随时警惕在中国各地用兵的统一战争，更大的主要内忧，还在爱新觉罗内廷的齐家问题。所以研究清史上的第一疑案，就是生母皇太后是否下嫁多尔衮，以及顺治的早年逝世是否别有原因，甚至民间相传，都相信顺治因受刺激而到五台山出家当和尚去了，这些事故，并不是空穴来风的谣传而已。正如清代绍兴师爷办案的老调一样，唯事出有因，查无实据而已。

但顺治成长以后，嗜好禅宗佛法，确是事实，他曾经召请当时深负时名的禅师，如憨璞性聪、玉琳通秀、木陈道忞等大和尚进宫参学，而且自号为"痴道人"，或称"弟子福临"，情如世俗子弟。至于顺治出家的诗篇，两百多年来流传在中国佛教的寺庙中，也并未遭到文字狱的取缔，而且还可任意张贴流通，岂非怪事。如果照那些浅近畅晓的词句来看，正如皇太极等初学汉文的笔法，如云："天下丛林饭似山，钵盂到处任君餐。""朕（我）本西方一衲子，如何落在帝王家？""只因当初一念差，黄袍换却紫袈裟。""未生之前谁是我，既生之后我是谁？"这和他的孙子雍正登位以前所辑录的《悦心集》等文句，几乎都是很可爱的白话韵语。

总之，依史论史，清朝康熙、雍正、乾隆三代统治中国，除了满汉民族性争议的缺失以外，从版图的一统、政治的清明，乃至文治武功的成就，不但无愧汉唐，甚至可说是超过汉唐。如历代王朝的女祸、外戚、太监、藩镇等弊害，几乎绝无仅有。但这些比较良好根基的建立，完全是从康熙时代所奠定。唯一可惜的，如果在入关之初，舍弃满族初期偏仄的习性，不改中国传统的明代衣冠，不下令全国剃发编辫子，那在统一江山的工作上，必然会事半功倍，顺利得多了。我们研究历史文化，需要特别注意一个国家、一个民族"衣冠文物"四个字，它所代表生活文化的重要性。例如清兵入关之初，并未遭遇太大的反抗。但自下令剃发，改易服制以来，就使当时的全民引起反感，抗拒投降的意识就突然增强了。这种有关生活文化习性的群众心理问题，看来只是一件小事，但恰恰是为政治国的大关键所在，可惜一般人见不及此，英明如康熙、雍正两代，纵使心里明白，但也不敢违背祖制，所以就增加历史政治上许多不必要的麻烦了。

以我本身亲眼看到的一个事实，告诉大家值得参考的一个笑料。当我还在幼小的童年，清朝已被推翻，民国已经建国十多年了。可是在我家乡的亲戚故旧中，还有前清遗老，有秀才、举人功名的两三人，始终不肯剪掉辫子。后来被现实环境所影响剪掉了，却马上换穿道士衣冠，表示仍然不愿投降民国，以此自居为前清的遗老。我的父亲对我说，他老人家却忘了道士衣冠，正是明朝士绅的便服啊！既然要做前清遗老，为什么还要穿明代的衣冠呢！可见衣冠文物，对于民情心理来讲，在无形中，就具有不可思议的精神作用啊！

勤于治学的康熙

康熙只有十三岁，就由他的祖母扶持亲政，但清廷的局势，还在内忧外患，岌岌可危之中。从他逐渐成长以后，内去权臣鳌拜，外平台湾及三藩之乱，安抚蒙藏，绥靖全国，先后做了六十一年的创业皇帝，实在真不容易。而且他对学识修养，也特别勤学，如对天文、数学等外来学识，也特别注意。对于中国传统的儒家和理学，也很用心，尤其对宋儒程朱的《大学》《中庸》所说的修养，也很有心得。如果从帝王的统治学术来讲，他是真的高明。现在只从文治的角度约略来讲，例如：

康熙九年，以宋儒后裔袭五经博士职。并且扩充顺治时代的乡约，令各地方官责成乡约人等，每月朔望，聚集公所宣讲。自颁训谕十六条，作为全国人民生活教育的指标：（1）敦孝悌以重人伦。（2）笃宗族以昭雍穆。（3）和乡党以息争讼。（4）重农桑以足衣食。（5）尚节俭以惜财用。（6）隆学校以端士习。（7）黜异端以崇正学。（8）讲法律以儆愚顽。（9）明礼义以厚风俗。（10）务本业以定民志。（11）训子弟以禁非为。（12）息诬告以全良善。（13）诫窝逃以免株连。（14）完钱粮以省催科。（15）联保甲以弭盗贼。（16）解仇忿以重身命。

十七年，诏修《明史》。

十八年，开博学鸿儒科，网罗前明遗老及全国所有不肯投降的读书知识分子。

二十三年冬，南巡，到南京谒明太祖（朱元璋）陵，并亲自拜奠。

二十四年，授宋儒周敦颐后裔五经博士职。并命勒德洪、王熙等修《政治典训》。又颁“四书”、《易》《尚书》讲义于白鹿洞书院。

二十五年，诏增孔林地十一顷有奇，并免其税粮。诏访求遗书。诏令武职官员应阅览书籍，讲明大义。

二十六年，授宋儒张载后裔五经博士职。

二十八年，由杭州南巡回銮，经南京，再祭明太祖（朱元璋）陵。

三十一年，谕大学士等云："前者，进呈《明史》诸卷，命熊赐履样雠，赐履写签呈奏，于洪武、宣德本纪，訾议甚多。朕思洪武系明开基之祖，功德隆盛。宣德乃守成贤辟。朕自反厥躬，于古圣君，亦不能逮，何敢轻议前代令主。若表扬洪宣，朕尚可指示词臣，撰文称美。倘深求刻论，朕不惟本无此德，本无此才，亦非意所忍为也。至开创诸臣，若撰文臣事实优于武臣，则议论失平，难为信史，尔等当知之。"

五十一年，升宋儒朱熹配享孔庙，位于大成殿十哲之次。

五十四年，以宋儒范仲淹从祀孔庙。

康熙这些举动，都是尊重传统文化，针对以儒学为政治思想中心的作用。事实上，康熙非常了解真儒实学，必须内（圣）养与外（王）用的实践事功相配合，正如孔子所谓："我欲载之空言，不如见之于行事之深切著明也。"他曾经问过文华殿大学士张玉书说："理学之名，始于宋否？"张玉书对说："道理自在人心，宋儒讲辩加详耳！"康熙就说："日用常行，无非此理。自有理学名目，彼此辩论，而言行不符者甚多。若不居讲学名，而行事允合，此即真理学也。"由此可知，他对于孔孟之道和宋儒理学的明辨，早已了然于心，他只是为了化民成俗，顺应民情而已。

中国之患重在边防

讲到这里，我们必须提起大家的注意，中国几千年来的祸患，都是由边疆问题所引起。从秦汉以来的边祸，如南北朝、五代、辽、金、元等时代，祸患常起于西北、东北及北疆，到了明清时代，几经战伐的混一，已连线为由西藏高原到新疆、蒙古而直达黑龙江畔到延边入海，至于朝鲜。自清朝中叶以后，海运开放，新来的边患，便由西南到东北幅员万里的海疆。但如二十世纪三十年代初日本的侵华战祸，他们仍然是利用满蒙做起点。过去如此，将来未必不然。所以有志谋国的人，不能不先须留意中国的边疆政治问题。中国古人的成语所说"天塌西北，地陷东南"，实在很值得深思也！

我们在前面大约讲到清初康熙对统一大清江山的内政，和中国传统儒家文化的关系。但在满蒙之间，还是各怀二心，并非一致。而且蒙藏又是宗教一家，情有别钟，应付起来，并不容易。可是由努尔哈赤到皇太极，早已心中有数，知道安抚蒙藏的最高战略，就是佛教，而且是佛教里突出的喇嘛密教。在过去的历史上，如南北朝的北魏等，以及南北宋时期的辽、金、元等，虽然都是归向于儒、佛、道三家的文化基础上，但北方的各个民族，注重佛、道的情绪尤过于儒家。这是历史的惯例，也是由西北到东北各民族的习性。问题研究起来，并不简单。有关密宗喇嘛教的发展来源，又属于专门的问题，在这里也姑且不说。

康熙对于这个问题，当然非常清楚。他在平定南方，统一中国以后，就回转来要确实整理蒙藏了。所以他在康熙三十五年，便亲征噶尔丹，先要示之以武。以后便用尊重喇嘛教来做为长治久安的政策。因此，他在多伦召集蒙古各族王公会盟，便对明朝永乐时期，宗喀巴所创黄教一系在蒙古的章嘉二世阿旺洛桑却丹，封为国师之尊。使章嘉和在前藏的达赖、在后藏的班禅等，为安抚边疆，协调蒙藏各族等的矛盾工作。这样一来，就可省却军政的劳役和经费。至于在蒙古第一世的章嘉胡图克图，名章嘉扎巴俄巴，是青海红崖子沟张家村人，原称他是"张家活佛"。当康熙亲征噶尔丹时，认为张家活佛名号不雅，便从第二代起改名为"章嘉"，从封为"国师"的尊号以后，就经常出入皇宫，奔走塞外，深得康熙的信任。事实上，第二代的章嘉喇嘛，也确是有道的高僧。

西藏第五世的达赖喇嘛罗卜藏嘉穆错，对佛法的修持和世法的见解，都较有特别的造诣，章嘉二世早年也曾从他求学。五世达赖在皇太极的时期，已经派人到盛京（辽宁沈阳）献书进贡。到了顺治九年，五世达赖便亲自到北京朝见。顺治待以上宾之礼，住在宫内的太和殿，又特别建一所西黄寺给他住持，封为"西天自在大善佛"。到了康熙三十四年，达赖左右的权臣第巴，曾秘密和噶尔丹等勾结，假借达赖名义，遣使向清廷奏请撤回西藏、青海等处所置戍兵。康熙心知内情，严斥第巴，不准所请。跟着便有御驾亲征噶尔丹之役。第五世达赖身故以后，第巴把持前藏，造成转世的第六代达赖有真假双包案，也就是西藏历代流传第六代达赖文学名著情歌故事的一代。闹到康熙四十九年，再经议政大臣等会议，认为拉藏及班禅呼图克图与西藏诸寺喇嘛等，会同管理西藏事务一案。"今经侍郎赫寿奏请，波克塔胡必尔汗，前因年幼，奉旨俟数年后授封。今既熟谙经典，为青海诸众所重，应如所请，给以册印，封为第六世达赖喇嘛。"从此以后历代的达赖喇嘛，几乎都有事故。直到乾隆五十七年发给金瓶抽签，才定下了以人定胜天的解决办法。至于这个乾隆时代所颁发的金瓶，到现在还照旧应用。据《注释清鉴辑览》所载史料如下（括弧内为原书之注释，并供参考）：

乾隆五十七年十一月，定呼毕纳罕嗣续掣签例：

廓尔喀既平，帝欲乘用兵余威以革藏中积弊，故留兵戍藏，使驻藏大臣之权与达赖、班禅相埒，以控制之。先是宗喀巴倡黄教，禁娶妻，倡言教王乃世世转生，不必以肉身世袭。其大弟子有二：一曰达赖喇嘛，一曰班禅喇嘛，并居拉萨（前藏之都会），嗣宗喀巴法，为黄教徒宗主。宗喀巴圆寂之时，遗嘱达赖、班禅，世世"呼毕纳罕"转生，演大乘教，以济度众生。"呼毕纳罕"者，华言化身也（初，番高僧八思巴为帝师大宝法王，领藏地，后嗣世袭其号，西藏始为释教宗主，其所奉皆红教。迨及后嗣，渐流侈情，纲纪废弛，尽失佛教本旨。时宗喀巴学经于札什伦布之萨迦庙，既深观时数，当改立教，乃入大雪山，修苦行。道既成，为番众所敬信，因别立一宗，排幻术，禁娶妻，自服黄衣黄冠以示别，谓之黄教，而名旧教喇嘛曰红教）。

达赖一世曰敦根珠巴，故吐蕃王室之裔，世为藏王，自是黄教徒之势益张。传至第五世曰罗卜藏嘉穆错，及卒，有第巴专国事（达赖、班禅，惟总理宗教之事，不屑问世事，故二世根敦坚错者，始置第巴等官以摄理政事），唆准噶尔使入寇，藏中大乱。后第巴为拉藏汗所诛，而藏中所立之第六世达赖喇嘛，诸蒙古不复敬信，而别奉里塘之噶尔藏嘉穆错为真达赖，与藏中所立，互相是非。盖宗喀巴有一花五叶之谶，故自六世以后，登座者无复真观密谛，只凭垂仲神指示。垂仲者，犹内地巫师也（达赖喇嘛之化身第一世、第二世出于后藏；第三世出于前藏；第四世出于蒙古；第五世出于前藏，皆非限于一族一地而出者。至是，积久弊生，兄弟子任，往往继登法座，等于世袭，而达赖、班禅亲族，或相率夤缘据要津，罔权利焉）。

帝久悉其弊，欲革之而未有会也。至是特创掣签法，颁金奔巴瓶一，供于西藏大招寺，遇有"呼毕纳罕"出世，互报差异者，纳签瓶中，诵经降神。大臣会同达赖、班禅于宗喀巴前掣之（法先使垂仲四人，演其降神之法，一旦达赖示寂时，则垂仲即将"呼毕尔罕"之姓名、生年、月、日，各书一签，藏于金瓶内。喇嘛诵经七日后，招集各"胡图克图"于佛前，驻藏大臣临席而后掣签，若四人所指之"呼毕纳罕"同为一人时，则置空签一枝于瓶内，若掣出空签，则以为无佛佑，更别为掣签云）。而各札萨克所奉"胡图胡克"其"毕呼纳罕"将出世，亦报名理藩院与住京之章嘉"胡图克图"掣之，瓶供雍和宫。

蒙藏两地，从元明以来，都是坚信藏传的喇嘛教为无上密法，对于内地的佛教各宗，除禅宗以外，都轻视排斥。康熙既能善于处置蒙藏两地胡图克图（意为无上大师，俗称活佛），各有差别待遇的办法。以他的日常作风来说，绝不肯强不知以为知，他当然对佛学也需要进一步深入的了解，平常只是绝口不谈而已。他最喜欢亲自题赐各佛寺的匾额，尤其在他的一生中，曾经三上五台山，实为以往帝王少见的举动。第一次在康熙二十二年，也正是他三十五岁的年代，平定台湾及三藩之乱以后，就上五台山，住了一个月左右。因此后世的人们，就拿他做文章，说他是去亲见出家的父亲顺治皇帝。第二次，康熙三十七年正月，是平噶尔丹以后的第二年，又上五台山。第三次，在康熙四十一年，春正月，再去五台山住了十多天。

五台山是中国佛教四大名山之一，佛教徒们，依据佛经的叙说，认为五台山是大智文殊师利菩萨的道场，四川峨眉山是大行普贤菩萨的道场，浙江普陀山是大悲观世音菩萨的道场，安徽九华山是大愿地藏菩萨的道场。文殊师利又是蒙藏两地喇嘛密教最为尊崇的宗祖。五台山上的佛寺，过去以密宗的喇嘛庙为主，只有少数如内地的禅寺。康熙的钟情五台，与其说他是去见出家了的父皇，毋宁说他是借机澄心静虑，亲自体认"内圣外王"之道。治内地，须用儒家；治满、蒙、藏地，须用佛教吧！不过，这是说明康熙时代的外示儒学，内用佛老作用的要点而已。

六一、从雍正说到乾隆

由于康熙自十三岁亲政，长期处于内忧外患的情况中，他从实践中所得的经验，影响了他的第四个儿子雍正，自小就重视学问，尤其醉心于禅宗的佛法，这是顺理成章的因缘成就。不然，雍正早年，还身为皇子的时候，居然潜心佛典，后来被封为亲王以后，更加认真，公然在王府中领导少数臣工，自称学佛参禅。甚至还杂有出家和尚们的参与，岂非怪事。"知子莫若父"，如以康熙的英明，对儿子们这些作为，绝对不会毫不知情而忽略过去。事实上，他对雍正的参禅学佛，根本就不置可否，也从来没有告诫过。这不能不说他是有意培养，至少也是并不反对。

可是一般写清初历史小说的人，大多都把雍正的参禅学佛，写作为夺嫡争权的手段，认为是以退为进的权术。其实，在康熙的时代，根本就没有把储位的密旨，先行写好，放在"正大光明"匾额后的办法。这个办法是雍正本人所开创的。因为他有鉴于历史上对储位之争的故事，如唐太宗李世民，也为了立太子的事，气得发昏。现在又亲自看到本身父兄之间立储和废太子的事，又加众多兄弟之间明争暗斗的惨痛内情，所以他在登位第一年的八月间，就命总理王公大臣等，将密封建储事的锦匣，收藏于乾清宫"正大光明"匾额后，并且明说是"以备不虞"。所谓"不虞"，就是意想不到的事。因为人的生命无常，况且身居高位，无常之变更多，万一本身不保，后继无人便难办了。而且如果自己所定的人选，因环境影响而变质变坏了，要想更换另一个人，也会引起很大的不安。"凡事以豫立而不劳"，他不如采用这种公开秘密的办法，早做准备为妙。然而从清末以后，一般人便颠倒清史的前后关系，说雍正用手段改掉了藏在匾额后的遗诏，抢得皇位，未免有欠公允。

昼夜勤劳"办事定"

但我们现在要讲的问题，是无关这些历史疑案的争议，只是说继康熙以后的雍正王朝，更为明显的是外示儒学、内用佛老文化政治的内涵。但要详细说明这个理由和事实，又是一个很繁复的专题。我们只要提起大家的注意，现在还保存在故宫的档案中，仔细查一查雍正在位十三年来所批过的奏折，就会承认他是历代帝王中最为认真勤政，而且生活比较俭朴，嗜欲比较淡泊的一位皇帝。如果他无诚心办事的真情，没有过人的精力，的确是经不起这样昼夜勤劳文牍的工作，但他在做皇帝时所批大量公文的同时，却对禅宗佛学方面的编著，比起他所批奏折公文的分量还要多得多。批奏折、编著书，都要动脑筋，用手来写的。那个时候，没有打字机，更没有电脑，他身为帝王之尊，不要说日理万机，就是十多年来关门闭户，专心写作的人，也未必能有如此精辟丰富的成绩。不过，对于雍正深入禅佛的学养方面，我相信将来必有专家去研究，我们姑且点到为止，不必多加讨论。但要补充一点，雍正平生书法，也极力学习他父皇的字体，只是笔力劲势稍有不同而已。所以只要在故宫保存康熙晚年所批的奏本中，找出已经有雍正为康熙代笔批阅处置的资料，便会了解康熙早已有心培养他可能继承帝位的干练才能。如果这样，就可明白康熙在临危时，何以匆促召来雍正，咐嘱他来登位的史实了。

清初康熙一代的施政重点，在于平定内乱，统一全国。而且最注重的是治理黄河与运河的灾患，费了很大的精神和力气。对于全国知识分子"反清复明"的意识，存在满汉之争的紧张情绪，只能用怀柔绥抚的政策，举行"博学鸿词科"，以时间来争取和缓。

但到雍正登位之前，他处身皇子之位，已有四十五年的经验和阅历，关于诸多兄弟之间的事故，以及八旗子弟与满汉之间的情形，他是深知利弊。尤其对满族旗人的贪婪和腐败情形，正如他祖先皇太极当年所说的"诸姑格格等，皆以贪得为心"，必须做出处置。因此，他即位以后，立即雷厉风行，毫不留情地先从宗室动手整顿。接着，就是清理八旗子弟的游惰和贪渎。所以他首先得罪树敌的不是汉人，却是他自己的宗室和满族旗人。因此，他的宗室族人勾结汉族臣民，造谣中伤不遗余力，甚至尽量宣传他是如何使用奸诈，取得权位的不正不顺。

其次，在康熙的晚年，朝廷收入的财赋及库存银两，已渐见支绌，并且与各省地方之间的财赋库存，已有矛盾。康熙四十八年，已经有诏谕户部及各省，要"从长商榷"。其中有关宗室重臣及各省大吏的贪污侵占情形，以及权臣如年羹尧、外戚如隆科多的别有异心，雍正在藩邸的时候，早已知道得很清楚。但康熙以宽大为怀，雍正自己又处在诸王大臣及兄弟之间争权夺利的嫌疑地位，当然不好明显表态。所以当他登位以后，便着手严格处置满汉权臣，整顿田赋财税，即使是兄弟宗室，也毫不留情。历来在政治上整饬纲纪，肃清贪污，几乎没有一朝一代不弄得灰头土脸的。宋朝的包拯虽称"包青天"，但他也并未办过整理财经的大案。不然，就是万里无云的青天，也会风云变色。可是雍正却不顾一切，亲自动手做到了，清朝的国库充足了，贪污犯罪的官吏倾家荡产了。因此，有关满汉反对派的怒怨，就一概集中到他"朕"的一身了。但他是学佛参禅的健者，他深切体认到永嘉禅师所说"办事定"的学养，如"止水澄波，万象斯鉴"。只要见地真，行履切，即有如庄子所说的"举世而誉之而不加劝，举世而非之而不加沮"的决心，就毅然地做了。

雍正如何"平天下"

雍正元年正月，还未正式视政之时，就颁谕旨十一道，训饬督抚提镇以下各官。这就是先声夺人，告诉大家他要开始整肃了。如照现代观念来说，他已首先宣布他施政报告的方向了。我们现在依据史料所载，略选几则他的主要施政，并酌加简单说明如下。

如有关农业经济的开发和利民的事，即定"起科之例"："谕各省凡有可垦之处，听民相度地宜，自垦自报。地方官不得勒索，胥吏不得阻挠。至升科之例，水田仍以六年起科，旱田以十年起科，著为例。"（这是集权于一身的帝王专制政治时代，不是如二十世纪民主时代经民意代表的提案，再经会议决定来办的。雍正他生在深宫之中，长于皇族家庭，可是他却深察民隐，就是这样地独断独行，严令照办。尤其他明白指出地方官的惯性勒索和基层干部的有意阻挠，是不准许的，这是很值得赞赏的事。）

夏四月，复日讲起居注官（这也等于是自找麻烦，要大臣随时记录他生活和办事的是非好坏）。然后才"初御乾清宫听政"。跟着便下令"除山西、陕西教坊乐籍，改业为良民"（教坊乐籍是当时历代要唱戏及专为民间婚丧喜事等奏乐的贱民，甚至包括做娼妓。这是明朝以来的弊政，把战俘和罪人亲属归入这种户籍，子子孙孙，永远不得出头的贫民。可是雍正却以佛家的慈悲，儒家的仁德，首先下令解放了他们。如照我们现代来说，他早已有了"社会主义"思想的意识了）。

六月，命京师（北京）八旗兵无恒产者，移驻热河喀剌河屯桦榆沟垦田（他这道命令，对那些入关征战有功满族八旗的特权子弟，会引起多大的埋怨和愤恨啊！可是他却严厉地做到了。后果呢？当然是众怨所归了）。

八月，谕诸盐政约束商人，循礼安分，严禁奢靡僭越（在中国过去历代的财政经济上，最重要的财货，首在盐和铁的生产和贸易。经营贸易盐铁，是大生意。例如"二十四桥明月夜，玉人何处教吹箫"的扬州，就是大户盐商的集散码头。盐商巨贾，有富至敌国的豪门，有了钱，便在苏州造园林，奢侈的生活享受胜过王侯。

做盐道的官，比做皇帝还要阔气。可是雍正非常明白，他是不愿这些官商勾结，胡作非为。所以他这一道改革的命令，也是招怨的要素）。至于建储匣，藏在乾清宫"正大光明"匾额后面，就是这个月中的事。

九月，除绍兴府惰民丐籍（这又是一道解放贫民，使穷人翻身的仁政。所谓浙江的惰民和丐籍，他们的祖先，原来都是明初俘虏张士诚部下的残兵败将的后人，一部分圈在浙江的绍兴，既无恒产，又没有谋生的技能，便永远变成游手好闲的穷民。更苦一点，就沦为乞丐。由明朝到清初，还专门把他们编为惰民或乞丐的户籍来管理，永远不得翻身。可是雍正却下命令取消了这种户籍，使他们做一般良民的自由人，你能说这不是仁政吗）。跟着十一月，又下令"禁止奸棍私贩中国幼稺出口，卖与蒙古关口。官员兵丁，不行查拿者，分别议处。著为例"所谓著为例，就是"作为永久立法"的词句。

十二月，当时有西洋人，在内地潜传天主教，因浙闽总督觉罗满的报奏，恐会有煽惑人心，要求驱逐出境。但雍正不因宗教信仰不同的外国人便加敌视，却下令各省地方官沿途照看西洋人，好好安插他们到澳门居住，以示宽大。

二年四月，命左右两翼各立"宗学"一所，捡选宗室四人为正教长，十六人为副教长，分别教习"清""汉"书。

六月，又命内务府余地一千六百余顷，及入官地二千六百余顷，设立井田，将八旗无产业人，自十六岁以上，六十岁以下者，派往耕种。满洲五十户，蒙古十户，汉军四十户。三年以后，所种公田之谷，再行征取（这件事，他在文书中，便有"共力同养"的要求，如从现在人的观念来讲，等于是他首先实行"共产主义"的试验农场。事实上，可以看出他一步一步对八旗子弟的整肃和管教）。

九月，首先命山西丁银摊入田赋征收。

449

三年正月，又"遣官于直隶固安县择官地二百顷为井田，命八旗无产之人受耕"。

三月，允朱轼请求，修浙江杭州等府，江南华亭等县海塘，捍御潮汐。

四年二月，定陕西延安府十七州县丁银概从下则，以二钱为率。

四月，命云南通省丁银，摊入田亩内征收。

六月，禁赌，准许吏胥在赌场"所获银钱，不必入官。即赏给拿获之人，以示鼓励"，永为定例。

十二月，两浙盐商输银，照两淮盐义仓之例，于杭州府地方，建仓买米积贮，随时平粜。

五年三月，命江西丁银摊入地亩征收。

四月，除江南徽州、宁国等处伴当世仆名色。谕旨有"朕以移风易俗为心，凡习俗相沿，不能振拔者，咸与以自新之路。如山西之乐户，浙江之惰民，皆除其贱籍，使为良民，所以励廉耻而广风化也。近闻江南徽州府则有伴当，宁国府则有世仆，本地呼为细民。几与乐户惰民相同。又其甚者，如二姓丁户村庄相等，而此姓乃彼姓伴当世仆，凡彼姓有婚丧之事，此姓即往服役。稍有不合，加以箠楚，及讯其仆役起自何时，则皆茫然无考。非有上下之分，不过相沿恶习耳"。故着该督查明除报。

九月，给各省入川逃荒之民，以牛具种籽，令开垦荒地。

十月，命建八旗学舍（督促八旗子弟读书）。减嘉兴、湖州两府额征银十分之一。其谕旨有云："查各省中赋税之最多者，莫如江南之苏（州）、松（江），浙江之嘉（兴）、湖（州），每府多至数十万两，地方百姓，未免艰于输将。其赋税加重之由，始于明初。以四府之人为张士诚固守，故平定之后，籍（没收）富民之田，以为官田。按私租为额税。有明二百余年，减复不一……查嘉兴额征银四十七万二千九百余两，湖州额征银三十九万九千九百余两，俱着简十分之一，二府共免银八万七千二百两有奇，永著为例。"

十二月，命江苏、安徽丁银均摊入地亩内征收。

七年三月，命湖广武（汉）、郧（阳）等九府州、武昌等十卫所，丁银摊入地亩内征收。

八年八月，分京师旗庄为八旗，设官分理。"京畿各有庄屯之地方，旗人事务繁多。应以三百里内为一路，分为八路，设官八员，分司办理。"

十一年春正月，命各直省设立书院。

四月，诏在京三品以上官员，及外省督抚，会同学政，荐举博学鸿词，一循康熙十七年故事。

十二年九月，谕各省生童，不许邀约罢考（严禁学生的罢考运动等）。

十月，命陕西督抚确查州县歉收之处，奏请蠲赈。

十三年四月，停旌表烈妇之例（这是解放妇女的德政，免受那些死守习俗三贞九烈的虚名所束缚）。接着乾隆元年并即"谕审案不许株连妇女"，也是步其后尘而立法的好事。

至于历来写历史或小说，描写雍正的严厉残忍手段，大多是以雍正三年，有年羹尧的幕僚汪景祺作《西征随笔》一书；以及雍正四年，名士而兼名宦的礼部侍郎查嗣庭所作的私人日记；和雍正七年，因湖南生员曾静，而祸及吕留良父子家人这三件文字狱的大案，作为罪不可恕的论断。这三件大案，都是有关当时满汉民族之争的问题，其中的是非曲直，善恶因果，颇为复杂，我们姑且不论。如从雍正皈依佛学的禅者立场来说，他当然知道两千多年前，释迦牟尼佛已经提出泯除民族歧见、国土界别，众生平等的道理。但他仍然无法脱离满族祖制家法的立场，采用严刑峻法的手段来处理，可以想见其内心的矛盾和痛苦。因此他便呕心沥血，亲自写作一本《大义觉迷录》来辩说民族平等的问题。这本书在清朝两百多年中，虽然并不受人重视，但它却启发了民国初年五族共和，以及

451

现在各个大小民族共和的国体，应该也算是先声之作了。

虽然如此，雍正总难逃"为德不周，为仁不达"的遗憾。但再退一步来讲，过去古今中外英雄帝王们的统治手法，都会如三国时代刘备说过一句坦白的老实话，那就是"芝兰当门，不得不锄"。有罪无罪，同为一例。所以佛、道两家便教人要知时知量，明哲保身，做为苟全性命，不求闻达，独善其身的规范。但如不幸处在兼善天下的地位上，那就随时会有可能碰上棘手的事，瓦砾黄金，同为废物，即使圣如尧舜，也有殛四凶的记载，孔子也有杀少正卯的故事。雍正虽学佛参禅，当然更不能比于尧舜与孔子，应当受到后世的批评。

大禅师整顿佛教

但做了清朝十三年守成皇帝的雍正，他受当时读书人及后世攻击的真正原因，就是他严格整顿佛教禅林的结果。因为从明朝中叶，王阳明理学一系的兴起，以禅宗明心见性的宗旨归入儒学的知见，以孔孟之教的良知良能作为禅宗开悟的极则。因此，阳明之学的流弊，到明末时期，大都犹如狂禅之流，到处都是。当时便有人嘲笑明末儒家"圣人满街走，贤人多如狗"的情况。那时禅宗的大匠如密云圆悟禅师，虽然望重禅林，但他的出身，犹如唐代的禅宗六祖慧能大师一样，并非儒林名士出家。可是从他求学的人，很多是为了逃避明末的党争，逃禅入佛的学者名士。他有一个名儒削发为僧的弟子法藏，自认是从密云悟那里开悟得法的高足。因此，一般有进士、举人功名的人，就纷纷归到法藏的门下，从禅宗的习惯，都尊敬简称他为"汉月藏"或"三峰藏"禅师。"三峰""汉月"就是他挂褡在江苏的庵名代号。

"汉月"的弟子中学者众多，声势日盛，便有谈禅的专著，阐扬唐宋以后禅宗的五家宗旨，标榜一个"○"（圆相）为指标，或说平常着衣吃饭，即知即行等等，就是"当下即是"佛法的禅。其实，给人有法可得、有道可修的作为，早已离禅离佛愈远。密云悟大师知道了，大为不然，就著文章来批驳他们。可是"汉月藏"的弟子们不服气，又著书反驳师祖密云悟。如《雍正语录》所说的《五宗救》《辟妄》《辟妄救》等书名，就是这个故事的由来。

但自清兵入关以后，"汉月（三峰）"一派的弟子，愈来愈多。其中大部分还是"反清复明"的读书分子，有的以出家为僧作掩护，有的便以居士身份，住在禅林寺院，做为伺机而动的据点。明末有名的诗僧苍雪大师，就与"三峰"及"反清复明"分子有密切的往来，而且以诗文交谊、不涉世务做挡箭牌。苍雪大师遗著《南来堂诗集》，在他唱和的诗中，便有许多明末人物的史料。"汉月藏"一系，后来又专以禅宗五宗的"曹洞宗"相标榜，意在脱离"汉月藏"的传承来自"临济宗"的作用。雍正在王邸的时候，早已开始参禅学佛，和他交往的方外僧人也不少。而且他受章嘉大师的启迪印可以后，对于禅悟，自认为是已经破了三关的大彻大悟者，所以也公然以居士帝王禅师的身份，收出家和尚们做弟子。因此，他对明末清初佛教的禅宗丛林，和蒙藏密宗的教法，其中的利弊得失，以及龙蛇混杂的情形，都弄得非常清楚。

雍正登位以后，便以禅师而兼帝王的立场，大刀阔斧来整顿佛教的禅林，下令尽毁"汉月藏"一派《五宗救》《辟妄救》等著作，并命"汉月（三峰）"一系的出家僧众，统统要重新改投"临济宗"的门下。在圣旨威严的管束之下，同时又声明他自己是个明眼宗师，如果有天下老和尚认为他的见地有错误的，尽管进京找他面谈对错，他只以出家衲僧的立场相见，绝不以皇帝的权威压人。总之，要和他讲论佛法，他自认为只是一个禅师或居士而已，并非就以人王之尊的面目相见。可是当时如雍正一样，对于参禅学佛，确实下过一番真参实证功夫的出家人，并不多见，当然便没有像南北朝和唐代的禅师们，一领布衲，芒鞋挂杖，敢在帝王前面潇洒自如地侃侃论辩佛法了。因此，他把几个跟他参禅学佛多年的和尚徒弟，分别派到江、浙及其他省份去做禅寺丛林的住持，并命督抚以下各官照应，做为佛门的护法。如扬州的高旻寺、杭州的净慈寺、嵩山的少林寺等，都是由他派出和尚徒弟，住持整顿。经费由地方财政的盈余中划拨，及募集功德所得，或由皇室支付，统报由雍正自行核定。但从雍正的整饬佛教和禅宗以后，便使中国的禅宗，局限于高旻寺的禅堂之中，只以参一句"念佛是谁"的话头，定为参禅的风规。直到现在。这倒合了一句古话："良冶之门多钝铁，良医之门多病人。"

但我们需要知道，雍正整顿佛教和禅宗各丛林寺院，从佛法的立场来讲，他是确有正知正见，并非歪缠。但同时也使那些皈依佛门，抱着"反清复明"思想的知识分子，临时冒充参禅学佛的和尚，走投无路，弄假成真了。因此，后来"反清复明"的帮会组织，就都离不开与佛门有关。可惜过去一般对历史记录的大儒，偏偏固执成见，认为佛、道两教，都是孔子所说的"异端"，从来不关心它与中国政治文化有关系的重要，所以并不深究。尤其对于清史，如入关前后的一百多年中的三四代皇帝，如不了解禅宗和密宗的渊源，当然所有论断，就多有外行之谈了。中国过去的历史，尤其在佛教的宗教史上，认为破坏佛教最厉害的，便是"三武一宗"之难（北魏太武帝、北周武帝、唐武宗、后周世宗）。但并没有说雍正这样做，也是佛教史上的灾难。事实上"三武一宗"的事，是有关历史文化思想的冲突，和佛、道两教的宗教斗争，以及那些昏君的不知正面治理所造成的结果，但也并非是政治上的绝对盲动。至于雍正的整顿佛教禅林，他是以内行对内行，他的本心原在维持佛法的正知正见，当然不能把他做为迫害宗教的事件来论断。

但另有一件与雍正整顿佛教禅林有关的故事，我也追究了几十年，直到如今，仍然是属于"事出有因，查无实据"的疑案，那就是：中国佛教的出家人，为什么要在光头上烧戒疤？开始在哪个朝代？根据佛经大小乘的戒律，以及印度原始的佛教和蒙古、西藏等地区的佛教传承，出家人剃除须发以外，也都没有这个规定。我曾经在五十多年前，访问过几个前辈的师友，都无法作答案。有一次，在峨眉山上，和一位老和尚讨论过此事。他说，大概从清兵入关以后开始，而且可能起于雍正的时代。

如果这样，那就是在雍正收拾"汉月（三峰）"一系，饬令统统归到临济宗门下以后所开始。他为了同时缓和满汉之争的作用，施行仁政，当他在位的十三年中，曾经两次在夏天盛暑时间，命令清除刑狱，释放一些罪犯。如诚心愿意忏悔改过，准许入佛门出家修行。但又恐一般始终心存"反清复明"思想的人，从中煽动，便咐嘱他所派往江南一带住持大寺的和尚徒弟们，提倡以《法华经》《药师经》和《梵网经菩萨戒》的舍身忏罪、燃灯供佛的作用，接受三坛大戒（沙弥戒、比丘戒、菩萨戒）的同时，便在一身最宝贵的头顶上燃灯，以表志诚。这样一来，即使要在出家以后，再来蓄发还俗，从事"反清复明"运动，或是怙恶不悛者，都无法逃过检查身份的法网了。从此以后，除蒙、藏喇嘛以外，就形成内地汉僧的顶上，都有戒疤为记了。除此以外，又有在禅堂中警策参禅入定的香板，也与雍正有关，当时他在王府领导修行，交一把宝剑给一个和尚徒弟说，如果你七天中不开悟，就以此自裁吧！结果，此僧果然不负所望。后来在禅堂中集体参禅时，便变更形式，做成剑形的香板，也是雍正禅师的杰作。

有关这两件事，是否如此，我仍然不敢确定，只如野老村言，备做研究参考而已。

至于后来写历史小说的人，便把雍正描写成学武少林寺，并交往南京大侠甘凤池、白泰官，乃至了因和尚，以及吕四娘报仇等事，说得津津有味，有趣之至。甚至还有把乾隆也写成曾经学艺南少林寺，和洪熙官有关，因此火烧少林寺等等，不一而足。雍正是学禅的行者，他在即位以前所编集的《悦心集》中便收有"千载勋名身外影，百年荣辱镜中花"的警世名言，这些毁誉对他来说，又何足论哉！

定鼎守成一奇才

至于雍正在位的时期，对于中国文化上历来所敬重的儒家传统和先师孔子的尊号，他虽然不像历代其他帝王一样，随时要听从儒者出身的大臣们的建议，做出特别表示尊儒尊孔的举动，但他也步康熙的后尘，做过几件事，算是对儒家文化也有了交代。如雍正元年六月，加封孔子先世五代，俱为王爵（这又是出手不凡，以虚名博实誉的出奇之举）。二年八月，定从祀孔庙三十一人，包括有郑康成、诸葛亮，乃至清初的名儒蔡清、陆陇其等。三年正月，亲试应差学政各员文艺。如云："因从前学政主考，皆就其为人谨慎者派往，并未考试，其中并有不能衡文者。或因中式之后，荒疏年久者故耳。着将应差之翰林，并进士出身之各部院官员查奏。俟朕试以文艺，再行委差。"六年六月，授先贤冉雍后裔世袭五经博士。雍正为什么忽然心血来潮，在孔门七十二贤中，偏要这样重视冉雍，实在不知道他的用意何在。唯一可以为他解释的，可能是他有感而发，觉得有德有学的帝王之才，实在太过难得。孔子曾经称赞"雍也可使南面"，所以他便有这一道诏命吧！

依照前面所讲的观点，总结雍正在位十三年来有关整肃传统文化的作为，从明儒王阳明开始，融会禅学于儒理的流弊，到明末万历崇祯时期的党争，以及进入顺治、康熙王朝以后，所有逃儒入禅的前明遗老和遗少们，在这位"雍和宫圆明居士允祯（雍正）破尘大禅师"的棒喝之下，几乎都无立锥之地，无所逃于天地之间了。

同时又设置僧录司管理佛教事务，内分善世、阐教、讲经、觉义，左右各二人，号为"僧录八座"。选任出家的僧官，先由礼部考试，再送吏部备案，最后交内务府（皇宫内务主管机构）的掌仪司、礼部的祠祭司会同考核，再报由内务府大臣请旨准可，才移吏部颁发符札委任。这样一来，掌握僧官的实际权力都在内务府中，等于是由皇帝的亲自监管。各省地方僧官的选任权，便交由督抚决定。至于从雍正亲自主持参禅，经他自己认可的禅师和尚，有资料可查者，而且经他亲自派遣，住持江南等名刹，便有性音、明鼎、超盛，以及拈花寺方丈超善、万寿寺方丈超鼎、圣因寺方丈明慧，和元日、超源、实彻、悟修等十僧，犹如他出家众中的十大弟子。当然，也等于是他外派视察民情的耳目。在满汉的大臣中，如张廷玉、鄂尔泰、福彭、允禄、允礼、天申、圆寿，和他自己的儿子宝亲王弘历（乾隆）等八人，等于是他座下在家众中的得法弟子，可倚为治国的左右手。其他有关从他随缘参学的妃子、宫人、太监，当然在他的选佛场中，还不能得到榜上有名的记录。

清兵入关定鼎八十年后，有了一位文学词章并不亚于任何一位翰林进士，谈禅说道并不逊于禅门宗师的雍正皇帝。他的为政之道，使人不敢欺，亦不可欺。内肃权贵，不避亲疏。外立纲常，赫如烈日。用此守成，当然可使内外肃穆，谁敢与之抗衡。一般评论，便只能说雍正犹如汉代的文（汉文帝）景（汉景帝），过于忮刻而已。但他对用人之道，却真能实践“贤者在位，能者在职”的原则。换言之，他在需要外派整治事功的人才，“宁可用黠而能者，不肯用愚而廉者”。如果学问好、有品德，如张廷玉等人，始终就给以高位，留置内廷。出身功名不高，但的确别有才能，如田文镜、李卫等人，便委以重任外放。至于科名循序渐进的人，虽词章华丽，也只能位任文员，安置在翰林馆职而已。雍正在十三年中，得以坐镇京畿，背靠漠北的满蒙，右握西北，左揽东南；西南有事，只需一个能臣，一旅雄兵，便可唾手而定。他是真实奠定了清朝的江山，赋予儿孙好自经理，实在可算是历代定鼎守成帝王中的一代奇才，为历代职业皇帝中绝无仅有的一人。如果以“修身、齐家、治国”之道来说，他确是做到了如《诗经》所说“刑于寡妻，至于兄弟"了。但从"格物、致知、诚意、正心"之道来说，他却落于"静虑而后能得"的窠臼，对于"亲民"而"止于至善"的外用（王）的实际，难免自有遗憾之处。明儒兼通佛道的洪自诚说得对："涉世浅，点染亦浅。历事深，机械亦深。故君子与其练达，不若朴鲁。与其曲谨，不若疏狂。"雍正即位以后的禅病，正陷在过于练达而又曲谨的漩涡中而不自觉。

也许大家会问：他究竟是怎样死的？既然已经开悟，又何以只有五十八岁就死了呢？参禅开悟，并非是求仙道的长生。一个人事无巨细，都要事必躬亲，昼夜勤力，日理万机十多年，不累死也会瘫痪的。况且他对佛法心宗意生身的转身一路功夫，还须求证，并未到家。这是他无法告人、无处可问的关键所在。他究竟是怎么死的，也许将来或可知道谜底吧！

十全老人的乾隆

清朝从雍正以后，接着就是他许为已破禅宗三关的儿子宝亲王弘历，即晚年自称为"十全老人"的乾隆即位。事实上，在秦汉以后的历史上，本身做了六十年的太平天子，活到八十多岁，传位给儿子嘉庆以后，又以太上皇的身份，仍然还得干政，乾隆的确是绝无仅有的一人。那些相信宿命论的算命先生，算他的八字，是"子午卯酉"四正的命，好像很有道理而不尽然的巧合，却很有趣。

不过，以乾隆一生的际遇来说，他真是得力于父祖的遗荫。照俗话来说，也可说他靠祖宗有德的结果。从他的祖父康熙立下统一的根基，经过他父亲雍正的整肃守成，打好财政、经济、吏治的稳定基础后，他在正当青年的时期，称帝六十年。在他手中，编集了《四库全书》，对于中国文化做了最大的贡献。又对明末第三代的遗老遗少们，再举行一次"博学鸿词科"，一网收尽遗留有"反清复明"学术思想的汉人读书分子。从此使清朝的文运，真正做到"销磨天下英雄气，八股文章台阁书"的作用。读书知识分子，考取功名以后，大多数是浮沉宦海以外，便转向在文学词章上争取文艺的胜出。有关儒家"四书""五经"的义理之学，只走向如《十三经注疏》和《皇清经解》等巨著的考证路线上去。少有如宋明那样的理学和禅宗大师人才辈出，论辩纵横的情景，但却产生了学识渊博、考证精详、文词华丽、蕴藉风流的人士，如纪昀（晓岚）、王文治（梦楼）、舒位（立人）、袁枚（子才）、赵翼（瓯北）、张问陶（船山）等一群风流潇洒的才子。在诗文词章上的成就，或变更成规，或注重性灵，但都不免带有孤臣孽子的潜藏情感。因此，使清代乾隆前后的文学境界，并不亚于中唐的格调，大有特色，值得欣赏。

他自己除了批注历史，编了一部《御选通鉴辑览》以外，又作了很多评论历史的诗。同时把清宫里所收集的历代名画，任意在空白处题诗写字，盖上"乾隆御宝"的印，自己以为是很艺术，其实是破坏艺术作品的举动。并且命臣工编辑《御制文集》，夸耀自己为"翰林天子"，有意与那些进士状元出身的文人争一时的短长。但从乾隆一代的内政来讲，实在确是一个升平盛世。所以他在那时所作的春联，便有"天增岁月人增寿，春满乾坤福满门""乾坤春浩荡，文治日光华"，乃至有"文章华国，诗礼传家""国清才子贵，家富小儿骄"的现实情况。

因此，他到了晚年，自称为"十全老人"，并且在让位授玺（交印）归政给儿子颙琰，改年号为嘉庆的时候，又自称为"千古第一全人"，比起十全老人更要全了。其实，他所谓的十全，是包括了康熙、雍正前两代的功业在内，是指清朝的武功而言，并非完全属于文治。因为由于清代"康、雍、乾"三朝的领土扩张，全国版图，东至鄂霍次克海与日本海，朝鲜与库页岛在内；南至安南、缅甸、暹罗。西边的阿富汗、吉尔吉斯、浩罕，西南的廓尔喀、哲孟雄、不丹，均臣服中国，北与西伯利亚接界。除元朝以外实为中国历史上版图最大的一朝。至于乾隆时代自夸的武功，便是曾经征服准噶尔、大小金川、廓尔喀各两次，臣服回部、台湾、缅甸、安南各一次。以此自炫，便称为是十全武功。他不像他的父亲雍正，或用"宝月居士"的身份而谈禅说佛，可是他却能通藏文，注意藏传密宗的修持。他曾经翻译藏文黄教主要修法的《阎曼德迦十三尊大威德修持仪轨》。据说嘉庆即位，正当白莲教作乱，他在太上皇的宁寿宫皇极殿上，手持念珠，跏趺禅坐，为大清江山保平安而修密法呢！

　　总之由顺治元年（一六四四年）算起，到嘉庆初年（一七九九年）为止，大清的江山已经过了百多年的升平岁月，时代已进入十九世纪。乾、嘉以后，清朝也由盛而衰，整个中国文化，正开始受到西方文艺复兴运动以后工商业科技文明、发明的撞激，不变而变，非变不可了。如果要讲中国的近代史或现代史，准确一点，应当从嘉庆时代开端，不是咸（丰）、同（治）时代才开始啊！但我们应该知道，有关"四书""五经"的文化，尤其是朱著《四书章句》，和明清两代八股考试文章的结合一体，直到光绪末年才告一段落。可是中国人到现在，仍然对读经与不读经的争议，还在喋喋不休。其实，读"四书""五经"是为了知道自己国家民族的文化根本来源，它和国家的兴衰成败，以及国运的强盛富有，不能混为一谈。事在人为，不是事在书为啊！传统文化的诗书并不害人，只怕自作高明的人害了诗书的精义而已。

　　清朝由嘉庆开始，匆匆百年之间，经道光、咸丰、同治、光绪，乃至宣统，这六七位爱新觉罗后代的职业皇帝，都是卑卑不足言，何足论哉！况且地球世界的人类文化在变。中国和所有东方国土的文明，正如"白日依山尽"，"朝阳西海升"的情况。随着而来的，中国即处在"山雨欲来风满楼"的紊乱和刺激之中。现在我们需要对西方文化自十六世纪文艺复兴以后，十七世纪开始，怎样渐次兴起，怎样逐步东来，影响我们今天的情形，扼要作一了解。

第九篇
西方文化与中国

打开微信，扫码观看南怀瑾先生
讲《大学》视频（九）

六二、鸟瞰西方文化的演变

我们从中国文化的立场说到西方文化，一般都从清朝道光十九年到二十二年（一八三九——一八四二年）间开始，由林则徐在广州虎门销毁英商的鸦片，引发中英鸦片战争，以及中英签订《南京条约》，由此刺激了中国人起而注重洋务，开始学习造轮船、造枪炮。到现在为止，大约前后经过一百六十多年来，都在讨论中西文化或东西文化的问题。事实上，文化这个名词，是包含很多方面内涵的统称，如政治、经济、军事、教育、法律、文学、艺术，乃至一个国家、一个民族的生活习惯、语言文字等等的总和。东方和西方都有五千年来的文化历史，并不是一个简单的代号意识，就能随便概括文化的全部。

而且随便说一声西方文化这一个名词，是指欧洲所有的那些国家民族的文化，或是指在北美洲新兴建国二百多年来的美国文化呢？这都需要弄清楚，严格地说，这都不可混为一谈。因为讲到正式的西方文化，当然要从欧洲方面上溯到几千年前的事。但他们并不像中国一样，已在公元前二二〇五年开始，虽然氏族分封，但国土已经有统一规模，而且已经有夏、商、周一样的类似统一朝代的传承。如果说文化有冲突，也是表面的、暂时的现象。由所谓冲突而交流融会，构成人类世界的整体文明，应该是即将来临的情况。欧洲在上古却是各个民族独立，王国自分，语言文字也各不相属。例如公元前四〇〇年至公元前二四六年之间，我们在周、秦之际，全国政权一统，文字统一的局面，相对欧洲来说，直到今天，从来也没有出现过这种局面，而且从欧洲各国不同的文字语言来说，最早也只能追溯到拉丁文的根源。

我们为了简略起见，姑且撇开埃及和印度文化，仅从西方文化开始最光荣称道的斯巴达、雅典之希腊文化说起。而且浓缩文化一词归到学术思想的范围来说，当在公元前六四〇年，也就是中国东周襄王十二年的时期，在文化史上，希腊著名的哲学家泰勒斯在世，创立一元论的自然哲学。到公元前四七〇年，也就是中国东周元王八年时期，希腊著名的哲学家苏格拉底在世。到公元前四〇三年，中国东周威烈王二十三年，雅典投降斯巴达以后，最为突出的便是雅典恢复民主政治，乃至第二年苏格拉底受审，终于自尽。继有柏拉图的著作《共和国》。乃至亚里士多德的在世，马其顿的名王亚历山大在位等故事。这些希腊的辉煌历史，都是发生在公元前三九九年（东周安王三年）到公元前三三七年（东周显王三十二年）之间的事。

过此以后，最为显著的，是罗马帝国兴亡史迹前后的故事，不必细说端详，现在已有各种译本的《罗马帝国兴亡史》可供参考。这样直到了中国西汉平帝元年，即王莽称安汉公那年，就是相传耶稣基督降生的第三年，也就是后世定为公元第一年的开始。到了中国东晋孝武帝年十四年（三九二年），罗马定基督教为国教，直到中国南北朝时期，从萧齐到梁武帝之间，也就是公元五〇二年时期，欧洲自第五世纪罗马帝国瓦解，新国纷纷迭兴，战争频仍，人民生活困苦，文化低落，在西方历史上，称谓"黑暗时期"，长达五百年之久，直到十世纪。接着而来的，便是西方历史所称的欧洲中世纪时代，整个文化，都以哲学即神学的思想，以基督教的教理为目的，一切文化，皆出于教士所集会的经院。这在西方文明历史上，便称谓"经院哲学时期"，又长达六百年之久，大约从九世纪开始，直到十五世纪为止。这样由罗马文明，转到黑暗时期，又进入经院哲学时期，前前后后，欧洲的文化大约有一千两百年之久，犹如《易经·屯卦·象辞》所说："天造草昧，宜建侯而不宁。"但对东西两方的接触来说，仍是漠不相关的事，正如我们当年背诵《幼学琼林》所说的："参商二星，其出没不相见。"我们受西方欧洲文化影响的开始时期，都是在十六世纪以后，也就是明朝嘉靖以后。

现在我们为了明白清楚起见，先由有关人类应用科学说起，同时并及人文文化，如社会科学、政治思想等等。

明清之际的中西文化交流

当十五世纪中叶到十六世纪之初，正是明朝景泰（景帝）到嘉靖（世宗）时期，即一四五一年至一五三六年间，由西方的意大利和德国开始，发生震惊世界、开始改变东西方文明的大事，便是意大利人哥伦布，深信地球是圆形的观念，在一四九二年得到西班牙国王斐迪南第五及其王后伊萨伯拉的赞助，率舟三艘（那时还没有发明轮船），越大西洋航行，终于在一五○二年到达北美巴哈马群岛。嗣后另有人继续探航数次，陆续发现西印度诸岛及南美沿岸等处。这便是后世所说哥伦布发现新大陆的历史大事。从此开展了西方航海经商和殖民，攫取世界上落后民族土地财富的新时代。

但在意大利本土，还正在动荡不安，政治经济衰落，教会又在挑拨制造事端。便有学者政治家马基雅维利（一四六九年至一五二七年），主张领导国家的君主，应该深知谋略权变，运用权术，避免武力冲突而能统治国家，因此著了一本《君主论》的名著，后世德、法各国所有自命不凡的英雄人物们受其影响极大，如法王路易十四、拿破仑、墨索里尼、希特勒等。但如比起《春秋》《左传》《战国策》等书来说，未免有小巫见大巫的感觉，只可惜我们自己不肯读书，互作参考而已。

接着，在一四七三年至一五四三年间，便有波兰天文学家兼数学家哥白尼，著《天体运行》一书，推翻向来所风行的托勒密的天文学说，而主张太阳恒静不动，地球与其他行星绕之而行。这是近代天文学上地动学说的基础，但当时也遭遇泥古不化的天文学家及教会的攻击。而且在一四八八年至一五四六年间，德国的马丁·路德，也正在反对教会，发动宗教革命，建立新教。但由哥伦布的探险地球，哥白尼的翻天覆地，马基雅维利的教导君王用权术，马丁·路德的宗教革命，这倒合了如《阴符经》所说："天发杀机，移星易宿。地发杀机，龙蛇起陆。人发杀机，天地反覆。"（编按：《阴符经》有多种版本。有的版本在"天发杀机"句下，为"星辰殒伏"；有的版本则径接"龙蛇起陆"，而少掉"地发杀机"一项）因此十六世纪以后的人类地球，当然就要翻天覆地，变化多端了。

事实上，十六世纪的中叶（一五三五年至一五五六年），中国和日本，以及葡萄牙已经发生三边的冲突，这个时候，日本正是丰臣秀吉操纵王政，意图侵占朝鲜和中国，也就是明朝嘉靖时代的名将俞大猷、戚继光抗倭战争的时期。葡萄牙入侵福建漳州，占领澳门。同时又出没在日本海岸的种子岛。日本在我们明末清初时期，一六三九年，由江户幕府发布了锁国令，因此，清朝两百年间，海疆幸少东来的边患。后来日本受美国的压力才重新开放，那已是一八五三年的事。

但很遗憾，大家注意东西方的文明冲突，忘记了哥伦布发现新大陆之前八十年，明朝永乐到宣德初年（一四〇五年至一四三〇年间），三保太监郑和，已经奉命出使南洋，由江苏、浙江、福建南历南洋群岛，乃至非洲东岸，及印度、波斯等东海岸，前后出使七次，历经三十余国。虽然他奉有特别任务，只做试探性的航行，但他志在宣扬国威，施加德化，既不想占有别人的土地，更没有贪图他国的财货而做贸易，反而代表明朝，赏赐安抚那些弱小民族的国家，所以直到如今，印尼边境地区，还存有土人们为郑和修造的神庙来纪念他。关于郑和下南洋的事，还有人写作小说，变成家喻户晓的故事。但冷静沉思，和哥伦布等发现新大陆相比较，问题并不一样，这就是代表了中华民族素来爱好和平，不贪图不仁不义财富的习性。也可以说是民族传统文化教育上的根深蒂固，并不能认为是不懂商业利益，或是民族性的弱点。当郑和第七次出使的时期，也正是法国的圣女贞德，为爱国战争而牺牲的时期。

接着由明末天启间到清初顺治时期，德国的天主教徒汤若望来中国传教，并教明朝制造大炮，传西洋历法。明亡入清，出任钦天监正之职，掌管天文。跟着，又有比利时耶稣会教士南怀仁来华，由顺治到康熙时期，教习数理，任钦天监副职，后擢监正。康熙向他们学习天文及数学，并完成天文历法上两大巨著，即《新制灵台仪象志》十六卷，及《康熙永年历法》三十二卷。同时又有意大利神甫兼艺术家郎世宁，在康熙、雍正、乾隆三朝，任职画院，传授西洋画法，又学习中国画法，使两者融会一体，为中国的宫廷院画，建立风规。这都是东西文化初期的交流，没有挟带火药味的一点往事。

在一六四五年至一七一六年间，顺治、康熙时代，德国的哲学家兼数学家莱布尼兹发明微积分数学，主张先天学说，以唯心论与英国唯物论、经验论哲学相抗衡。甚至有人称他为亚里士多德以后的第一人。但他自称发明微积分的学理，是受中国《易经图说》的启发，他遗憾自己没有见到《易图》全书。他最得力的名著，便是《人类理智新论》《神义论》《单子论》等书。他与汤若望、南怀仁是先后同时的人，他说的《易经图说》，也许是由他们手里流传过去的。当时世界隔于重洋，东西文化的交流史迹，是很难考证清楚的。

清初以来西方国家的重大变革

总之，当清初顺治在位十八年的时期，一六四六年至一六六一年，也就是世人惯称的十七世纪的年代，南明四镇还未平定，清朝的政权还未完全统一，但欧洲方面也差不多。如一六四六年，英国内乱终止，查理第一出奔苏格兰。一六四八年，威斯特法利亚条约成立（三十年战争结束），查理国王被处死。宣告共和制（清教徒革命）。承认荷兰、瑞士独立。一六五四年，荷兰承认英航海条约，英国从此雄霸海上。俄国派使节来中国。一六六〇年，英国王政复古，查理第二即位。一六六一年，法国路易十四亲政。

但正当欧洲英、法、德国际政局处在动乱之秋，而在人文与科学方面，却有别开生面的启发，时在顺治初期，一六四九年间，法国的哲学家兼数理学家笛卡儿，发明解析几何，首创坐标公式，打开数学的新纪元。同时又著有重演绎法的《方法论》《第一哲学沉思集》《哲学原理》等书，主张心物二元论，但特别注重理性，影响此后西方思想至为深远。但今天西方已有学者对此思潮提出反思与批判。在西方的哲学史上，还有一位比他早期的英国哲学家培根，是主张归纳法的鼻祖，这项方法成为日后科学方法的重要基石，影响也甚为深远。因此，笛卡儿与培根都有近代哲学之父的尊称。

十七世纪——顺治时期：顺治三年（一六四六年），英国内乱终止，查理第一出奔苏格兰。朱舜水（之瑜）乞师日本，日人从学经术，礼而师之，但不出兵，以致终老日本。郑成功向日本乞师援助，被日本幕府拒绝。五年（一六四八年），西发里亚条约成立（三十年战争结束）查理第一国王被处死。宣告共和制（清教徒革命）。承认荷兰、瑞士独立。十一年（一六五四年），荷兰承认英航海条约，英国从此雄霸海上。俄国派使节来中国。十七年（一六六〇年），英国王政复古，查理第二即位。十八年（一六六一年），郑成功据台湾逐荷兰人。法国路易十四亲政。

十七世纪——康熙时期：康熙三年（一六六四年），英国占领荷兰人的根据地新阿姆斯特丹，改称纽约。七年（一六六八年），法国和英国、荷兰、瑞典三国同盟，西班牙承认葡萄牙独立。二一年（一六八二年），俄罗斯彼得大帝与其兄伊凡并立，其姊索菲亚摄政。二三年（一六八四年），英国牛顿发明万有引力说。二四年（一六八五年），清军败俄人于雅克萨。英王詹姆士二世即位。二五年（一六八六年），英国建加尔各答府于印度。二六年（一六八七年），俄国侵占中国黑龙江地，旋即请和。二七年（一六八八年），英国光荣革命。法国路易十四发动第三次侵略战争。二八年（一六八九年），中、俄国界划定，《尼布楚条约》签订。英国《权利法案》发布。俄国彼得大帝亲政。

十八世纪——康熙时期：康熙四十年（一七〇一年），普鲁士改称王国。英国国会通过《王位继承法》。西班牙爆发王位继承战争（清朝宫廷亦起太子承继问题）。四十三年（一七〇四年），继培根之后，英国经验学派哲学家、民主学说的创始人约翰·洛克卒，著有《人类理解论》《政府论》《教育漫话》等书。英国取直布罗陀。四十六年（一七〇七年），英格兰、苏格兰合一，称大不列颠。

十八世纪——雍正时期：雍正七年（一七二九年），准许英国等来中国互市。西班牙割直布罗陀给英国。十一年（一七三三年），乔治亚殖民地设立，形成北美十三州。英国凯伊发明织布飞梭。

十八世纪——乾隆时期：乾隆七年（一七四二年），查理七世当选为德帝。八年（一七四三年），英国夺取法国在美洲的殖民地。十年（一七四五年），英、法争取殖民地权利，在印度交战。十三年（一七四八年），法国思想家孟德斯鸠所著《论法的精神》出版。十六年（一七五一年），法国《百科全书》出版。十七年（一七五二年），富兰克林证明电光电气是同一物体。二〇年（一七五五年），法国和英国在美洲殖民地起战争。二四年（一七五九年），英军占领魁北克，英国统治加拿大。二七年（一七六二年），俄国彼得三世即帝位，其后叶卡捷琳娜废之而自立。法国人卢梭所著《社会契约论》出版。二八年（一七六三年），英、法殖民战争终止，巴黎和约成立。二九年（一七六四年），英国人瓦特发明蒸汽机。三〇年（一七六五年），印度莫卧儿帝割孟加拉等地给英国东印度公司。英人公布印花税条例。美殖民地不服。三二年（一七六七年），英国人哈格里甫发明纺纱机器，一轮十八线，儿童亦能运用。三三年（一七六八年），俄国、土耳其开战。三七年（一七七二年），科克发现太平洋群岛。波兰第一次瓜分。三八年（一七七三年），法国路易十六即位。俄、土讲和。

乾隆四一年（一七七六年），北美十三州发表独立宣言。英人亚当·斯密《国富论》出版，是开创重商政治经济学的杰作。北美大陆议会通过并发布《独立宣言》，制订联邦条规。四三年（一七七八年），法国、西班牙承认美国独立。科克发现夏威夷群岛。四四年（一七七九年），英国发生八万人捣毁机器的运动，从此时起，应称为工业革命之开端。四八年（一七八三年），英国承认美国独立。五二年（一七八七年），北美制定新宪法。俄、土宣战。五三年（一七八八年），美国开第一届国会。英国开始殖民澳洲。

乾隆五四年（一七八九年），华盛顿被选为美国第一任大总统（第二年建都称华盛顿）。法国资产阶级大革命开始。制宪会议发表《人权宣言》。德国哲学康德的《纯粹理性批判》《实践理性批判》等著作，以及诗人兼小说家歌德的《少年维特之烦恼》，人称厌世主义或悲观主义的叔本华之《作为意志和表象的世界》等书，均在此一时期前后出版。五六年（一七九一年），法国立法议会开会。五七年（一七九二年），推翻君主制度，法国国民大会开会，第一次共和政治成立。第一次欧洲对法大同盟战争。五八年（一七九三年），法王路易十六被处死刑。波兰第二次被瓜分。六〇年（一七九五年），英国取好望角。波兰第三次被瓜分，国亡。

十八世纪——嘉庆时期：嘉庆元年（一七九六年），法国拿破仑第一次征意战役（到一七九七年）。二年（一七九七年），法国灭威尼斯共和国。三年（一七九八年），拿破仑征埃及。英将纳尔逊破法海军于尼罗河口。四年（一七九九年），乾隆崩。和珅死。第二次欧洲对法大同盟战争（到一八〇二年）。拿破仑回法国，推翻督政政府，被举为第一执政官。五年（一八〇〇年），法第二次征意战役。北意大利归法。

十九世纪——嘉庆时期： 嘉庆六年（一八〇一年），英与爱尔兰合并。拿破仑与教皇订立教务协议。八年（一八〇三年），拿破仑占领瑞士。美国由拿破仑手上购得路易斯安那。美国黑船航抵日本长崎要求通商。九年（一八〇四年），法国拿破仑《法典》颁布，登皇帝位。莫卧儿帝国受英保护。十一年（一八〇六年），第四次欧洲对法大同盟。神圣罗马帝国亡。拿破仑公布大陆封锁令。

嘉庆十二年（一八〇七年），美国人富尔顿发明轮船。德国哲学家费希特，因法军下柏林，发表《对德意志民族的演讲》，提倡国家主义之教育。为后来启发希特勒等国家主义的有力之作。十五年（一八一〇年），法吞并荷兰。拿破仑极盛时代。十七年（一八一二年），英与美战。拿破仑进攻莫斯科旋即撤退。十八年（一八一三年），英集合第五次欧洲大同盟攻法，大败法军。十九年（一八一四年），清廷限制英商船，并查禁鸦片。欧洲同盟军攻陷巴黎，放逐拿破仑于厄尔巴岛（拿破仑的战伐功业，仅有十九年的历程）。英人史蒂文森发明火车。二〇年（一八一五年），拿破仑逃回法国，复战同盟军，大败于滑铁卢（拿破仑死于一八二一年）。德国将军克劳塞维茨著《战争论》。二一年（一八一六年），英采用金本位制。二三年（一八一八年），德国绝对哲学的唯心论哲学家黑格尔所著《法哲学原理》《美学》《宗教哲学》等书问世。

十九世纪——道光时期： 道光三年（一八二三年），美国发表《门罗主义宣言》。墨西哥共和国成立。英国诗人拜伦死。十年（一八三〇年），法国七月革命。十一年（一八三一年），马志尼领导建立"青年意大利党"。法国里昂工人起义。美国弗吉尼亚黑人起义。中国广东黎人、瑶人起义。十三年（一八三三年），英国法拉第发明发电机。十五年（一八三五年），美国人摩尔斯发明电报。

十七年（一八三七年），英女皇维多利亚即位（二十三年后，清廷慈禧垂帘听政）。英国发生工业危机。因机械技术发明之变革，亦称产业革命或实业革命。最初发生在英国，后渐及于世界各国。其特征为：（1）手工业多变为机械工业。（2）家庭工业制变为工厂工业制。（3）乡村人口减少，城市人口增加。

道光十八年（一八三八年），清廷派林则徐驻广东查办海口禁烟事件。轮船始航渡大西洋。法人发明照相术。二〇年庚子（一八四〇年），中、英鸦片战争起。英国统一上下加拿大。二二年（一八四二年），鸦片战争终，中英订立《南京条约》。二七年（一八四七年），马克思、恩格斯合著《共产党宣言》。因德国革命，马克思返故国。旋走巴黎，著《资本论》名著。恩格斯发表有关由空想的社会主义到科学的社会主义之发展等文。二八年（一八四八年），法国二月革命，第二次共和政治成立。三〇年（一八五〇年），洪秀全太平天国起事。林则徐卒。

十九世纪——咸丰时期：咸丰元年（一八五一年），英、法开始电信交通。三年（一八五三年），日本开放海禁，美舰到浦贺。俄国对土耳其宣战，东方战争开始。德意志重建关税同盟（太平天国定都南京。福建、上海小刀会起义。云南彝族起义。捻军起义）。四年（一八五四年），英、法对俄宣战。美国堪萨斯州发生内战。清廷始用外国人为税务司。七年（一八五七年），英、法联军攻陷广州（一八六〇年），俘去两广总督叶名琛。欧洲和美国经济危机。

咸丰八年（一八五八年），法国侵略越南。英国东印度公司取消，印度归英国政府直辖。英国首倡"进化论"的生物学家达尔文于次年发表《物种起源》一书。其学说"物竞天择，适者生存"的主张，以及英国生物学家及哲学家赫胥黎著《科学与教育》《进化论与伦理学》等书，更为进化论大张旗鼓，从此影响世界人文至深且巨。在此时期，尚有英国哲学家兼综合科学家，开进化主义先河的斯宾塞著《综合哲学》《社会静力学》《教育论》等数十种书出版，自成一家之言。在德国则有哲学家黑格尔、恩格斯、马克思等震世学说，都是改变十九世纪末期到二十世纪注重唯物哲学的思想家与社会学家。但对今后演变的整体人类文化来说，其得失是非，尚在未可遽下定论的阶段。九年（一八五九年），马克思《政治经济学批判》出版。苏伊士运河工程开始。达尔文《物种起源》出版。美国约翰·布朗反对奴隶制度的起义。十年（一八六〇年），林肯当选美国总统。美国南部发生独立运动。英、法联军侵略中国，再度攻陷天津，进攻北京，焚掠圆明园。日本还在"尊王攘夷"的末期。十一年（一八六一年），美国南北战争开始。慈禧当政。

十九世纪——同治时期：同治元年（一八六二年），法国控制越南南部，越、法签订条约。俾斯麦就任普鲁士首相。二年（一八六三年），美国总统林肯颁布释奴令。四年（一八六五年），美国政府军胜利，南北战争结束，林肯被刺。日本开海禁。英人侵入不丹。五年（一八六六年），欧、美经济危机（一八六七年）。瑞典化学家诺贝尔发明黄色炸药，使人类结束了黑色炸药的时代。六年（一八六七年），马克思《资本论》第一卷出版。德国人奥托制造了世界第一台内燃机（引擎）。美国向俄国购得阿拉斯加。清廷设立同文馆。七年（一八六八年），中、美加签《中美天津条约续增条款》。日本王政复古，明治维新开始。德国哲学家尼采，从叔本华生活意志的理论，达到解脱理想目的之转变，而认为权力与意志为人间至高原理，也为一切价值之源，存于自我，努力与世奋斗，满足本能，为人生之目的。人为动物进化，更进便为超人。故超人之说，即由此起。后来墨索里尼、希特勒的法西斯思想，受尼采哲学思想的影响很深。七年（一八六八年），苏伊士运河开始通航。十年（一八七一年）巴黎无产阶级革命，成立巴黎公社（三至五月）。

十九世纪——光绪时期：光绪二年（一八七六年），英国维多利亚女王宣布兼印度皇帝。清廷收回英商所筑吴淞铁路，毁之。英国人贝尔发明电话机。三年（一八七七年），美国爱迪生发明留声机。五年（一八七九年），爱迪生改造电灯泡成功。六年（一八八〇年），列强开始瓜分非洲。俄国出现"虚无党"。俄国的思想家大文豪托尔斯泰发表《安娜·卡列尼娜》及《忏悔录》《复活》《主与仆》《黑暗的势力》等名著。十年（一八八四年），定格林威治子午线为万国基本子午线。德始在欧洲及非洲殖民。日本派伊藤博文到中国，谈判朝鲜问题。十一年（一八八五年），马克思《资本论》第二卷出版。十四年（一八八八年），德帝威廉二世即位。铁血宰相俾斯麦在职。十六年（一八九〇年），欧洲经济危机（一八九三年）。十九年（一八九三年），夏威夷废王政，建共和。德国议会通过扩张军备。

光绪二〇年（一八九四年），中、日甲午战争开始。孙中山先生创兴中会于檀香山。马克思《资本论》第三卷出版。二一年（一八九五年），美国侵略夏威夷。德国物理学家伦琴发现 X 光线。二三年（一八九七年），日本实施金本位制。意大利马可尼发明无线电报。二四年（一八九八年），英、俄、法、日强制在中国划分势力范围。清廷向英、德续借款一千六百万英镑。清廷杀谭嗣同等六人，戊戌变法失败，康有为、梁启超逃亡国外。夏威夷与美合并。二五年（一八九九年），美国提出强迫中国实施门户开放政策。第一次万国和平会议开会于海牙。世界经济危机。

二十世纪——光绪时期：光绪二六年（一九〇〇年），义和团抵抗外国侵略联军。八国联军攻占天津、北京。慈禧太后和光绪逃到西安。美国采行金本位制。三〇年（一九〇四年），日、俄在中国领土上战争，清廷宣布中立。法国人居里夫妇发现镭。三十三年（一九〇七年），世界经济危机。中国改良派在各省设立筹备立宪机构。

宣统二年（一九一〇年），"三八"国际妇女节开始举行。三年，辛亥革命，清朝结束。（一九一四年），第一次世界大战开始，德国理论物理学家爱因斯坦的《广义相对论的基础》于一九一六年问世。一九一七年，俄国社会主义十月革命成功。苏维埃政府成立。

一九一九年，巴黎和会开幕。意大利法西斯蒂团成立。民国南北政府各派代表议和于上海。美国实用主义哲学家兼教育家杜威在五四运动前期，到中国任北京大学哲学教授，及北京高师教育研究科教育学教授。一九二一年返国。杜威倡导实用主义及工具主义。认为经验即生活；生活即应付环境；于应付环境中思想最重要，故思想即为应付环境的工具。应放弃研究虚玄的哲学，而以解决人生实际问题为主旨。其重要著作有《学校与社会》《我们怎样思维》《平民主义与教育》《伦理学》《自由与文化》。他影响二十世纪的美国及中国教育很大。美国人注重现实生活，就是杜威哲学教育的结果。从表面来讲，重实践与经验，与王阳明的知行合一学说，有相同之处。但并不尽然。杜威主义只是当时教育上一副治标不治本的药剂，得失是非及其流弊，尚须另做研究，并非人道教育的大经大法。

一九二〇年，英国哲学家及数学家罗素来中国讲学，当时颇得好感。一九五〇年获诺贝尔奖。他在哲学上主张逻辑实在论。在政治上极端重视个人。重要著作有《政治思想》《心之分析》《社会改革原理》《哲学中之科学方法》。一九三六年，英国经济学家凯恩斯出版其名著《就业利息与货币之一般理论》，轰动一时，有二十世纪凯恩斯经济革命时代之称。因他特别提出政府应衡量而对抗经济的萎缩，一反欧洲古典学派认为政府不应干涉经济事业的理论。其学说的主旨：一、以流动性的偏好，代替货币数量。二、以所得决定储蓄投资，代替利率决定储蓄与投资。三、货币与工资的伸缩，绝不能保证充分就业。确认货币因素、价位，为经济动态的决定者。重视货币政策，为其经济政策的特征。一般工商界所谓的消费刺激生产的口头话，也就是从凯恩斯经济理论所产生的一般见解，流弊不浅，后患可虑，实须值得检讨。

但正当二十世纪四十年代时期，在西方欧洲文化中，影响人群社会较大的两种学说：

一是奥地利心理学家弗洛伊德"精神分析"的学说，亦有称之谓"析心术"的。他认为梦境与精神病的起源，都由于平时受抑制的愿望和情绪的反映，尤其以来自天然性爱的欲求更为普遍突出。因此而为现代心理学的主流学理之一。同时，有以弗洛伊德的理论与苏俄生理学家巴甫洛夫条件反射（替换反射）的理论混为一谈，影响当代人文思想极为巨大。

二是由丹麦思想家克尔凯戈尔在十九世纪开始的"存在主义"。到了二次世界大战后，流行于法国、德国以及美国各地，由小说与戏剧的阐扬，就风行一时，成为时髦。这是对人生生命存在的怀疑与探讨。认为人是生存在无目的之宇宙中的一个个体，应当掌握现有个体的真正自我，反对盲从，而注意内在的自由意志。但个人又须负自由行动所生后果的责任。我们亲眼所见二次大战以后美国、日本等地，受到存在主义所影响的"嬉皮"，酗酒、吸食麻醉药品，浪漫而颓丧的青年，到处皆是。二十世纪后期，渐已改变，由于股票和金融市场等的刺激，转入新兴少年资本家典型的"雅皮"了。

一九一四年，第一次世界大战开始。一九一五年，德国地球物理学家魏格出版《海陆的起源》。一九二八年，英国弗莱明发明青霉素、抗生素。一九三〇年，英国恰克威发现了中子。美国人米吉莱发表《有机氟化物汽媒》的论文，从此以后冰箱、空调进入家庭，才逐渐成为事实。一九三二年至一九三五年三大有机合成技术：塑胶、人工合成纤维、合成橡胶兴起。一九三六年，美国卓利金发明全电子式的电视机。一九三七年，七七事变开始，日本在卢沟桥发动侵略中国的战争。继而占领上海、南京，国民政府退往重庆。一九四五年七月十六日，原子弹爆炸获得成功。第二次世界大战结束。一九四六年，第一台电脑问世。一九五〇年初，英国布伦建造世界上第一台录放影机。一九五七年，前苏联成功发射第一颗人造卫星。一九六○年初，像神经网络式的集成电路问世。美国科学家梅曼制成世界第一台镭射光器，开创镭射光技术。一九六九年，美国发射宇宙飞船，首先试送人类登上月球。

上面简略而浓缩地列举三百年来西方文化和文明的大要，使同学们知道所谓西方文化以及科技文明的发展，是包含了什么内容。同时也应反思中国在这三百年来是如何形成积弱的原因。

美国文化与美式霸主

但中华民族在十八世纪以后，遭遇人类历史风暴的巨变，她凭什么依然能够在这种洪涛骇浪中幸存而屹立不倒？所谓中国的，或是东方的文化力量，究竟是一种什么力量？而且更不要忘记我们仍然还正在艰危忧患之中，不要自以为是，闭户称尊。我经常引用古代禅师们一首白话词说："昨夜雨滂澎，打倒葡萄棚。知事普请，行者出力（管事的请大家出力）。拄的拄，撑的撑，撑撑拄拄到天明，依旧可怜生。"事实上，我们的国家民族，需要切实明白，自己还处在这么一种情况下，岂止"居安思危"而已。

至于一般人误解了美国的文化就是代表了西方的全部文化，尤其是美国人经常把美式的民主自由，夸耀世界，甚至要求国际各国，都要向它的美式民主方式改制。当我十多年前，旅居美国的时候，和他们的学人们闲谈到这个问题，一说到民主共和，他们就眉飞色舞大谈雅典和希腊的文化，认为那便是他们"祖述希腊"的光荣。我总是对他们说，你不如说十七世纪以来，法国的文明，卢梭时代的文化，以及法国人帮助你们打垮英国，才得以形成美利坚的光荣。你们的确是西方多国文化混合所生的骄子，但并不一定就可算已经建立了人类文化的坐标。至于美式民主的来源，那是因为最初到北美新大陆的移民，是形形色色，从欧洲各地陆续而来的垦荒者，都是唯先来的英国清教徒的马首是瞻，所以才形成了美式的民主。基本上，你最初的来源，并不是从一个固有统一的文化，和固有统一民族而来的，所以才有现在的架构。直到如今，我看你们本身潜在的问题，还很多。我是外国人，也是外行人，不好多说什么。

现在我们只需将北美开始移民的历史资料，略做介绍，便可知道美国社会民主文化形成的基因了。一六一九年（七月三十日），也就是明朝神宗万历四十七年，北美弗吉尼亚每一移民区，选出两名代表，同总督的参事会一起在詹姆士的教堂举行会议。这是第一次弗吉尼亚议会，为北美洲第一个民主性代议制的机构。一六二〇年，伦敦"五月花"号船到达美国东北部，建立普利茅斯殖民地。殖民者在船上讨论，通过《"五月花"号公约》。公约中的民主思想与一八一九年弗吉尼亚议会方式，便是后来美国形成民主制度的两块基石。

以下是一个已故老朋友给我的资料，说明美国初期的情形，缅怀故人，并此致敬致谢。

十八世纪的一七七六年，北美洲的英国殖民地，展开独立运动。经过七年的奋斗，美洲合众国出现于人类历史的舞台。这个新大陆的共和国，所有的领土，只是密西西比河东岸的土地，人口也不过区区百万人，内中以英人的血统占优势。到了十九世纪起初，它开始改换自己的面目。首先是一八〇三年，由拿破仑手上购买路易斯安那，扩地于密西西比河西岸。一八一五年，它拥有人口九百万，内杂有法兰西人、德意志人和黑人。一八一九年，它向西班牙购买佛罗里达，伸手于南方的墨西哥湾，一八二三年，它宣布门罗主义。一八四六年至一八四八年，为要完成西进，它与墨西哥战争，胜利后，取得得克萨斯和加利福尼亚。这时候，它成为太平洋东岸的大国。

为合西进的需求，一八六七年，它以一百四十五万镑，向沙俄购阿拉斯加。一八七五年，它并吞了夏威夷。一八七八年，它的人口增至五千万人，欧洲诸国，除了沙俄，无一超过它。这个新生的大国，是古老欧洲文化的产儿，虽然在十九世纪间不能东顾，与英、法争逐欧洲的霸权，却有西进的机会。依记载，一七八四年，它的"皇后"号贸易船已西航至中国，用海豹皮交换广州的茶叶和别的物品。一七九一年，美国人在南美智利附近发现抹香鲸巢。这刺激捕鱼业，它的捕鲸船因之不断出没于太平洋。一八二〇年至一八二一年间，美船可望见日本的，有三十艘之多，但还没有对日贸易的企图。

一到十九世纪四十年代，情况大大不同。一方面，大陆上有成群西进的幕车，另一方面在太平洋上有增多的捕鲸船与贸易船。依统计，一八四七年间，太平洋上各国九百艘捕鲸船中，美占八百艘。计投资二千万美元。每年捕鲸价值一千三百万美元。至于美国的贸易船，多受荷兰人的雇用，航行长崎各地，在广州的初有五艘，到一八三二年至一八三三年间，增至六十艘。这么多船只，就十九世纪四十年代的航海技术而言，长途的航行，需要停泊所和煤水的补给站。打开地图一看，理想的停泊所和补给站，自然是琉球与日本。

为着那一原因，美国希望日本开国。这一希望，又因对华贸易的激增，愈感迫切。我们要知道，在一八三四年（清道光十四年），美国对中国广州一地的贸易额，已达一千七百万美元。早在一八三二年，关心太平洋方面利益的美国总统杰克逊，曾派罗勃调查印度洋的贸易，和日本对荷、华贸易的实况。同年，国务卿李文斯顿也综合各方的报告，请总统代表团赴日，要求日本皇帝开放门户。不久，中国发生鸦片战争。美人与清廷所订的条约（鸦片战争的第一次不平等条约，订于一八四二年），或为至一八六〇年止，成为外国人与中国交涉的样本。自然，美人希望将它应用于日本。一八四五年，国会议员蒲拉特要求政府采取确定的方针，与日本、朝鲜发生通商的关系。

　　一八三二年，美与暹罗（泰国）订约，派罗勃前往，带有与日通商的训令。罗勃以日本情况特殊，不能进行所负的使命。后两年，为交换上述条约的批准书，重派罗勃前往，携有总统致将军的汉文和拉丁文书简，并训令赴江户（东京）谈判。罗勃曾购一万美金的赠品出发，一八三六年，因客死澳门，不克传达总统的训令。

　　一九〇〇年，美国在八国联军进攻天津、北京之中，顺手牵羊占了便宜。开始实行金本位制。从一九一四年第一次世界大战，到一九四一年日本袭击珍珠港的二十多年间，它除本身扩充海陆空三军的装备以外，同时又趁机担当国际争端的兵工厂。世界上最奢侈的浪费莫过于战争，但这个远处的北美新大陆的庞大兵工厂，由于各个落后国家内战和抵抗侵略的需求，消费刺激生产，正好大发其横财。并且因军工的发达，碰上科技文明发展的迅速，它首先把原子弹制造成功。一九四五年，它向日本投下原子弹，结束了第二次世界大战。从此使它睥睨国际，突然之间，便自行登上世界盟主的宝座，俨然以制约各国民主体制的霸主自居，号令天下而叱咤风云了。其余大家可以读《美国史》和《世界通史》一类的书，便可大概了解两百多年来美式民主文明和文化发展的大要。

六三、反思检讨三大问题

我们在前面非常简略地述说由十五世纪开始，所谓代表西方文化的英、法、德、意等文明大国，以及荷兰、西班牙、美国等文明发展史的情况，虽然简化再简化，已经花了很多时间。但对于其他相关的欧洲等国家的史迹，以及最重要的军事武器的发展方面，都还没有谈到。但也只好略去不讲了，不然，又不知要花多少时间了。

我们现在只需要了解这些历史发展的大要，便可反思检讨几个重点问题。

一、有关国际形势问题

所谓西方各国，截断世纪前三千多年远古史而不谈，只从公元纪年前八百多年开始，就是我们有信史可征的周朝（西周）实行共和政体时期，也正当希腊纪元的开始，第一届奥林匹克赛会的时期算起。再到公元二四九年，我们已由东周时期的春秋、战国阶段，也就是文化史上所谓的诸子百家争鸣的时代，转进为秦始皇时代所创的"废封建、改郡县、书同文、车同轨"的全国统一局面。虽然经过汉、唐、宋、元、明、清等朝代的改换，但所谓中国文化，和江山一统的格局，经历两千多年，依然如故，并无过分重大的差异。但在西方的欧洲呢？就从十六世纪文艺复兴运动以后，直到现在，仍然处在文字语言并非同文，各个国土地区，随时随地存在有种族问题、国界问题，乃至国际间的利害冲突等种种问题的矛盾。昨天是英、法百年战争，明天又是英、法联盟。今天是德、意同

480

盟，后天又是德、法和议。完全犹如我们两千年前春秋战国时代的纵横捭阖，机变百出，尔诈我虞，谁也不服谁，谁也信不过谁。

一到十七世纪和十八世纪之间，各国的强手，便转向于东方的印度、日本和中国，乃至澳洲、新西兰和东南亚各地，互争雄长，犹如列子所说的在光天化日之下，公然当众伸手攫取市面上的金人，毫无顾忌。美国虽然是西方文化混血初生的娇女，比较含蓄，但那种欲取还休的骄纵之气，也正在成长，它也许正想试着学习十九世纪中的英国，要把美国的国旗，安插在整个地球上面，使它永远没有日落的时刻。这就是西方文化国际间的现势。假如我们现在要想自强不息，号称向西方先进文化去学习，不知道我们要学西方哪一个国家，哪一种榜样，才算是真正做到先进的"野人"呢（孔子说的，先进于礼乐，野人也）？这是值得深思反省的第一问题。

二、西方的文化和文明

讲到西方的文化和文明，毫无疑问的，便是我们在十七世纪以来最欠缺的自然科学，和科学所发展的精密日用等科技。但那是包括所有欧洲各国，以及新兴美国的科学文化和文明，并非是只限于西方的某一国家。但须特别小心的，就是我们要迎头赶上科学文明的发展，为自己、为人类带来在生活上过去所没有的便利，却绝不一定会为自己、为人类带来永远长治久安的幸福。现在世界上的有识之士，早已知道科学的最后作用，必须要与哲学碰头会面，重新为人类的人文和人生的真谛，做出定论和归结才行。

科技发展的最高目的，不是专为经济价值，或市场竞争做工具的。我们对这个课题，先要了然于胸，才有资格可说"迎头赶上"这四个字。所谓迎头，就是别人已经走过的道路，不必要再去花力气，只需要捡用他们已经走过的经验，站在时代的前头，先跑一步赶过去，这样才叫迎头。

不过，我默默地观察了几十年，我们的青年学子，的确已有这种能力。这倒要感谢上辈的人把政治斗争搞得太过、太久了，这些青年学子们畏惧而且厌烦，干脆避开现实，决心在学习的本科上潜心研究，所以才有这种默默无闻的成就。只是可惜一般高唱科学论调的人，其实并不懂得科学的内涵精神，还没有充分发挥和培植这一代青年科学工作者的才华。而且更没有高瞻远见去设计，如何把科学与科技的教育，跟哲学与人文文化汇流，做出一番前无古人的大事业，为人类做一重大的贡献。不然，科学发展如一头无羁的野马，它会给人类本身带来毁灭性的祸害。

三、有关人文文化与政治社会

我们从鸦片战争以后，清廷才开始警觉，注重洋务运动。到了同治六年（一八六七年），开设同文馆，翻译西书，同时也派遣少数满、汉人员，到欧洲去考察和学习。

先从日本说起：日本也在这个时期，派留学生到欧洲学习。这个区区东洋三岛的国家，在公元一八六八年，也就是清同治七年，就有王政复古，开始明治维新的变革，一跃而登为东方强国之先哪！在这以前，日本不是正在大声疾呼，提倡"尊王攘夷"的高调，极力反对西方欧、美文化的东来吗？他们怎么这样快速改变"尊王攘夷"，做到明治维新的局面呢？我们必须先要了解这个问题，才有所借鉴而反思其中的道理。而有关这个问题，最好大家先要研究日本的历史。我们现在只取日本史简单而直接的中心来讲，大家需要知道日本自古至今，他们真正的信仰，是他本土的"神道"，并非是把佛教作为国教。日本所谓万世天皇一系的皇家世系，本来就是神人不分，也可说是天人一体的天皇就是大神的象征。这与中国上古文化有关，所谓皇帝就称天子一样。但在日本史上，约从我们的宋、元以后，天皇的政权旁落，在明治维新以前的五六百年，天皇只是虚设的象征，所有治国和军政的大权，统统落在日本式的藩镇，先后递兴的所谓"幕府"手里。甚至其中有几代的天皇和宫廷，由"幕府"拨给他们的生活费都不够用，也无着落。迫得那些徒有虚名、虚位的可怜的天皇靠卖字维生。自己写些字，盖上天皇的图印，叫宫女们拿到外面去卖了以维持生活。曾经也有一代皇室被迫反抗而失败，由皇后带着年少的天皇和玉玺宝剑，跳海自杀了事。

但在公元一六四四年前后，也就是顺治初年时期，中国一位前朝的忠贞遗老朱舜水，为了反清复明而到日本乞师，两次往返，达不到目的，便永远留在日本，受日本朝野的尊敬，传授儒家学理。从此而使日本文化的中心，几乎尽成儒家学术的天下。后来他们又接受了明儒王阳明知行合一的学说，更加尊重儒学。所以遇到西方欧、美文明东来，要日本打破锁国主义，敞开贸易的大门，他们就以"春秋"大义的精神，全国知识分子，愤怒而起，提倡"尊王攘夷"的主张，为抵抗西洋外夷的侵略而自强。

但在这个时候，恰好碰到日本最后一个幕府权势的没落，也就是日本最有名的德川家康所创的幕府。江户幕府的主人德川庆喜，他被日本的一般救国志士所激发，便自己向天皇提出"奏请归政"。这样便促成明治维新，明治天皇真正成为日本的天皇。而且全国上下，也知道"攘夷"是不可能，干脆一变而反之，就成为"尊王师夷"，派留学生到欧洲学习，如派伊藤博文等去研究宪政，回国以后，他们采用奥地利政制的模式，建立君主立宪的国体，改革内政而整军强武。不久，到了公元一八九四年（光绪二十年甲午），因朝鲜的事故，与清廷一战而胜。清廷的海陆军皆败，从此为之气馁，而不敢轻撄其锋。他们又于公元一八九七年（光绪二十三年），学步英、美，采用金本位币制。再到一九〇四年，日本和俄罗斯在中国东北的领土上战争获胜，从此更不可一世，成为东亚强国，更加跋扈而骄横了。

民国初期阶段：清廷最初所派到欧洲留学的人，主要目的，是学习海军与陆军的军备，并不注意政治体制和司法行政方面的事。对于其他的科技，更少留意。因为清室朝廷，以慈禧太后为主，始终仍夜郎自大，认为皇基永固，绝对不会灭亡。后来因甲午之战，屈辱于日本之后，到了光绪时期，才再派留学生到德、日去学习宪政，以备变法维新。但主要的，是想学日本君主立宪的体制，以保有大清的皇位为目的。尤其由李鸿章时代开始，开建北洋海军和武备学堂等，所谓整军建武，以图自强。同时清廷又派张佩纶在福建马尾建立南洋的海军，也是聘请外国教习，担任师资。但是无论北洋和南洋的海军，都在很短期间，因清廷的倒台而解散。

可是北洋海陆军的学生们，自然就自己团结成为一个体系，互相联系，影响推翻清朝以后的政局，有举足轻重之势。尤其是海军所剩的几艘兵舰，向南靠拢国民革命，或是拥护北洋，便使南北胜负之分，立见效果。而且陆军方面，由北洋武备学堂以后，又继办有"保定军官学校"，自行培养实力，准备逐鹿中原称王称帝。因此在民国初年到三十七年之间（一九一二年至一九四八年），无论是北洋政府或国民政府，最高上层的旧军阀、旧官僚，或新军阀、新官僚，大体上，还都是保定军官一系的天下。换言之，都是德、日派军国主义的糟粕遗风。至于在清末以前，各省所办的讲武堂，或陆军小学等，都成了保定军官一系的附庸，并不能起重大团结力量的作用。

至于人文方面，由光绪时期的戊戌政变失败，乃至康有为、梁启超的流亡国外，接上清末民初的阶段，大家想要建立新中国，首先最需要的，就是政治、司法和新教育的人才。因此，在民国初年，最为吃香的学校和学生，并不是留学西洋或东洋的留学生，更不是由北洋京师大学堂改制的北京大学的学生。最时髦的，便是法政学校和各地师范学校的学生。毕业了，或即任职政府，或担任新办学校的校长。至于清华、燕京、南开等大学，还是后来的事。但无论法政学校或师范学校，初期所接受的西方文化，以及自然科学方面，大多都是从日本留学回国的学生，加上前清遗老或遗少们来担任师资。因此，所接受新式的西方文化，也都是先由日本转译过来的二手货，并非是由英、德、法等原文直接而来。

这个时候，新译西书，最吃香的、最突出的名人，便是南洋海军学校出身，后来留学英国的严复（字几道），以及自费留学的辜鸿铭。至于请人口语翻译，意会而译成中文的，便是林琴南的译本，例如《茶花女》等书，也算是风行一时的新学新知。至于严复所译斯宾塞的《群学肄言》，更被大家视为西学宝典。但很奇怪的一部书，早在民国初年，已经风行一时的，便是《福尔摩斯的侦探案》。这本书，几乎是所有国共两党的革命先辈都曾经读过的新知小说，它所影响的负面作用也很大，那就是在民初的革命和党争中，造成不择手段暗杀的风气，实在不足为法的败笔。

讲到这里，接着便要很客观地讨论中国八九十年来的现代史，和现代中西文化的演变史。但我忽然觉得心理上很悲感，真是"毁桀誉尧终未是，有身赢得卧深云"之慨。而且这个问题很大，也很复杂，牵涉到我所认识交往的许多老少前辈、同辈，以及后辈的功过是非，实在无法讲下去。并且手边现存的资料，供我所知、所见、所闻做参考查证的也不够。我上面所讲第三点一段，也只是凭现场偶然的一点记忆来说，或者多有错误的地方，也希望你们给我指正。

六四、结语：中国希望和平共存的世界

我最后要讲的，是一九一二年至一九三七年，我们国家民族自己本身几千年来的传统文化，因为时代的撞激、社会的演变、教育政策的错误，几乎已到了一息仅存、命如悬丝的情况。固有传统文化打倒了、革命了，新兴的文化，根本没有建立起一个基础，就碰到日本人的侵略，全民起来从事抗日战争。有关中华文化的重建，和中西文化交流融会的工作，就根本无法起步了。

总之，由一九一二年至一九三七年阶段，所谓西学东渐的主流，大概来说，还都在德、日派留学的学人，及德、日派的旧军阀和新军阀的主导阶段。到了八年抗日战争将要结束的时期，才转向于英、美派留学的学人所输入的西方文化的学术思想。尤其以哲学思想，影响政治思想方面的，如康德、黑格尔、叔本华、尼采、马克思、恩格斯等学说，以及我们在前面，对照中西年代所列十六世纪以来的西方重点名著，乃至经济、政治等书籍，才比较流行。至于苏联学派输入的文化思想和政治意识的大量学术，都是一九三七年以后的事。其他由法国留学派的影响，都是社会政治革命的实行者，不在本题讨论的范围。

我现在对你们重新提出中国儒家孔子一系的《大学》，对照历代历史的现实演变来讲，是要大家明白，我们的国家几千年来，是仁义博厚，恪守宽容忍让，希望天下人类，真能达到和平共存的世界，既没有侵占其他国家的利益，更没有压迫其他民族的野心，同时也没有自认为是天下第一的狂心。我们具有忍人所不能忍，行人所不能行，忍辱负重的文化根基，也绝不甘愿接受不合理的侵略和压迫，虽然在极度的艰苦危难中，也必然自强奋发，终于做到以德化人，以礼让相安为志。

总之，这次讲述《大学》一书，引论比较庞杂，其中的原因，主要的是以三千年的中国文化来印证中国历史的发展，说明内圣（明）外王（用）之道，也就是孟子所说"穷则独善其身，达则兼善天下"之道。它是做人之学的重要纲领，告诉我们怎样才能做好一个人之所以为人，以及如何齐家之道；至于治国、平天下不过是圣人的余事，内圣（明）的发挥而已。我希望通过这次原本《大学》的讲述，还它本来的面目，也希望中国人了解本国的文化精神，开拓未来要走的道路，并正告一些存有成见、偏见，或居心叵测的外国人士，能够知道中国文化的精神，以及我们的民族性。如果能够有助于这个地球上各国家、各民族的互相了解，减少误解，而互相交流融会，促进人类的和平与进步繁荣，这正是这次讲述原本《大学》的目的，也是我数十年来所祷祝的心愿。

南怀瑾先生著述目录

1. 禅海蠡测 　（一九五五）

2. 楞严大义今释 　（一九六〇）

3. 楞伽大义今释 　（一九六五）

4. 禅与道概论 　（一九六八）

5. 维摩精舍丛书 　（一九七〇）

6. 静坐修道与长生不老 　（一九七三）

7. 禅话 　（一九七三）

8. 习禅录影 　（一九七六）

9. 论语别裁（上） 　（一九七六）

10. 论语别裁（下） 　（一九七六）

11. 新旧的一代 　（一九七七）

12. 定慧初修 　（一九八三）

13. 金粟轩诗词楹联诗话合编 　（一九八四）

14. 孟子旁通 　（一九八四）

15. 历史的经验 　（一九八五）

16. 道家密宗与东方神秘学 　（一九八五）

17. 习禅散记 　（一九八六）

18. 中国文化泛言（原名"序集"） 　（一九八六）

19. 一个学佛者的基本信念 　（一九八六）

20. 禅观正脉研究 　（一九八六）

21. 老子他说 　（一九八七）

打开微信，扫码听南怀瑾著作有声书

《论语别裁》有声书

《易经系传别讲》有声书

购买南怀瑾先生纸质图书，请打开淘宝，扫码登陆
复旦大学出版社天猫旗舰店

打开微信，扫码看南怀瑾著作电子书

《金刚经说什么》电子书

《老子他说》电子书

购买南怀瑾先生纸质图书，请打开淘宝，扫码登陆
复旦大学出版社天猫旗舰店

图书在版编目（CIP）数据

原本大学微言/南怀瑾著述. —上海：复旦大学出版社，2018.8（2025.4 重印）
ISBN 978-7-309-13892-4

Ⅰ.①原...　Ⅱ.①南...　Ⅲ.①儒家②《大学》-研究　Ⅳ.①B222.15

中国版本图书馆 CIP 数据核字（2018）第 202479 号

原本大学微言

南怀瑾　著述
出 品 人/严　峰
责任编辑/邵　丹

复旦大学出版社有限公司出版发行
上海市国权路 579 号　邮编：200433
网址：fupnet@ fudanpress. com　http://www. fudanpress. com
门市零售：86-21-65102580　　团体订购：86-21-65104505
出版部电话：86-21-65642845
浙江临安曙光印务有限公司

开本 787 毫米×960 毫米　1/16　印张 32.25　字数 857 千字
2018 年 8 月第 1 版
2025 年 4 月第 1 版第 11 次印刷

ISBN 978-7-309-13892-4/B·672
定价：65.00 元